Les Éditions du Boréal
4447, rue Saint-Denis
Montréal (Québec) H2J 2L2
www.editionsboreal.qc.ca

MISTOUK

DU MÊME AUTEUR

ROMANS

Pikauba, Boréal, 2005.

Uashat, Boréal, 2009.

ESSAIS

Le Village immobile. Sennely-en-Sologne au XVIIIe siècle, Plon, 1972.

Les Saguenayens. Introduction à l'histoire des populations du Saguenay, XVIe-XXe siècles (en collaboration), Presses de l'Université du Québec, 1983.

Histoire d'un génôme. Population et génétique dans l'est du Québec (avec Marc de Braekeleer), Presses de l'Université du Québec, 1991.

Pourquoi des maladies héréditaires? Population et génétique au Saguenay–Lac-Saint-Jean (avec Marc de Braekeleer), Septentrion, 1992.

Quelques Arpents d'Amérique. Population, économie, famille au Saguenay, 1838-1971, Boréal, 1996.

Tous les métiers du monde. Le traitement des données professionnelles en histoire sociale, Presses de l'Université de Laval, 1996.

La Nation québécoise au futur et au passé, VLB éditeur, 1999.

Dialogue sur les pays neufs (avec Michel Lacombe), Boréal, 1999.

Genèse des nations et cultures du Nouveau Monde, Boréal, 2000; coll. « Boréal compact », 2001.

Les Deux Chanoines. Contradiction et ambivalence dans la pensée de Lionel Groulx, Boréal, 2003.

Raison et Contradiction. Le mythe au secours de la pensée, Nota Bene/CEFAN, coll. « Les conférences publiques de la CEFAN », 2003.

La Pensée impuissante. Échecs et mythes nationaux canadiens-français (1850-1960), Boréal, 2004.

La culture québécoise est-elle en crise? (avec Alain Roy), Boréal, 2007.

Gérard Bouchard

MISTOUK

roman

Boréal

Les Éditions du Boréal reconnaissent l'aide financière du gouvernement
du Canada par l'entremise du Programme d'aide au développement
de l'industrie de l'édition (PADIÉ) pour ses activités d'édition et remercient
le Conseil des Arts du Canada pour son soutien financier.

Les Éditions du Boréal sont inscrites au Programme d'aide aux entreprises
du livre et de l'édition spécialisée de la SODEC et bénéficient du Programme
de crédit d'impôt pour l'édition de livres du gouvernement du Québec.

Couverture : Alex L. Fradkin, *Reflected Boat.*

© Les Éditions du Boréal 2002 pour l'édition originale
© Les Éditions du Boréal 2009 pour la présente édition
Dépôt légal : 1er trimestre 2009
Bibliothèque et Archives nationales du Québec

Diffusion au Canada : Dimedia
Diffusion et distribution en Europe : Volumen

*Catalogage avant publication de Bibliothèque et Archives nationales du Québec
et Bibliothèque et Archives Canada*

Bouchard, Gérard, 1943-

    Mistouk

    (Boréal compact ; 201)
    Éd. originale : 2002.

    ISBN 978-2-7646-0664-3

    I. Titre.

PS8553.O764M57	2009	C843'.6	C2009-940579-2
PS9553.O764M57	2009		

À Philippe et Alice,
tendrement

Note de l'auteur

Les lieux, les faits, les dates et les personnages de ce récit sont presque tous véridiques. Quelques éléments ont été légèrement déplacés dans l'espace ou dans le temps et des noms ont été changés par simple commodité ou pour des raisons de confidentialité. Le personnage central, Roméo Tremblay, est pour une large part authentique. On peut rencontrer encore aujourd'hui des personnes très âgées qui racontent ses exploits, sa légende. Les traits que je lui ai ajoutés ont été empruntés à certains de ses contemporains. Il en est ainsi de tous les autres personnages. Dans les dernières parties du récit, les péripéties concernant Moïse, Bulldog, Alexis, l'attaque des Eaux-Belles et ce qui s'ensuit ont été imaginées à partir de données historiques. Quant à l'aventure de Méo et Moïse sur le Lac Saint-Jean, elle n'est survenue que dans mon esprit.

Les personnages que je mets en scène ont connu, pour la plupart, d'humbles destins tombés dans les limbes de la mémoire. Ce livre voudrait leur redonner une voix. Il voudrait aussi montrer de la grandeur chez ces petites gens.

G. B.

Septembre 1925

Penché sur le bastingage, Méo se tenait à l'arrière de la goélette qui, la veille, l'avait pris à son bord à l'Île-Verte pour le ramener chez lui au Saguenay. Il venait tout juste d'arriver dans l'île; c'est là qu'on avait pu enfin le contacter pour lui transmettre la mauvaise nouvelle. Le bateau avait doublé la Pointe-aux-Alouettes durant la nuit, sur une mer agitée. Méo n'avait pas sommeil et n'avait pas cessé d'arpenter nerveusement le pont. À Tadoussac, il avait pu entrevoir sous la lune la face blafarde, menaçante, des hautes falaises de sable et, juste à côté, les veilleuses du Grand Hôtel au fond de la baie. Ces images étaient déjà loin lorsque le jour se fut levé sur le Fjord balayé par de fortes bourrasques. Il écoutait distraitement le bruit du moteur qui s'étouffait au creux de chaque vague. Durant de longs moments, il lui semblait que le petit navire n'avançait plus.

Il songeait à son père, Joseph, à tout ce qu'il avait été pour lui depuis son enfance, à tout ce qu'ils avaient partagé en parole et en silence, jusqu'à ce que la vie les dresse l'un contre l'autre puis les sépare pour de bon. Comme d'autres, ce lien s'était brisé et ne s'était pas réparé. Mais la brûlure qui l'avait remplacé, elle, était restée bien vivante. C'était, pensait-il, après toutes ces années, sa façon de lui rester fidèle. Dans quelques heures, il le retrouverait enfin, ce petit homme tourmenté et troublant dont il n'avait su ni se détacher ni conserver l'amitié. Une dernière chance peut-être leur était donnée à tous les deux. Mais trouveraient-ils les mots à se dire après une si longue absence? Des conversations anciennes, toutes chaudes encore, lui revenaient, réveillant des pensées, des émotions secrètes, rappelant la complicité qui les avait unis, et ravivant aussi la douleur. Il revoyait des épisodes qu'ils avaient vécus ensemble et il s'émouvait à nouveau de la silhouette fragile, du regard angoissé qu'il lui découvrait parfois, lui l'adolescent, déjà plus grand, plus fort qu'un adulte. Il aurait voulu dans ces moments-là le protéger, le rassurer, fondre sa vie dans la sienne. Il ignorait alors les complexités de l'âme, la solitude qui vient avec l'âge, les chemins imprévisibles qu'emprunte le cours de chaque vie. C'était l'époque où il croyait que le bonheur renaissait tout seul, comme le jour. Il savait maintenant que la vie peut tout défaire. Et que, une fois engagée dans la rivière, l'eau ne se souvient pas du ruisseau d'où elle vient.

Et Marie, la mère forte et fragile à qui il avait infligé tant de peine, conservait-elle un peu de chaleur pour lui, le fuyard, pourchassé jusque chez les Indiens au-delà de la Côte-Nord? Marie… Ce nom évoquait ce qui lui était le plus cher. Comme il était doux ce temps de l'enfance où, dès que la vie, dès qu'un morceau de l'univers le contrariait, il lui suffisait de se réfugier dans les bras accueillants de la mère. Elle avait toujours le mot, le geste qui, instantanément, redressait le cours des choses; et le monde, réaccordé, se remettait à ronronner. Trente ans plus tard, en ce jour de détresse, c'est bien ce qu'il aurait voulu faire une fois de plus. Il repensait souvent à elle, à toutes ses attentions discrètes, à sa tendresse voilée. Il se revoyait le soir, juste avant d'aller au lit, quand il s'immergeait dans la chaleur de son étreinte et s'efforçait de prolonger cet instant de bonheur en luttant de toutes ses forces contre le sommeil. Elle fredonnait un vieil air de Charlevoix, toujours le même, celui peut-être qui l'avait elle-même bercée en son enfance. La musique, lointaine, lui revenait encore : comme un petit vent caressant soufflant du sud ; ou comme, sur le Lac à certains soirs, la musique douce et limpide qui s'échappait de l'Île Beemer. Tout juste avant qu'il ne s'abandonne à ses rêves, il sentait la main caressante de Marie qui se promenait dans ses cheveux. C'était l'ultime sensation qu'il emportait, le dernier souffle du jour expirant. Il en prenait congé le cœur léger ; il savait qu'un autre, encore plus beau, naîtrait le lendemain.

Plus tard, ce furent d'autres émotions, plus fortes encore, impérissables. D'aussi loin qu'il se souvînt, bien avant qu'il ne fût un géant, il s'était toujours trouvé à l'étroit dans l'univers. Marie le disait souvent : il avait toujours été trop grand, il avait toujours débordé. Il se souvenait encore très bien de cette première fois qu'il s'était échappé pour franchir, à travers les ronces et les chicots, la coulée de l'Ours-Malin à trois cents pieds du camp. Il avait trois ou quatre ans. Depuis longtemps lui semblait-il, de la fenêtre de la cuisine, il essayait d'imaginer le paysage qui se déployait au-delà, du côté de la Butte-à-Tancrède. Lorsqu'il eut enfin escaladé l'autre versant de la coulée, il s'était dressé, essoufflé, les pieds écorchés, mais triomphant, ébloui par la vue qui s'offrait à lui : la savane parsemée de marais, de crans, de massifs de cyprès, un ruisseau qui y surgissait avant de s'esquiver derrière un talus, comme une invite à le suivre. Il avait cru embrasser presque tout l'univers ; il en avait crié de joie. Dès le lendemain, il y était retourné, ainsi que chaque jour de cet été mémorable. Il avait exploré la butte et le talus, repéré des nids, des colonies, toute une faune grouillante, avait accompagné le cours du ruisseau qui s'élargissait peu à peu puis se glissait dans un petit lac dont il avait fait plusieurs fois le tour. Et c'est là, assis dans les fougères, en compagnie des grenouilles qui bondissaient autour de lui comme des sauterelles, c'est là qu'il s'était juré qu'un jour, il irait jusqu'au bout du monde.

C'est ce qu'il avait fait. Ou presque. Il avait passé une bonne partie de sa vie à suivre des chemins qui allaient vers le Sud ou vers le Nord. Il avait voulu refaire, mais sur terre, le parcours échevelé de l'oncle Fabien, le navigateur légendaire. Au terme de toutes ces errances, il avait maintenant le sentiment de s'être beaucoup déplacé certes, mais sans avoir vraiment avancé ; d'avoir brisé bien des attaches sans les remplacer. Il avait beaucoup vu et appris sur la vie des autres, mais lorsqu'il faisait le compte, il n'en savait guère plus qu'avant sur la sienne. Il ressentait surtout du vide, de l'absence ; et des aigreurs, des remords. Il le voyait bien maintenant : il n'y avait pas de bout du monde ; c'était une illusion. C'était bien vrai que la terre était ronde ; la vie l'avait trompé. Il s'en voulait d'avoir cru aux promesses, au mirage de l'enfance. Il résolut qu'à trente-huit ans il ne grandirait plus ; il était temps de consentir à l'âge adulte. Mais les années écoulées depuis les événements si tragiques, depuis l'horreur de cette journée maudite, ces années avaient-elles suffi à effacer les traces laissées là-bas sur la rive du grand Lac et dans les esprits ?

Tout avait pourtant commencé sous les auspices les plus favorables. Les voix chaudes, les regards illuminés, les personnages si vivants de Mistouk ; la société intense de la forge et du magasin général ; ces colons défricheurs fantasques, bavards et railleurs, immodestes et généreux, chicaniers et drôles, qui lisaient la carte du monde dans la paume de leur main, qui étaient venus parfois de très loin avec leurs familles pour recommencer leur vie dans cette contrée de peuplement et, du même coup, pourquoi pas, refaire aussi la vie elle-même. Comme il avait aimé en sa jeunesse les écouter, les découvrir, se mêler à eux, se pénétrer de leur esprit, de leurs chimères, adopter leur manière, leurs extravagances. N'est-ce pas un peu leurs rêves qu'il avait voulu continuer en les poussant encore plus loin, bien au-delà de leurs trécarrés, jusqu'au bout des horizons ? Il se demandait comment la petite vie retranchée des Chicots, tout comme la sienne commencée dans la plus grande innocence, pour ainsi dire en marge, dans l'insouciance du vaste monde, presque à son insu en fait, comment cette vie si simple et si droite en était venue là, comment elle avait pu dériver puis s'abîmer de la sorte. Et tous ces personnages de son enfance, comment en étaient-ils arrivés à se ressembler si peu? Il se rappelait bien la dernière fois qu'il les avait vus : il les avait à peine reconnus avec leur voix éteinte, leur silhouette courbée, leur geste hésitant. Et ce voile qui brouillait leur regard.

Il fut tiré de sa rêverie, releva la tête. La goélette luttait contre la vague et la marée. Ils étaient au milieu du Fjord. Comme jadis, il se laissa malgré lui captiver par l'alignement des hautes parois rocheuses entrecoupées d'anses profondes où des phoques engourdis sommeillaient, hissés sur des récifs. À la hauteur de Rivière-Éternité, il vit défiler sur sa gauche le profil familier des deux immenses promontoires dont le sommet s'égarait dans les nuages. Sur la face du Cap Trinité, la tête géante du chef indien se détachait nettement dans la pierre. C'est à cet endroit même que, pour la première fois, Moïse lui avait parlé de la Source Blanche… Moïse l'Indien, son ami, son frère. Frère non par le sang mais bien plus encore : par le cœur. Il revivait leurs chevauchées, leurs jeux, leurs folles équipées. Et tant d'autres péripéties qui se bousculaient dans sa tête. Il détourna son regard des deux caps qui s'éloignaient, s'estompant derrière lui. Les pensées qui étaient rattachées à ce lieu lui faisaient trop mal. Il essaya de se reporter plus loin en arrière, évoqua Zébert, le complice fidèle, le compagnon de fortune et d'infortune, et Félix, le jeune frère infirme. Encore des remords.

Il songeait à la commotion provoquée par l'arrivée subite de l'armée dans leur campagne si paisible, aux trahisons qui avaient ensuite divisé les siens, au déchirement dans lequel il s'était lui-même trouvé. Pour la millième fois, il revécut l'atroce tragédie, l'avance puis l'attaque des soldats ; il revit le corps de Félix gisant dans la mare de sang. Comme il avait eu honte, lui le frère aîné, le géant, de se trouver là impuissant, trop tard, après l'action. Il s'était penché sur le blessé, s'était emparé de lui et, pendant une demi-heure, avait marché à travers champs, le tenant dans ses bras comme un enfant, engageant avec lui ce qui devait être leur dernier entretien.

Méo se souvenait dans le détail de tout ce qui s'était passé par la suite. Il aurait voulu couper là le fil des événements. Il essayait en vain, tout comme il le faisait depuis sept ans, d'abolir ces épisodes de sa mémoire. Mais ils le poursuivaient sans cesse : depuis la rage qui l'avait subitement envahi ce jour-là jusqu'à l'affrontement terrible, fatal, sur la plage.

Et ces absences. Sa sœur Mathilde, la grande Mathilde, retirée de la vie après que la vie se fut retirée d'elle ; victime de l'amour, celle-là, et condamnée à une immolation lente, préméditée. Senelle, l'Indienne, entrée dans son existence presque à l'improviste, y jetant le plus grand désordre. Et Julie, mystérieuse, fidèle, toujours Julie, la pure, au creux de son être, logée dans toutes ses pensées depuis tout ce temps, la seule patrie qu'il lui pressait encore de visiter et d'habiter désormais. Mais un sortilège l'avait toujours éloigné d'elle dès qu'il trouvait le chemin qui l'en rapprochait. Dans quel état la retrouverait-il cette fois ? Et après toutes ces dérobades, toutes ces trahisons, l'attendait-elle seulement encore ? Toujours des remords.

Sa pensée revenait à Joseph, à tout ce qui l'attachait à lui, à son enfance malheureuse à Couchepagane, sa jeunesse fébrile à Woonsockett où il avait rencontré Marie, l'installation du jeune couple dans le rang des Chicots à Mistouk, où lui-même était né. Et tout ce qui s'était ensuivi.

La soirée était très avancée lorsque la goélette accosta enfin à Chicoutimi. Il pleuvait à verse. Là de nouveau, il renoua avec des lieux encore tout chauds de son ancienne vie. Du quai, il aperçut la grande place où l'oncle Fabien avait été assailli ; elle était devenue un terrain vague. Plus loin, enfoui dans la broussaille, il devinait l'emplacement de l'ancien poste de traite de la Baie d'Hudson, visité jadis en compagnie de Moïse et d'où provenait le pendentif qu'il portait toujours au cou. Le temps avait tourné à l'orage. Il courut sous la pluie avec son sac sur l'épaule, se mit en quête d'un automobiliste disposé à le conduire jusqu'au Lac à cette heure tardive, malgré le mauvais temps. Il trouva finalement un volontaire :

— À Mistouk, vite.

Il ne lui restait plus qu'à attendre maintenant. La voiture fonçait dans la nuit, bondissant sur la chaussée défoncée, dérapant dans les fondrières. Il restait silencieux, agrippé à son siège, le regard rivé sur le tracé sautillant des phares. Durant tout le trajet, sa pensée erra encore du côté des absents, des morts, des remords. Et cependant, presque malgré lui, un espoir renaissait. Il se disait que, peut-être, tout pouvait encore être racheté…

Pourvu qu'il arrive à temps.

PREMIÈRE PARTIE

Les Eaux-Belles

Chapitre I

Les pluies froides alternaient avec les grosses chaleurs qui ramenaient les nuées de moustiques. Mais rien ne semblait affecter Joseph Tremblay et Marie Gagnon. Ils s'acharnaient tout le jour dans les souches et les ronces, puis regagnaient, épuisés, le camp qui leur servait d'abri au bord du Lac. Ils se couchaient peu après le soleil et se relevaient avant lui ; aux premières lueurs, ils étaient de retour dans les brûlis. Depuis la fin de l'hiver, ils avaient repris les défrichements sur le lot acquis l'année précédente au rang des Chicots, à cinq milles du village de Mistouk*. De grandes talles de bouleaux chétifs et dénudés poussaient dans des renfoncements inondés ; ils avaient donné son nom à l'endroit. Au sud le Lac s'étalait, immense, telle la mer. Une petite plage avoisinait une falaise rocheuse de couleur ocre qui jurait

---

* Pour les mots accompagnés d'un astérisque, voir le Glossaire à la fin du livre ou la Table d'équivalences des toponymes saguenayens anciens et modernes.

dans le paysage ; les habitants l'appelaient le Cran-Rouge. Du côté est du camp, la coulée de l'Ours-Malin marquait la limite de la propriété. Les montagnes prenaient naissance à quelques milles vers le nord. Au-delà, la forêt ondulait à l'infini. Joseph et Marie aimaient le paysage rude des Chicots où les conifères abondaient, surtout des épinettes, des sapins et, sur les crans, des pins, des cyprès. Mal égouttée, la grosse terre noire était constamment inondée et ils avaient peine à s'y déplacer avec leurs bottes de beu* qui enfonçaient dans la boue jusqu'à mi-jambe. Ils avaient acheté la terre à bas prix, mais elle était parsemée de crans et de savanes ; en certains endroits, la mousse atteignait une profondeur de trois ou quatre pieds. Le nord du Lac-Saint-Jean était peu propice à l'agriculture. Pressé par les compagnies forestières, le gouvernement l'avait néanmoins ouvert à la colonisation. Une propagande présentait ces étendues comme « le futur grenier de la province de Québec ». Les colons y venaient nombreux ; ils déchantaient vite.

Les travaux avançaient très lentement. Joseph abattait les arbres à la hache et les émondait, mettant les plus gros troncs de côté ; ils serviraient plus tard à la construction de l'étable. Marie faisait brûler le reste, puis retournait à son travail parmi les aulnes qu'elle tranchait à la serpe. Ne possédant ni bœuf ni charrue, c'est à la pioche que, cette année-là, ils travaillèrent le sol pour y déposer les premières semences. Les défrichés couvraient l'équivalent de deux ou trois jardins. Entre temps, le couple se nourrissait des poissons du Lac et du gibier que Joseph rapportait de ses virées en forêt. Mais souvent leur repas se limitait à un peu de graisse de caribou, un morceau de pain d'orge, des pelures de pommes de terre. Plus tard, Marie dirait de ce temps-là :

— On était pauvres comme la lune…

À quoi Joseph ajouterait en souriant :

— On en avait souvent la couleur aussi !

Le dimanche en fin de journée, il allait marcher dans ses

bûchés, dont il faisait le tour pour la centième fois. Puis il venait s'asseoir devant le camp, au bord du Lac, d'où il regardait tomber la nuit. La nuit qui, en face, recouvrait peu à peu Roberval, Chambord, Rivière-à-l'Ours. Et aussi le rang de Couchepagane qu'il devinait à l'est de Roberval, un peu en retrait de la rive. C'est là qu'il avait grandi. François et Mélanie, ses parents, y vivaient toujours. Alors son visage se crispait, son regard s'embrumait. Il se relevait lentement et allait retrouver Marie dans le camp.

Ils terminèrent les semences vers la mi-juin, juste à temps pour la naissance de leur premier enfant. Alberta, la mère de Marie, que tout le monde appelait Berta, était venue du village pour assister sa fille durant les derniers jours de la grossesse. L'enfant naquit un matin, un garçon gros et grand, étonnamment grand, qui donna beaucoup de mal à la mère et la fit s'exclamer en le voyant :

— Mon Dieu qu'y est grand ! Mais y est trop grand c't'enfant-là. Seigneur, qu'est-ce qu'on va en faire...

Paroles prophétiques. Le curé, Jean-Baptiste Renaud, le baptisa le jour même sous les prénoms de Joseph-Wilbrod-Roméo. Le grand-père forgeron, Wilbrod Gagnon, et sa femme Berta étaient parrain et marraine. C'était le 24 juin 1887. La mère était épuisée, Joseph était fou de joie. Roméo faisait déjà tout un chahut dans son berceau.

Le nouveau-né tétait gloutonnement, réclamait sans cesse le sein et protestait bruyamment lorsqu'on le lui retirait. Marie ne suffisait pas à la tâche. Elle mâchait tout le jour de grosses gommes d'épinette et avalait force tisanes pour accélérer ses montées de lait, sans parvenir à combler le goinfre. Elle allaitait jour et nuit et il lui vint des abcès sur les seins qu'elle traitait en y appliquant des feuilles de chou. Et cependant, elle ne se lassait pas de contempler cette petite vie qui dévorait la sienne tout en la prolongeant. Joseph trouvait que le nouveau-né grandissait « à vue d'œil » et s'en réjouissait ; il fallait que les enfants profitent. À trois mois, Roméo en paraissait six. À un an, il n'entrait déjà plus dans le berceau que Wilbrod avait confectionné. Marie l'avait bien dit, l'enfant était trop grand : pour son lit, pour son linge, pour son âge :

— Y déborde tout l'temps, de partout !

Après quelque temps, elle put retourner aux défrichements auprès de Joseph. Elle déposait l'enfant à l'ombre, lui faisait un abri pour le protéger des moustiques. Mais elle devait s'interrompre à tout moment pour rattraper Roméo qui s'échappait, rampait à travers les ronces, fonçait dangereusement vers les fossés inondés.

L'année suivante, elle donna naissance à un deuxième enfant, une fille qui fut prénommée Mathilde. Cette fois, l'accouchement fut très difficile et Berta craignit pour la vie de la mère. Marie était dans les grosses douleurs depuis plus de vingt-quatre heures lorsqu'elle eut l'idée de faire un vœu : si l'enfant naissait en santé, il appartiendrait à l'Église. Et Mathilde naquit, une belle fille aux cheveux châtains, les yeux grands ouverts, rieuse et curieuse de tout, mais déjà promise sans le savoir. Elle le découvrirait bien assez tôt. Dès le lendemain de sa naissance, un cierge brûlait pour sa vocation dans un coin du camp. Il y eut ensuite une fausse couche, puis un garçon qui s'appela Adhémar. Une deuxième fille, Rosalie, suivit. Quinze mois plus tard, un autre bébé naissait, tout petit, prématuré. L'accouchement dura moins d'une heure, sans douleur. Le nouveau-né, Raphaël, passa presque inaperçu et survécut sans problème, mais à son rythme et sans faire de bruit. Marie avait alors beaucoup à faire et la vie reprit vite son cours.

La famille continua de s'agrandir. Il naquit un garçon (Félix), puis deux autres filles (Béatrice et Blanche), et encore deux garçons (Léon-Pierre et Gonzague). Ce dernier, en grandissant, souffrit d'une myopie très prononcée qui lui valut bien des misères jusqu'à ce qu'il portât ses premières lunettes, mais seulement vers l'âge de quatorze ou quinze ans. Après sa naissance, la famille comptait dix enfants. Il en vint un autre, Aurélie, qui allait mourir à trois ans, au printemps. Ce matin-là, les embâcles géants qui s'étaient formés à l'entrée de la rivière Saguenay* avaient cédé, libérant le Lac Saint-Jean de ses glaces; c'était le signal de la belle saison, le retour de la vie dans cette partie éloignée du monde. Joseph et Marie furent profondément attristés de ce deuil au mois de mai. Méo, c'est ainsi qu'on l'appela dès son jeune âge, garderait le souvenir de son père sortant de la maison avec le petit cercueil dans ses bras pour le porter au cimetière.

Marie avait trente-neuf ans à la naissance d'Aurélie et n'avait jamais songé sérieusement à « empêcher la famille ». Le curé Renaud lui avait bien rappelé ses devoirs lorsqu'il l'avait confessée le matin de son mariage : la « sève » devait entrer dans le « vase » féminin et y rester. Elle avait aussi été avisée de ne jamais « se refuser » à son mari. Sauf à certaines périodes réservées, comme les relevailles, elle « se devait » à lui. Ces deux règles lui avaient suffi pour se gouverner dans l'univers de la sexualité conjugale. Sur le moment, elle n'était même pas certaine d'en avoir compris tout le sens; le sujet étant tabou, elle n'avait pas posé de question. Plus jeune, elle avait été traumatisée pas ses premières menstruations. Elle se croyait atteinte d'une maladie honteuse dont elle mourrait assurément. Personne ne lui en avait parlé auparavant et elle-même n'avait pas osé s'en ouvrir à qui que ce soit. Tous les mois, lorsqu'elle avait « ses maladies », « ses affaires », elle se débrouillait en cachette avec de vieux tissus qu'elle allait secrètement laver au Lac. C'est finalement Bernadette, sa sœur aînée, qui lui avait parlé. Plus tard, elle apprit que toutes les jeunes filles de son âge avaient souffert de la même ignorance. Durant leur première nuit aux Chicots, il ne s'était rien passé entre Joseph et elle, ni l'un ni l'autre n'osant passer à l'acte. Leur union fut consommée la nuit suivante, après quoi tout devint plus facile. Joseph n'était pas exactement un foudre de guerre; il agissait avec une grande pudeur et traitait Marie avec douceur. Elle veillait à lui « donner son besoin ».

Lorsqu'elle était enceinte, elle portait un corset et de grosses jupes pour dissimuler sa condition. Les enfants ne s'apercevaient de rien. Elle travaillait comme si de rien n'était jusqu'à ce que ses eaux crèvent. Par contre, les migraines qui l'affligeaient ordinairement cessaient durant ses grossesses.

— Un mal chasse l'autre, disait-elle.

La grand-mère Berta l'assista dans ses premiers accouchements; le docteur Émile Simard prit le relais pour les autres. Le cas de Mathilde mis à part, Marie ne connut pas de grosses difficultés. Elle s'en remettait, disait-elle, à saint Gérard-Magella. Peu après leur naissance, autant que possible dans la même journée, les bébés étaient conduits à l'église pour y être baptisés, même en hiver quand il faisait tempête. Il importait de faire vite car, en cas de décès, l'âme de l'enfant irait pour toujours dans les limbes, guère plus enviables que le purgatoire.

Avec les années, Marie travailla de moins en moins aux champs, mobilisée qu'elle était par les travaux domestiques et le soin des enfants. C'est elle qui guérissait tous leurs maux, ceux du corps et les autres. Méo lui demandait bien du temps. Il se déplaçait constamment, semait partout le désordre. Lorsqu'il s'essaya à marcher, il traversa toute la pièce d'un mur à l'autre; il se fit ainsi une première idée de l'immensité de l'univers. Il explora ensuite tous les abords du camp et se lança dans toutes sortes d'entreprises qui se terminaient ordinairement dans les sanglots. Lorsque la grand-mère était à la maison, c'est auprès d'elle qu'il se réfugiait: « Bobo Méo », disait-il en montrant le front, un doigt, un genou; Berta soufflait doucement sur la blessure et le sourire revenait. « Bobo Méo » par ci, « Bobo Méo » par là, c'était devenu la formule magique qui délivrait du mal; à la longue, les autres enfants s'y mirent aussi. La nuit, il poursuivait en rêve ses chevauchées et se réveillait souvent au milieu d'un cauchemar. Le remède était toujours le même; Marie l'accueillait dans son lit, enfouissait la petite tête dans son cou et fredonnait une berceuse en lui caressant les cheveux de la main. Bientôt, elle n'entendait plus que le souffle chaud de l'enfant sur sa joue. Comme le murmure du bonheur au creux de la nuit.

Pour contrer leur dénuement, les familles s'entraidaient. Joseph entretenait de bons rapports avec ses deux voisins immédiats, Clovis Roy et Tancrède Larouche. Le premier demeurait vers l'ouest, dans la direction du village, au milieu d'une longue côte qui causait bien des misères aux voyageurs ; c'était la Côte-à-Clovis. L'autre était établi vers l'est sur une butte — la Butte-à-Tancrède — toujours balayée par le vent du Lac. Mois après mois, d'autres colons impécunieux venaient prendre des terres ; des gens de Charlevoix surtout, mais aussi du Bas-Saint-Laurent et des environs. Un jour, des Blanchette vinrent s'établir à côté des Tremblay, presque en face des Roy. C'étaient des gens à l'aise ; ils se construisirent tout de suite une maison. Ils se signalèrent aussi par leur comportement hostile ; ils n'empruntaient ni ne prêtaient rien, fuyaient la conversation, n'étaient d'aucune corvée.

Dans l'ensemble, Méo et les autres connurent la même enfance que leurs parents et grands-parents, eux-mêmes établis jadis comme défricheurs en d'autres coins du Saguenay. Le camp des Chicots, mal isolé, mal chauffé, était un assemblage de billots sommairement assujettis. L'hiver, il fallait casser la glace tous les matins dans les chaudières. L'été, les enfants allaient pieds nus, jusqu'à l'automne. Le blé des premières récoltes donnait un gros pain noir, dur comme du bois, qu'il fallait faire détremper longuement. L'eau elle-même était une préoccupation constante. Au début, les Tremblay s'approvisionnaient au Lac mais ils recueillaient aussi l'eau de pluie, meilleure à boire. Joseph creusa ensuite un puits, mais cette eau laissait un goût de soufre dans la bouche. Beaucoup plus tard, lorsqu'il fut devenu un géant, Méo expliquait :

— Moué ? J'ai été élevé au pain mouillé pis à l'eau sec.

Joseph passait tout son temps à défricher, nettoyer, drainer la terre. L'hiver, il s'absentait quelques mois pour aller bûcher dans les chantiers forestiers de la Compagnie Price. L'argent qu'il en rapportait lui permit d'acquérir un cheval (Farouche). Tous les soirs, beau temps, mauvais temps, et longtemps après le coucher du soleil, il œuvrait dans les friches à creuser ou à réparer les fossés d'égouttement qui s'affaissaient après de fortes pluies. Il s'éclairait d'une lanterne ou d'une torche fixée à un pieu. Marie le surveillait par la fenêtre et, lorsqu'elle jugeait que la nuit était trop avancée, elle se rendait elle-même dans les brûlis pour l'en ramener. Les fossés des Chicots, il n'était question que de cela chez les Tremblay et ailleurs dans le rang. Mais Joseph ne perdait pas courage. Défricher était l'occupation la plus noble : c'était refaire la vie à son goût, pour les siens, pour les autres, en toute liberté, et l'étendre à travers la forêt, y semant d'autres champs, d'autres paroisses, et plus tard des villes, des industries, comme aux États. Le rêve. Tout redevenait possible dans ces vastes espaces inhabités. Comme aux premiers temps du monde.

Peu de temps après leur installation, un soir après le souper, Joseph avait amené Marie derrière le camp et, de son bras tendu vers le nord, il avait désigné un endroit imprécis à l'horizon. C'était, disait-il, la direction du trécarré, dont il indiquait l'emplacement approximatif. Il projetait d'y amener les défrichements de son vivant, et même au-delà, sur d'autres lots qu'il comptait un jour acheter. Ainsi ses enfants pourraient s'établir à proximité. Pendant plusieurs années, à table, il évoqua son trécarré et ces « autres lots » qui attendaient.

* * *

Méo, grandissant, faisait le bonheur de Joseph et Marie qui s'émerveillaient de sa précocité, s'amusaient de ses naïvetés. On lui enseignait à jouer à la cachette, il croyait que personne ne le voyait plus dès l'instant où il fermait les yeux. On lui décrivait le Lac, il demandait s'il séjournait toujours dans l'eau. Quand il s'était beaucoup agité, il avait « soif dans sa bouche ». Lorsqu'il eut trois ou quatre ans, un quêteux de passage chez les Tremblay sculpta un petit cheval dans une bûche. Captivé, Méo l'avait observé attentivement pendant toute une journée. À la fin du travail, il fut émerveillé et demanda au quêteux :

— Comment tu l'savais qu'y avait un ch'val dans la bûche ?

— Ah ! ça, c'est mon secret.

— Y a des p'tits ch'vaux qui dorment dans tous les arbres ?

— Oui souvent, mais pas rien que des ch'vaux. Y a bin d'autres choses dans les arbres, pis dans les pierres aussi ; y a des animaux, des bateaux, des maisons, pis même des p'tits garçons…

— Han !… comme moué ?

— Oui, pis même des plus grands que toué.

Plus tard, lorsque Méo découvrit la forêt, il rêva à cet univers peuplé d'êtres cachés et il se collait l'oreille contre les arbres et les pierres, essayant d'imaginer ce qu'ils pouvaient dissimuler. Il s'intéressait à tout, interrogeait sans se lasser : pourquoi le jour et la nuit, pourquoi les feuilles au printemps, pourquoi le tonnerre et les éclairs ? Pourquoi le soleil chassait-il les étoiles en se levant ? Et pourquoi Joseph s'acharnait-il à faire pousser le grain puisqu'il le coupait à la fin de l'été ? Un voisin étant décédé, il voulut savoir si, lorsqu'on mourait, c'était pour toute la vie. Un jour, il s'avisa que le soleil et la lune avaient la même taille ; il découvrait la symétrie du monde.

Il avait de longs cheveux très noirs, un peu rebelles, dans lesquels Marie aimait promener ses doigts. Elle le berçait quelques instants tous les soirs avant de le coucher, lui racontait des choses. Elle lui parlait de la mer, qu'elle n'avait jamais vue. Joseph riait :

— Parle-z-y plutôt du Lac parce qu'en frais d'mer, c'est bin tout c'que t'as vu.

— Tant qu'à ça, j'aurais pas grand-chose à conter, rapport que j'ai pas vu beaucoup d'terre non plus.

C'était leur sujet préféré à tous les deux, la mer, le vent, les bateaux. Blotti contre Marie, l'enfant s'endormait dans la lumière vacillante des bougies, en se laissant bercer par les vagues qui clapotaient doucement dans sa tête. Parvenu à l'âge adulte, il se souviendrait de ces instants, tout comme de cette nuit d'hiver alors que la famille revenait d'une veillée avec Berta. Il faisait un froid à pierre fendre, de longs jets de vapeur s'échappaient des naseaux du cheval, les patins de la carriole crissaient sur la neige durcie. Méo reposait sur les genoux de la grand-mère, emmitou-flé dans une fourrure. Fasciné, il contemplait les étoiles pendant que Berta lui soufflait dans le visage pour le réchauffer.

La nourriture était frugale mais Méo, contrairement à Raphaël, n'en « profitait » pas moins. À huit ans, il était grand comme un adolescent et se rendait parfois seul au village pour en rapporter du sel, un harnais, un outil. Il avait commencé les classes depuis trois ans avec Mathilde, l'un protégeant l'autre. L'hiver, ils partaient tôt le matin et s'engageaient dans le chemin tortueux menant à l'école, sur la Butte-à-Tancrède. Marie les observait de la fenêtre. Lorsqu'il avait neigé durant la nuit, Méo ouvrait le chemin ; Mathilde suivait, mettant ses pas dans les siens. Quand il faisait un très fort vent de face, ils allaient tous deux à reculons pour s'abriter, Méo faisant écran. Joseph se moquait :

— J'comprends pourquoi vous avancez pas vite à l'école…

Ils criaient, tombaient, se relevaient, se laissaient choir encore, demeuraient un moment étendus dans la grosse neige à regarder le firmament, repartaient, gesticulaient dans les rafales, arrivaient en retard en classe. La maîtresse souriait en les voyant. C'était ainsi avec Méo. Il faisait tout de travers, à sa manière avide, échevelée, innocente. Et il séduisait tout le monde ; personne n'osait le gronder. Il était beau, chaleureux, plein de ten-dresse, et heureux, terriblement heureux : qui aurait voulu faire de la peine à Méo ? Qui aurait voulu s'en prendre au bonheur, à la vie jaillissante ? La petite Juliette (« Julie ») Blanchette, la fille du mauvais voisin, les accompagnait souvent sur le trajet de l'école, mais au retour seulement, car le matin, elle tenait à ne pas être en retard. Elle avait été « donnée » au couple Blanchette par sa mère, une veuve surchargée d'enfants, remariée plus tard au Manitoba. À six ans, Julie était la meilleure élève de l'école. Elle était d'ailleurs la première partout. Elle fut la première aussi à tomber amoureuse de Méo ; d'aussi loin qu'elle se souvînt, elle l'avait toujours aimé. Elle l'épouserait un jour. C'était son secret.

Pour l'heure, Méo était sollicité par bien d'autres affaires. D'abord, il avait l'univers à découvrir. Fasciné par le mouvement des nuages, il passait de longs moments couché dans les champs à observer leur course lente. C'étaient tantôt d'immenses chaînes de montagnes, tantôt de grandes épaves de navire, ou bien encore des morceaux de continent qui dérivaient paresseusement vers le lointain, comme sur un océan inversé. Le firmament était une immense cloche de verre recouvrant le Lac et ses environs. Quand Méo serait plus grand, il en ferait le tour, il marcherait jusqu'au bout du monde, jusqu'aux confins de l'horizon, là où la paroi azurée prenait appui sur le sol. Et de l'autre côté ? Qu'y avait-il donc au-delà ? Hélas ! il allait vite se rendre compte que l'horizon s'éloignait à mesure qu'il croyait s'en approcher ; ce fut une grande déception.

Il était attentif aux couleurs changeantes du ciel et des eaux : les bleus pastel, les gris cendrés ou noirs, les longues tranchées de cuivre qui, à la fin du jour, fendaient le Lac d'une rive à l'autre. Et les aubes claironnantes de l'hiver, la fraîcheur des sous-bois en juillet, les accalmies du crépuscule, les douceurs de septembre. Il apprit les éclairs et le tonnerre, voulut décrocher son premier arc-en-ciel, se montra fort intrigué par la face cachée de la lune, s'étonna de l'origine des papillons et de la mutation du pissenlit dont il chassait la poussière grise au vent. Il s'appliquait à mieux comprendre le temps qu'il faisait et à prévoir celui qu'il ferait ; il se faisait expliquer le vent, la pluie, les saisons, l'été des Indiens. Il sut pourquoi il ne neige jamais quand il fait très froid, apprit que le trois fait le mois. Il découvrit que le chant des oiseaux commande le lever du jour. Mais il en revenait toujours au Lac, secret, infini.

Très tôt, il prit goût à observer les choses et à les imaginer autrement qu'elles n'étaient. Il rêvait qu'un jour toutes les rivières inverseraient leur cours et que leurs eaux remonteraient à leur source commune, y faisant converger tout ce qu'elles avaient convoyé dans leurs voyages à travers les continents : les senteurs, les musiques, les images de pays inconnus, les échos de drames et d'exploits inouïs, les traces de toutes les vies vécues dans les jadis et dans les lointains.

Le soir, il se plaisait à observer les étoiles. Joseph lui avait appris à reconnaître la Petite et la Grande Ourse, l'étoile Polaire, le Grand Carré, le Petit Cheval. Il connaissait les quartiers de la lune. Il sut que, dans le décours, tout ce qui pousse s'alanguit, alors que, dans le croissant, les océans se gonflent, la sève des arbres s'active, la nature est en fête. Il lui arrivait de fixer une étoile en se disant que, peut-être, dans cent autres pays, mille autres regards croisaient le sien. Il en éprouvait une sorte de fraternité. Mais, plus tard, il apprit qu'à l'autre bout du monde un autre ciel, d'autres étoiles se découvraient ; autre déception. Ce fut un grand émoi lorsqu'il aperçut sa première étoile filante. Il craignit un instant qu'elle ne tombât dans le Lac, près de Chambord. Après tout, n'était-ce pas ainsi que cette mer avait été creusée à l'origine : par la chute d'une gigantesque étoile dont le noyau gisait encore au fond des eaux ? Un soir de décembre, le ciel se recouvrit d'aurores boréales ; c'étaient des voiles dont se couvraient les rois mages. Il apprenait beaucoup des adultes ; par exemple : qu'il ne fallait pas toujours les croire. Plusieurs ne tenaient-ils pas que la terre était ronde ?

Marchant sur la rive du Lac, il se laissait fouetter par l'air du large, se demandait si le vent venait de Chine ou d'Afrique, ou de quelque autre contrée dont il apprenait les noms à l'école. Il cherchait à reconnaître les senteurs dont il l'imaginait chargé. C'était le même vent, pensait-il, qui gonflait les voiles des goélettes au large de Charlevoix, qui poussait les grands voiliers loin du golfe Saint-Laurent vers des destinations inconnues ; et parfois, lorsqu'il lui prenait une colère, il les projetait contre de méchants récifs sur lesquels ils s'éventraient pour disparaître, corps et biens. Beaucoup plus tard, une pièce de beaupré ou de grand-vergue referait surface, comme un dernier message que les morts adresseraient aux vivants. On lui parlait aussi de la rivière Saguenay, du Fjord entre l'Anse-aux-Foins et Tadoussac, de ses caps légendaires, de ses profondeurs insondables habitées par des monstres marins. Que de choses à découvrir ! À la fin du jour, ses promenades imaginaires le laissaient gorgé d'émotions, de souvenirs brûlants. Il gagnait sa chambre et s'étendait près de Félix, qui partageait son lit. Mais son exaltation le gardait long-temps éveillé. Il finissait par s'endormir en songeant aux navires qui gisaient avec leur cargaison au fond des mers et aux mon-tagnes de ce pays lointain, comment s'appelait-il déjà ? dont la cime enneigée s'élevait jusqu'au firmament, comme pour faire une caresse au Bon Dieu.

* * *

Il avait maintenant douze ans et en faisait quinze, montrant une force et une intensité peu communes. Tout l'attirait, l'exal-tait. Il vivait dans un monde enchanté rempli de surprises et de secrets qu'il découvrait avec passion. Il était sensible au souffle du vent, au murmure du ruisseau. Il savait comment la vie avait commencé : par un coup d'aile d'oiseau dans un grand ciel bleu. Il grandissait dans un monde qui sentait la feuille de noisetier sous la rosée ; des rivières y coulaient où, à l'aube, venaient s'abreuver la loutre et la martre. Tel fut le douzième été de Méo.

Tôt le matin, tandis qu'un léger brouillard recouvrait encore les champs, il travaillait au jardin ou à l'étable, puis il s'évadait dans les bois. Il y traçait des circuits que croisaient des ruisseaux furtifs sous les pins et cyprès. Il y découvrait des coulées douces et des replis ombragés où il s'aménageait des haltes secrètes. Il errait une grande partie de la journée, s'arrêtant pour observer une fourmilière, retourner une grosse pierre, grimper à un arbre, se baigner dans un lac, explorer une brèche dans un rocher, et y trouver un trésor peut-être ? Il s'étendait près d'un étang endormi pour suivre la course des patineuses* entre les nénuphars. Il courait lui-même à perdre haleine dans les sous-bois, puis s'arrêtait pour écouter son cœur qui battait comme un fou, son sang qui lui fouettait les tempes. Allongé sur un cran, il se laissait pénétrer par la magie des sons. Il se taillait des sifflets dans des branches de cerisier et conversait avec l'hirondelle, le sizerin, le roitelet. Il oubliait de rentrer pour dîner, étendant chaque jour l'aire de ses excursions. Sur le chemin du retour, il s'arrêtait sur un monticule rocheux, à mille pieds de la maison. De là, la vue plongeait d'un côté sur le Lac, de l'autre sur les champs. Il apercevait au loin Adhémar ou Mathilde guidant Farouche, puis le train lent de la charrue précédant la silhouette de Joseph ; derrière, des oiseaux faisaient cortège à l'affût des insectes délogés par le soc. Alors le remords l'envahissait, mais il était trop tard. Et puis il savait que, le lendemain, il céderait encore à l'attrait du large.

De ses virées quotidiennes dans les bois, il revenait ravi, crotté, le visage cramoisi, boursouflé par les piqûres de maringouins et de brûlots, mais souriant aux anges, étourdi par les sensations du jour. Il rapportait un assortiment de roches bizarres, des loupes en forme de cœur, de rosace ou de bénitier qu'il offrait à Marie. Souvent aussi, il avait cueilli, aux branches de vieilles épinettes, des cheveux d'ange dont Mathilde décorerait le sapin du jour de l'An et qui serviraient ensuite à faire des perruques pour la Mi-carême. Marie prenait soin de fouiller ses vêtements ; elle en retirait des vesses-de-loup éclatées, des œufs de bécassine, des grosses cocottes, un petit mulot étourdi qu'elle rendait à ses champs. Enfin, il ramenait chaque jour toute une provision d'observations et de découvertes dont il faisait le récit à table, en un discours incohérent, précipité, tout en vidant ses plats à la hâte. Puis il était de nouveau dehors, lancé sur d'autres pistes.

Un jour, à deux milles des Chicots, au-delà du trécarré, il découvrit les Eaux-Belles. Le hasard l'avait conduit au bout d'une clairière d'où il s'était hissé sur un vilain cran. Il en fit le tour et, à sa grande surprise, vit qu'il était ceinturé de mélèzes géants. C'était une espèce d'arbres très nobles et très rares qui fascinaient les habitants par leur force tranquille, souveraine. Ils formaient une sorte d'enclos dans une vaste étendue d'épinettes et de sapins qu'ils dominaient de plusieurs pieds. Méo s'était assis pour les contempler. Ils se dressaient dans le ciel bleu comme les derniers survivants d'une ancienne splendeur — ou bien les annonciateurs d'un règne nouveau? Il s'en trouvait quelques-uns autour du Lac et ailleurs dans la région, isolés parmi les autres résineux. Méo en avait déjà vu mais jamais autant à la fois. Il était ébloui par leur taille, leur grâce, leur souplesse. Il s'avança dans le boisé et se trouva bientôt près d'un ruisseau dont les eaux limpides jaillissaient d'un talus. Il le suivit. Plus loin, le courant prenait son élan puis se heurtait à une haute paroi rocheuse qui le faisait bifurquer à angle droit, y suscitant une jolie cascade. Sur le rocher lui-même, dont le sommet était parfaitement plat sur une cinquantaine de pieds, Méo projeta de construire un jour un camp. Il se prit d'affection pour ce refuge secret où il fit halte souvent. Le feuillage délicat des grands mélèzes tamisait finement la lumière de midi. Certains jours, leurs longues silhouettes repoussaient en grinçant les bourrasques du nord. D'autres fois, elles ondulaient sous le souffle caressant venu du Lac. Méo apprit que d'anciens explorateurs avaient baptisé ce lieu « les Eaux-Belles ». Il venait y rêvasser en juillet dans la fraîcheur de la mousse recouvrant la paroi. Puis il se hissait sur la grande pierre, d'où son regard embrassait les montagnes s'étendant vers le nord, à travers un lacis de vallées, de lacs et de rivières qui n'avaient pas de nom.

Il apprenait aussi les insectes et les animaux, petits ou gros. Flânant dans les champs, il observait les essaims de sauterelles qui surgissaient sous ses pas. Il se passionnait pour l'arraignée-àgros-cul, cette patiente ouvrière, pour le hanneton que traquait la mouffette, pour le papillon dont le dessin semblait varier avec l'heure du jour. Il apprenait à distinguer les terriers de l'hermine et de la marmotte, reconnaissait la fiente du porc-épic et du raton laveur, démêlait les cris du renard et du lynx. Il fréquentait les étangs, les marais où couvaient la sarcelle et le canard; il lui arrivait d'y surprendre un chevreuil à la sieste. Il s'émerveillait de l'oiseau-mouche qui savait au printemps donner à son nid les dimensions de sa future couvée. Il détestait le vacher et la corneille qui squattaient leurs congénères. Il savait quand le renard change de robe, comment les oiseaux font leur toilette, pourquoi le rossignol cesse parfois de chanter. Il apprit aussi à repérer une source, à pêcher sans hameçon, à construire un abri incliné, à retrouver sa direction lorsqu'il s'égarait. Il étudiait le mouvement des feuilles, savait quand elles avaient été agitées par le vent ou par le frôlement d'une bête. L'automne venu, au moment des grandes migrations, il passait des heures à surveiller les milliers de bernaches qui, venant du nord, faisaient escale près des Eaux-Belles. Il imaginait que l'oiseau-mouche voyageait sur le dos des grandes outardes à collier. Et quand en novembre la première neige tombait, il s'arrêtait sur le bord d'un lac pour suivre le manège des jeunes truites qui sautaient pour attraper des flocons.

Un matin, il découvrit le cadavre d'un loup pris au piège. La bête avait entrepris de se ronger une patte avant de mourir. Et de ses yeux vitreux, écarquillés, elle fixait Méo qui n'arrivait pas à en détacher son regard. Plus tard, il revit souvent ces yeux dans son sommeil mais il en repoussait l'image; ils ne pouvaient appartenir à l'univers qu'il parcourait tous les jours: un monde d'harmonie et d'insouciance où le temps était suspendu, comme dans l'éternité. Méo aussi était éternel et il comptait le demeurer le plus longtemps possible. Il aimait trop la vie; celle qu'il vivait et celle qu'il imaginait. Ne se confondaient-elles pas? Il y avait tant à faire, tant à voir et plus encore à entrevoir: toutes ces vies dont les chemins s'ouvraient sur ses pas, arriverait-il jamais à les parcourir?

Il en revenait toujours au Lac. Plein de mystère lui aussi, et presque aussi grand que l'univers. Par temps clair, Méo s'assoyait sur le sable près du Cran-Rouge et contemplait le large. Çà et là, heurté par un rayon de soleil, un clocher s'allumait un instant sur l'autre rive. Méo y distinguait parfois des champs, des collines. Il apprenait des villages qu'il ne voyait pas, suivait de grands voiliers qui voguaient dans sa tête, dressait la géographie du fond de l'eau, plein de replis sombres, de crevasses profondes où sommeillaient des poissons géants. Il aimait les caprices du grand Lac, ses humeurs changeantes, ses tempêtes violentes, imprévisibles, qui effrayaient les voyageurs. Ses eaux prenaient parfois une teinte rosée, et parfois une expression rageuse, terrible ; il lui semblait alors que, fouetté par le vent, le vaste bassin penchait et allait peut-être se renverser dans la rivière Saguenay. Par temps calme, il s'y baignait longuement, nageant sur de grandes distances à proximité du rivage, sans se fatiguer. Et le soir, de temps à autre, il couchait sur ses abords avec Félix, Raphaël et Mathilde. Avec des branches de sapin, ils aménageaient des couchettes au sommet du Cran-Rouge et, de là-haut, ils surveillaient les lumières qui s'allumaient puis s'éteignaient sur l'autre rive. Ils essayaient de reconnaître celles qui venaient de Couchepagane, là où leur père avait grandi et d'où, lui aussi le soir à leur âge, il avait bien dû scruter l'autre côté du Lac. Ils apportaient des provisions, parlaient tout bas du jour et de la nuit, du ciel et de la terre, mais surtout de la vie : de ce qu'ils en feraient le lendemain et plus tard lorsqu'ils seraient adultes. Ils s'endormaient sous les étoiles en se laissant bercer par la vague et le coassement des grenouilles dans la coulée de l'Ours-Malin. Le 24 juin, fête des Canadiens français (et anniversaire de Méo), était une grande occasion. De leur promontoire, ils pouvaient alors apercevoir les feux de la Saint-Jean qui brûlaient jusque dans la nuit, de Grandmont à Tikouapé. Toute la famille venait alors les rejoindre un moment.

Ils pouvaient voir aussi, envers Alma, à quelque distance de la décharge du Lac, l'Île-de-la-Sorcière que l'on disait habitée par une Indienne âgée de plus de cent ans. Et surtout, à environ trois ou quatre milles de la rive, face au Cran-Rouge, se dressait le Manoir Beemer, sur l'île du même nom. Peu de colons l'avaient visitée. Elle appartenait à un industriel américain du nom de Beemer qui avait fait construire le chemin de fer reliant Roberval à Québec et Montréal. Il avait aussi bâti, à Roberval toujours, un palace de trois cents chambres appelé justement le Château. Les visiteurs provenaient des États-Unis et d'Europe, pour la plupart, et appartenaient aux plus grandes familles d'aristocrates et de millionnaires. Il s'y trouvait aussi des chefs d'État, des savants, des artistes célèbres. Pour distraire ses hôtes durant leur séjour au Château, Beemer organisait des voyages de pêche à la ouananiche sur le Lac, près de l'embouchure de la rivière Saguenay, à trois milles des Chicots. Le Manoir avait été érigé pour les héberger durant ces excursions. L'édifice, beaucoup plus petit que le Château, comportait tout de même trois étages et pouvait accueillir une soixantaine d'invités. Un quai flottant permettait aux bateaux d'y accoster, même les plus gros, comme le Colon. Le soir, après le souper, les convives se réunissaient au salon pour danser ou écouter un récital. Quand le vent venait du sud, il transportait jusqu'au Cran-Rouge des rumeurs d'une musique fine que Méo n'avait jamais entendue. Il se disait qu'un jour il nagerait jusqu'à l'Île Beemer pour voir le Manoir et ses pensionnaires célèbres.

* * *

À compter de septembre, il lui fallait retourner à l'école. L'institutrice recevant la plus grande partie de son salaire en nature, les sacs d'avoine et de patates s'empilaient dans un coin de la classe, à côté des cordes de bois. À part deux ou trois filles qui écrivaient avec une plume d'oie et un encrier, les élèves utilisaient des craies et des ardoises, ou bien de gros crayons de plomb qu'ils veillaient à ne pas échapper car ils risquaient de les perdre entre les fentes du plancher. Dans les instants d'accalmie, on entendait les écoliers qui crachaient sur les ardoises puis les frottaient avec un linge pour effacer. Pendant les récréations, Méo et quelques autres allaient faire la tournée des collets qu'ils tendaient dans les environs de l'école ; ils rentraient avec un lièvre ou un raton qu'ils déposaient sous leur pupitre. L'hiver, il y avait des journées où tout le monde devait garder son manteau, tellement il faisait froid à l'intérieur. Les galettes gelaient dans les sacs, et aussi l'encre dans les encriers : c'était la revanche des ardoises sur les plumes d'oie.

Méo ne se plaisait pas beaucoup dans cet environnement qui l'éloignait de ses sentiers où il y avait tant à faire. Même les leçons de géographie le décevaient. Un jour, voulant représenter l'immensité des océans, la maîtresse avait prétendu qu'ils étaient beaucoup plus grands que le Lac Saint-Jean. Méo ne l'avait pas crue. Grâce à son imagination, il échappait à sa captivité. Il mettait des personnages dans chaque lettre de l'alphabet, les chiffres émettaient des sons, les mots avaient des couleurs, une histoire. Les noms de villes et de pays évoquaient mille aventures. Le livre des Évangiles le fascinait avec ses illustrations saisissantes : Jésus affrontant Lucifer, chassant les vendeurs du Temple, redonnant vie aux morts, mourant lui-même sur la croix puis ressuscitant. Il gardait un œil sur le grand tableau noir et l'autre en direction de la fenêtre ; ainsi il pouvait suivre le va-et-vient des oiseaux dans le bosquet de cerisiers et celui des embarcations sur le Lac. Au printemps, il se laissait distraire par l'alignement des glaçons roses, rouges et violets que le soleil allumait en haut des fenêtres. Et puis il y avait Julie avec ses beaux yeux clairs, son visage franc, son air enjoué et souriant, ses longs cheveux noirs, ses doigts si fins ; et sa plume d'oie. Julie la douce, la studieuse, pensive et mystérieuse, qui couvait son précieux secret. Son secret que Méo devinait.

* * *

Avec le temps, le camp des Chicots avait été agrandi. Méo occupait à l'étage une petite chambre avec Félix. Mathilde et Rosalie partageaient une chambre voisine, tout comme les autres enfants. Dans chacune, il y avait un lit de bois équarri, recouvert d'une paillasse, en fait un assemblage de sacs de sucre ou de jute remplis de paille que l'on remplaçait après chaque récolte de grain. Joseph et Marie couchaient au rez-de-chaussée avec Blanche, la dernière-née. Leur chambre donnait sur la pièce servant de cuisine et de salle à manger. Il n'y avait ni recouvrement sur le plancher de bois, ni peinture sur les murs. Outre la table et les bancs, le mobilier se composait d'une huche, d'un buffet-armoire et de deux grands coffres en forme de sièges. Des pages du journal *Le Colon,* découpées en dentelle, servaient de toiles aux fenêtres. Les paysages somptueux qu'on y découvrait faisaient oublier cette austérité : l'immense Lac à l'avant et les montagnes à l'arrière, à perte de vue.

Dès cette époque, Joseph se réfugiait dans de longs silences. Les enfants étaient alors trop jeunes pour le remarquer ; seul Méo commençait à percevoir ces choses. Marie s'efforçait de compenser, témoignait de l'attention à chacun et plus encore à Raphaël qui, lui, ne « profitait » toujours pas. Elle veillait à tout, y compris aux petits animaux qui séjournaient dans la maison aux périodes de grand froid : deux ou trois poulets dans la huche, un cochonnet derrière le poêle. Tous les matins, elle faisait bouillir des branches de framboisier qui embaumaient le rez-de-chaussée pour la journée. L'été, elle disposait sur la table un bouquet de fleurs sauvages, le plus souvent des églantines, des marguerites, parfois des quatre-temps, des boutons d'or, ou bien des fleurs de bardane, des vit-toujours. Sachant lui faire plaisir, Méo en rapportait de ses virées à travers les champs et les bois ; il l'approvisionnait aussi en gomme d'épinette. Déjà, il apprenait à se faire pardonner ses fuites.

Aux repas, Joseph prenait place à un bout de la table, celui qui faisait dos au Lac et d'où son regard embrassait, en un point de la forêt, l'emplacement toujours très vague du trécarré. Marie déposait les mets dans un grand plat et allait s'asseoir à l'autre bout face à Joseph. Chacun remplissait son assiette. Les convives avaient intérêt à faire vite ; Méo mangeait comme un ogre et, quand il se servait, creusait d'immenses tranchées dans le plat. Raphaël s'assoyait habituellement à ses côtés (« d'où ma petite taille », expliquerait-il plus tard). Le contraste ne cessait de s'accroître entre lui et Méo ; c'est vers cette époque que les enfants commencèrent à l'appeler le Grand. Félix venait ensuite. Il partageait tout avec Méo et ils avaient des ressemblances du reste, surtout leur abondante chevelure noire. Tout jeunes, ils avaient déjà le même geste pour repousser de la main une mèche de cheveux qui leur retombait au-dessus de l'œil. Puis, à côté de Félix, il y avait Rosalie et ses cheveux roux, dont Méo se moquait à cause de ses taches de rousseur sur le nez. Elle parlait plutôt de ses « taches de douceur », et elle en avait en effet plusieurs aussi. Plus que Mathilde assurément, qui partageait l'autre côté de la table avec Adhémar et les plus jeunes. Mathilde, comment dire ? Un beau visage sombre aux traits appuyés, féminine en diable, avec du feu dans les yeux, de l'énergie comme quatre, et avide, avide de tout ; encore plus que Méo peut-être. Personne n'arrivait à la mater. Elle tenait son bout face aux garçons, les filles n'en parlons pas. Elle ne s'intéressait pas beaucoup à leurs jeux, du reste, et se tenait de préférence avec le Grand. Il fallait la prendre par la douceur, comme disait Marie. Mathilde, c'était un peu Méo au féminin, mais en plus dur.

Durant l'hiver, la neige et le froid déposaient une épaisse couche de glace dans les fenêtres et transformaient la maison en refuge, surtout le soir. Un sentiment de claustration accablait alors les enfants qui éprouvaient le besoin de se rapprocher, de se regrouper autour de la table. Les murs tremblaient sous les bourrasques du nordet, et les grosses bougies semblaient projeter plus d'ombres que de lumière. Marie filait et tricotait devant la porte ouverte du poêle. Joseph s'adonnait à la lecture du *Colon* en somnolant; Mathilde lui avait appris à lire. Les enfants l'interrompaient, l'interrogeaient sur Chicoutimi où il n'était jamais allé, sur la France et sur l'Angleterre dont il savait peu de choses. Mais il avait réponse à tout. Ils lui posaient mille questions sur Roberval et surtout sur le Château : ses dimensions, ses pensionnaires, ce qu'ils y faisaient. On y rencontrait donc des rois, des princesses ? On y élevait des ours, des orignaux, des éléphants ? Les gens de la place pouvaient-ils le visiter ? Et s'il était si immense, ce château, pourquoi ne le voyaient-ils pas des Chicots ? Joseph s'amusait de leurs questions. On y gardait aussi, disait-il, des serpents, des lions et des tigres, dont les princesses et les princes aimaient la compagnie. Les gens de Roberval ne pouvaient communiquer avec eux car ils venaient de pays très lointains, nul ne parlait leurs langages. Et de la rive des Chicots, les enfants ne pouvaient apercevoir le Château : leurs yeux étaient trop petits.

Rosalie soignait les jeunes animaux qui séjournaient dans la maison. Elle allait derrière le poêle, en ramenait un agnelet ensommeillé, lui donnait le biberon, le berçait, s'endormait avec lui. Marie la réveillait pour la prière, récitée à voix haute et qui signalait la fin de la journée. Les enfants montaient à leur chambre et se recroquevillaient sous les couvertures épaisses. Le père et la mère causaient encore un moment à voix basse. Méo, le dernier à s'endormir, se laissait envahir par le murmure feutré de leur conversation chargée de présences : voix d'adultes, chaudes, mystérieuses, maintenant rendues à leurs accents graves, venues d'un continent qu'il aborderait un jour et qui lui faisait peur parfois. Il était à demi endormi quand Joseph effectuait sa tournée rituelle des lits pour s'assurer que chacun était bien abrillé*. Il s'arrêtait plus longuement auprès de celui-ci ou de celle-là, s'assoyait à son chevet, lui caressait doucement les cheveux en silence puis s'éloignait sur la pointe des pieds. Méo savait alors que le monde entier était en ordre et il se laissait sombrer au creux de la nuit.

Les soirs de tempête, le sommeil était lent à venir. Il écoutait le craquement des grands arbres qui se fendaient, pétrifiés par le froid ; il imaginait ses sentiers et ses ruisseaux qui serpentaient, immobiles, dans la glace ; il songeait aux loups blottis au fond de leurs tanières, aux nids de coccinelles sous les grandes roches, près des Eaux-Belles. Sa rêverie s'arrêtait là. Et pourtant, beaucoup plus loin que les Eaux-Belles, plus loin que les loups, il y avait encore des hommes, des femmes et des enfants qui dormaient dans des tentes dressées au milieu de vastes étendues de glace et de neige, dans des contrées où les eaux des torrents, figées en pleine chute, étaient transformées en d'immenses glaçons suspendus, longs comme des clochers d'église. Mais cela, Méo ne le savait pas encore.

* * *

Durant le jour, en dehors des heures d'école, et surtout le dimanche, il s'improvisait maître de jeux : des épreuves de force, d'adresse, de vitesse. Mais la partie était très inégale ; il était toujours le plus souple, le plus rapide, le plus fort. Il jonglait avec quatre ou cinq cailloux, marchait sur une corde suspendue, repérait une aiguille à trente pieds, imitait les cris des animaux, soulevait de grosses roches d'une seule main au-dessus de sa tête. Les enfants venaient de tout le rang pour admirer ses prouesses, s'amuser de ses trouvailles. Quand il faisait beau, ils passaient des heures près du Lac à recueillir des galets, à les faire ricocher sur l'eau, à faire flotter des bateaux de branchage, à guetter l'Île Beemer. Méo apprenait à nager aux plus jeunes, parcourait lui-même des distances de plus en plus longues sur le Lac. En bande, ils couraient sous l'orage ; Blanche et Béatrice allaient, le lendemain, barboter dans les flaques d'eau. En juillet, lorsque la soirée était brûlante, le Grand, Mathilde et quelques autres dormaient sur la tasserie* dans la grange. Joseph les y avait accompagnés une fois. Les enfants l'avaient enterré dans le foin, avaient lutté tous ensemble contre lui ; il avait tenté un saut-de-la-mort et d'autres pirouettes. Ils avaient ri comme des fous. Plus tard, ils s'étaient tous allongés dans le foin et avaient parlé longtemps. Jusqu'à l'aube, ils n'avaient sommeillé que d'une oreille : la fatigue les endormait mais le bonheur les réveillait — il fréquentait beaucoup les Chicots en ce temps-là.

L'hiver, ils allaient se glisser dans la coulée de l'Ours-Malin, sur des toboggans construits avec des planches de baril de sirop. Ils s'étaient aussi confectionné des patins avec des lames de fer données par le grand-père forgeron. Le Grand épatait tout le monde avec ses longues enjambées. Personne n'arrivait à le suivre sur le Lac ; il était inépuisable. Ils faisaient des bonshommes de neige que Raphaël déguisait en quêteux ; Béatrice s'amusait à leur faire l'aumône, déjà. Julie se joignait souvent à eux. En toutes saisons, il y avait toujours à faire en compagnie de Méo ; personne ne s'ennuyait. Il était intense, débordant, fébrile. Il inventait des jeux, des histoires, des personnages ; il surprenait ses compagnons, les faisait rire. Ils avaient toujours hâte au lendemain.

Tous les jours cependant, les aînés aidaient Marie et Joseph. Les garçons travaillaient aux champs, les filles à la maison, et souvent Raphaël aussi. Mathilde s'en moquait, l'appelait « Raphelle » ; le petit frère s'en amusait. À différents moments de l'été, ils cueillaient des fruits sauvages : des petites fraises des champs et des senelles* d'abord, puis des framboises, des bleuets, des cerises et enfin des noisettes. Chaque saison amenait ses travaux. C'est seulement durant la période du Carnaval, entre le jour des Rois et le Mardi gras, qu'ils en étaient libérés. Ils s'y remettaient avec le Carême.

Marie était d'humeur égale. Même lorsqu'elle était contrariée, nul ne l'entendit jamais dire autre chose que « Misère ! » ou bien « Bonté divine ! », ou encore « Sainte-Bénite ! ». Quant à Joseph, il parlait peu et n'élevait jamais la voix. Marie le lui reprochait du reste, surtout à l'égard du Grand qu'il adorait. Il ne trouvait jamais rien à redire à son sujet ; tout ce qu'il faisait était parfait, même lorsqu'il passait de longues journées dans la forêt alors qu'il aurait dû aider aux champs. Adhémar était toujours là pour travailler à ses côtés ; mais le père n'en avait que pour Méo qui avait le don de l'attendrir. À chaque fois que le Grand prenait le large, Adhémar mettait les bouchées doubles à l'étable et aux champs. Et quand l'autre rentrait tout excité de ses virées, en général à l'heure du souper, il captivait la tablée avec le récit enchevêtré de ses rencontres et de ses découvertes. Adhémar, lui, avait passé la journée à écurer l'étable ou à refaire le lit d'un fossé ; il avait peu à raconter, mangeait ses patates en silence. En plus, lorsqu'il se rendait au village durant la semaine, Joseph amenait toujours le Grand. À l'époque où l'enfant était tout jeune, il l'assoyait sur ses cuisses et lui faisait tenir les cordeaux ; Joseph, heureux, sifflotait, et Méo sentait son souffle qui lui caressait le cou. Parfois, ils se rendaient chez un villageois pour livrer deux ou trois cordes de bois de poêle. Si le client était un démuni, Joseph faisait la corde plus « forte ». Il lui arrivait aussi de ne pas se faire payer :

— Y sont encore plus pauvres que nous autres, disait-il à Marie qui tenait les comptes.

Elle fronçait un peu les sourcils. Généreux, Joseph se laissait aisément fléchir. Certains en abusaient. Son tempérament le portait aussi à des chimères ; il concevait toutes sortes de projets, souvent extravagants. Marie veillait, le ramenait doucement à l'ordre :

— Un si p'tit homme, rêver aussi grand…

Il n'insistait pas.

* * *

Quand il avait douze ou treize ans, deux événements marquèrent la vie de Méo. Le premier survint vers le milieu de l'été. La première automobile avait fait son apparition depuis peu au

Saguenay. C'était une grosse voiture blanche de marque Buick, appartenant à une firme de Montréal qui commercialisait divers produits pharmaceutiques, dont le fameux sirop d'anis Gauvin. Sur les deux côtés de l'automobile, on pouvait lire en gros caractères rouges : SIROP GAUVIN. Elle devint vite un objet familier à tous les Saguenayens car elle faisait partie d'un rituel annuel. Chaque été, dès que la neige avait disparu et que les chemins étaient réparés, elle était transportée de Montréal à Chicoutimi sur un bateau de la Compagnie du Saint-Laurent. Jeffrey Lamontagne, le conducteur-agent, quittait alors le quai de la petite ville et remontait fièrement la côte Salaberry face à la cathédrale, au milieu d'une foule de curieux que l'événement ne manquait pas d'attirer. Les gens se pressaient autour de l'engin, s'exclamaient :

— C'est toute une bebitte ça, monsieur !

Jeffrey inaugurait en quelque sorte la saison touristique. Une fois engagé dans la rue Racine au cœur de Chicoutimi, il arrêtait volontiers son bolide pour causer avec les passants. Très conscient de son prestige, il se montrait toujours disposé à faire visiter l'intérieur du véhicule, commenter le mécanisme de traction, montrer le mouvement du volant ou le jeu de la manivelle, dissertait savamment sur les chevaux-vapeur (« des chevaux quoi ? »). Le clou de sa démonstration survenait lorsqu'il ouvrait le capot pour livrer un aperçu du moteur. L'effet, allant de la frayeur à l'émerveillement, était garanti. Les plus curieux, toussotant et gesticulant, s'en tiraient avec le visage recouvert de cambouis jusqu'aux oreilles. Jeffrey terminait sur une note d'humour en actionnant sans avertissement le klaxon. Sa prestation faisait une grosse impression auprès des dames. Il devint une figure très populaire d'un bout à l'autre de la région. Il la visitait au complet tous les ans, s'arrêtant longuement dans tous les villages et même dans les rangs pour offrir ses onguents miraculeux, ses Remèdes sauvages, ses pilules pour fortifier le sang, son vin du Sacré-Cœur, ses petites bouteilles de « pain killer », ses ampoules de Monseigneur l'Archevêque, ses solutions laxatives (« à tous les problèmes », blaguait-il), ainsi que, bien sûr, son célèbre Sirop Gauvin.

Au cours de sa première tournée autour du Lac, Jeffrey écrasa deux veaux, trois moutons et une douzaine de poules (sa compagnie remboursa), pour ne pas parler des lièvres, siffleux et autres vulgaires quadrupèdes dont l'espèce fut bientôt menacée. En fait, c'est miracle qu'il n'ait fauché ni citadins ni colons, ceux-ci se portant imprudemment à sa rencontre dès qu'ils l'entendaient venir. Il ne maîtrisait pas encore parfaitement sa machine, ce qui ne l'empêchait pas de la conduire toujours à pleine vitesse, atteignant des pointes de vingt milles à l'heure. En plus, il bouleversait les règles de la circulation, par exemple celle voulant qu'une voiture s'arrête devant un obstacle. Les animaux l'apprirent à leurs dépens et, assez rapidement, s'adaptèrent à la manière du Montréalais. Aussitôt que ce dernier apparaissait avec son appareil, ils se poussaient dans les champs et les bois d'où certains ne revinrent jamais. Enfin, quand il lui fallait rencontrer un attelage, Jeffrey ne s'embarrassait pas de se ranger sur le côté, de peur de s'y enliser ; il filait droit devant, quoi qu'il arrivât. Plusieurs ont d'ailleurs noté que, dans ses nombreuses démonstrations, il ne dissertait pas longuement sur les freins, sujet pour lequel il affectait peu d'intérêt, ni dans la théorie ni dans la pratique. Il sema ainsi la plus grande épouvante parmi les chevaux et leurs cochers. À Alma, un vieil habitant, apercevant la Buick pour la première fois, crut que c'était la chasse-galerie et se réfugia dans son caveau à légumes.

Pour le reste, tout le monde aimait bien le personnage et recherchait sa compagnie, du moment qu'il était éloigné de sa machine infernale. Vers la fin de l'après-midi, lorsqu'il estimait qu'il avait assez roulé, ordinairement dans tous les sens du mot, il s'arrêtait et logeait là où l'avait conduit sa tournée ce jour-là. Il connaissait des dizaines, des centaines d'anecdotes qu'il racontait très bien et aussi longtemps que ses hôtes voulaient rester éveillés. Habituellement, plusieurs voisins se joignaient à la maisonnée et chacun se laissait captiver par les histoires du voyageur qui promenait ses auditeurs à travers toute la province et jusqu'aux États (il parlait donc aussi l'anglais? Yes, sir…), leur faisait vivre toute la gamme des émotions et les laissait épuisés lorsque le maître de la maison se résignait à souffler les bougies.

Un jour, le hasard conduisit Jeffrey aux Chicots où il s'arrêta chez les Tremblay pour y coucher. Le Grand fut émerveillé. Il n'en finissait plus de tourner autour de la Buick, essayait tous les sièges, tenait le volant en imitant les pétarades du moteur, actionnait toutes les manettes, jouait avec les pédales et, pour finir, aurait fait basculer la machine dans la coulée de l'Ours-Malin, avec toutes les poudres et les fioles de Monseigneur, n'eût été l'intervention, véritablement miraculeuse celle-là, de Lamontagne. Méo se coucha très tard, rêvant à tout ce qu'il avait vu et entendu, et il se leva tôt le lendemain pour assister au déjeuner de l'illustre visiteur. Il ne rata pas l'occasion lorsqu'il l'entendit s'enquérir de la route menant à Péribonka : il offrit aussitôt ses services pour le guider, non seulement à Péribonka mais dans toutes les paroisses du Lac qu'il connaissait, jurait-il, comme sa poche. Sa ruse et son enthousiasme firent sourire Joseph et Marie qui voulurent bien se faire complices, tout en se demandant bien où Jeffrey passerait la prochaine nuit, Méo n'étant jamais sorti de Mistouk. Il fut convenu que le passager serait ramené à la maison une fois le tour du Lac achevé.

Ils partirent. Le Grand, ravi de son subterfuge, souriait à pleines dents, gesticulait, salua vingt fois de la main. Le tour du Lac! Enfin, il visiterait toutes ces localités dont il apercevait les lumières le soir sur l'autre rive. Il verrait Mistassini et le monastère des pères trappistes, les grandes savanes de bleuets jusqu'à Tikouapé, les rues de Roberval et son Château, et peut-être même les Indiens de la Réserve de Pointe-Bleue? Jeffrey ne fut pas dupe, réalisant bien vite que son guide découvrait tout en même temps que lui. Mais sa jubilation l'attendrit; il aima ce grand adolescent avide.

Malheureusement, la belle aventure fut de courte durée. Ils avaient tout juste laissé derrière eux le village de Mistouk que, sur une vilaine bosse peu avant d'arriver à La Pipe, l'essieu avant de la machine se cassa. Méo revint à pied au village, chez son grand-père Wilbrod qui se rendit sur les lieux pour examiner l'affaire. Il fallut trois chevaux, des vrais, pour remorquer le navire-amiral du Sirop Gauvin avec son capitaine, assez piteux, jusqu'à la boutique de forge des Gagnon où il fut mis en radoub pendant six jours, le temps pour Wilbrod de confectionner une pièce de rechange. Durant tout ce temps, Jeffrey fut hébergé par la famille du grand-père. Ainsi, tous les soirs, il put tenir sa cour et régaler les villageois de ses innombrables anecdotes. Son départ fut regretté et il dut promettre de revenir l'année suivante. Quant à Méo, il était rentré sagement aux Chicots dès le premier jour. Mais rendez-vous était pris pour la saison suivante. Et Wilbrod préparerait un essieu de réserve pendant l'hiver.

Depuis le printemps de cette année-là, Méo se rendait presque tous les jours à pied au village pour ses leçons de caté-chisme, données par le curé Jean-Baptiste Renaud. Il était accompagné de Mathilde et de cinq ou six garçons et filles de son âge, du rang des Chicots. Les meilleurs élèves étaient ensuite admis à la première communion, les autres revenaient l'année suivante. Les candidats devaient montrer qu'ils connaissaient par cœur tous les articles du petit catéchisme : les dix commande-ments de Dieu, les sept commandements de l'Église, les péchés capitaux, les mystères glorieux et les autres. Certains candidats, qui ne savaient pas encore lire après quatre années d'école, s'en tiraient néanmoins en mémorisant plusieurs pages du petit livre qu'ils se faisaient lire durant l'hiver par un frère ou une sœur plus âgée. Méo ne comprenait pas tout mais il fut particulièrement sensible au feu de l'enfer dans lequel les pécheurs non repentants étaient plongés pour toujours. Il retint aussi l'image proposée pour suggérer la durée de l'éternité : un petit oiseau, une fois tous les mille ans, venait frôler du bout de son aile un rocher gros comme la terre ; quand il l'aurait complètement usé, la première seconde de la durée éternelle ne serait pas encore écoulée. Le Grand résolut de ne jamais pêcher. Mathilde l'entendait d'une autre façon. Elle détestait les leçons, le faisait savoir, s'entêtait. Elle rata l'examen cette année-là et aussi l'année suivante. Marie était désemparée.

À Pâques, après avoir fait sa première confession, Méo fut admis à la communion avec une vingtaine d'autres. Il parada fièrement dans le chœur. Marie pleurait, Joseph aussi. Puis, comme le voulait l'usage, il ne retourna plus à l'école. Il porta une casquette et un pantalon d'homme avec de grosses bretelles, fut autorisé à cracher tout son saoul, travailla avec Joseph à la ferme et rechercha de plus en plus la compagnie des adultes. On était en 1900 ; le nouveau siècle commençait.

Chapitre II

Maintenant qu'il avait quitté l'école, Méo voyait Julie moins souvent. À treize ans, il n'en avait certes pas fini avec l'insouciance et la liberté ; mais tous les jours les travaux des champs l'obligeaient à voler quelques heures à ses jeux. Il faisait son travail mais avait tendance à l'expédier pour retourner plus vite à ses sentiers. Joseph protestait parfois, sans grande conviction, par exemple lorsque, à l'heure de la traite, il voyait le Grand malmener le pis des vaches :

— Méo, torguieu, y faut les tirer, pas les étirer. Tu vas leu z'arracher toute la bastringue !

— S'cuse-moué, p'pa…

Mais il avait déjà la tête ailleurs. Néanmoins, Joseph pouvait désormais consacrer plus de temps aux défrichements. Pendant les années précédentes, il avait « cassé » toute la terre neuve, dressé des clôtures et creusé un premier réseau de fossés. Il avait aussi aménagé un petit pré, bientôt appelé le Pré-du-Loup à cause d'un vieux loup qu'il y trouva mort un matin. Le Grand s'occupait des vaches, transportait le lait à la fromagerie avec

Farouche, aidait aux autres travaux. Les maringouins ne le gênaient pas; il en avait pris l'habitude dans ses courses en forêt. Mais en juin, avec Joseph et Adhémar, ils devaient souvent porter en travaillant des torches confectionnées de branches de cèdres. Elles dégageaient une épaisse fumée qui incommodait presque autant les hommes que les moustiques. Les autres enfants faisaient leur part. Mathilde et Rosalie s'occupaient des poules, des cochons, du jardin. Les défrichements continuaient. L'automne, les labours étaient pénibles pour l'enfant qui conduisait l'attelage et plus encore pour Joseph qui menait la charrue. Ils passaient de longues journées dans le vent, le froid, la pluie. Raphaël, qui tenait à prendre son tour auprès de Farouche, en pleurait parfois. Joseph arrêtait le train, donnait un sucre à la crème à son garçon. Quand le travail reprenait, Raphaël avait tout aussi froid au dehors mais beaucoup moins en dedans.

Comme tous les habitants du Lac, Joseph adorait les chevaux. C'était pour lui une espèce noble, contrairement au bœuf qu'il appréciait pour sa force, sa constance, mais qu'il estimait peu. Même en temps de disette, il ne se serait pas avisé de donner sa litière à manger à Farouche comme il le faisait avec les bovins. Un bon cheval coûtait jusqu'à trois fois le prix d'un taureau, mais ce n'était jamais trop cher. Les familles épargnaient sur tout: le sirop, le sel, la graisse de bougie, la graine de lin; mais le cheval était bien gras. Ainsi le voulait le dicton: enfants maigrichons, cheval bien rond. Un maquignon de passage aux Chicots résuma un jour à l'intention de Joseph toute la différence entre le bœuf et le cheval:

— C'est pas compliqué, chose; tu prends deux gars: bin, c'est comme si l'premier était jamais allé plus loin qu'la p'tite école pis que l'autre sortait du Grand Séminaire. C'est à peu près ça.

— En fait, tu veux dire qu'un ch'val, c'est quasiment comme un prêtre?

— À peu près. C'est pour ça qu'ça coûte cher, concluait le maquignon qui ajoutait en clignant de l'œil:

— Pis un étalon, si tu veux, ce serait comme un évêque...

C'était l'époque où deux cultivateurs se rencontrant chez le forgeron ou le marchand général prenaient des nouvelles de leurs chevaux avant de s'informer de leur famille.

Méo, lui aussi, avait contracté la passion des chevaux. Il aimait leur fierté, l'amitié qu'ils témoignaient aux humains, leur endurance, leur courage. Leur courage surtout ; par exemple, même lorsque les sangles creusaient dans la peau des plaies vives dont il s'échappait du pus, un bon cheval ne se plaignait pas, faisait toute sa journée d'ouvrage comme si de rien n'était. Le Grand aimait aussi leurs caprices et même leur senteur âcre qui se mariait à celle de la terre et du grain. Il passait de longs moments à soigner Farouche, à lui caresser la crinière, à le cajoler. Le soir, il lui apportait un peu de sucre qu'il volait à la cuisine ; Marie fermait les yeux. Il s'assurait qu'il y avait du sel dans l'eau de la bête pour diminuer sa soif le lendemain dans les champs, puis il la sortait de l'écurie, la faisait gambader, lui apprenait des commandements. Un jour, tout content, il l'avait amenée devant la maison : il lui avait appris à chanter, disait-il, comme l'oncle Albert. Ce dernier portait un immense râtelier qu'il avait rapporté des États-Unis et qu'il exhibait généreusement. Au signal du Grand, l'animal se mettait à hennir bruyamment, la babine retroussée, les dents sorties. Le numéro avait un grand succès.

Souvent, les soirs de semaine, des voisins venaient faire un bout de veillée chez les Tremblay. C'étaient le plus souvent Tancrède Larouche et sa femme Éliosa, et Clovis Roy avec Marie-Berthe Beaupré, une jeune veuve qu'il venait d'épouser. Il en venait d'autres aussi, à l'occasion. Il n'y avait pas de musique, seulement des conversations. Le plaisir de la causerie, et aussi de la rêverie, était le motif de ces rencontres. Les enfants, Méo et Mathilde surtout, faisaient cercle autour des adultes et s'abreuvaient de leurs propos. Il y était question des travaux de la terre, des bûchés qui reculaient, du carême qui avançait, du doux temps qui retardait. Ils parlaient beaucoup de la parenté, récitaient leur ascendance, se plaisaient à décliner les noms, les prénoms des ancêtres, et s'il leur arrivait de se découvrir un lien, même le plus distant, quel bonheur! C'était la famille qui s'étendait, tel le champ que l'on défriche. Les affaires de la paroisse y passaient, surtout les sujets de la prochaine assemblée du conseil municipal. Ils dénonçaient les coteries, le favoritisme, les injustices:

— C'est ceux qui chialent le plus qui sont les mieux traités...

— Ça changera jamais; c'est tejours la vache qui beugle le plus fort que tu nourris en premier!

Puis ils en venaient à la politique provinciale et fédérale. C'est ainsi que le Grand et les autres entendirent parler d'Honoré Mercier, d'Henri Bourassa, de Wilfrid Laurier. Ceux-là devinrent vite leurs héros et ils apprirent à détester tous les autres, ceux que Joseph appelait dédaigneusement les Bleus, qui avaient sacrifié les droits des Canadiens français à l'extérieur du Québec et qui (était-ce possible?) avaient pendu Louis Riel. Les veilleux disaient du mal des responsables de la colonisation, de la publicité mensongère qu'ils diffusaient pour attirer les colons dans les nouvelles régions. Joseph se moquait:

— À les crouère, monsieur, icitt à Mistouk, on pourrait semer des grains d'sable pis on récolterait des grains d'blé. En fait, c'est plutôt l'contraire qu'y devraient écrire...

Plus tard, la conversation prenait le large. Il était question de l'émigration aux États, des gages qui s'y payaient, de ceux qui en étaient revenus riches, avec des montres en or et des souliers vernis, qui faisaient les floches*, garrochaient l'argent autour d'eux. Méo ne perdait pas un mot. Un soir, parlant de Woonsocket, Tancrède rappela le séjour que Joseph, alors tout jeune, y avait fait avec sa famille. Les enfants n'en avaient jamais entendu parler. Mais leur père s'empressa de détourner la conversation. Les veilleux évoquaient l'Ouest canadien, le Manitoba en particulier, ce grand pays plat et froid qui s'étirait très loin vers le nord jusqu'au lac Winnipeg, là où des paroisses s'appelaient Saint-

Ambroise, Saint-Laurent, Sainte-Rose, et où bien des Sague-nayens étaient allés s'établir. Plusieurs n'avaient plus donné signe de vie ; d'autres envoyaient encore de temps à autre à leur famille des lettres brèves qui parlaient de réussite et d'ennui. Interrogé par le Grand, Clovis Roy racontait une fois de plus son voyage au Klondike d'où il était revenu trois ans auparavant avec une pin-cée de pépites d'or et une ample provision de rêves en miettes ; il redisait son séjour à Whitehorse et à Dawson City, puis à Eldo-rado, Gold Hill et Bonanza, ses virées périlleuses à travers le White Summit Pass, la Dead Man's Trail, la Sixty-Miles Creek et jusqu'aux redoutables passes de Porcupine. Tous ces noms étaient de la musique aux oreilles de Méo.

Ils revenaient longuement sur les débuts de la colonisation au Saguenay, sur la vie misérable des premiers défricheurs dont plusieurs seraient morts de faim sans l'aide des Indiens, et sur ce qu'ils appelaient la « route des familles », ces tracés primitifs qu'adultes et enfants avaient dû parcourir à pied à travers la forêt, sur une distance de plus de cent milles entre Charlevoix et la Baie des Ha ! Ha !

Par moments, les causeurs observaient une pause. Le silence, se mêlant au murmure du vent venu du large, entrait dans leur vocabulaire. Puis ils en revenaient à Mistouk et au Lac. Ils s'émouvaient des derniers drames : ce voyageur noyé à l'au-tomne au milieu d'un violent orage près de l'île Beemer, cet autre écarté en hiver et dont le corps, enfoui sous plusieurs pieds de neige, n'avait été rendu que l'été suivant, telle une enchouerie, roulé par la vague vers une petite anse près de Mistouk, appelée depuis l'Anse-du-Noyé. Ils racontaient le dernier fait du « poète » Villeneuve de Tikouapé qui disait « les horoscopes », avait écrit un livre « à la main », pouvait faire des calculs étonnants (com-bien de feuilles dans un arbre ? combien de flocons dans un banc de neige ?). Il s'était déjà, disait-il, rendu à Rome pour voir le pape. Ils évoquaient en baissant la voix la vieille Indienne qui vivait seule sur l'Île-de-la-Sorcière et ne se nourrissait que de vers et d'oiseaux… On disait l'île ensorcelée ; personne n'y accostait jamais. Ils enchaînaient sur les Sauvages, du bien bon monde en fait, terriblement capables :

— Ça, un Indien, c'est inmourable, monsieur ! Quand on dit : inmourable…

Ils les disaient doux et travaillants quand on les laissait à leur affaire, impressionnants de courage et de science sur leurs territoires de chasse, mais possédés par le démon dès qu'ils touchaient à la boisson. Inmourables oui, les Indiens, mais sauvages ; très, très sauvages.

Ils rappelaient ensuite des faits étranges, tel ce fameux trésor que des marins scandinaves avaient caché à l'Anse-aux-Foins près de Chicoutimi, aux environs du Cap-des-Roches plus précisément, et qu'aucune recherche n'avait encore permis de retrouver. Ils évoquaient cet homme de Rivière-à-l'Ours, un Pilote, qui prédisait les décès et les maladies dans sa parenté et dans la paroisse ; ou cette petite flamme blanche qui s'échappait toujours des incendies d'église lorsque le feu gagnait le maître-autel et le tabernacle ; et encore, le cas très inusité d'un habitant de La Pipe, Boniface Néron, qui, décédé dans la trentaine, « se ressuscitait » de temps à autre pour venir donner un coup de main à ses jeunes fils aux temps des semailles, après quoi il « remourait » jusqu'au temps des récoltes. Que dire aussi de ce poste de traite sur la Côte-Nord où, selon plusieurs voyageurs, un gros incendie avait détruit complètement une chapelle protestante pendant que, tout près, la chapelle catholique, elle, n'était même pas touchée par la fumée ?

— Tancrède, conte-nous encore une fois l'histoire de Vaillant…

L'interpellé se raclait la gorge et, sûr de ses effets, captivait à nouveau l'assemblée en y allant tout d'une traite de son morceau, reprenant à peine son souffle. C'était l'histoire d'un vieux postillon de Jonquière et de son cheval. Tancrède débutait toujours de la même façon :

— Vous la savez p't-être? c'est une histoire terrible, ça, monsieur, qui a d'ailleurs été gâzettée en long pis en large, étant donné que le gars, comprends-tu, pas chanceux, y en était à son dernier voyage avant d'abandonner son métier, ban, vrai de vrai, y en aurait péri si son ch'val l'avait pas sauvé, c'est bin pour dire, Vaillant qu'y s'appelait, de son nom comme de son prénom, y était pourtant bin avancé en âge, l'animal, pis à son dernier voyage lui aussi, mais courageux pis intelligent en guiâble comme vous allez voir, rapport qu'après une marche forcée de deux jours pis deux nuites en plein mois d'janvier, à travers une tempête comme y en a rarement eu entre Sagard et P'tit-Sague-nay, le gars, c'est pas mêlant, y était gelé de tous ses membres, de la tête aux pieds, y voyait pus ni ciel ni terre, y avançait de peine et d'misère, des boutt su'a route, des boutt à travers les champs pis les bois, fouetté d'partout par la poudrerie, barouetté à gauche pis à douette, en fait c'est tout juste si y trouvait la force de marmonner ses prières tellement y était magané, y pardait même connaissance par moments, au point qu'après coup y a des grands boutt de son histoire qui y r'venaient pus, ça fait que l'vieux postillon, v'là-t-y pas qu'à un moment donné, rendu à bout de forces, y s'est affalé raide là de tout son long su'l plancher de sa cârriole en lâchant les cordeaux su'l dos du ch'val, pis c'est là qu'ca d'vient plus que surhumain, en fait moué j'dis tout sim-plement: miraculeux, oui monsieur, vous aut' j'sais pas mais moué j'ai pas d'aut'mot, v'là que c'te bête-là, enfoncée jus-qu'au poitrail dans la pire neige qu'on peut imaginer, pis sans r'venir une fois, pas une seule fois du Bon Dieu su ses pas, v'là qu'à force de harser des flancs pis des hanches, à tirer des reins pis des cuisses, à forcer même des oreilles, chose, envoueille donc, en nageant ni plus ni moins à travers les coulées pis les falaises, c'est bin pour dire, v'là qu'à réussit à s'frayer tu seule un ch'min, pis là attention chose, on est dans un vrai pays d'mon-tagnes pis d'crevasses dans c'boutt-là, on est quasiment pus en Canada là, ceux qui sont passés par là diront pas l'contraire, tejours que finalement, après deux jours pis deux nuites comme je l'ai dit, v'là not'cheval qui gagne les abords de P'tit-Saguenay pis qui vient s'arrêter, plus mort que vif, comme de raison, devant la maison d'un cantonnier, Jean-Patrice Houde qu'y s'appelait si j'me rappelle bin, y était surpris l'gars, c'est pas l'mot, y l'creillait pas, paraîtrait qu'y en a pleuré, un gars toffe pourtant, oui monsieur, y en a pleuré comme un enfant, à chaudes larmes là, parce qué que, une bête dans un pareil état, comme il l'a dit, y avait jamais vu ça, pis bin des témoins l'ont répété après... Non mais, c'est-y assez capable, chose, un vré ch'val?

Les veilleux restaient pensifs. Clovis risquait :

— Ouais... c'est tout un ch'val ça, monsieur, y a pas à dire! Mais dans tout ça, cout donc, le gars, lui?

— ... Le gars? Quel gars?

— Ban, le cocher, baptême?

— Ah, le postillon? euh... sais-tu, ça, on sait pas; non, on sait pas. Y d'vait être bin magané lui aussi, j'suppose. Mais y était pas gâzetté...

Lorsque les visiteurs avaient pris congé, les enfants montaient lentement se coucher, pensifs, incapables de s'endormir, refaisant dix fois le parcours de Vaillant, s'agitant sur leurs paillasses, impatients d'arriver chez le cantonnier. Le petit Félix trouvait la sécurité en se blottissant contre le grand corps chaud de Méo. Et c'est dans cette position que Marie les découvrait au matin.

*　*　*

Les colons continuaient d'arriver au nord du Lac, mais plusieurs se décourageaient vite et repartaient. Ceux qui persistaient étaient des gens travaillants, durs à la misère, ou trop démunis pour s'en retourner. Aux Chicots, presque toutes les terres étaient maintenant occupées. La plupart des colons étaient toujours disposés à prêter ou donner de leur bien, même les plus pauvres comme ceux de la concession des Chiens au bout du rang. En même temps, ils n'aimaient pas demander, cherchaient à dissimuler leur indigence. Le jeune curé Renaud leur trouvait « l'âme droite comme l'épée du roi », à l'opposé de leurs chemins qu'ils ne savaient faire que « filandreux », en particulier celui des Chicots qu'il disait « croche comme un pharisien ». Les familles s'entraidaient, multipliaient les corvées ; elles n'avaient pas le choix. Dans cette contrée de fardoche, l'union de la faim et de la soif était féconde, chacun en retirait quelque chose. Blanchette, le mauvais voisin, était d'une autre espèce. Prospère, usurier, rude en affaires, peu estimé dans la paroisse, Johnny, le père, était gros et grand, parlait haut et fort, avait raison sur tout, ne se bâdrait pas de son prochain et ne répugnait pas aux procédés douteux, s'en tenant en toutes choses à ce qui l'avantageait. Il était le contraire de Joseph.

Il avait annoncé la couleur dès après son arrivée aux Chicots, en prétendant que l'arpentage avait été mal fait et que le lot des Tremblay empiétait d'une dizaine de pieds sur l'un des siens. C'était une façon de s'imposer ; personne ne s'y trompa. Joseph contesta mais il reçut bientôt, d'un avocat de Chicoutimi, une mise en demeure lui enjoignant de déplacer sa clôture, faute de quoi il aurait à en découdre devant le tribunal. La perspective de se mettre en quête d'un défenseur et d'engager des frais importants effraya Joseph et Marie. L'agent des terres, Symphorien Thériault de Mistouk, fut saisi de l'affaire et, après étude, se montra indécis. Il rappela à Joseph que les erreurs d'arpentage étaient fréquentes et fit valoir que ce type de procès pouvait coûter très cher, d'autant que son voisin était du genre à contester un verdict de première instance qui lui serait défavorable. Il suggéra un accommodement : Blanchette effectuerait lui-même les travaux de clôturage du côté ouest et, pour compenser, Joseph n'aurait qu'à déplacer l'autre clôture du côté est, puisque cette terre appartenait encore au domaine public. Sinon, c'était le tribunal et tout ce qui s'ensuivait.

Tout cela paraissait étrange. Joseph et Marie se concertèrent et, malgré le dépit qu'ils éprouvaient, acceptèrent la proposition. Blanchette put s'exécuter. Un peu plus tard, quand Joseph voulut à son tour déplacer sa clôture, le même agent des terres, complice peut-être, l'avisa qu'il n'en avait plus le droit car le lot du côté est venait d'être acheté. Par son voisin, justement. Les Tremblay virent alors à quel type d'homme ils avaient affaire. Plus tard, bien d'autres paroissiens firent connaissance avec la nature inamicale des Blanchette, en particulier avec Basile, le fils aîné, qui était tout le portrait de son père et s'était mérité le surnom de Bulldog. L'hiver, par exemple, lorsqu'ils se déplaçaient avec leur grosse berline sur les étroits chemins de neige, il était hors de question qu'ils se rangent sur le côté pour faciliter le passage à un autre équipage venant en sens inverse. Le jour de l'An, ils ne donnaient rien à la guignolée et, lorsque les enfants du rang faisaient la « tournée des étrennes » l'avant-midi, ils ne songeaient même pas à frapper à leur porte. Il ne se trouvait pas deux familles davantage opposées que celles des Blanchette et des Tremblay, et ce jusque sur la ferme : Blanchette possédait des vaches de race Holstein, et Joseph des Jersey ; le premier pratiquait l'ensilage, le second le rejetait ; l'un achetait sa graine de semence, l'autre la prélevait sur le champ…

Chez les Tremblay, on ne parlait jamais de la parenté du côté de Joseph. Les enfants avaient appris à éviter ce sujet qu'ils devinaient douloureux. Ils soupçonnaient un drame quelconque qui chagrinait profondément leur père. Ils étaient informés de parents éloignés résidant à la Baie des Ha ! Ha ! et dans Charlevoix, mais ils ne les voyaient jamais à cause de la distance. D'autres habitaient le rang Couchepagane, de l'autre côté du Lac. Ils n'en savaient pas plus. La légende cependant faisait vivre quelques noms, celui de l'oncle Fabien Bernier entre autres, un vieux capitaine au long cours dont chacun rapportait les exploits, les vrais et les faux. Par contre, du côté des Gagnon, la matière était abondante. Quelques-uns étaient partis pour les

États-Unis ou l'Ouest canadien, mais la plupart étaient établis à Mistouk et dans les environs. Ils venaient assez souvent aux Chicots pour dire bonjour en passant, ou bien pour manger et veiller. C'étaient des gens colorés et débrouillards, durs à l'ouvrage, assez fantasques, qui prenaient la vie à bras-le-corps et regardaient les gens droit dans les yeux. Ils aimaient la liberté des défrichements, croyaient que tout redevenait possible. Le regard tourné vers le Nord, ils tutoyaient l'univers.

L'honneur familial était leur capital le plus précieux :

— Bonne renommée vaut mieux que ceinture dorée, aimaient-ils à répéter.

Très appliqués dans la conduite de leurs affaires, ils n'étaient pas du genre à « jeter du vieux pour du neuf ». Ils n'étaient pas non plus tombés de la dernière neige, se montrant rusés comme des matous dans la moindre transaction, préparant leurs coups des mois, des années à l'avance. Ils n'en avaient pas moins le rire facile et s'amusaient de tout en effet, à commencer par leurs infortunes et leurs travers. Ils recherchaient toutes les occasions de se distraire, empruntant à la nuit les heures qu'ils ne pouvaient dérober aux travaux du jour. Là où ils étaient invités à veiller, ils s'assuraient qu'il y aurait à boire : du gros vin, de la boisson en esprit* ou de la bière de palette*. Ils apportaient eux-mêmes leurs provisions au besoin, ce qui était le cas lorsqu'ils venaient aux Chicots. Observant les directives de l'Église en matière de boisson, Joseph et Marie pratiquaient scrupuleusement l'abstinence, comme en faisait foi la grosse Croix noire de la Tempérance qui ornait un mur du camp. Les Gagnon, eux, faisaient partie des nombreux paroissiens qui avaient prononcé le vœu d'abstinence mais le brisaient aussi souvent que possible, quitte à s'en confesser le dimanche. Le curé Renaud avait l'habitude et n'en faisait pas un drame.

Maîtres sur leurs terres et dans leurs familles, ils n'appréciaient guère que d'autres « autorités » s'en mêlent, surtout les émissaires du gouvernement, qu'ils s'accordaient à mépriser. Un jour, un jeune vétérinaire avait été dépêché à Mistouk pour vacciner le bétail. Il s'était présenté chez l'oncle Albert, une longue seringue à la main, afin de donner une injection à son « beu ». L'oncle avait voulu s'interposer mais le fonctionnaire lui avait mis sous le nez force papiers dûment signés et contresignés. Aussitôt qu'il eut enjambé la clôture, l'intrus fut pris en chasse par la bête en furie. Affolé, il lançait des appels au secours. Albert observait d'un air détaché la victime qui s'agitait dans l'enclos ; après un moment, il lui lança :

— Montre-z-y tes papiers… !

Parmi les préférés des enfants Tremblay, il y avait la tante Bernadette, toujours bien mise, bonne pianiste (c'était la marraine de Mathilde), la tante Desneiges, douce, pleine d'attentions pour les enfants, la tante Annette (« Annette la parfaite »), qui n'avait pas de défauts ; c'est le seul qu'on lui trouvait. Et toutes les autres : Margot, Simone, Emma-Rose, Charlotte, des femmes à tempérament, « des femmes de gouvernement », qui tenaient leur bout dans la vie et avaient toujours un bon mot, un petit geste pour leur prochain. Parmi les oncles, Médée était un vieux célibataire tranquille et gentil. Il fabriquait des maisons d'oiseaux qu'il offrait en cadeau aux enfants. Il observait beaucoup les merles, les étourneaux, les tourterelles. Il fascinait les jeunes avec ses histoires. Il soutenait que, à certaines années trop venteuses, l'oiseau-mouche et la mésange n'arrivaient pas à migrer à cause de leur faible « tirant d'aile ». Parmi ceux dont Méo et Mathilde aimaient bien se moquer, l'oncle Dioscore, dit Pipalong, devait son surnom à ce qu'il commençait ou finissait toujours ses phrases par les mêmes mots :

— C'est court pis pas long…

Il y avait l'oncle Lionel, un fou de la chasse qui n'avait pas d'autre sujet de conversation et que personne n'écoutait plus depuis longtemps. Il racontait toujours la même histoire, pleine de péripéties et de rebondissements, invraisemblable et surtout interminable ; nul du reste n'en connut jamais la fin. À part Lionel lui-même, le personnage principal était un ours immense, extraordinairement intelligent et encore plus méchant qu'il avait poursuivi pendant plusieurs jours, et même plusieurs années, à travers la forêt. L'oncle Charles (« Toutennâl »), lui, était parti très jeune pour les États d'où il était revenu après trente ans, guère plus riche qu'au départ, mais avec une oreille en moins, perdue dans des circonstances nébuleuses. Il feignait d'avoir oublié son français et, plusieurs années après son retour au pays, il parsemait encore sa conversation de mots et de tournures anglaises, ce qui donnait un charabia assez étrange. « Tout-and-all » était son expression favorite, d'où son surnom. Il s'en servait à tout propos, le plus souvent pour clore une énumération ou récapituler de façon péremptoire un raisonnement qu'il jugeait trop compliqué pour son interlocuteur. Peu après son retour des « States », il avait glissé dans une étable à Mistouk et s'était étalé de tout son long dans la litière des vaches : sous le coup de la colère, une partie de son français lui était subitement revenue.

Une autre cible favorite était l'oncle Ladislas, dit le Bondieu. Toute une pièce, celui-là, charpenté comme le Cran-Rouge, avec des mains en forme de battoirs. C'était un homme « bien planté », comme se plaisait à le rappeler Elvire, son épouse, qui n'était pas en reste avec ses deux cents livres. Rougeaud, maladroit, il parlait avec l'autorité d'un grand capitaine — sans en avoir « la voilure », précisait Marie. Il mangeait comme un ours et en avait aussi la décampe*. Comme il adorait les bleuets, les enfants redoutaient toujours sa visite au mois d'août. Il s'assoyait devant leur cueillette du jour péniblement arrachée à des nuées de maringouins et, tout en jasant, prélevait distraitement dans les plats d'énormes poignées dont chacune représentait la ramasse d'un arpent de savane sous un soleil de plomb. Quand il avait terminé son pillage, il se berçait un moment en silence, repu comme un ours qui vient d'avaler une fourmilière. Après son départ, la maisonnée restait prostrée devant la récolte dévastée. Maître Jacques, il se faisait une très haute idée de lui-même et s'employait à la faire partager. Un jour qu'il dînait aux Chicots, Marie l'avait invité à se servir dans le grand plat déposé comme à l'habitude au milieu de la table. À la stupéfaction générale, l'oncle s'était emparé de toute la viande et de la plus grande partie des légumes. Morts de rire, les enfants avaient dû se réfugier hors du camp pendant que Ladislas, très à l'aise, devisant de choses et d'autres, vidait son assiette. Au moment de sortir de table, il avait remercié Marie de sa générosité, se permettant toutefois de la réprimander un peu :

— Pour la viande, c'était parfait, Marie. Mais pour les légumes, t'es peut-être allée un peu fort…

Quant à la tante Elvire, elle vouait une admiration sans borne à son Ladislas, dont elle affectait aussi la décampe*. Dévote, affectueuse, elle avait mis au monde neuf enfants. Elle adorait parler de ses maladies et se plaignait constamment de son retour d'âge qui lui avait valu une terrible « descente de batterie ». Elle était aussi très superstitieuse, voyant dans le moindre épisode un présage, une menace, un message de Dieu ou du diable. Ce trait lui valait quelques moqueries. Selon une croyance, si au moment de la cérémonie nuptiale le futur avait de la difficulté à glisser l'anneau au doigt de la mariée, c'était le signe qu'elle porterait le pantalon dans le ménage. Dans la famille, les femmes disaient qu'Elvire, ce n'est pas un anneau mais un cerceau que Ladislas lui avait passé. Mais elle n'en souffrait pas, se réjouissant au contraire d'être unie à un conjoint aussi parfait. Très tôt, elle s'était fait une idée de la supériorité de l'homme qu'elle traduisait dans des préceptes de son cru : la femme demande, le mari commande ; on ne réveille pas un homme qui dort ; la famille s'en remet d'abord à son chef puis à Dieu. Les Tremblay avaient surtout retenu d'elle un propos imprudent tenu un jour qu'elle vantait les vertus de son homme :

— Mon Ladislas, c'est pas d'sa faute, y a toutt les qualités. C'est pas mêlant, des fois j'lui dis : Dislas, tu sens l'Bon Dieu !

L'oncle Adrien était un autre personnage remarqué. Dès qu'il s'éloignait un peu de Mistouk, il avait « le mal du pays ». Il était arrivé au Saguenay tout jeune, avec ses parents, et par la suite n'en était sorti qu'une seule fois pour aller à Québec où il avait vainement cherché du travail. Il en était revenu après quinze jours, s'ouvrant à tout le monde du grand soulagement qu'il éprouvait à être enfin « de retour en Canada ». Il avait en outre une manière assez personnelle de déformer les mots. Il disait « deviron » au lieu de détour, « tournade » pour tornade, « coqueries » pour coteries (allusion aux factions du conseil municipal). De ceux qui déménageaient, il disait qu'ils « débagageaient ». Un voisin s'était blessé au visage dans un chantier forestier : il l'avait retrouvé au printemps tout « dépaysagé ». C'est lui aussi qui, un jour derrière son étable, s'était retrouvé face à face avec un orignal « au complet ». Il était pratiquement analphabète et avait appris à compter sur ses doigts, ce qui ne l'avait pas empêché de devenir un gros cultivateur, et même président de la « compérative » agricole.

Et puis il y avait bien sûr l'oncle Albert, avec son gros râtelier des États qu'il aimait afficher même si l'instrument avait perdu plusieurs dents ; les Tremblay s'en amusaient, disant posséder une vieille herse qui y ressemblait. Le côté droit en particulier était assez mal en point mais Albert, qui était un homme avisé, s'était habitué à sourire en coin, ne laissant voir que le côté gauche de l'appareil où, par chance, se trouvait sa dent en or. Pendant des années aux Chicots, de quelqu'un qui cherchait à se montrer sous son meilleur jour, on disait qu'il souriait de sa belle dent. En l'écoutant converser, les enfants pensaient à la herse et au numéro de Farouche avec sa babine retroussée et ils étaient pris de terribles fous rires. Tout cela leur rappelait le Grand Delisle, un cultivateur de Mistouk qui, lui, était revenu des « States » avec une perruque qu'il portait seulement le dimanche afin de la ménager. Avec le temps, elle s'était pas mal dégarnie, elle aussi, mais il continuait à la porter et n'aurait jamais songé à s'en défaire : pensez-vous, une perruque des États !

D'autres parents faisaient beaucoup parler d'eux. Parmi ceux-là figurait l'oncle Raymond, devenu « sauvage » ; il avait un jour « pris le bois » et n'en était jamais ressorti. Il y avait le célèbre navigateur, l'oncle Fabien, déjà mentionné, un personnage de légende qui avait épousé Eugénie, une cousine et amie d'enfance de Marie. Et il y avait l'oncle Almas, menuisier-charron à Mistouk, un personnage en chair et en os celui-là, surtout en os d'ailleurs. C'était un tout petit homme chauve au teint verdâtre, au verbe sec et à l'œil sévère. Il avait le visage anguleux, le caractère aussi. Mais il était terriblement « narfé » et possédait une étonnante force physique, surtout quand il se mettait en colère, ce qui arrivait fréquemment. Chacune de ses visites aux Chicots était un événement. Ses embardées, aussi notoires que redoutées, étaient imprévisibles : il pouvait parler très doucement, presque nonchalant dans sa chaise, et tout à coup exploser pour un oui ou pour un non ; parfois ses interlocuteurs ne se souvenaient même plus pourquoi. Sa voix prenait alors de la puissance, tonnant jusqu'à la Butte-à-Tancrède. Il gesticulait, frappait à grands coups de poing sur la table, se dressait sur ses ergots et, durant tout ce temps, maintenait un discours très cohérent, parfaitement articulé, sans aucun accroc à la grammaire. Puis, aussi subitement, il retrouvait son calme et la conversation se poursuivait. N'empêche, ses vis-à-vis restaient sur le qui-vive. Joseph, pourtant si charitable, disait que l'oncle était comme un petit bouc : la peau douce et le poil rêche. Il portait une montre et deux dents en or (bien que souriant rarement), soignait son habillement, ne se serait jamais montré à l'église sans ses guêtres ni chez les Tremblay sans son nœud papillon et sa petite veste aux boutons d'argent. Étant de très petite taille, il avait pris en aversion les grandes et surtout les grosses personnes ; il affichait un superbe mépris pour Elvire et Ladislas. Et comme, en dépit de tous ses talents, il avait peu fréquenté l'école, il prenait ombrage de l'instruction qui s'affichait chez les autres. Il mettait en garde les enfants Tremblay :

— Rappelez-vous toujours que dans « alphabétisation », il y a le mot « bêtise »…

Mais c'était l'homme le plus érudit qu'ils aient connu. Il lisait beaucoup, tout ce qui lui tombait sous la main, et il n'oubliait rien de ce qu'il avait appris. Il savait toutes sortes de choses inutiles qui émerveillaient ses neveux et nièces : que la région du Saguenay avait déjà été recouverte d'un immense glacier (il en restait, leur semblait-il, quelque chose), que des insectes souterrains pouvaient vivre jusqu'à cent ans sans jamais voir le jour, que des jets de flamme venus du cœur de la terre mettaient parfois le feu au fond des océans, que des hommes des vieux pays s'apprêtaient à fabriquer des machines volantes (« des machines volantes ? »), que les vents et les nuages faisaient pleuvoir jusqu'en France les sables des terribles tempêtes qui balayaient le Sahara (« qu'est-ce donc, le Sahara ? »). Il savait aussi le nom de toutes les constellations, le poids et les dimensions de la terre et même, prétendait-il, l'étendue du Lac Saint-Jean.

Il parlait un français châtié (« comme un prédicateur », disaient les colons) et nul, en effet, n'a jamais entendu un simple habitant s'exprimer avec autant d'éloquence. Il avait toujours la phrase longue et bien construite, le mot juste, l'intonation bien placée, le geste ample — autant que le permettait sa petite complexion. Il fut au Saguenay le premier et, peut-être, le seul abonné d'un obscur journal de combat publié à Montréal, nationaliste au possible, appelé *Les Débats*. À partir de 1904, il passa au *Nationaliste,* l'hebdomadaire que venait de fonder Olivar Asselin. Henri Bourassa était un autre de ses héros et, dès 1910, il fut un lecteur assidu du *Devoir* dont il mémorisait des chroniques entières. Les jeunes Tremblay se laissaient captiver par ses tirades enflammées. Dans ses envolées les plus dramatiques, il redressait le menton et fermait les yeux, ce qui ajoutait encore à ses effets, dont il avait toute une panoplie. Eût-il été instruit, il serait devenu évêque, les gens de Mistouk en étaient bien certains, ou du moins premier ministre, en dépit de sa grande honnêteté. Il n'aimait pas les Anglais. C'est de lui que Méo et les autres apprirent dès leur jeune âge à ne pas les aimer non plus ; ils n'en comprenaient pas très bien les raisons, cela viendrait plus tard. Il adorait la politique et en parlait des soirées entières. Il était féru aussi de géographie et d'histoire ; il semblait tout savoir sur la papauté et les Lieux saints, la mer Noire, le Mont-Blanc, les plus hauts édifices au monde, les chutes Niagara, la guerre des Boers, l'Angleterre… et les Anglais. Ah ! les Anglais et leur abominable Empire : tout ce qu'ils avaient fait en Afrique, aux Indes, en Irlande, en Australie, et même en Angleterre, tiens ! Au Canada, n'en parlons pas. L'oncle était sur ce sujet inépuisable. Il savait tout sur les Métis de la rivière Rouge et la politique d'immigration du ministre (le « sinistre ») Sifton, sur les écoles de l'Ouest et du Nord-Ouest, sur l'héroïsme de monseigneur Taché, « martyr canadien-français » tout comme Riel. À cause de lui, tout le monde aux Chicots s'appliqua très tôt à détester Wolfe et Lord Durham. Après chacune de ses visites à la maison, Marie disait en hochant la tête :

— Pauvre Almas, y a toujours été bin gigoteux !

Il vouvoyait Clothilde, sa femme, de petite taille elle aussi, avec un beau visage noble et des yeux doux qui semblaient tout comprendre et tout pardonner. Mystérieuse Clothilde, « orpheline de naissance » (c'était la façon de dire : née de parents illégitimes), toujours silencieuse, prévenante, indulgente envers Almas qui prenait toute la place et qu'elle ramenait discrètement à l'ordre de temps en temps ; qui d'autre aurait osé ? Personne ne la vit jamais se plaindre ou sortir de sa réserve. Elle consacra sa vie à élever ses enfants dans le respect de la religion, de leur père et du travail — dans cet ordre. Elle devait mourir de la grippe espagnole peu avant la cinquantaine, en 1918.

Hors de la parenté, parmi les familles établies aux Chicots, il s'en trouvait quelques-unes qui tranchaient sur les autres et défrayaient souvent la conversation chez les Tremblay. Elles faisaient parfois partie des petites veillées qui s'y tenaient les soirs de semaine. Les Saint-Hilaire étaient de celles-là, et aussi la famille d'Anatole Maltais et de Bertilde Girard, de la Concession des Chiens. Anatole était un colosse, et Bertilde une petite femme d'une étonnante maigreur. La première fois qu'elle l'avait vue, Berta lui avait trouvé « la mâture bin dégarnie ». Elle devait ensuite confier :

— Mon Dieu Seigneur, les p'tits os ! J'cré qu'on en ferait même pas une brassée d'savon…

Tout avait mal commencé pour Anatole et Bertilde, les mauvais augures s'étant additionnés dès le jour de leur mariage : un orage avait éclaté durant la cérémonie, un corbeau s'était cogné contre une fenêtre de l'église au moment de l'élévation et, à la sortie, il n'y eut pas de lancer de riz sur le parvis. Pour finir, lorsque Bertilde avait lancé son bouquet pour ouvrir la danse, il était resté accroché à la lampe du camp. La mariée n'en avait pas pleuré toute sa vie, comme le voulait le dicton, mais une bonne partie assurément. Jeune fille, elle n'était pas très « prude du bas » et le couple s'était uni dans le péché, Bertilde étant enceinte :

— Je pense que les futurs ont un passé…, avait chuchoté le docteur Simard durant la messe.

Elle accoucha cinq mois après le mariage ; ainsi, toute la paroisse sut qu'Anatole et Bertilde avaient célébré Pâques avant les Rameaux. Elle était toujours attriquée comme la chienne à Jacques. Lui, en dimanche comme en semaine, portait des vêtements carreautés jaunes qui lui donnaient l'air d'un épi de blé d'Inde. C'est ainsi du reste qu'on l'appelait : Blédinde. Ils passèrent la plus grande partie de leur vie à se disputer et à se réconcilier, et surtout à se disputer. Leurs soirées auprès du feu étaient ponctuées d'échanges piquants dont se nourrissait l'esprit de leur union :

Elle : « En vieillissant, t'es ton pére tout craché. »

Lui : « T'es-t-encore pire que ta mére. »

Ils ne s'aimaient pas mais ne se résignaient pas à se quitter ; de toute manière, ni la règle de l'Église ni celle de l'État ne l'aurait permis. Ils ne pouvaient vivre ni avec ni sans l'autre. Elle l'appelait « mon Cochon » ou « mon gros Cabochon », et lui « ma Chipie » ou bien « ma Grebiche ». Après avoir couru longtemps d'un bord et de l'autre aux premiers temps de leur mariage, Anatole avait fini par acquérir aux Chicots une petite ferme qu'il exploitait sans enthousiasme, « du bout du manche ». Il avait acquis une longue expérience de la vie conjugale et du célibat, mais simultanément, la fidélité n'étant pas sa vertu cardinale. Bertilde, par ailleurs acharnée et vaillante, avait un tempérament qui ne s'accordait pas avec celui d'Anatole. Ils se rejoignaient toutefois sur quelques points ; ainsi, ils n'aimaient pas la terre et regrettaient tous deux leur mariage. Leurs disputes étaient continuelles, en public comme en privé ; les voisins en avaient pris leur parti et s'en amusaient. Chez les Tremblay où elle était souvent de passage, Bertilde expliquait posément :

— Anatole pis moué, c'est tejours au plus fort la poche.

Elle était minuscule, mais toute en nerfs et en diables. Elle n'avait pas le souci des convenances et son franc-parler était légendaire. En société, il ne lui répugnait pas de libérer un vent :

— Y faut laisser parler la nature...

* * *

Le Grand continuait à entraîner dans ses jeux les jeunes de son âge. Félix, tout petit, tenait à être de la partie, s'efforçant de suivre le groupe tant bien que mal. Méo allait devant, imaginait des épreuves, franchissait des obstacles ; les autres essayaient d'en faire autant. Un jour, il grimpa sur la clôture longeant le Pré-du-Loup et y marcha à la manière d'un funambule. Ses camarades s'engagèrent derrière lui ; il accéléra, sans se désunir. Félix, laissé seul, voulut les imiter et se hissa lui aussi sur la clôture. Après quelques pas, il perdit pied, chuta brutalement et se brisa la cheville. Méo le vit, hurlant de douleur, et vint à son aide. Il était honteux, maudissait sa légèreté, se sentait coupable de l'accident. Un ramancheur vint d'abord et se déclara impuissant, constatant que l'os avait été broyé. Le docteur Émile Simard examina à son tour le blessé, tenta de réduire la fracture, immobilisa le pied dans une éclisse et mit Félix au repos. L'enflure disparut et, beaucoup plus tard, la douleur, mais le pied ne se replaça pas. L'enfant réapprit à marcher, en boitant. Il était infirme.

Trop jeune, Félix réagit comme s'il ne mesurait pas bien la portée de l'accident. Méo éprouvait du remords ; il fila un bien mauvais coton et, pendant quelques mois, délaissa ses jeux, ses sentiers. Il s'excusait auprès de son frère, redoublait d'attention à son endroit. Joseph ne fut pas moins courroucé. Il prenait Félix en pitié, s'inquiétait de son avenir. Et cette blessure lui en rappelait une autre, peut-être plus douloureuse encore, dont la plaie se rouvrait. Une partie de son enfance, qu'il aurait bien voulu effacer, lui revenait.

* * *

C'était dans les années 1860, aux premiers temps de Couchepagane, de l'autre côté du Lac. François Tremblay et sa famille venaient de s'y installer, arrivant de Charlevoix. Il ne s'y trouvait pas d'autres colons à des milles à la ronde et la paroisse la plus proche était à une journée de marche. Joseph et Vincent, son jumeau, avaient alors six ans, l'âge de Félix. Les deux frères jouaient un jour dans les brûlis pendant que leur père défrichait. Alors qu'il avait déposé sa hache pour aller s'abreuver à une source, Vincent s'en était emparé et avait cherché à imiter le geste de son père. Il s'était infligé un profonde coupure au pied, deux orteils étant presque sectionnés. Mélanie, sa mère, put arrêter le sang au moyen d'un garrot et pansa la plaie avec une couenne de lard. Mais, après quelques jours, l'infection apparut et ne cessa de progresser. La douleur devint insupportable pour l'enfant et aussi pour les autres, Vincent gémissant tout le jour et toute la nuit. Joseph se tenait près de lui. Lorsque le mal eut atteint une partie du pied, Mélanie voulut que le malade soit transporté à Chicoutimi où un médecin pourrait le traiter. François s'y opposa ; la famille n'avait pas d'argent et la distance était trop longue. Il fit plutôt appel à un guérisseur de Roberval. Le charlatan prit une mine sombre en voyant la blessure, qu'il enduisit de résine. L'état de Vincent continua d'empirer. On fit venir de la Pointe-Bleue une Sauvagesse qui se déclara impuissante. François résolut de passer aux grands moyens. Un matin, le frère aîné amena ses frères et sœurs à l'extérieur du camp pendant que Mélanie préparait de l'eau chaude et des serviettes. Le père étendit l'enfant sur la table de la cuisine, lui enfonça un morceau de linge dans la bouche pour étouffer ses cris puis, d'un coup sec, à l'aide d'une grosse pince, trancha la partie infectée du pied. Mélanie s'était évanouie. Dans les jours qui suivirent, l'état de l'enfant se stabilisa ; puis l'infection reprit. Elle gagna toute la jambe et, quelques semaines plus tard, Vincent mourut.

Le grand-père Tremblay était ainsi : homme de principes, inflexible, dur à la peine, seul maître en sa demeure, ainsi qu'avant lui son père dont il imitait la manière. Mélanie et les enfants le craignaient et le respectaient, plus qu'ils ne l'aimaient en vérité. Joseph fut bouleversé par cette épreuve. Plus tard, lorsqu'il apprit les circonstances du décès de son frère, il éprouva de la révolte, malgré son jeune âge.

Il fallut inhumer l'enfant. Cette fois, Mélanie imposa sa volonté. Elle ne pouvait souffrir l'idée que Vincent soit enterré dans cet environnement hostile qui était comme une terre d'exil : il avait été conçu et mis au monde dans Charlevoix, il y retournerait. C'était la fin de janvier. François construisit un traîneau, Mélanie emmaillota le corps avec autant de soin que s'il eût encore été vivant, puis François l'enroula dans une toile et l'attacha au traîneau à l'aide de sangles. Il se mit en marche un matin, tirant le petit cadavre derrière lui, sous une neige abondante qui effaça bientôt ses traces. Chaussant de larges raquettes et affrontant beaucoup de mauvais temps, il mit sept jours à gagner Charlevoix. Le traîneau enfonçait dans la neige poudreuse, avec son fardeau, se renversait parfois dans les escarpements et fouettait les jarrets de François dans les descentes. Par moments, un soleil éclatant réchauffait le voyageur à travers les arbres et semait des ombres fuyantes sur la neige. Il en oubliait un instant Vincent. Des gens qu'il rencontrait s'informaient du motif de son déplacement puis s'agenouillaient dans la neige pour réciter une prière. Le soir, lorsqu'il s'arrêtait dans un camp de bûcherons pour dormir, il détachait le corps gelé et le hissait sur le toit pour le mettre hors d'atteinte des animaux. Son arrivée à Saint-Urbain créa un gros émoi. Il n'y resta que le temps de faire bénir l'enfant et de le déposer dans le charnier du cimetière. Puis il salua les parents, les amis qu'il avait quittés quelques années auparavant et reprit sa marche avec le traîneau chargé cette fois de cadeaux : des vêtements, des victuailles, des outils. Il était aussi porteur de messages d'amitié, de vœux de courage que les proches adressaient à Mélanie.

La vie reprit son cours à Couchepagane, mais celle de Joseph ne fut jamais comme avant. Il lui semblait avoir perdu à la fois son frère et une partie de son père.

* * *

Aux Chicots, l'été 1901 devait rester dans les mémoires pour une autre raison. Le jour de la Saint-Jean-Baptiste, le journaliste Olivar Asselin était de passage à Roberval pour y prononcer une grande conférence publique. Le curé avait offert la salle de la fabrique, attenante à l'église ; Asselin avait décliné la proposition, préférant la salle du conseil municipal. L'événement était prévu pour le début de l'après-midi. Dans les semaines précédentes, le journal local, *Le Colon,* avait annoncé le conférencier comme un grand nationaliste, disciple et collaborateur du célèbre Henri Bourassa, et vanté son immense mérite, en particulier son dévouement à la cause des colons. Ce serait justement le sujet de sa causerie : la colonisation au Québec et au Lac-Saint-Jean. L'affiche était alléchante ; en plus, c'était un dimanche. Il vint en effet beaucoup de monde, pas moins de trois cents personnes s'entassant dans la grande salle. Tôt ce matin-là, une forte délégation était partie en bateau de Mistouk, l'oncle Almas en tête, très chic, très solennel. Parmi le groupe se trouvaient d'autres frères et beaux-frères de Marie, le Grand Delisle qui pour l'occasion avait revêtu sa perruque, Anatole Maltais dit Blédinde qui avait ses idées sur la colonisation, et bien d'autres habitants, tous endimanchés. Joseph avait tenu à en être et avait amené Méo. Au cours de la traversée, l'oncle Almas lui avait dit :

— Méo, écoute-moi bien : aujourd'hui, tu vas voir un grand homme !

Ils s'étaient hâtés en descendant sur le quai et avaient pris place dans les premiers rangs de la salle. Quand le jeune orateur fit son entrée, Almas fut estomaqué, tout comme ses voisins de rangée : la ressemblance entre les deux hommes était saisissante. Asselin était petit de taille, malingre, nerveux ; il avait le visage anguleux, le teint pâle et les yeux toujours en mouvement. Almas jugea la chose providentielle ; l'homme aurait pu être son fils !

Les notables avaient cru devoir se déplacer ; ils siégeaient tous à l'avant, devant la balustrade : le curé avec sa barrette sur la tête, le notaire, le maire et ses conseillers, le préfet de comté, les officiers de la Ligue du Sacré-Cœur et du Cercle agricole, et enfin Louis Dupont, le président de la Société de Colonisation et de Rapatriement*. Dans l'assistance, quelques-uns notèrent l'absence du député ; ils allaient vite en comprendre la raison.

L'orateur monta à la tribune et fut accueilli par des applaudissements polis, prudents, où il y avait un peu de déception ; on avait attendu un personnage plus imposant, plus « corporant ». Dupont, chargé de le présenter, fut bref, ayant égaré ses notes. Asselin s'avança sur le devant de la tribune, négligeant le lutrin ; il parlerait lui aussi sans papiers. Il salua les notables, fort civilement mais sans s'attarder, expédia les boniments de circonstance sur les beautés de la région et du grand Lac, et plongea dans le vif du sujet. S'exprimant d'une voix fluette et dans un débit rapide que les auditeurs du fond de la salle arrivaient mal à suivre, il évoqua d'abord le sort des « Canadiens », toujours sous la dépendance de « l'odieux Empire britannique ». Il rappela ensuite « la sombre équipée » du Soudan et celle « encore plus honteuse » de la guerre des Boers en Afrique du Sud, dans lesquelles le Canada s'était laissé entraîner. Il souligna vigoureusement que les « Canadiens » demeureraient des valets, qu'ils ne connaîtraient pas la liberté tant que « l'humiliante tutelle coloniale » ne serait pas levée. En ce jour de fête nationale, il invitait son auditoire à méditer « cette grande vérité ». La salle approuvait.

Le conférencier voulut ensuite aborder « une autre plaie » qui affligeait « les nôtres », en l'occurrence les politiques de colonisation dans la province de Québec. Il commença par brosser un bref tableau de la situation des Canadiens français aux « États », au demeurant assez bonne selon lui, meilleure en tout cas que celle de nombreux colons « restés derrière ». Il déplora cette émigration, en évitant toutefois de condamner les émigrants eux-mêmes, « tout simplement rejetés de leur patrie par la pauvreté ». Ce serait son thème principal. Il haussa le ton : pourquoi cette province traitait-elle aussi durement « ses fils et ses filles » qui avaient choisi de travailler courageusement à « faire surgir des paroisses dans la brousse », à augmenter « la vraie richesse du pays » ?

À l'avant, le curé, le maire et le préfet se laissaient doucement sombrer dans une demi-somnolence. Ils avaient prolongé leur dîner au presbytère où ils se réunissaient régulièrement dans le plus grand secret pour faire le point sur leur grand projet : scinder le diocèse actuel dont monseigneur Labrecque était l'orgueilleux évêque et faire de Roberval un siège épiscopal dont le curé deviendrait titulaire. Mais derrière eux, la salle était attentive ; plus personne ne bougeait. Méo, intimidé par toute cette foule, portait son regard aussi bien à l'arrière qu'à l'avant, se retournant sans cesse sur son banc. L'orateur était lancé :

— Pourquoi la pauvreté du colon? Pourquoi donc? Je vais vous la donner la réponse, mes chers amis; d'ailleurs la plupart d'entre vous la savez déjà : la misère du colon, elle est due aux compagnies forestières! Oui, aux compagnies forestières, qui accaparent honteusement les meilleures terres et les profits de la coupe du bois.

Il avait bien appuyé sur le mot « honteusement », tirant les notables de leur assoupissement. Bien documenté, il enchaînait avec de nombreux exemples, dont plusieurs touchaient la région du Saguenay. Il produisait des chiffres attestant les pratiques scandaleuses, illégales souvent, des industriels qui « spoliaient » les défricheurs. La salle s'animait, des applaudissements montaient çà et là. Le curé dressait un sourcil. Asselin, maintenant dressé sur la pointe des pieds, la mèche de cheveux sur le front, poursuivait :

— Et pourquoi ces pratiques scandaleuses, ces actes spoliateurs des compagnies? Pourquoi? C'est à cause des politiciens! Oui j'ai bien dit : des politiciens, qui savent très bien ce qui se passe mais ferment les yeux, qui travaillent à engraisser leurs caisses électorales alors qu'ils devraient taxer les capitalistes pour venir en aide aux colons; qui s'occupent de leur avancement plutôt que du vôtre, qui eux aussi extorquent le pauvre monde. Voilà pourquoi!

Maintenant le curé fronçait les deux sourcils, pendant que les auditeurs se tenaient sur le bout de leur siège, étiraient le cou, ne voulaient plus manquer un mot :

— Avec tout cet argent littéralement volé au peuple, j'ai bien dit : « volé au peuple », les politiciens pourraient rendre justice aux colons victimes d'une propagande éhontée qui les pousse vers des terres incultes…

— Ouiiiiiii, reprenait la foule en chœur.

— … pourraient leur rendre justice en leur réservant les bonnes terres agricoles.

— Oui, oui…, clamait la salle, debout cette fois.

— En les protégeant contre les spéculateurs de tout acabit.

— Ouiiiiii…

— En leur construisant des chemins.

— Ouiiiiii…

— En leur donnant des subsides pour mieux s'équiper.

— Ouiiiiii..

— En bâtissant des écoles mieux organisées et en plus grand nombre pour faire instruire leurs enfants.

— Oui! Oui! Oui!…

— En établissant un médecin dans chaque paroisse…

La litanie continua, longtemps. Le délire courait dans l'assistance; le diable était aux vaches. À l'avant, le curé s'agitait sur sa chaise, croisait et décroisait sans arrêt les jambes sous sa soutane, replaçait nerveusement sa barrette, se réjouissait que ce désordre n'eût pas lieu dans sa salle. Le maire commençait à regretter d'avoir prêté la sienne. L'oncle Almas, lui, buvait les paroles de l'orateur. Au comble de l'émotion, il n'arrivait plus à proférer un son. Il essuyait de temps à autre une larme : enfin, un homme public qui pensait aussi droit qu'il parlait! À ses côtés, Anatole dit Blédinde exultait lui aussi. Mais, imprévisible comme toujours, il comprenait à sa façon les propos du conférencier; il fendait l'air de ses poings, en redemandait :

— C'est vré ça, c'est vré tout ça! maudite colonisâtion d'marde… À bas l'agriculture! Vive l'industrie, câlisse!

Ses mots, heureusement, se perdaient dans la tourmente.

— Good, good; very good, approuvait calmement de son côté Toutennâl, avec la mine du connaisseur.

Méo ne comprenait pas tout mais captait bien l'essentiel du plaidoyer. Il se laissait emporter par les tirades orageuses de l'orateur et s'abandonnait aux mouvements, aux clameurs de la salle.

Asselin avait la fougue, le feu de l'oncle Almas, ainsi que l'accent, le geste, le phrasé; et les idées, il va sans dire. Dans certaines envolées, il relevait même le menton, comme l'oncle, en fermant les yeux. Arpentant vivement la balustrade, le tribun gesticulait maintenant, réclamait le silence. Gonflé par son triomphe, il se laissait emporter :

— Et pourquoi les politiciens… s'il vous plaît, mes amis…
s'il vous plaît… Pourquoi les politiciens agissent-ils de cette
façon? Je vous le demande, pourquoi donc? Tout simplement
parce que nos élites les laissent faire… Je dirai même: parce
qu'elles se font complices des gouvernements et des compagnies
pour extorquer le pauvre monde, voilà pourquoi!

Le désordre redoublait. L'aspirant évêque ne regardait plus la
tribune; il roulait de gros yeux en implorant le ciel, il avait la face
tordue, la barrette de travers, se disait que pareilles outrances n'auraient jamais été prononcées devant lui, s'il avait porté la calotte
épiscopale! L'autre, à l'avant, profitait d'une seconde d'accalmie:

— … oui, nos élites, dis-je; et je préciserai: toutes nos élites.
Toutes nos élites, qui se gargarisent avec la colonisation mais se
désintéressent des vrais problèmes du colon!

Les applaudissements déferlaient en flots continus; la voix de
l'orateur se noyait dans le vacarme. Il continuait néanmoins:

— Elles s'arrogent le mérite du peuplement et s'érigent des
monuments alors que le vrai héros…

Il réclamait à nouveau le silence:

— Le vrai héros…

Et subitement, le silence se fit, pesant, comme si l'assistance
avait deviné:

— Le vrai héros de toute cette histoire, vous le connaissez?

— Oui, oui…

— Alors, dites-le-moi, dites-le-moi donc bien fort, mes
amis, dites-moi qui est le vrai héros de la colonisation au Lac-
Saint-Jean et au Québec…

Et de partout à la fois, d'un même élan:

— Le colon, le colon, le colon…

La salle avait explosé. Les notables se dressèrent, le curé s'était
retiré en vitesse. Olivar eut encore le temps de lancer:

— Les monuments… les monuments, je vais vous le dire, il
faudrait les renverser sur leur tête; ça remettrait les idées à l'endroit…

Il ne put rien ajouter. Les dignitaires se frayaient rapidement un chemin vers la sortie. Des groupes se formaient, s'exclamaient. Des chants s'élevaient. Les applaudissements continuaient devant la tribune déserte. Toutennâl commentait à l'intention d'un voisin :

— Geez ! comme aux States… en plein comme aux States !

Il s'écoula une bonne heure avant que le calme ne revînt et que la salle se fût vidée. Almas, épuisé, fut le dernier à sortir, avec Asselin. Il se présenta à lui, lui serra les deux mains, l'inonda d'éloges pour sa belle conférence. Il avait surtout admiré en lui l'orateur très sensible, « très réceptif ». Olivar lui retourna le compliment : il avait trouvé que les gens du Lac étaient des auditeurs très éveillés, « très éloquents ». Ils sortirent de l'enceinte en conversant à mots entendus, comme deux associés. Ceux qui attendaient sur la place crurent voir deux jumeaux. L'oncle présenta le conférencier à ses amis de Mistouk. Respectueusement, chacun souleva son chapeau, et le Grand Delisle, sa perruque des États ; l'émoi le perturbait. Méo, très gêné, serra lui aussi la main d'Asselin ; il eut peine à concevoir que ce grand homme fût si petit.

Sur le bateau qui les ramenait ce soir-là à Mistouk, Almas dut expliquer aux autres, dans son principe et dans toutes ses variantes, ce que voulait dire le verbe « spolier ». Il n'eut pas de mal à illustrer sa leçon d'exemples. Il faisait encore chaud sur le Lac ; le ciel était étoilé. S'étant retiré à l'arrière du bateau, le petit homme regardait vers le sud, vers Roberval : les lanternes des voitures qui s'étiraient sur la côte, la petite ville qui s'éloignait lentement, blottie aux pieds des Laurentides ; et au-delà, en pointillé dans la nuit, les lumières du train qui venait de quitter la gare où l'oncle et ses amis avaient accompagné Olivar.

Le lendemain, à la forge de Wilbrod Gagnon, le Grand Delisle commentait :

— Tout pareils, comme des vrés jumeaux, j'vous dis ; c'est pas creillable. C'est juste par la différence d'âge qu'on peut les démêler !… Ça pis leu nom, comme de raison.

Chapitre III

De sa fenêtre, les premiers rayons du soleil le tiraient hors du lit. Dès qu'il ouvrait l'œil, Méo ne savait résister à l'attrait, aux promesses du jour nouveau qui s'annonçait. Il enfilait vitement ses vêtements sans réveiller Félix, dévalait l'escalier, embrassait Marie qui s'activait à la cuisine, attrapait au passage quelques grillades, une poignée de galettes, et il était dehors. À quatorze ans, il ne manifestait déjà plus ces maladresses d'échassier qui étaient le lot de ses amis du même âge. Il était grand comme un homme et fort comme deux. Sa capacité, son adresse au travail comme aux jeux étonnaient. Sans effort apparent, il pouvait maintenant transporter deux ou trois sacs de farine sur son dos, tirer une charrette à moitié chargée, rouler d'énormes pierres, soulever de grands troncs de pin. Il maniait la hache avec aisance, s'y entendait assez en labours et en semences, et savait accorder sa journée avec les caprices du temps. Il lisait les signes de pluie dans le comportement des vaches et des porcs, étudiait le langage des nuages : les pieds-de-vent, les boules de coton, les choux-fleurs, les enclumes. Il savait qu'il faut semer dans le croissant de la lune et qu'à l'automne l'outarde est toujours le dernier oiseau à émigrer, ce qui en fait le messager de l'hiver. Il avait appris que l'été serait très sec si, à l'automne précédent, la glace s'était formée tardivement, « à basses eaux », sur le Lac. Il se montrait attentif aux détails, notait les singularités et les ressemblances, apprenait peu à peu à démêler l'accessoire et le nécessaire, les choses particulières et les universelles.

Il mettait beaucoup de sérieux dans ses jeux, qu'il préparait avec la plus grande application. C'est justement à l'été de ses quatorze ans que, sans le dire à personne, il plongea fort imprudemment un beau matin dans les eaux du Lac et nagea jusqu'à l'Île Beemer. Ne s'était-il pas juré qu'il le ferait un jour? En un peu plus d'une heure, il franchit la distance. Au moment où il prit pied devant le manoir, une vingtaine de touristes se prélassaient sur une longue galerie ombragée. Des messieurs entouraient des dames bizarrement accoutrées qui agitaient négligemment des ombrelles ou des éventails pour chasser les moustiques. Des costumes, des attirails de pêche étaient soigneusement rangés sur des chevalets. Deux serveurs allaient et venaient parmi les estivants. Quelle ne fut pas leur surprise lorsqu'ils avisèrent ce grand garçon athlétique à l'air timide qui se relevait en chancelant, le visage fendu d'un large sourire, sa longue chevelure noire dégoulinant sur son torse. Aussitôt ils se pressèrent à sa rencontre, l'examinèrent, le questionnèrent tous en même temps. Il se trouvait parmi eux quelques Américains, deux ou trois Allemands, des Français. On lui jeta une serviette sur les épaules. Il n'en croyait pas ses yeux, ne comprenait pas le quart de ce qu'on lui disait. On vanta sa prestation, on le toucha, on voulut tout savoir. Des jeunes filles, des princesses sans doute? avaient quitté leurs jeux et s'approchaient discrètement. Alerté, le gérant du manoir apparut, voulut réprimander l'intrus mais battit vite en retraite, cédant à l'insistance de ses hôtes. Ces derniers firent cortège au Grand, le conduisirent à l'intérieur de l'édifice, lui firent l'honneur des lieux. Méo se déplaçait d'un pas hésitant sur l'épais tapis du salon meublé de larges fauteuils disposés autour d'un piano à queue. De là partait la musique feutrée qui venait parfois bercer les nuits du Cran-Rouge. Ébloui par la richesse des lieux, il se demandait à quoi pouvait bien ressembler le grand Château de Roberval dont ce manoir, assurait-on, n'était qu'une annexe. On le fit monter au premier étage où il compta pas moins de vingt chambres. On lui servit à boire et à manger, après quoi il prit très poliment congé. Un serviteur fut chargé de le ramener à terre dans une petite chaloupe motorisée.

Revenu aux Chicots, il pénétra en trombe dans le camp, pâmé comme s'il venait de découvrir le trésor scandinave de l'Anse-aux-Foins, et fit la relation de son incroyable aventure. Marie, hors d'elle, dépassée par l'ampleur de l'affaire, fut effrayée par cette imprudence et le gronda sévèrement :

— Que c't'enfant-là me fatique ! Qu'y m'fatique donc… Y va m'faire mourir.

Joseph, subjugué, restait stupéfait devant tant d'audace. Marie était en colère :

— Mais Joseph, réveille-toué, Bonté divine, parle-z-y ! Tu voué bin que ça a pas d'bon sens ! T'es là comme un bonasse, la bouche ouverte, tout pâmé devant ses extravagances…

Le Grand se faisait piteux mais il savourait secrètement son échappée hors du réel. Ses frères et sœurs en eurent pour trois jours à lui faire reprendre sans cesse son récit, en l'interrompant mille fois. De tout cela, Méo retint que l'univers n'était finalement pas aussi grand qu'il en avait l'air et que les rêves, même les plus insensés, n'étaient jamais très loin de la réalité ; il suffisait de s'étirer un peu. Il s'en souviendrait.

Mais pour Raphaël, tout petit, l'univers n'avait rien perdu de son immensité. Il était fasciné par son grand frère. La vie auprès de Méo était remplie de surprises ; rien n'était impossible. Les dimanches après-midi, les choses allaient au ralenti sur la ferme et aux Chicots. D'autres se seraient ennuyés ; pas les Tremblay. Quelques mois après l'accident de Félix, le Grand était revenu à ses jeux. Il organisait des chasses au trésor, imaginait des régates sur le bord du Lac, mettait en scène des affrontements navals, des naufrages, des intrigues, des exploits inouïs, et répartissait les rôles que chacun, dans les jours suivants, continuerait de tenir en rêvant. Les acteurs s'illustraient dans mille aventures inspirées de ce qu'ils apprenaient à l'école et surtout des récits de l'oncle Almas. Raphaël, à la proue d'une redoutable frégate et entraînant derrière lui une sombre flibuste, écuma pendant plusieurs dimanches les lacs et rivières du Saguenay, accumulant une fabuleuse fortune. Les princes et les milliardaires du Château Roberval furent ses premières victimes; il avait établi son repaire dans l'Île Beemer. Mathilde parcourut quelques fois la face cachée de la lune et, à plusieurs reprises, ouvrit la route des Indes. Allant en file indienne, ils dessinaient sur le Lac et sur le sable des itinéraires périlleux et s'engageaient dans des chevauchées insolites qui se terminaient par les découvertes les plus fantastiques. Julie était aussi des leurs, ainsi que Félix (à la traîne), les enfants de chez Clovis et Tancrède, et d'autres. Tous allaient garder les plus vifs souvenirs de ces beaux dimanches, de toutes ces journées heureuses des Chicots avec le Grand. Le soir venu, ils se retrouvaient au sommet du Cran-Rouge d'où ils observaient en silence les bateaux qui s'attardaient sur le Lac. Les derniers rayons du jour étendaient sur l'horizon un champ de braise qui mettait le feu aux nuages.

Le lundi, ils reprenaient la routine. Un tel, qui s'était illustré la veille en général intrépide conduisant à travers les Alpes toute une armée juchée sur des éléphants, poursuivait son épopée derrière trois ou quatre vaches efflanquées dans la fardoche. Celui-ci, hardi découvreur de son état, illustre chercheur d'or en Californie et ailleurs, arpentait maintenant du même pas les crans du trécarré à la recherche de bleuets. Et Raphaël, le boucanier redouté, pourchasseur légendaire de trésors et de corvettes, traquait impitoyablement, sans faire plus de quartier, les mouches aux quatre coins du camp.

Et cependant, le Grand poursuivait ses flâneries, ses découvertes solitaires. Il aimait, dans la fraîcheur des sous-bois, s'imprégner des senteurs de mousse et de cèdre. Il s'appliquait à profiter de tous les instants du bref été surgi du froid et pressé d'y retourner. Il appréciait les journées somptueuses de juillet, mais aussi, juste avant l'orage, les horizons durs et noirs fouettés par les bourrasques. L'automne avait ses douceurs. Les couleurs, les paysages s'épuraient, révélant partout le passage de la belle saison : les nids d'oiseau désertés dans les branches, les trous de marmotte à travers les champs fauchés, les galets sur les grèves déchaussées. Et parfois, juste avant que les premières neiges ne viennent recouvrir les monts vers le nord, le temps avait des regains, des retours qui réveillaient les odeurs de l'été. Il aimait tout cela et tout ce qu'il ne connaissait pas encore mais allait s'employer à découvrir.

Il vécut à cette époque une expérience qui dissipa pour un temps la féerie de l'Île Beemer. C'était la fin de juin et le printemps avait été tardif. Le Lac avait mis du temps à se libérer de ses glaces et la température demeurait très froide pour la saison, le soir surtout. Un fort vent du nord-est se levait tôt le matin et soufflait tout le jour, apportant souvent une pluie glaciale. Joseph avait pu terminer ses semailles mais, avec toute cette eau, il craignait qu'elles ne se perdent. Il œuvrait d'une étoile à l'autre à ses fossés de drainage. Adhémar et les autres étaient trop jeunes, et Raphaël trop frêle, pour se rendre utiles à ce genre de tâche. Méo et Joseph rentraient pour souper vers six heures, ayant passé toute la journée dans le mauvais temps. Détrempés, grelottants, ils venaient s'asseoir près du poêle et Marie leur servait une tisane avant de les faire passer à table. Pendant plusieurs jours, le mauvais temps continua. C'était tantôt une petite pluie fine, tantôt de grosses averses. Joseph vit qu'il fallait accélérer les travaux et se mit à retourner à ses fossés après le souper, mais il interdisait à Méo de l'accompagner. Toute la maisonnée était au lit lorsqu'il rentrait.

Un soir, très tard, le Grand se réveilla et n'arriva plus à se rendormir. Il se leva et, par la fenêtre de sa chambre, aperçut en direction des Eaux-Belles la lueur vacillante de la torche avec laquelle Joseph s'éclairait. Inquiet, il se rhabilla et sortit en silence. La pluie avait cessé mais il faisait froid. Il marcha vers la lumière et aperçut son père accroupi au fond du fossé principal, dans l'eau jusqu'à mi-jambes. Il paraissait en désarroi. Sur une cinquantaine de pieds, un peu plus loin, tout un pan du fossé venait de s'effondrer, formant une écluse contre laquelle l'eau s'accumulait. Un gros étang s'était déjà formé et une acre de semences était inondée; tout le reste risquait d'y passer. Apercevant Méo, Joseph se ressaisit, fit mine de le gronder. Le Grand l'ignora, s'empara d'une pelle et se mit au travail. Il vit que Joseph était épuisé. Toute la nuit, ils creusèrent afin d'ouvrir un passage à travers l'éboulis. Ils finirent au matin. À un moment, Joseph avait déposé sa bêche et s'était immobilisé, au bord de la défaillance. Méo l'avait forcé à s'asseoir un instant pendant que lui-même continuait d'œuvrer. Au cours de cette longue nuit, il avait pu voir la fragilité de son père, comprendre de quoi étaient faites sa résistance, sa bonne humeur constante : la crainte de décevoir les siens, les efforts répétés, les inquiétudes et les fatigues surmontées.

Pendant qu'ils travaillaient, Méo en avait profité pour l'interroger sur les États : pourquoi le Saguenay n'en faisait-il pas partie? comment avait-il vécu là-bas, à Woonsocket? comment avait-il connu Marie? L'autre avait paru mal à l'aise, s'était fait évasif. Méo n'avait pas insisté mais était revenu à la charge un peu plus tard. Cette fois, Joseph comprit qu'il y avait plus que de la curiosité pour le grand pays étranger. Tout en continuant à pelleter, il se confia à son fils.

* * *

C'était au lendemain du Grand Feu qui avait détruit presque toute la région du Saguenay en 1870. Depuis quelques années,

François et sa famille avaient commencé à défricher une terre sur les hauteurs de Couchepagane, au sud du Lac. Voyant son bien dévasté, le grand-père décida d'emmener les siens aux États-Unis pour y amasser un capital et revenir ensuite au Lac s'y établir plus solidement. Au cours des décennies précédentes, des dizaines de milliers de Canadiens français avaient déjà emprunté cette voie, trouvant du travail dans des manufactures de textile, des bricades, des conserveries, des fermes. François choisit d'aller à Woonsocket, au Rhode-Island. Ils partirent en voiture, passant par la Baie des Ha! Ha! et Charlevoix. Puis ils prirent un train à la gare du Palais à Québec, ne prêtant guère attention à cette grande ville qu'ils n'avaient jamais visitée. Ils ne virent pas non plus les Cantons-de-l'Est, qu'ils traversèrent durant la nuit. Parvenus à Richmond, près de la frontière, ils montèrent dans un autre train et arrivèrent à destination deux jours plus tard, après d'autres changements de train. Au cours de cette longue randonnée en Nouvelle-Angleterre, le grand-père, plus renfrogné que jamais, ne prononça pas trois mots. Les plus jeunes des enfants, dont Joseph, allaient garder de cette expérience le souvenir de petites gares poussiéreuses et affairées où, à travers les sifflets et les cris, ployant sous d'énormes charges, s'activaient de grands Noirs au torse nu, suant et soufflant comme des bêtes. Les premiers « nègres » qu'ils eussent jamais vus.

À Woonsocket, ils retrouvèrent des connaissances et même de lointains parents qui les aidèrent à s'installer et à trouver de l'emploi. L'industrie en forte croissance avait de grands besoins en main-d'œuvre. François et quatre de ses enfants furent bientôt embauchés dans l'une des manufactures de textile qui occupaient le centre de la ville, le long de la rivière Blackstone. Le jour, trois autres enfants demeuraient avec Mélanie dans un petit logement qu'ils avaient loué à un mille de la rivière, là où étaient regroupés la plupart des Canadiens français. La vie s'organisa beaucoup plus rapidement qu'ils ne l'avaient cru. Tout leur sembla facile, même. Presque tous les voisins venaient du Québec et fréquentaient l'église catholique. Le curé, Charles Dauray, était né à Saint-Joseph-de-Beauce. Ils suivirent les nouvelles du pays en s'abonnant à un journal local (*La Tribune*) et découvrirent qu'ils pouvaient parler français presque partout, même à la manufacture où quelques chefs de travaux étaient canadiens-français. Ils restèrent quatre années à cet endroit, après quoi ils ne savaient encore que quelques mots d'anglais. À ce moment, la famille s'était agrandie de deux autres enfants et avait pu épargner un montant de 1800 dollars. François, qui avait le sens du devoir autant que du commandement, avait appliqué sa rigueur habituelle à mener les affaires de la famille. Il décida que l'exil avait assez duré ; il retournait au Lac. Les enfants sautèrent de joie, sauf Joseph. Il avait alors quinze ans et, comme plusieurs autres, avait été séduit par la vie aux États.

Méo écoutait religieusement. Il s'était bien gardé d'interrompre son père qui avait raconté son histoire d'une traite, mais en évitant le regard de Méo. Quand Joseph parvint à ce point de son récit, sa voix trébucha, il hésita puis se tut. Le Grand craignit qu'il n'aille pas plus loin :

— P'pa, tu peux m'parler ; chus pus un enfant. J'en ai pus l'air en tout cas.

Ils se tenaient côte à côte dans la vase au fond du fossé, sous une petite pluie. Joseph fit une pause et considéra son garçon qui le dépassait de la tête et des épaules. Il lui sourit :

— Ouais… C'est bin vrai qu't'en as pus l'air !

Il reprit son récit mais sa voix avait baissé d'un ton. Et Méo put enfin clarifier le mystère de Couchepagane. De retour au Lac avec les siens en 1874, Joseph n'avait qu'une idée en tête : retourner aux États. Mais, cassant comme à son habitude, François s'y opposa. Le fils se soumit, les années passèrent. Les frères et les sœurs trouvaient à s'engager ici et là, rapportaient un peu d'argent à la maison. Joseph travaillait sur la terre avec son père. Avec sa permission, deux filles quittèrent la maison, épousant l'une un cordonnier, l'autre un cultivateur. Trois fils se marièrent également. François put les établir à proximité, sur des lots que la famille avait défrichés pour eux. Joseph eut vingt-cinq ans. C'était le fils modèle, docile, qui s'était toujours dévoué sans compter pour les siens. Mais il s'inquiétait de son avenir ; la plupart de ses frères et sœurs étaient déjà mariés et les ressources de la famille s'épuisaient. Il eut l'idée de retourner à Woonsocket pour y travailler pendant deux ou trois ans. Les gages y étaient bons, il pourrait ainsi continuer à aider ses parents et, à son retour, s'établir lui aussi sur une terre. François approuva. C'était en 1884.

Comme une quinzaine d'années auparavant, Joseph refit, seul cette fois, le trajet jusqu'à la Baie des Ha ! Ha ! Puis il parcourut, jusqu'à Charlevoix, la vieille « route des familles ». Il revit les toits moussus des vieilles maisons de Saint-Urbain et de Baie-Saint-Paul, puis les chutes Montmorency, la ville de Québec, et il reprit le train pour la Nouvelle-Angleterre. À Woonsocket, il n'eut pas de mal à se faire embaucher dans l'une des manufactures du Market Square, maintenant un centre-ville encombré et désordonné au creux de la vallée, où les longs édifices de briques rouges avec leurs dépendances crasseuses s'alignaient au hasard le long de la rivière Blackstone. Il prit pension chez une veuve originaire du Nouveau-Brunswick. Madame Mackenzie vivait seule dans une grande maison ; elle apprécia la compagnie de ce jeune homme qui ne songeait qu'à travailler. Tout se passa comme prévu pendant quelques mois. Joseph dépensait peu, envoyait le reste de ses gages à Couchepagane. Puis une famille aménagea dans la maison d'en face, au second étage. Joseph apprit qu'elle venait du Saguenay, plus exactement de Chambord, près de Métabetchouane. Parmi les nouveaux venus, son attention se fixa bientôt sur une fille de son âge. Elle parut le remarquer également et il n'eut pas de peine à susciter un premier contact. L'occasion se présenta à la sortie de l'église un dimanche. Sur le chemin du retour, Joseph put converser avec la jeune personne, en compagnie de ses parents. Comme il l'avait espéré, il suscita beaucoup d'intérêt auprès de la famille en annonçant lui-même sa provenance. Il put se montrer utile aussi grâce à sa connaissance de la ville. Après une quinzaine de jours, il avait gagné la confiance de chacun et rendait régulièrement visite à la nouvelle famille. Le père, forgeron de son métier, travaillait comme machiniste. Il s'appelait Wilbrod Gagnon, la mère Alberta Lachance, et la jeune fille Marie.

Il devint vite évident qu'une profonde amitié était en train de naître. Personne n'y faisant obstacle, les deux jeunes gens se virent plus souvent. Ils constatèrent que leurs caractères s'accordaient et conçurent l'un pour l'autre une affection qui ne cessa de croître. Le dimanche après-midi, en compagnie de Bernadette, la sœur aînée de Marie, ils descendaient à la rivière et remontaient le long des chutes, parfois jusqu'aux confins de la ville. Joseph cueillait quelques fleurs sauvages qu'il offrait à son amie. En revenant, ils empruntaient la Main Street, flânaient devant les magasins, passaient devant les bureaux de *La Tribune,* s'arrêtaient plus loin à un petit comptoir et buvaient un verre de lait au miel en se tenant discrètement par la main. Marie était mince, plutôt petite, avec de longs cheveux noirs d'où émergeait un beau visage clair aux traits fins. Joseph avait les épaules étroites, la poitrine renfoncée, et n'était pas très grand pour un homme ; il avait lui aussi les cheveux noirs, mais le teint foncé. Son visage, bien proportionné sans être beau, dégageait une impression de bonté. Au retour de ces promenades, vers la fin du jour, ils s'assoyaient un instant dans l'escalier qui menait à l'appartement des Gagnon. De là, la vue plongeait sur les chutes et les manufactures dominées par les hautes cheminées de Glenark Mill. C'est là qu'un jour ils se déclarèrent leur sentiment et firent un serment : dès que les circonstances le permettraient, ils seraient pour toujours l'un à l'autre. Et afin de sceller leur entente, ils échangèrent leur premier baiser.

Wilbrod Gagnon et sa femme Alberta ayant approuvé le projet, Joseph s'empressa d'en informer ses parents. Comme il ne savait pas écrire, c'est la dame Mackenzie qui rédigea la lettre pour lui. François et Mélanie apprirent ainsi ce qui arrivait à leur fils, en même temps que son intention de conserver désormais tous ses gains ; dans un an, il retournerait au pays et prendrait lot et femme. Il décrivait longuement Marie, dont il vantait les mérites ainsi que ceux de sa future belle-famille. Il demandait aussi à son père de repérer pour lui, dans les environs de Couchepagane, un lot avantageux dont il pourrait se porter acquéreur, avec leur aide. François ne sachant lui non plus écrire, c'est Mélanie qui répondit pour lui. Il jugeait hâtif ce projet de mariage, condamnait sévèrement l'initiative cavalière de son fils qu'il accusait d'insubordination ; il lui enjoignait de rentrer immédiatement à Métabetchouane où la famille avait maintenant besoin de ses bras. Joseph en fut à la fois profondément bouleversé et fâché. Il écrivit à nouveau, plaida. François se faisait intransigeant, menaçant même de déshériter son fils. Effondré, Joseph transmit les mauvaises nouvelles à Marie. Elle lui recommanda de ne pas se dresser contre son père et de retourner au Saguenay ; ils s'y retrouveraient plus tard. Joseph ne douta pas de sa sincérité mais il redoutait la perspective d'une longue séparation. En plus, il s'indignait d'être traité aussi durement, lui, le fils exemplaire. Pendant plusieurs jours, il vécut les pires tourments. Puis il se rendit compte qu'il n'avait pas la force de quitter sa fiancée. La mort dans l'âme et en demandant pardon, il le fit savoir à ses parents dans une courte lettre demeurée sans réponse.

Quelques mois passèrent et les fréquentations continuèrent. En dépit de sa peine, le fils rebelle persistait. En compagnie de Bernadette, Marie apprenait le chant et la musique chez les religieuses et, assez souvent après le souper, elle venait chez madame Mackenzie jouer sur son gros piano noir. Des voisins s'invitaient et la soirée se terminait en chansons. Joseph admirait la jeune fille autant qu'il l'aimait et, en dehors des heures de travail, le couple ne se quittait plus. Toujours sans nouvelles de Couchepagane, ils essayaient de se distraire en se mêlant à la vie de la ville. Un jour, ils assistèrent à une démonstration donnée par le célèbre Louis Cyr, un Canadien français qui était alors l'homme le plus fort au monde. Jusque dans les années de sa vieillesse, Joseph raconterait les exploits inouïs du prodige qui, ce jour-là, avait soulevé d'un doigt un bloc de ciment de quatre cents livres — le fardeau s'accroissait peut-être à mesure que la mémoire du conteur fléchissait. Mieux encore, il prit place lui-même en compagnie d'une vingtaine de personnes sur une large plate-forme que l'hercule, d'un formidable coup de reins, avait soulevée d'au moins un demi-pied…

Un jour, Wilbrod Gagnon fit ses comptes et estima que sa famille pouvait maintenant rentrer au Saguenay. Après avoir échangé quelques lettres avec des parents demeurés là-bas, il fit l'acquisition d'une petite boutique de forge à Mistouk. Il fut convenu entre Marie et Joseph que ce dernier resterait encore un an, jour pour jour, à Woonsocket, qu'ils se marieraient ensuite et se débrouilleraient pour s'établir au nord du Lac, où ils pourraient acquérir à bas prix un lot de colonisation.

La mort dans l'âme, Joseph se sépara de Marie. Les Gagnon rentrèrent au pays et s'installèrent dans une petite maison au centre de Mistouk. La boutique de forge était attenante. Wilbrod avait aussi acquis un lot en bois debout qu'il défrichait à temps perdu. Une dizaine de camps et de maisons s'alignaient le long du rang principal, le seul en fait. Une chapelle venait d'être érigée à cinq minutes de marche ; elle était desservie par le curé de la paroisse d'Alma, située à une demi-journée de voiture. Durant l'année qui suivit, Joseph et Marie s'échangèrent des lettres passionnées. La fiancée lisait avec ferveur les longues et touchantes déclarations de Joseph, oubliant parfois qu'elles étaient de la plume de la veuve Mackenzie qui prenait plaisir à ajouter ici et là un paragraphe de son cru. Toujours avec l'aide de la vieille dame, Joseph échangea aussi quelques lettres avec sa mère. Mélanie le priait de redevenir le fils tendre et droit qu'elle avait élevé, de rentrer à la maison et de faire la paix avec son père. François, de son côté, demeurait inflexible, de sorte que rien ne s'arrangea.

Un an après le départ des Gagnon, un matin de juillet, Joseph fit ses adieux à la dame Mackenzie et à Woonsocket. Le retour au Saguenay s'effectua rapidement, une ligne de chemin de fer reliant maintenant Montréal et Québec au Lac-Saint-Jean. En cours de route, le contrôleur du train signala aux passagers la présence à bord du célèbre journaliste Arthur Buies et de sa jeune épouse qui se rendaient en voyage de noces dans la région du Saguenay. Plusieurs voyageurs quittaient leur siège pour aller présenter leurs hommages au couple. Joseph ne leur prêtait guère attention. Il descendit à Roberval et marcha une douzaine de milles, jusqu'à Couchepagane, où il parvint au milieu de l'après-midi. François se trouvait aux champs avec deux de ses fils et Joseph put profiter d'un moment d'intimité avec Mélanie. Les retrouvailles se firent dans les larmes. La mère et le fils se tenaient embrassés, maladroits, au milieu de la cuisine.

— Mon pauv'petit, répétait Mélanie entre deux sanglots.

Deux sœurs de Joseph arrivèrent ; la scène se reproduisit. Tout le monde pleurait encore lorsque François apparut. L'homme se tenait droit, défiant, dans l'encadrement de la porte. Il attendait de Joseph un geste qui ne venait pas. Celui-ci, indisposé par la froideur du père, parut tout à coup se durcir. Il ramassa ses sacs, se tourna une dernière fois vers sa mère et ses sœurs puis se dirigea vers la porte. François se rangea pour le laisser passer. Le père et le fils n'avaient pas échangé un mot.

Joseph, le cœur retourné, surpris lui-même de ce dénouement si imprévu, si contraire à sa nature, refit à pied le trajet jusqu'à Roberval. Il s'embarqua sur une barge qui traversait le Lac jusqu'à Mistouk où il se réfugia chez les Gagnon. Les réjouissances qui entourèrent son arrivée le réconfortèrent. Il demeura quelques semaines parmi sa belle-famille, le temps d'effectuer les démarches pour acquérir un morceau de terre dans le rang des Chicots. Il épousa Marie peu après.

Ce matin-là, il avait revêtu ses vêtements de travail et s'était lavé dans le Lac ; il s'était aussi frotté les cheveux avec du foin d'odeur puis s'était rendu à pied au village. Marie, qui y demeurait, avait emprunté à Berta ses vêtements du dimanche ainsi que son jonc. La famille Tremblay, à Couchepagane, avait été prévenue longtemps à l'avance. L'heure du mariage approchait mais il n'y avait rien en vue sur le Lac. La parenté des Gagnon, mal à l'aise, attendait chez Wilbrod en compagnie du jeune curé, Jean-Baptiste Renaud, qui venait d'être affecté à Mistouk. À midi, Joseph demanda qu'on retarde encore un peu la cérémonie. Du côté du Lac, rien ne bougeait. Tous les gens de la noce s'étaient maintenant rassemblés chez les Gagnon. Il y régnait un air de veillée funèbre. À trois heures, on ne voyait toujours rien poindre à l'horizon ; le curé Renaud décida de procéder. La messe fut brève et triste, sans musique ni carillon, la chapelle n'ayant encore ni orgue ni cloche. Au sermon, le jeune Jean-Baptiste prononça quelques mots de circonstance, commenta l'évangile du jour. Il n'eut pas de chance : c'était la parabole de l'enfant prodigue. On prit ensuite le repas chez le forgeron où les villageois vinrent présenter leurs vœux. Il y eut un peu de musique à bouche, quelqu'un raconta des histoires, Berta s'était débrouillée pour faire des beignes. Le soir même, Joseph et Marie s'installaient aux Chicots. Ils amenaient une moutonne, un sac de hardes et des effets de cuisine. C'était la dot de la mariée. Le lendemain, ils étaient tous les deux au travail dans les friches.

Quelques jours plus tard, le capitaine de l'Arthur, un petit bateau qui naviguait entre Roberval et les autres paroisses du Lac, accosta à Mistouk et déposa un colis pour Joseph Tremblay. Il contenait un tricot de laine, un sac de sucres à la crème et un mot de la main de Mélanie.

*   *   *

Joseph avait terminé son récit et se réfugiait dans le silence. Ils continuaient tous les deux à pelleter côte à côte. Au matin, alors qu'ils revenaient ensemble vers le camp, Méo éprouvait un peu de remords d'avoir forcé les confidences de son père. Quant à Joseph, il ressentait de la gêne d'avoir trop sollicité son jeune fils et, plus encore, de s'être ainsi découvert. Mais en même temps, il était réconforté. L'expérience de la nuit les avait soudés.

À quelque temps de là, le Grand réalisa un autre de ses rêves. Un matin, la grosse machine du Sirop Gauvin apparut sur la Butte-à-Tancrède et vint s'arrêter chez les Tremblay. Fidèle à sa promesse, Jeffrey Lamontagne en descendit, jovial comme d'habitude ; il venait chercher son « guide ». Comme l'année précédente, il fut convenu qu'après le voyage autour du Lac, Méo serait ramené aux Chicots. Jeffrey paierait les repas et le gîte, son passager donnerait un coup de main aux affaires. Son absence dura une semaine, la plus belle de sa vie. Cette fois, ils prirent par la gauche, vers Alma et Grandmont. Ils parcouraient les principaux rangs et s'arrêtaient à presque toutes les maisons. Partout leur passage suscitait la même curiosité mêlée d'effroi, et pas seulement chez les animaux. À bord, c'était la joie. Méo exultait, interrogeait sur tout et rien, se faisait raconter les aventures de Jeffrey, ses voyages en Nouvelle-Angleterre. Comment était-ce, les États ? et leurs habitants ? et ces villes nouvelles ? et ces ponts suspendus au-dessus des grands fleuves ? et ces immigrants de tous les pays ? Jeffrey racontait longuement, magnifiquement. Tout son savoir y passait, et plus encore. Il s'arrêtait pour vendre ses remèdes miracles et reprenait son récit.

À la fin de la première journée, ils traversèrent l'interminable pont Taché sur le Saguenay, près d'Alma. Méo fut si émerveillé qu'il convainquit Jeffrey de rebrousser chemin et de traverser à nouveau. La Buick présentant certains inconvénients, il comprit que sa présence serait bien utile. Ainsi, dans les montées trop raides, l'essence ne circulait plus du réservoir au moteur, le premier étant situé à l'arrière de la voiture, le second à l'avant. Il fallait donc grimper les côtes à reculons ; le Grand poussait de toutes ses forces, suant comme un porc. Dans les pires cas, Jeffrey faisait appel aux habitants du coin et à leurs chevaux pour remorquer l'engin. Magnanime, le Montréalais leur offrait en retour quelques pilules de fer, « pour refaire la musculature ». Juste en sortant de Grandmont, ils firent une crevaison. Mais Jeffrey n'était pas en peine, il avait l'habitude : il ramassa une brassée de foin dans le champ, la pressa fermement dans le pneu et ils reprirent la route. Ils finirent leur périple avec trois roues ainsi apprêtées. Méo s'occupait officiellement de la navigation, fonction plutôt honorifique puisque maintenant l'agent connaissait bien son itinéraire. Mais, avide comme toujours, le Grand s'y appliquait ; il s'était emparé de la montre du Montréalais et surveillait l'horaire, notait les distances, prenait plaisir à relever les lieux-dits. Il fit connaissance avec le rang des Mange-lard à Alma, le Lac Sec à Hébertville, les rangs Trompe-souris et des Frémillons à Hébertvile, où ils aperçurent pour la première fois la voie ferrée. À Lac-Bouchette, ce fut la Rivière-qui-mène-du-train et, derrière Chambord, le rang des Mille-roses. Jeffrey trouvait à s'amuser lui aussi, par exemple à Rivière-à-l'Ours (le rang de Mon-cul) ou à Tikouapé (la Butte-aux-Fesses).

À Métabetchouane, sans fournir d'explication, Méo dirigea Jeffrey vers le rang Couchepagane où ils s'arrêtèrent chez le premier habitant. À quelque distance de la route, une vieille dame coiffée d'un chapeau de paille s'affairait devant une grande maison cernée de peupliers qui semblaient veiller sur elle. Méo s'avança et demanda où se trouvait la ferme de François Tremblay. La dame se retourna, le considéra un instant :

— Mais vous y êtes, mon garçon.

Surpris, il ne put d'abord que balbutier puis, rassuré par l'attitude obligeante de la grand-mère, il s'identifia. À la vue du magnifique adolescent fils de son fils, Mélanie fut bouleversée et c'est le visage en larmes qu'elle étreignit longuement Méo. Elle mit un bon moment à retrouver une contenance puis, avisant Jeffrey qui, fort étonné, avait suivi la scène de loin, elle invita les deux voyageurs à entrer dans la maison. Par pudeur, le Montréalais déclina. La scène se répéta à l'intérieur lorsque François fut mis en présence du Grand. Très malade, vieilli prématurément, l'aïeul avait peine à tenir debout et c'est Méo qui le soutint lorsqu'ils s'embrassèrent. Une tante se trouvait là également ainsi que trois ou quatre cousins et cousines dont l'une était la réplique de Mathilde. Méo ne savait où donner des yeux et du cœur. Il observait le visage sévère du grand-père, dont la maigreur accusait le profil sévère. Il avait peine à soutenir le regard intense, torturé, qui émanait du vieillard et ne se détachait plus de sa personne. Et il était fasciné par ses longues mains tordues et desséchées, aux doigts noueux comme de vieilles racines. La visite dura peut-être une demi-heure. Ils conversèrent un peu, pour la forme. François avait peine à suivre, ne prononça que quelques mots, d'une voix fêlée, sans jamais quitter Méo des yeux. Les vraies paroles se logeaient au-delà, dans les regards et dans les gestes, dans les pauses embarrassées. Au moment de partir, Méo embrassa tout le monde encore une fois, s'arrêtant plus longuement auprès de son grand-père. Alors, sans un mot, ce dernier détacha la montre qui pendait à sa veste et la glissa dans la main de son petit-fils. Ils se séparèrent ainsi.

Le Grand reprit place dans l'automobile, les yeux fixés sur la route. Jeffrey ne posa pas de question. Il ne dit rien non plus lorsque, en sortant de Métabetchouane, Méo, toujours sans le regarder, lui rendit sa grosse montre en or. Ils roulèrent ainsi, silencieux, jusqu'à Chambord où ils descendirent chez un habitant qui tenait auberge. Ce soir-là, au moment de souffler la chandelle, le Grand tournait encore entre ses doigts la montre de François. Et toujours son regard s'arrêtait sur la petite inscription qui courait sur l'envers du boîtier : Woonsocket, 1874.

Le lendemain, il était encore en proie aux impressions de la veille ; mais de nouvelles allaient bientôt les chasser. Peu après Chambord, à un détour de la route, il aperçut un filet de fumée à l'horizon et ne put réprimer un cri. Ordonnant à Jeffrey de freiner, il se précipita hors de la voiture, franchit le fossé à la course et, à cent pas de la route, prit pied sur la voie ferrée, les sens aux aguets. Il ne s'était pas trompé, c'était bien un train qui s'en venait ; il le sentait maintenant aux vibrations qui secouaient la voie. Bientôt, une grosse colonne de fumée noire s'éleva de la forêt, et le souffle cadencé de l'engin se fit entendre derrière un boisé. Méo en sauta de joie : ses premiers chars ! Jeffrey, demeuré dans la Buick, souriait. Ce tronçon qui reliait Roberval à Chicoutimi avait été inauguré quelques années auparavant. Les habitants appelaient cette ligne « la tortilleuse » en raison des innombrables détours que faisait le tracé. Le bruit de ferraille et de cahotement s'amplifia ; enfin la ligne du convoi se précisa à la sortie d'une courbe et, subitement, l'air fut rempli d'une épaisse boucane qui força Méo à battre en retraite. Maintenant les wagons défilaient devant lui sous une pluie de crachats fumants, de tisons, de toute une mitraille virevoltante qui lui fouettait le visage et l'étouffait. Il revint lentement vers la Buick dans un état second, toussant comme un consomption*, insouciant des saletés qui recouvraient son visage et ses vêtements. Déjà, la queue du convoi s'était engagée dans une autre courbe et disparaissait derrière une colline. Comme c'était beau un train !

À la fin de cet après-midi, ils entrèrent dans Roberval et s'engagèrent dans la rue principale. Là encore, le Grand s'abandonna à mille attractions. La ville lui parut au moins quatre ou cinq fois plus grande que Mistouk et partout il y avait à voir : le quai achalandé, la gare, le Château et la grosse scierie de B. A. Scott, un autre Américain, qui employait des dizaines d'ouvriers. Sur son passage, Méo observait aussi les grandes maisons de bois ou de brique, les magasins, les kiosques. Ils croisaient des rues dont chacune portait un nom. Quelques automobiles circulaient difficilement dans l'artère principale où des équipes d'hommes travaillaient à installer un aqueduc. Jeffrey, toujours soucieux d'alimenter ses récits, s'arrêta pour converser avec des ouvriers. Ils installaient de longues billes de bois percées de bout en bout et disposées sur des chevalets. Le procédé, disaient-ils, avait la propriété de nettoyer l'eau en la faisant circuler au cœur des billots.

Ils devaient parfois creuser pour maintenir la pente et, le matin même, ils avaient mis au jour trois squelettes d'Indiens qu'ils avaient transportés au cimetière. Les deux visiteurs se remirent en marche, rencontrèrent des citadins qui circulaient à cheval, manœuvrèrent parmi les piétons et les animaux en liberté : des chiens, des poules, des cochons, des vaches. Les noms des magasins s'étalaient sur des affiches criantes. Le plus gros était celui d'Israël Ornstein.

Méo et Jeffrey longèrent ensuite la bricade des Castonguay, la fonderie Bernier qui fabriquait les poêles et fournaises du même nom, la manufacture de laine de la famille Guy Wells, l'atelier d'overalls* d'Adélard Leclerc, fabricant de la célèbre « Roberval Brand ». Adélard écoulait toute sa marchandise au Saguenay mais, en commerçant éclairé, il mettait le plus d'anglais possible dans ses affaires. Ils s'arrêtèrent un instant devant la Maison des immigrants, une longue bâtisse à deux étages alors très fréquentée, qui était le siège de la Société de Colonisation et de Rapatriement. Ils s'attardèrent ensuite aux environs du quai, bourdonnant lui aussi, puis ils débouchèrent sur la grande place où étaient regroupés l'église, l'hôtel de ville et la salle municipale, les bureaux du journal *Le Colon*, l'édifice des sapeurs-pompiers et la prison, vide ce jour-là comme souvent. Méo fut déçu : la fanfare venait de terminer une répétition et se dispersait sur la place. Mais il put entrevoir le gros tambour et quelques instruments à vent.

Le lendemain de leur arrivée, les deux visiteurs travaillèrent toute la journée dans la ville et Jeffrey fit de bonnes affaires. Méo prit congé à la fin de l'après-midi, comme il avait été convenu, et se dirigea vers une rue bordée de drapeaux qui montait vers un large plateau où, faisant face au Lac, se dressait l'immense Château. Sur son chemin, il franchit la voie ferrée et s'arrêta un moment devant la gare où régnait une grande animation. Un attroupement bruyant attendait l'arrivée du train ramenant des États-Unis un groupe de cultivateurs qui s'étaient rendus à Saint-Louis visiter une grande exposition commerciale. Méo pressa le pas vers le Château. C'était un édifice en bois à trois étages formant un quadrilatère dominé par cinq ou six tourelles, avec de longues galeries courant sous des rangées de fenêtres et de balcons. Il comptait près de trois cents chambres ; Beemer avait voulu en faire le plus bel hôtel de villégiature au Canada. Méo vit plusieurs attelages luxueux, certains à chevaux blancs, qui allaient et venaient devant le porche principal. Ils s'arrêtaient un instant au milieu des vacanciers pour laisser descendre ou monter de vieux messieurs portant des hauts-de-forme, la plupart accompagnés de dames très distinguées qui marchaient en tenant la tête très droite, sans regarder où elles mettaient les pieds. Des serveurs, des palefreniers, des porteurs s'affairaient autour d'eux.

Le Grand s'assit dans l'herbe, en retrait, d'où il put observer à loisir les grands de ce monde, venus de tous les continents sans doute, qui déambulaient en couples à travers les jardins ou bien se tenaient en petits groupes sous les parasols, conversant à voix basse. Malgré la chaleur, les hommes portaient des pantalons rayés ceinturés d'un large ruban rouge ou noir et des chemises à jabot sous de longues redingotes. Certains affichaient de longues moustaches qui leur remontaient jusqu'aux oreilles. Les dames, coiffées de chapeaux compliqués et vêtues de longues robes légères, parlaient peu et avaient de petits gestes agacés pour chasser les mouches noires. Une odeur de cigare et de cheval mêlée d'étranges parfums embaumait la scène qui se noyait délicatement dans la lumière du jour déclinant. Le Grand chercha à reconnaître les personnes qui l'avaient accueilli à l'Île Beemer, mais il n'en vit aucune.

Les clients du Château y venaient pour observer la dernière avancée du Nouveau Monde et s'imprégner de la nature sauvage dans ses derniers retranchements. Ils allaient pêcher dans les rivières environnantes des truites de huit livres et, dans le Lac, des ouananiches qui en faisaient le triple. Les dépliants publicitaires leur promettaient des habitants aux mœurs simples, en quoi ils étaient bien servis. Tous les jours, des calèches conduisaient des visiteurs aux chutes de la Ouiatchouane ou bien à la Réserve indienne de Pointe-Bleue. Cette excursion était particulièrement courue. Les touristes, ravis, ramenaient au Château des fourrures, des mocassins, des queues de porcs-épics. Et le soir venu, en sortant de table, ils se laissaient sombrer dans des fauteuils profonds disposés sous les vérandas impériales et sirotaient des liqueurs fines en contemplant les feux du bout du monde qui scintillaient de l'autre côté du Lac. Ce bout du monde qui se déplaçait lentement vers des trécarrés incertains, à raison d'un arpent par année.

Voyant les lustres du rez-de-chaussée qui s'allumaient un à un, Méo se leva et se risqua timidement vers l'entrée principale d'où s'échappaient un air de piano et des échos feutrés de conversation. Il fut aussitôt interpellé par un majordome qui le repoussa discrètement vers la pelouse. Il fut déçu de ne pas voir les tables de billard, les allées de quilles et les salles de tir dont parlaient les journaux, mais un peu soulagé aussi, tant il était intimidé par cet univers. Il fit le tour de l'imposant édifice, put apercevoir les jeux de croquet, les courts de tennis, le fameux enclos dans lequel se prélassaient quelques ours offerts à la curiosité des estivants, et, juste à côté, le grand aquarium rempli de ouananiches à proximité d'une petite volière dans laquelle veillaient deux hiboux. Il chercha en vain les serpents, les tigres et les éléphants. Le soir était tombé. Le Grand jeta un œil dans deux ou trois fenêtres mais ne put rien distinguer. Le palais refusait de livrer ses secrets. Il descendit vers l'hôtel de ville où il retrouva Jeffrey tenant sa cour habituelle autour de la Buick.

Le lendemain, en sortant de la ville, ils virent près du Lac la scierie de Scott qui s'étirait sur un grand terrain encombré de madriers, de billots et de croûtes, à moitié voilé par l'épaisse fumée blanche qui s'échappait de deux fournaises où brûlaient des tonnes de rippe* et de bran de scie. Ils parvinrent à une bifurcation et Méo insista pour que Jeffrey prenne à droite, en direction de la Réserve indienne de Pointe-Bleue. L'autre obtempéra en rechignant un peu. Après avoir roulé quelques minutes en rase campagne, la Buick pénétra dans une sorte de hameau qui était en réalité un regroupement de grosses tentes en mauvais état, recouvrant quelques arpents. Au centre se faisaient face une chapelle et le magasin de la Compagnie de la Baie d'Hudson qui achetait les fourrures des Montagnais. C'était un grand édifice en bois, plutôt sinistre, à un seul étage et au plafond très bas. Le commis du poste demeurait tout près dans une petite maison blanchie à la chaux. Des deux côtés du chemin, quelques Indiens vêtus de pantalons et de vestes de caribou ou d'orignal s'affairaient autour de canots d'écorce; d'autres travaillaient des peaux tendues sur des tambours. La plupart fumaient la pipe. Ils saluaient distraitement les deux visiteurs, au passage. Des femmes arborant de longs châles circulaient parmi eux. Méo ouvrait de grands yeux : des Inmourables, enfin !

Il pouvait distinguer à l'intérieur des tentes d'autres Sauvagesses accroupies, occupées à quelques travaux, et autour d'elles, des enfants qui ne le quittaient pas des yeux. Il remarqua leur teint foncé et leurs cheveux très noirs, comme les siens. Les femmes portaient de curieux petits bonnets et de longues jupes colorées garnies de broderies. D'autres hommes pêchaient dans des canots au large. Méo, silencieux, enregistrait les bruits, les mouvements, les couleurs, les odeurs. Il prêtait attention aux outils et pièces d'équipement dispersés sur le sol : haches, échafauds, filets, petits poêles, chaudières bouillant au-dessus de feux de bois. Tous les cent pieds, il voulait descendre, engager la conversation, mais Jeffrey n'était pas enthousiaste.

— C'est des Sauvages, disait-il en accélérant.

Ils passèrent devant une grande maison blanche où logeait l'agent du gouvernement, puis devant une petite école déserte, et ils se retrouvèrent de nouveau en pleine campagne. La traversée n'avait pas duré dix minutes, au grand regret de Méo. N'empêche ; il avait vu.

Revenu aux Chicots, il en eut encore pour quelques jours à raconter son expédition. Mais un silence très lourd s'installa dans le camp lorsqu'il déposa sur la table à manger la montre du grand-père. Joseph s'était durci; il avait le sentiment que son garçon s'était éloigné de lui en se rapprochant de l'aïeul. L'affaire en resta là.

* * *

Un peu plus tard au cours de ce même été, Méo devait retourner à Roberval, cette fois avec Joseph. À son passage dans la ville, Jeffrey lui avait parlé de la « Bourse du bleuet » qui s'y tenait à la fin de chaque été. Pendant une semaine, des centaines de cultivateurs de toutes les paroisses du Lac venaient négocier le produit de leur cueillette. Plusieurs en profitaient pour faire des achats, d'autres arrosaient l'occasion. Les forgerons, en particulier, faisaient des affaires d'or. C'était la fête du bleuet. Méo interrogea son père : pourquoi les Tremblay n'y allaient-ils pas ? Avec Mathilde, Adhémar et les autres, il pourrait se charger de la cueillette, comme cela se faisait dans d'autres familles ? Joseph y pensait depuis quelque temps, mais il ne voulait pas imposer à ses enfants un long et pénible séjour en forêt, même si le profit de l'opération était alléchant. À certains cultivateurs elle rapportait jusqu'à cent et même cent cinquante dollars, ce qui en faisait l'une des principales sources de revenu après le lait et le travail d'hiver aux chantiers forestiers. Il hésitait aussi à cause de la rapacité des acheteurs : des commerçants de Québec et de Montréal qui, chaque été, séjournaient à Roberval aux mois d'août et septembre et imposaient leurs conditions aux habitants. Tout le monde les appelait les « bourreaux » à cause des tactiques très dures qu'ils utilisaient pour faire baisser les prix.

Méo insistant, Joseph et Marie se laissèrent finalement convaincre et ils aidèrent aux préparatifs. Bien vite, ils discutaient de ce qu'ils feraient avec l'argent de la vente : acheter une ou deux autres vaches? d'autres moutons? l'économiser pour l'achat d'un deuxième lot? ou même pour la construction d'une vraie maison? Ils verraient. Un matin, les enfants, sauf les plus jeunes, quittèrent les Chicots, emportant une tente, des vivres, des gobelets, des chaudières, des boîtes. Ils marchèrent tout le jour et une partie de la soirée pour se rendre dans une clairière savaneuse que Méo avait repérée les jours précédents au milieu d'anciens brûlés où les bleuets abondaient. Des fruits énormes, sucrés, d'un beau bleu pâle, tout argenté. Ils se mirent à l'œuvre sous la direction du Grand et de Mathilde, à travers des myriades de moustiques voraces qui leur paraissaient aussi gros que les bleuets — et s'en nourrissaient peut-être? La « ramasse » était facile et rapide. Les gobelets remplis étaient versés dans des chaudières puis dans des boîtes déposées au frais dans la mousse près d'un ruisseau ombragé. C'est là aussi que les cueilleurs allaient de temps à autre pour se reposer et prendre leurs repas. Dès le lendemain de leur arrivée, Méo avait trouvé le moyen de confectionner des hameçons et une perche et il sortait cinq petites truites du ruisseau. Ils les mangèrent le soir avec des bleuets et des œufs de merle que Raphaël avait dénichés. C'était autant d'épargné sur les réserves de vivres. Ils avaient dressé la tente au milieu d'un bosquet de bouleaux, ils ramassaient du matin jusqu'au soir et allumaient alors un feu pour le souper. Mathilde jouait du petit harmonica reçu en cadeau de Bernadette, sa marraine, puis ils s'allongeaient sous la tente, morts de fatigue. Tous les deux jours, Méo se chargeait lourdement au moyen d'un harnais et transportait la récolte à la ferme, la déposant dans une fosse sous le camp. À l'aller, les enfants avaient mis une grosse journée à faire le trajet, mais lui, il revenait le soir même, tout en nage, essoufflé, ayant trouvé le temps de reconnaître sur son parcours deux lacs et trois collines, et emportant dans ses sacs quelques lièvres attrapés au passage dans des collets. Ce fut leur vie pendant plus de trois semaines.

Vers la fin du mois d'août, ils mirent fin à la cueillette et rentrèrent aux Chicots, très fatigués, à moitié dévorés par les marin-gouins. Durant l'après-midi du lendemain, ils chargèrent toutes les boîtes sur la charrette en prenant mille précautions. Joseph les disposait avec soin pour éviter qu'elles ne soient écrasées pendant le trajet. Enfin, il les sangla solidement puis les recouvrit d'une bâche légère pour les protéger contre la pluie. Il y en avait plusieurs centaines de livres; ce serait sûrement l'une des plus grosses transactions de la journée à Roberval. Les enfants, très énervés, s'agitaient autour de la charrette; Joseph était fier d'eux. Méo, qui allait l'accompagner, attela Farouche et vint stationner le précieux chargement devant l'entrée du camp. C'était l'heure du souper. À table, le père et la mère parlèrent encore longuement de l'utilisation de l'argent. Ils se mirent enfin d'accord pour l'investir dans l'achat du deuxième lot. Joseph et Méo étaient sur le départ maintenant. Marie leur avait préparé des vivres: des grillades de lard, des galettes, deux bouteilles de lait… et des bleuets. Ils saluèrent et se mirent en route. Toute la famille était rassemblée au milieu du rang; quelques-uns allèrent pousser la charrette dans la Côte-à-Clovis. Ils les suivirent du regard jusqu'à ce qu'ils disparaissent dans le premier détour.

Le pont Taché sur la rivière Saguenay était en réparation, ils avaient pris vers l'ouest, en direction de Péribonka et Mistassini. Il faisait beau et très chaud, Farouche marchait au pas, les deux hommes n'arrêtaient pas de jaser: de la route, des champs qu'ils doublaient, de l'état des récoltes, mais surtout de chevaux, leur passion commune. Et quand ils en avaient fini, ils parlaient de Farouche. Méo jetait de temps à autre un coup d'œil sur le chargement. Comme il était heureux de faire ce voyage avec Joseph! Il y avait plusieurs grosses rivières à traverser et le Grand s'émerveillait encore de la longueur, de la forme des ponts qu'il avait déjà empruntés le mois précédent avec Jeffrey. Il préférait de loin les ponts couverts, toujours mystérieux. Les sabots du cheval y produisaient des sons caverneux amortis par le bruit du courant. Farouche s'énervait dans ces sortes de tunnel; Joseph lui tapotait la croupe et lui parlait doucement pour le calmer. Plus loin, le Grand prit les cordeaux, entreprit de faire chanter Farouche. Joseph sourit, rappela doucement son cocher à l'ordre en pointant le doigt vers le chargement. Peu avant minuit, ils s'arrêtèrent pour manger devant le monastère des Trappistes près de la rivière Mistassini. Les chutes rugissantes impressionnèrent vivement Méo qui imaginait tout ce que ces eaux avaient pu franchir et charrier depuis les régions du grand Nord où elles avaient commencé leur course plusieurs jours auparavant, sinon quelques semaines ou quelques mois ? Il y voyait défiler les vestiges de terribles tempêtes de l'hiver, les résidus d'immenses paysages de neige et de glace, les échos de drames lointains.

Lorsqu'ils repartirent, ils purent entrevoir sous le clair de lune ce qui restait de la colonie de Savoyards ouverte l'été précédent, à trois milles du monastère. Elle avait fait beaucoup jaser parce que les arrivants avaient refusé d'édifier une chapelle et d'accueillir les services d'un prêtre missionnaire. L'entreprise s'était du reste soldée par un échec; c'était bien, au dire de Joseph, dans l'ordre des choses. Méo alluma les deux petites lanternes suspendues de chaque côté du quat'roues, à la hauteur des passagers. Ils parlèrent encore, longtemps. Vers le milieu de la nuit, ils traversèrent le long plat qui menait à Rivière-à-l'Ours. Ils s'arrêtaient de temps à autre pour vérifier l'état des bleuets, resserrer une sangle, replacer une boîte. Farouche tirait sa charge d'un pas égal, comme dans un demi-sommeil. Méo le dirigeait distraitement. Le temps était toujours aussi chaud mais le ciel s'ennuageait. Bientôt, ils ne virent plus les étoiles; le temps se couvrait. Joseph reprit les cordeaux et força un peu l'allure. Ils ne parlaient plus maintenant. Méo s'endormit.

La pluie le réveilla. Une pluie fine d'abord, sans vent, puis une grosse averse. Joseph n'avait plus l'esprit à la conversation. Ils avaient dépassé Rivière-à-l'Ours et Tikouapé; ils entraient dans ce qui s'appelait les « bas-fonds », une zone marécageuse d'un mille qui donnait souvent du mal aux voyageurs. Il leur faudrait ensuite gravir la fameuse Côte-du-Cran, peu avant d'arriver à Roberval. La pluie continuait, très forte. Ils perdirent beaucoup de temps dans les « fonds ». La voiture s'enfonçait dans la vase, Farouche tirait bravement, glissait, reprenait prise ; il faillit chuter plus d'une fois. La charrette oscillait dangereusement. Les deux passagers étaient détrempés. D'autres voitures, chargées de bleuets elles aussi, se joignaient à eux par des chemins latéraux. Ils étaient maintenant insérés dans un lent convoi qui s'étirait dans la nuit. Ils mirent plus d'une heure à franchir les marais. Joseph s'inquiétait. Il fallait arriver tôt le matin dans la ville pour éviter la chaleur du jour qui abîmerait les bleuets. Puis, subitement, la pluie cessa, le temps se dégagea. Mais il restait à monter la Côte-du-Cran, peu avant Roberval.

Pendant deux ou trois milles, Farouche put accélérer. Méo vit au passage l'entrée du petit chemin qui menait à Pointe-Bleue, sur la gauche. Ils roulèrent encore un peu puis durent s'arrêter. Une douzaine de voitures engagées dans la côte avec leur chargement y étaient immobilisées, incapables d'aller plus loin. Elles avaient toutes voyagé de nuit pour éviter la chaleur du jour qui aurait abîmé les bleuets. D'autres équipages, quelques dizaines au moins, attendaient derrière avec leurs lanternes allumées. Le Grand imaginait deux longues colonnes de feux follets qui stationnaient sous les étoiles ; mais ce n'était pas le moment de rêver. Il restait environ une heure d'obscurité, après quoi le soleil se lèverait et plomberait dangereusement sur les fruits. Comment se sortir de là ? Joseph et Méo se joignirent aux autres charretiers qui laissaient leur voiture et s'avançaient vers le bas de la côte. Ils s'y regroupèrent, une soixantaine environ, et tinrent conseil. Il fut résolu de décharger une à une les charrettes embourbées dans la montée, pour leur permettre de gagner le sommet, et d'y transporter à dos d'homme les boîtes de bleuets. La manœuvre commença, lentement. Une première voiture fut dégagée puis une deuxième, et ensuite deux autres. Méo se tirait bien d'affaire, emportant quelques boîtes à la fois. Après deux ou trois allers et retours rapides, plus personne n'arrivait à le suivre. Les hommes perdaient pied dans l'ascension, roulaient dans la vase avec les fruits qui se répandaient dans les ornières. Une vingtaine de boîtes furent ainsi perdues. Les jurons fusaient de gauche et de droite. Puis les hommes s'épuisèrent et, juste avant que les premières lueurs de l'aube n'apparaissent, il devint évident que le pire ne pourrait être évité. Plusieurs se mettaient en colère ; certains, de dépit, balançaient eux-mêmes des boîtes dans le fossé. C'était le désordre le plus complet.

Alors un vrai miracle survint. De tous côtés, surgissant de la nuit, d'autres hommes arrivaient à pied, par dizaines : des habitants des environs accompagnés de leurs garçons, venus parfois de deux ou trois milles à la ronde, des habitués de la Côte-du-Cran qui avaient deviné ce qui s'y passait et se portaient à la rescousse des voyageurs, comme ils le faisaient à l'occasion au moment de la foire des bleuets. Dire avec quel soulagement ils furent accueillis ! Des chaînes humaines se formèrent aussitôt et, en moins de deux heures, toutes les voitures avaient franchi le sommet et retrouvé leur chargement. Alors les hommes se saluèrent brièvement, les samaritains se virent offrir des bleuets... puis le convoi dévala vivement l'autre versant, parcourant sans encombre la courte distance qui le séparait encore de Roberval. Lorsque les voitures de tête y entrèrent, le soleil était levé depuis quelque temps mais les fruits étaient saufs.

Méo revoyait avec plaisir l'immense scierie sur sa gauche et, sur la pente qui montait doucement vers le sud, le profil somptueux du Château. Dans la rue principale, les boutiques et les ateliers étaient déjà fébriles à cette heure du jour. Mais il était encore troublé par les événements de la nuit. Les habitants, pressés de faire des affaires, se hâtaient vers la place de l'hôtel de ville. Alors les voitures furent immobilisées à nouveau ; un autre obstacle surgissait. Les acheteurs de Québec et de Montréal, les « bourreaux », voulaient tirer profit de la situation. S'étant concertés, ils prétendirent que le produit s'était avarié ; ils n'en offraient que le tiers du prix habituel, soit vingt sous la boîte. Le mot se répandit. Les habitants, d'abord incrédules, se regroupèrent près de l'église. Ils vinrent ensuite faire entendre leurs protestations, voulurent parlementer ; les acheteurs faisaient la sourde oreille, étiraient le temps qui jouait pour eux. Ils savaient en outre que la récolte était abondante cette année-là ; rien ne pressait. Les habitants n'étaient pas dupes mais demeuraient impuissants. Le soleil montait à l'horizon. Bilodeau, le maire de la ville, intervint auprès des acheteurs, suggéra que l'état des bleuets soit constaté par un tiers, que les deux parties s'en remettent à son jugement ; les bourreaux déclinèrent. Le temps passa et les fruits commencèrent à couler. Les cultivateurs, indignés, ne bougeaient toujours pas eux non plus. Les acheteurs se concertèrent à nouveau, se firent indécis, allongèrent le conciliabule.

C'en fut trop. Subitement, les habitants entrèrent en action. Furieux, ils se ruèrent tous ensemble dans l'enceinte où les commerçants avaient dressé leurs kiosques et les mirent en pièces. Des gens de Roberval, qui avaient observé le manège depuis le matin, s'étaient joints à eux. Ils voulurent ensuite s'attaquer aux bourreaux eux-mêmes, qui durent prendre la fuite. Ils ignorèrent le curé qui tentait de s'interposer et se rendirent à la gare où ils saccagèrent les wagons frigorifiés destinés au transport des bleuets. Puis, un à un, ils s'avancèrent avec leur quat'roues jusqu'au bout du quai et, rageusement, déversèrent leur chargement dans le Lac, au grand désespoir des acheteurs qui maintenant s'agitaient mais en vain. Une heure après, toutes les voitures avaient quitté la ville.

Joseph et Méo s'étaient tenus à l'écart de l'échauffourée mais, comme les autres, ils s'étaient défaits de leur marchandise. Le retour sous un soleil de plomb fut pénible. Farouche, épuisé, marchait d'un pas pesant, les oreilles dans la crinière, le museau dans les sabots, comme s'il avait compris ce qui venait de se passer. Joseph, piteux, se sentait humilié devant son fils. Méo, ravagé, au bord des larmes, s'était renfrogné, comme pour adresser un reproche à son père. Il pensait aussi aux bourreaux ; c'était son premier contact avec la méchanceté, l'injustice. Et, tout comme Joseph, il se sentait vaguement coupable de rentrer ainsi les mains vides, leur rêve brisé. Vers le milieu de l'après-midi, ils repassaient dans le village de Rivière-à-l'Ours et les deux hommes, mal à l'aise, n'avaient toujours pas échangé un mot depuis le matin. Ce fut Méo qui réagit le premier. Tout comme au début de l'été lorsqu'ils avaient passé la nuit à pelleter dans le fossé, il sentait son père effondré, il le revoyait fragile, si petit. En traversant le pont sur la rivière Ashuapmushuane, il se ragaillardit. Se rapprochant de Joseph sur le banc de la charrette, il lui passa le bras autour des épaules et lui dit :

— C'est pas grave, p'pa ; on est ensemble, c'est l'principal. On va toujours rester ensemble, toué pis moué.

Ils demeurèrent ainsi un moment. Méo sentait que la vie, les êtres, les choses ne seraient plus tout à fait les mêmes désormais.

Chapitre IV

Méo continuait d'apprendre. Au début de ce mois de septembre 1901, les Tremblay firent boucherie, c'était leur tour. Comme ils n'étaient pas équipés pour conserver la viande bien longtemps durant la belle saison, les habitants du rang abattaient une ou deux bêtes à tour de rôle et se partageaient le butin. Ainsi, tout le monde pouvait manger régulièrement de la viande fraîche. L'opération avait lieu un samedi après-midi et s'accompagnait de réunions bruyantes qui se terminaient souvent en veillée. Ce jour-là, Joseph avait prévu d'abattre deux cochons et quelques poules. Les parents, les habitants du rang étaient presque tous venus : les fidèles voisins Clovis et Tancrède, les oncles et bien d'autres. Plusieurs femmes aussi, qui s'affairaient maintenant à préparer les plats, les couteaux, les serviettes. Les amis de Méo étaient là, surtout par curiosité : les fils de Tancrède et de Clovis, des cousins, des cousines. Et Julie, ou la Chauvesouris, comme l'appelait souvent Méo ; mais il disait aussi Coccinelle, Ciboulette, Arc-en-ciel…

Ils commencèrent avec les volailles et en eurent vite fini.

Albert, dont c'était la spécialité, leur pratiquait juste à la frousse du cou un tourniquet à sa façon ; son sourire se transformait alors en un mauvais rictus. C'était, comme quelqu'un le dit, « court pis pas long ». Bertilde et Marie plumaient pendant qu'Elvire charcutait tout en commentant ses rhumatismes. À ce moment, les hommes avaient amené et lavé le premier cochon, un très gros que les Tremblay avaient traité aux petits soins depuis trois ans. En sa qualité d'hôte de corvée, c'est Joseph qui le mit à mort pendant qu'une douzaine d'hommes immobilisaient la bête sur le dos. Dominant sa répulsion, il tailla comme il l'avait appris aux temps de Couchepagane en enfonçant fermement la longue lame dans la gorge, cherchant à couper les artères au plus près du cœur, puis revenant vers la gueule en labourant les chairs. Le sang jaillissait abondamment, que les femmes recueillaient, et pendant tout ce temps l'animal continuait de s'agiter et de se plaindre bruyamment. C'est seulement après que le flot du sang se fut tari que les convulsions diminuèrent. Des râlements, des glouglous, des gargouillis d'organes, de tripes et de viscères émanaient encore des entrailles de la bête lorsque, d'un grand coup de couteau, Bondieu Ladislas, en faisant Hhhhhaan !, lui ouvrit le ventre de haut en bas. Le Grand, très impressionné, se sentait peu attiré par ce métier. Raphaël s'était éloigné pour aller vomir dans la coulée de l'Ours-Malin.

La boucherie, au goût des Tremblay, était une sale corvée. Heureusement, il y en avait bien d'autres qui rassemblaient régulièrement jeunes et adultes : fouler ou étirer la laine, broyer le lin puis le filer, rouir le chanvre et le broyer. C'était aussi une occasion de réjouissances. Les Blanchette s'abstenaient, sauf Julie qui se débrouillait toujours pour être là. Là où était Méo. D'autres corvées étaient organisées pour aider des familles frappées par l'infortune, par exemple reconstruire une étable après un incendie. Dans ce cas, l'oncle Almas dirigeait les travaux ; le moment le plus attendu venait tout à la fin lorsqu'une bonne jeunesse allait planter le Mai sur la partie la plus élevée de l'édifice. Cette tâche revenait toujours à Méo. Les participants se regroupaient pour le regarder grimper au sommet de la grange ou du silo avec l'épinette ou le sapin attaché au dos, et marcher avec assurance sur la ligne de faîte. Les corvées organisées pour le curé ou pour la fabrique étaient de loin les plus nobles et les plus courues ; même les Blanchette en étaient. Parfois il fallait fournir de l'avoine ou du bois de chauffage, d'autres fois des journées de travail pour l'entretien de l'église ou du presbytère. À ces corvées comme aux autres, Joseph était toujours aux premiers rangs, ne ménageant ni son bien ni sa peine. Il donnait son plus beau grain, son meilleur bois, tout comme à un habitant sinistré il offrait toujours la plus belle brebis de son modeste troupeau. C'était pareil avec Marie dans les corvées de femmes.

Une famille de colons, extrêmement pauvre, avait emménagé à la Concession des Chiens au bout des Chicots. Un hiver, en pleine nuit, un des garçons, âgé de quatorze ou quinze ans, était venu frapper chez les Tremblay. Il était mal habillé, paraissait indifférent au froid. Il conduisait deux vaches qui stationnaient devant le camp. À Joseph qui lui ouvrit, il demanda de prendre soin des deux bêtes ; leur étable, dit-il, était en train de brûler. Une heure après, presque tous les habitants du rang étaient à pied d'œuvre pour prêter main-forte. Mais il était trop tard, tout était détruit. Le feu avait d'abord consumé la grange puis s'était propagé à la maison en courant sur la clôture de pieux. La famille fut hébergée chez l'un et chez l'autre, en attendant la reconstruction. Joseph offrit de prendre en charge le jeune garçon. C'est comme cela que Méo fit la connaissance de Zébert Michaud, qui allait devenir le compagnon équivoque des bons et des mauvais jours. Le lendemain de l'incendie, les hommes fouillèrent les ruines de la maison et en dégagèrent une petite chose calcinée, encore fumante, qu'ils enveloppèrent et portèrent à l'église puis au cimetière ; une petite sœur de Zébert, née le mois précédent.

Plus tard, une autre corvée mobilisa les colons. Cette fois, en plein mois d'août, au milieu des récoltes, c'est la grange des Blanchette qui brûla. Plusieurs y virent un geste de la Providence, un avertissement au mauvais voisin. Tous vinrent néanmoins avec des planches, des madriers, des outils. Johnny Blanchette était mal à l'aise. Quelques semaines plus tard, le gros du travail était fait et les hommes avaient œuvré aussi consciencieusement qu'à l'habitude. Mais quand tout fut terminé, ils rangèrent leurs outils en silence et rentrèrent chez eux. Il n'y eut pas de Mai ni de veillée. À la corvée suivante, Blanchette fit une timide apparition avec un de ses garçons; ils ne reparurent plus ensuite.

Le jour vint enfin où Joseph et Marie décidèrent de se doter d'une vraie maison. La famille en avait maintenant les moyens, en partie grâce à l'argent que les enfants arrivaient à gagner. Ils recueillaient des écorces de bouleau et des cocottes* de résineux vendues à la maison Livernois de Québec qui les utilisait dans la préparation de médicaments. C'était la même chose pour la gomme de sapin. Méo et les autres passaient de longues journées dans les bois avec des échelles à « piquer » la gomme (le bruit rappelait celui du pique-bois), souvent sous la pluie ou, pire encore, sous un beau soleil d'été qui leur faisait regretter leurs jeux près du Lac. Il fallait repérer les grosses boufioles*, les crever sur le tronc de l'arbre. Comme pour les bleuets, c'est dans le croissant de la lune de préférence qu'ils les cueillaient car, dans le décours, elles se contractaient. Joseph, avec l'aide des enfants toujours, avait pu étendre encore les labours et les semences, accroître les récoltes et le troupeau, et du même coup la vente de lait. Et depuis que Mathilde lui avait appris à lire, il feuilletait régulièrement le *Journal d'agriculture*.

La décision de construire fut prise en septembre et, pendant une partie de l'automne, la famille logea chez des parents et voisins. L'oncle Almas, fier comme Artaban, crayon sur l'oreille et pied-de-roi en bandoulière, dirigeait les travaux. Tous les jours, au moins neuf ou dix hommes de la paroisse se libéraient pour venir faire corvée. Une fois le vieux camp démoli, la nouvelle maison fut élevée sur un carré agrandi. L'édifice comportait deux étages avec un toit mansardé recouvert de bardeaux et percé de six lucarnes. Il était bien isolé, avec du bran de scie et des écorces de cèdre battues au fléau. Les murs extérieurs, blanchis à la chaux, étaient eux aussi recouverts de bardeaux et une grande galerie surmontée d'une véranda en faisait le tour. Un gros poêle calbrette* assorti d'une cheminée en terre forte occupait une bonne partie de la cuisine. La chambre de Joseph et Marie était encore située au rez-de-chaussée et celles des enfants à l'étage, ainsi que celle réservée aux parents, aux quêteux et autres voyageurs ; c'était la « chambre de relais ». Celles des filles se trouvaient à l'avant, face au Lac, celles des garçons à l'arrière. Méo logeait avec Félix, Raphaël avec Adhémar. La grande Croix noire de la Tempérance reprit sa place, cette fois sur un mur du salon, avec la photo de l'évêque, monseigneur Labrecque. Joseph avait disposé la table de la salle à manger de manière à ce que, de sa chaise, son regard plongeât vers le nord, vers le trécarré rêvé. Marie n'oublia pas de redisposer dans un coin du salon, là où l'oncle Almas avait aménagé une petite niche, le lampion qui continua de brûler pour la vocation de Mathilde. Le dernier jour, ils offrirent un repas à tous les travaillants mais, à cause de la fatigue générale, il fut convenu que la veillée serait donnée plus tard.

La vie changea pour le mieux chez les Tremblay. Il leur était plus facile d'héberger des visiteurs, ce qui leur valut de voir plus souvent la grand-mère Berta. C'était à chaque fois une fête. Les Gagnon élevaient des abeilles et elle prenait toujours soin d'apporter aux enfants des bonbons au miel. Elle se prêtait à tous leurs jeux et feignait de les terroriser avec ce qu'ils appelaient son « doigt de sorcière » — un panaris mal guéri à un index. Elle séjournait à la maison la fois où, à l'école, la maîtresse donna une leçon sur les provinces du Canada. Le soir autour de la table, les enfants ne se contenaient plus ; c'est Méo qui osa finalement lui demander pourquoi elle avait été baptisée du nom d'une province… La grand-mère s'en était amusée, rétorquant qu'elle était née bien avant ladite province et avant le Canada lui-même, lequel était d'ailleurs son deuxième prénom, assurait-elle. Elle s'était prise d'affection pour le Grand qui, de son côté, aimait sa fausse rudesse, son franc-parler, sa bonne humeur. Parfois elle tenait à accompagner les enfants quand ils allaient cueillir des bleuets dans les environs. Après quelque temps, elle s'assoyait à l'ombre, sur une souche ou une roche, pour se reposer. Méo lui apportait des pieds de bleuets et un gobelet pour qu'elle continue sa cueillette. Mais elle consommait autant qu'elle ramassait. Quand Méo revenait vers elle avec d'autres pieds, il lui en faisait la remarque:

— On dirait qu'ça descend plus que ça monte dans vot'cruchon, grand-mère.

— Bâdre-moué donc pas, grand malavenant.

Plus tard à la maison, elle se plaignait de l'hiver trop long, de ses rigueurs:

— Y m'semble que les journées passent plus vite l'été.

Méo expliquait:

— C'est normal, grand-mère; quand y fait froid, le temps coule moins vite. C'est comme le sirop.

— Discours simple!

Elle était gentille, l'aïeule, et aimait bien s'entretenir avec les jeunes. Elle leur parlait de son enfance et de la leur, racontait comment ils étaient, petits. Alors, pour leur plus grand plaisir, elle se faisait intarissable, mais elle prenait soin de ne rien dire de Méo qui finissait par demander:

— Pis moué?

— Toué, t'as jamais été p'tit…

Un hiver, les Tremblay étaient allés veiller chez les Gagnon au village et, au retour, Berta les accompagnait; elle venait passer cinq ou six jours aux Chicots. Il faisait doux, la nuit était belle et il neigeait à plein ciel; de gros flocons endormis qui tombaient sans se presser. Comme les passagers étaient trop nombreux, il avait fallu utiliser le quat'roues. La grand-mère avait tenu à prendre place avec les enfants derrière la dernière banquette, juste au bord du plancher de la voiture. Méo était aux cordeaux, il avait mis Farouche au trot ; l'équipage allait grande brise. Tout à coup, dans un virage serré, Berta perdit prise et tomba. Le Grand, alerté par les cris, arrêta l'attelage et tous se précipitèrent pour récupérer la passagère. Elle était étendue de tout son long sur une petite falaise, le visage à demi enfoui dans la neige, le corps secoué de spasmes. Méo se pencha, inquiet, pour finalement constater que la grand-mère riait à gorge déployée, franchement amusée par sa mésaventure. Le Grand se mit à rire aussi et la chargea dans ses bras pour la ramener à la voiture, mais il enfonçait jusqu'aux genoux et tombait tous les cinq pas, à chaque fois envoyant l'aïeule rouler avec lui dans la poudreuse.

— S'cusez, grand-mère.

— Espèce de grand gibord* ! T'es un moyen gibord !…

Ils demeuraient là un instant, riant toujours, chassant la neige qui recouvrait leur visage et fondait dans leurs yeux, puis ils se relevaient avec peine pour retomber aussitôt, retenus l'un à l'autre.

Les quêteux aussi s'arrêtaient plus souvent chez les Tremblay depuis qu'ils avaient une chambre à leur disposition. Le premier soin de Marie était de les laver pour « chasser les jarmes » (germes). Plusieurs s'installaient pour quatre ou cinq jours, certains davantage. En ce cas, Joseph intervenait en usant d'un rituel bien connu dans l'univers des quêteux et surtout de leurs hôtes : il suffisait, tôt le matin, de déposer leur barda sur la galerie d'en avant. En se levant, les intéressés y découvraient leurs sacs et leurs guenilles et, invariablement, annonçaient qu'une affaire pressante les obligeait à reprendre leur chemin. L'usage voulait que la famille proteste — pas trop. Ordinairement, les visiteurs ne se laissaient pas fléchir et faisaient leurs adieux en remerciant. La plupart étaient des hommes assez âgés venant d'un peu partout au Québec. Les familles ne leur refusaient pas l'hospitalité car on les disait un peu sorciers, en cheville avec Dieu et Diable. Il était bien connu qu'ils ne regardaient jamais leur vis-à-vis que d'un œil, l'autre restant en retrait. Et, quand ils prenaient place près du poêle, le soir, leur profil jetait des ombres partout autour d'eux, aussi bien devant que derrière.

Parmi les plus familiers, il y avait Louis-l'Aveugle, soupçonné de ne pas l'être tout à fait. Il se déplaçait toujours en s'aidant de deux grands bâtons. Mathilde, qui l'épiait quand il se déshabillait le soir, lui devait son éducation sexuelle. Casseux-de-pierres, lui, étonnait les Tremblay en récitant toute la messe en latin ainsi que bien d'autres formules dont le sens restait obscur. Il disait toujours en arrivant :

— Ne faites pas d'frais pour moué, j'me contenterais d'dormir le darguiére dans une chauguiére.

Mais il était le plus capricieux de tous. Mon-Sucre terrorisait les enfants ; c'était une espèce de nain qui avait dû se faire amputer le nez et les doigts après avoir passé une nuit à la belle étoile en plein mois de janvier. Petite-Poche était un vieillard tout ratatiné, tout courbé, qui regardait sournoisement les gens par en dessous. Il ne pouvait plus transporter grand-chose, d'où son surnom. Pétrousse était un peu chaviré ; il demandait sans cesse, de sa grosse voix menaçante :

— Avez-vous des cailles et du sel ?… Avez-vous des cailles et du sel ?

Il était craint plus que les autres car, à cause de sa grande barbe rousse, les habitants lui prêtaient une ressemblance avec Judas. Charles Belleau, de la Baie des Ha ! Ha !, vivait l'hiver dans une cabane et couchait dans un coffre aménagé en cercueil dont il fermait le couvercle. Il jouait du violon à longueur de journée, toujours la même gigue (la « gigue à Belleau »), et assurait avoir visité Sodome et Gomorrhe. « Pepére » Caroll, un Irlandais cul-de-jatte, se déplaçait comme un singe, sur ses deux bras, et baragouinait des formules incompréhensibles. Il y avait encore Barzini, un Italien maigrichon qui allait toujours pieds nus,

Ti-Jean-la-Bitte, qu'il était interdit d'appeler par son nom, et Trente-six-Bebittes qui en laissait partout où il couchait :

— Bon, je m'en vas r'donner un coup d'poche, disait-il en ramassant son sac pour reprendre la route.

Il s'en est vu qui quêtaient avec cheval et voiture, ce qui éveillait quelque soupçon. Carpette, originaire de Saint-Irénée (Charlevoix), se vantait d'être « le plus gros quêteux d'la place » !

Ils excitaient la curiosité des enfants lorsqu'ils déballaient le contenu de leur balluchon avec des gestes lents et des paroles entrecoupées d'étranges mimiques. Presque tous tiraient aux cartes ou au thé, lisaient dans les lignes de la main. Ils donnaient des nouvelles des gens et des places qu'ils avaient vus, chantaient des complaintes, racontaient leurs voyages. C'était la partie que préférait Méo. La simple mention de noms de lieu le mettait en rêverie : Port-aux-Quilles, Kamouraska, Cap-à-l'Aigle, Rivière-du-Loup, Île-Verte. Il voulait tout savoir, interrogeait sans cesse et lorsque, tombant de sommeil, le quêteux se retirait dans sa chambre, il le poursuivait jusqu'à son lit. C'était la même chose lorsque le visiteur reprenait la route ; le Grand faisait un bout de chemin avec lui puis le suivait longtemps du regard, jusqu'à ce qu'il le perde de vue. Raphaël en a toujours été convaincu : ce sont eux, ces quêteux jeteurs de sort, avec leurs contes abracadabrants, leurs récits de voyage et d'aventures, leurs airs mystérieux, leur voix qui semblait toujours venir de loin, leur visage grimaçant le soir sous la lumière vacillante des bougies, ce sont eux assurément qui ont ensorcelé Méo, qui lui ont mis dans la tête les songeries empoisonnées qui allaient le perdre plus tard.

D'autres itinérants allaient et venaient avec les saisons. Il y avait tous ces coureurs de grands chemins qu'étaient les mouleurs de cuillers, les acheteurs de crin de cheval revendu aux selliers, les commerçants de bestiaux comme le vieux César qui parcourait encore les rangs à quatre-vingts ans, les guérisseurs et charlatans qui soignaient tous les maux. Et bien d'autres, comme ce Portugais qui jouait du violon dans les maisons pour un peu de nourriture, ou le grand Jos. Malenfant, un beau parleur celui-là, jamais pressé, qui collectait de l'argent pour le projet de basilique du frère André à Montréal. Le postillon était un autre « dieu des routes » qu'il parcourait souvent à pied l'automne, sac au dos, quand les chemins trop ravinés étaient impraticables. Mais les passants les plus appréciés aux Chicots, c'étaient les colporteurs et le maquignon. Les premiers comptaient des Syriens, des Juifs, des Polonais et autres « étranges » qui marchaient tout pliés, coltinant leurs grosses valises noires. Certains portaient sur les bras ou les mains d'intrigants tatouages. Des Juifs faisaient des tours de magie et chantaient des mélodies de chez eux; mais les Tremblay étaient perplexes : aucun ne semblait venir du même pays.

Quant au maquignon, quelle affaire! C'était toujours une fête aux Chicots. Il arpentait le rang avec son cortège de quinze ou vingt bêtes avançant à la queue leu leu. Dans toutes les maisons où il s'arrêtait s'amorçaient de longues « parlementeries » (l'oncle Adrien), une sorte de joute entre le maquignon et l'habitant à laquelle les témoins prenaient plaisir et dont l'issue pouvait être un achat ou un échange. C'était à qui parviendrait à « déshabiller » l'autre. L'habitant, on le comprend, ne prenait pas cheval à la légère. Mais le maquignon était un personnage rusé et patient; il avait la façon longue et la mémoire courte, savait dissimuler les maux et vices de ses poulains. Le colon avisé essayait de les découvrir en écoutant leur respiration, en étudiant l'angle du garrot et de l'encolure, en sondant les reins et le cœur, en examinant la dentition et l'état des salières pour vérifier l'âge de la bête. Lui offrir un peu d'avoine le mettait-il en amitié? S'agiter autour de lui provoquait-il des ruades? Le sujet qui franchissait toutes les épreuves emportait la décision de l'habitant. Hélas! souvent peu après, il découvrait que son superbe étalon souffrait de crampes, se fatiguait vite, prenait panique lorsqu'il enfonçait dans la neige, craignait la glace des rivières ou des lacs et, suprême avanie, prenait le mors aux dents à la rencontre d'un autre cheval. Adrien avait bien raison : ne jamais se fier aux « maquillons ».

Parmi les autres voyageurs, il y avait encore les jeunes gens qui rompaient avec leur famille et partaient à l'aventure, et pas toujours vers le sud. Ils étaient assez nombreux ceux qui, comme l'oncle Raymond, parcouraient les routes au hasard ou bien prenaient un jour un train, se rendaient au bout de la ligne et faisaient le reste à pied. Le reste, c'est-à-dire un jour de marche, ou deux semaines ou trois mois ; on ne les revoyait plus.

C'est le hasard de la route aussi qui, un soir d'automne, dirigea le célèbre Alexis-le-Trotteur chez les Tremblay. Il avait faim, un orage se préparait ; il avait décidé de s'arrêter pour la nuit. Ils connaissaient sa légende, bien sûr, mais quelle joie de le découvrir ! Depuis qu'il était adolescent, Alexis épatait ses contemporains avec ses longues courses. Il pouvait franchir trente, quarante, soixante milles ou davantage d'une seule traite, allant plus vite qu'un cheval, même plus vite qu'un train lorsque le tracé était brisé. Il allait par bonds prodigieux comme font les kangourous, enfilant les enjambées de huit ou dix pieds. Il s'abreuvait aux ruisseaux qu'il croisait sur son chemin et se déplaçait presque toujours en courant, assurant que la marche le fatiguait. Des propriétaires de chevaux de Charlevoix, d'où il était originaire, lui avaient souvent lancé des défis qu'il avait toujours relevés avec succès. Un jour, parti de la Malbaie en même temps que le Richelieu, le plus gros bateau de la Compagnie du Saint-Laurent, il était arrivé avant lui à la Baie-Saint-Paul.

Ce soir d'automne, il était bien là, en personne, devant les Tremblay qui avaient peine à y croire. Au physique pourtant, il n'annonçait rien d'exceptionnel : de petite taille, plutôt maigre, osseux même. Le seul trait qui leur parut remarquable, c'étaient ses cuisses, d'une longueur disproportionnée, et ses genoux très bas. Pour le reste, il avait peine à s'exprimer, ses mots s'étranglaient dans d'étranges bégaiements. Les Tremblay constatèrent aussi que, s'il avait la vitesse du cheval, il n'en avait malheureusement pas le génie. Il n'était pas vite sur le cordeau, Alexis. Il tenait des propos incohérents, racontait des histoires à n'y rien comprendre, émettait des cris bizarres, prétendait imiter les oiseaux et d'autres animaux. Ses hôtes furent assez déconcertés. Méo l'observait, les yeux ronds. C'était bien vrai qu'il lui manquait un bardeau.

Il montra sa collection de médailles « miraculeuses ». Il en avait de tous les saints, de toutes les sortes. Il les conservait dans un mouchoir enroulé qu'il suspendait à son cou, comme un scapulaire. C'est à elles, expliquait-il, qu'il devait son talent. Plus tard dans la soirée, il s'empara de la musique à bouche de Mathilde et se mit à giguer. À un moment, il demanda un verre d'eau ; mais au lieu de le boire, il le plaça sur sa tête et le tint en équilibre tout en continuant à danser. Il termina la soirée dans la grosse chaise de Joseph, se berçant comme un endiablé, à pleins châteaux, tout à coup emmuré dans son silence, étranger à son entourage.

Le lendemain matin, il fut prié de courir un peu. Sans dire un mot, il chaussa ses grandes bottines lacées jusqu'aux genoux, sortit et se mit à sautiller sur place devant la galerie. Il tenait deux branches de noisetier qu'il était allé arracher à côté. Tout à coup, il commença à s'ébrouer, à piaffer, à ruer, à hennir bruyamment en se fouettant vivement les flancs et les jarrets, puis il se mit à courir comme un fou en direction du village, sautant carrément par-dessus la grosse clôture des Blanchette, ainsi qu'un cheval prenant le mors aux dents. Et les Tremblay ne le revirent plus, du moins cette année-là. Ils étaient tous déroutés, Joseph surtout :

— Ouais, y nous a faite toute une partance !

Il allait revenir souvent plus tard, notamment pour construire un four à pain ; c'était son vrai métier. C'est au cours de ces visites que les Tremblay apprirent à mieux le connaître. La course, la danse, les fours suffisaient à remplir son existence ; c'était un pauvre innocent. L'Innocent, c'est bien ainsi d'ailleurs que tout le monde l'appelait.

* * *

En ce temps-là, Méo allait régulièrement au village pour les affaires de la ferme. Il notait que les maisons y étaient plus soignées, le chemin mieux entretenu, les gens mieux habillés. Trois ou quatre cents habitants y résidaient et leur nombre croissait rapidement. Les jeunes se mariaient, ouvraient des terres à proximité. Des familles arrivaient continuellement de Charlevoix, du Bas-Saint-Laurent, ou bien rentraient des États. Le Grand s'attardait dans le chemin principal qui s'étirait en tortillant le long du Lac, comme la voie ferrée qu'il avait vue avec Jeffrey entre Hébertville et Roberval. Deux ou trois rues parallèles venaient d'être ouvertes à la hauteur de l'église qui faisait face à l'école et à quelques maisons de brique, dont les plus grosses étaient celles du notaire et du marchand. Plusieurs dizaines de maisonnettes en bois s'étalaient à gauche et à droite le long du Lac. La plupart, délavées par le soleil et la pluie, avaient pris une teinte brunâtre. L'édifice du conseil municipal jouxtait la grande place, ainsi que la maison de la tante Bernadette et d'Honorius qui tenaient auberge en plus de cultiver leur terre. Çà et là, des camps de bois rond subsistaient aussi. Comme à Roberval, de nombreux animaux circulaient librement. La forge du grand-père était située à l'entrée du village, en venant des Chicots, près du quai provisoire aménagé par les colons.

Profitant de ses visites, Méo put faire connaissance avec les principaux personnages de Mistouk. Dès son premier voyage, il croisa le notaire, dont il connaissait bien la mauvaise réputation. Originaire des environs de Québec, lui-même fils de notaire, Homère (il s'appelait en réalité Omer) Du Rouleau se disait descendant d'une très ancienne souche de la noblesse française. Mais ce titre aux racines douteuses faisait sourire ses contemporains de Mistouk qui connaissaient bien la grande vanité du petit homme. Il faisait partie de ces gens qui pensent et disent tellement de bien de leur personne que leur entourage s'en trouve en quelque sorte dispensé. Très dur en affaires, Homère naviguait à l'aise dans le labyrinthe des lois et procédures, dont il connaissait toutes les règles et surtout les exceptions. Il savait toujours trouver son profit dans le monde souterrain des intérêts fonciers, ainsi que l'apprenaient bien vite les colons qui frappaient à sa porte. Tous auraient pu en témoigner : pas une affaire, si enchevêtrée fût-elle, que le maître ne parvînt à démêler jusque dans son moindre détail, du moins dans le sens de ses intérêts. Résignés, les requérants n'avaient d'autre parti que de se rendre à sa conclusion, établie au terme de savantes reconstitutions, insinuations, supputations, subrogations et expéditions toujours aussi obscures que péremptoires, et assorties de somptueux honoraires. En consultation, il traitait l'habitant de haut, affectait un ton compassé, faisait le grand clerc. Il pesait chacun de ses mots, mais surtout pour en fixer le prix. Les gens de Mistouk se moquaient de lui, l'opposaient à Thomas Lefebvre, l'avocat de Roberval qui, lui, « chargeait un dollar et parlait pour dix ». Aucune occasion de profit, fût-ce aux dépens de la veuve ou de l'orphelin, ne répugnait au petit homme, ce qui faisait dire au village :

— Là où y a du gland, y a du cochon.

C'était un petit homme replet aux mains potelées, avec une bouche en cul-de-poule qui susurrait des formules éculées. « Mondedou ! » ou, dans les circonstances plus graves : « Mondedou-dedou ! », était son exclamation ou son juron consacré. Il se déplaçait à petits pas pressés en faisant dandiner son derrière de piroche*. Comme la plupart des familles de Mistouk, les Tremblay lui témoignaient peu d'estime, étant assurés que, s'ils manquaient ainsi à la charité chrétienne, au moins ils restaient fidèles à la vérité. Mondedou gérait trente-six corporations plus ou moins fantômes, pactisait avec le député, le préfet et le marchand général, manigançait avec les conseillers municipaux, spéculait sur le vieux et sur le neuf, faisait un gros trafic de billets de location*, d'obligations et de lettres patentes*, brassait fort dans le commerce du bois et du fromage, mais rarement au grand jour et sans jamais laisser de traces, sauf pour ses victimes qui découvraient ensuite, et trop tard, que leurs titres de propriété foncière n'étaient pas valides, que leurs droits sur tel bien étaient proscrits, que le plan d'arpentage avait été modifié à leur insu et à leurs dépens.

Infatigable amasseur de mauvaises créances et de bonnes terres, il possédait en outre plusieurs lots de colonisation mais, comme il agissait par le biais d'individus ou de compagnies qu'il contrôlait, nul n'en connaissait le nombre ou la valeur. On le disait très riche et il en montrait tous les signes. Il habitait une grosse maison avec de larges pièces aux murs tapissés qui hébergeaient d'immenses buffets flanqués de tableaux. Il dormait sur des matelas et des oreillers de plumes d'oie. Ses habits de flanelle fine, toujours bien repassés, étaient importés de Québec. Il ne se présentait jamais à l'église sans son surtout, son chapeau de castor et ses mitasses* colorées qui lui recouvraient les petites pattes jusqu'en haut des genoux. Il écoutait distraitement la messe en caressant son impériale et en lissant le filet de moustache qui lui remontait de chaque côté du nez comme deux queues de souris. Après la cérémonie, il regagnait fièrement son cabrouet, qu'il appelait son « surry », garé bien en vue devant le parvis de l'église, et il franchissait ainsi les vingt pas qui le séparaient de son domicile. C'était un homme d'une grande dévotion qui avait visité pas moins de quatorze cathédrales au pays et à l'étranger. Il portait médailles, scapulaires et chapelet et tenait qu'en matière de conduite, les principes et les actes doivent s'accorder, du moins chez autrui. Il était de ces esprits qui, en matière de moralité, mettent toujours la barre plus haute, mais seulement pour mieux passer dessous.

Il avait perdu ce qui lui restait de prestige auprès des villageois le jour où il avait été surpris à donner trois vieux boutons de guêtre à la quête du dimanche. Pour le reste, il affichait partout la modestie, la sobriété des gens comblés et, le soir venu, il trouvait le repos dans la tranquillité du riche qui est parvenu à marier les desseins de la Providence avec ceux du capital. Pour dire toute la vérité, les habitants n'éprouvaient guère plus d'attrait pour son épouse, petite personne pincée, pète-sec, reine et maîtresse, qui en toutes choses ne s'accommodait que du bon et du meilleur et ne s'exprimait qu'avec de grands mots dans lesquels elle s'enfargeait constamment. Cela dit, elle avait tout de même grand genre la dame Du Rouleau ou Mondedou, comme on voudra, avec ses chapeaux à plumes pleins de fantaisie, ses collerettes fleuries et ses robes parfumées qui froufroutaient lorsque, le nez en l'air, elle arpentait prestement l'allée centrale de l'église.

Symphorien Thériault, maire de la paroisse et agent des terres, possédait une petite scierie, tenait le magasin général et le bureau du télégraphe. Il était en outre aubergiste, entrepreneur forestier, représentant de compagnies d'assurances et de divers fabricants d'équipement agricole. Il faisait crédit à tout le monde, prêtait aux plus pressés, prenait son profit partout et saisissait au besoin. Tenant la plus grande partie de la paroisse sous sa dépendance, il n'avait pas de mal à assurer tous les deux ans sa réélection au conseil municipal. En plus, les mandats étaient renouvelés à l'automne, soit à l'époque où, traditionnellement, les acheteurs négociaient le règlement de leurs comptes chez le marchand. La liste des électeurs se confondait avec celle de ses débiteurs. On le voyait souvent chez le notaire, qui était son conseiller et son complice en de nombreuses affaires. Tout comme Mondedou aussi, il était très pieux. Dans le but de stimuler la vente et de protéger ses biens, il disposait des médailles sous les boîtes de marchandises conservées dans sa « réserve ». Il accolait des images du Sacré-Cœur un peu partout : sur les murs du magasin, sur ses charrettes, ses chaloupes, ses piles de planches, ses voitures. Et puis, c'est lui qui coupait les cheveux au curé, dans son bureau du presbytère.

Il y rencontrait souvent le docteur Émile Simard, un personnage très estimé, celui-là. Les gens disaient à son sujet : « un

Monsieur d'homme », expression dont ils n'usaient qu'avec parcimonie. Jeune médecin, il avait eu de la difficulté à se faire reconnaître dans la communauté naissante de Mistouk, après avoir pratiqué quelques années à Chambord. Non pas qu'il fût personnellement mis en cause, mais la pauvreté des colons, jointe à leurs habitudes, les poussait souvent vers d'autres thérapeutes comme la sage-femme, la Sauvagesse ou le ramancheur dont le savoir et la manière étaient moins diplômés certes mais plus familiers. Pour mettre son monde en confiance, Émile intégrait volontiers à son art un peu de la médecine locale, par exemple en prescrivant des tisanes de cerisier et un peu de vesse-de-loup pour accompagner ses pilules, ou bien en mêlant ostensiblement de l'huile de castor et de la graine de lin à ses onguents. Il en faisait un peu trop, même. Un sirop, dans lequel il ajoutait une généreuse quantité de gomme d'épinette, le rendit célèbre : à Mistouk et aux environs, tous les habitants, un jour ou l'autre, avaient eu maille à partir avec son « sirop-à-mâcher ». À la fin de ses visites, il recommandait souvent aux patients une prière ou une dévotion quelconque. Et lorsqu'il s'était montré impuissant à soulager un malade, il laissait quelques sous pour faire dire une messe.

— Il y a tant de maux dont on ne connaît même pas le nom, disait-il.

Parfois un habitant le faisait demander pour un vêlage difficile ; obligeant, Émile s'exécutait. Ainsi les familles se sentaient moins dépaysées devant ce savant venu de la ville qui vouvoyait ses patients.

Émile devait ajuster ses tarifs à ceux des concurrents ; il soignait donc souvent gratuitement et, pour le reste, se contentait de ce qu'on lui offrait, ordinairement des effets allant du bois de chauffage et du quartier de bœuf à la meule de foin et au sac de patates. Avec les années, il établit de bons rapports avec les ramancheurs et les sages-femmes, dont il recherchait l'assistance. Finalement, sauf pour son parler et sa prestance, Émile en vint à se confondre avec les colons, dont il était solidaire. C'était un docteur sans façon. Lorsque, la nuit, il assistait une parturiente et que le travail s'arrêtait, il s'allongeait sur le lit à côté d'elle pour faire un petit somme. La première fois, certaines trouvaient le geste un peu osé. Il les rassurait :

— Soyez sans crainte, chère madame ; dans l'état où vous êtes, vous ne risquez pas grand-chose.

Il reprenait le travail un peu plus tard. En même temps que sa patiente. Souvent, il passait jusqu'à quarante-huit heures d'affilée sur les chemins, montant dans un chantier pour amputer trois orteils, revenant en vitesse pour traiter une colique cordée* ou un cas compliqué de fièvres tremblantes, s'arrêtant ensuite à gauche et à droite pour changer un pansement, prescrire une suerie, nettoyer une plaie, prendre des nouvelles de l'un ou de l'autre, tout cela avant de gagner l'Ascension ou Péribonka où il n'y avait pas encore de médecin et d'où il reviendrait le lendemain épuisé, dans le grand vent qui soufflait dru à ces endroits, ce qui ne l'empêcherait pas de s'arrêter en passant au magasin général ou à la forge de Wilbrod pour se réchauffer et se mêler très brièvement, mais avec quel plaisir, aux débats intenses qui s'y tenaient du matin jusqu'au soir.

Il impressionnait les habitants par les longues distances qu'il parcourait seul en hiver, la nuit comme le jour. Parfois la glace trop mince d'un lac ou d'une rivière cédait sous le pas de son attelage, entraînant le cheval dans l'eau froide. Le docteur demeurait assis dans la voiture, flottant avec elle et son cheval jusqu'à ce que les secours arrivent. Il se rendait souvent à Alma ou Mistassini. Il prenait alors par le Lac, avançant pendant des heures dans la poudrerie. Lorsqu'il se voyait sur le point de geler littéralement, il dételait le cheval, lui enlevait sa couverture et s'y enroulait un instant pour se réchauffer ; mais pas trop longtemps, car alors c'est la bête qui se trouvait en péril. À l'inverse, par temps doux, la neige fondante, « pourrie », finissait par glacer sur le dos de la bête où elle s'accumulait. Dans ce cas, c'est

Émile qui prêtait son capot au cheval. Ainsi l'un soutenait l'autre et, avec les années, une grande amitié se forgeait.

À sa manière, le grand-père Wilbrod, maître-forges, patenteux par excellence, ne suscitait pas moins de respect. C'était un métier difficile, forgeron, et les habitants le savaient bien. N'avait-il pas aussi le privilège de fabriquer les croix d'église et de cimetière ? Il savait souffler le chaud et le froid, ménager le fer et le feu, marier le vent et la braise, maîtriser le marteau et l'enclume. Le bon forgeron excellait aussi à démêler la soudure et la moulure, le durable et l'éphémère : moulure dorée ne refait pas soudure bâclée, disait l'adage. Lorsqu'il ferrait un cheval, il s'employait à soigner les humeurs de la bête et celles du propriétaire, aussi capricieuses les unes que les autres. La connaissance du métal exigeait un long apprentissage auquel chaque artisan ajoutait ses astuces, ses inventions, qui ne se dévoilaient qu'entre père et fils. Qui ne savait évaluer la qualité du fer au vol de l'étincelle était voué à une piètre carrière. On lui demandait de traiter les chevaux : pratiquer la saignée, arrêter les démangeaisons, confectionner des sirops. Si le sang de la bête ne tachait pas le doigt, c'était signe d'anémie ; si la corne des sabots se desséchait, il y avait risque d'arthrite ; si le crin perdait de son lustre, attention aux champignons. Des gens du village, et des rangs plus encore, venaient le voir pour se faire arracher des dents. Il était aussi menuisier-charron, fabriquait des roues de chariot, des pieux de clôture, des manches de hache, des charnières de porte et quoi encore. Wilbrod disait souvent à la blague :

— Le forgeron est homme à tout fer...

Parmi les autres personnages que Méo fut amené à découvrir, il y eut le maître de poste, le cordonnier, également président de la Commission scolaire, le tanneur, le marguillier en chef, le bedeau-fossoyeur. Oui-Oui Brassard, Ti-Louis de son vrai surnom, était postillon ; les villageois se moquaient de lui parce qu'il partageait toujours l'avis de son interlocuteur, ce qui l'amenait, sur un même sujet, à dire tantôt blanc, tantôt noir, sinon l'un et l'autre à la fois. Le bonhomme Tempête était un vieux célibataire bon vivant, anciennement journalier, qui écoulait ses dernières années au village, plus précisément chez le marchand général où il tenait quotidiennement audience :

— Comment va votre santé ? lui demandait-on.

— Tempête.

— L'été n'est-il pas assez beau cette année ?

— Ah, tempête !

Quelqu'un l'avait-il insulté ? Il se mettait aussitôt « en tempête ». Méo s'amusait à les observer, ceux-là et bien d'autres. Comme Arrache-Clous, un homme à tout faire lui aussi en son genre, expulsé de Roberval parce qu'il prélevait des clous sur la voie ferrée pour les revendre à des peddleurs ; ou Clocher Fortin, qui se vantait d'avoir si peu voyagé dans sa vie que, du plus loin où il fût allé, il voyait encore le clocher de Mistouk. Il s'en justifiait à l'aide de formules de son cru, parfois ambiguës :

— J'ai pour mon dire que l'voyageur perd en graines c'qu'y gagne en fleurs.

Ou bien :

— Un arbuste perd en tronc c'qu'y gagne en branches.

Ses métaphores, elles, ne s'éloignaient jamais du domaine horticole.

Méo avait quelquefois entrevu la mystérieuse dame Valois, Jeanne de son prénom, alors âgée d'une quarantaine d'années, toujours très droite et très digne, personne d'une grande beauté ordinairement vêtue de sombre, avec de longs cheveux blonds toujours impeccablement coiffés, un jour descendue du train à Roberval en provenance de Québec et qui n'y était jamais remontée. Certains la disaient en deuil d'un fiancé, un officier mort à la guerre des « Boueurs », comme disait l'oncle Adrien ; mais tant d'autres rumeurs circulaient. Son air absent, un peu triste, ne la quittait pas, malgré son visage tendre et avenant. Elle habitait une petite maison près de l'église. Toujours affable avec les villageois, elle gardait son quant-à-soi, ne se mêlant guère des affaires de la paroisse. Les habitants savaient bien qu'elle n'était pas de leur monde, mais ils estimaient la mystérieuse étrangère qui ne manquait jamais de saluer gentiment le Grand quand, du haut de sa charrette, il la croisait. Il lui arrivait aussi de rencontrer Barsalou, un personnage notoire qui ne pratiquait plus sa religion et empêchait sa famille de fréquenter l'église. Il habitait à la limite du village une maison que l'on disait hantée.

Pour son plus grand plaisir, le Grand s'arrêtait aussi souvent qu'il le pouvait au magasin général et à la forge du grand-père. Joseph se montrait indulgent, prenant lui-même plaisir aux récits que son fils lui faisait au retour. Méo se régalait de la compagnie qui, dès le petit jour, s'assemblait régulièrement dans ces deux cénacles qui étaient les antichambres du conseil municipal, du conseil de comté et autres lieux de délibérations. L'aréopage se renouvelait au hasard des passants, des affaires, et selon l'heure du jour, mais ils étaient un certain nombre à siéger là en permanence ou presque, tous varnousseux* accomplis et magnifiques, farineux* de première classe au verbe riche et généreux. L'assemblée se grossissait habituellement de voyageurs dégradés* ou peu pressés, de journaliers entre deux engagements, du bedeau et du postillon, ces deux-là plus souvent qu'ils n'auraient dû, et de plusieurs vieux du village et des environs qui voulaient étirer ou tuer le temps, venaient aux informations, aux rumeurs (ils ne faisaient guère la différence), et tenaient à faire connaître une fois pour toutes leur sentiment véritable sur la marche de la paroisse, du pays et du monde. Le magasin était bien chauffé (et la forge donc!), il y régnait une bonne odeur de grains, de mélasse, de tissu neuf et de tabac. Les chaises étaient disposées en un large quadrilatère le long des murs chargés de victuailles, mettant ainsi les interlocuteurs face à face et laissant toute liberté de manœuvre aux clients qui venaient de temps à autre troubler les débats. Et du matin jusqu'au soir, dans un coin de la pièce, une table accueillait quatre ou cinq joueurs qui poursuivaient au jour le jour la même partie de poker. L'argent étant trop précieux, des pommes de Charlevoix servaient d'enjeu. Les flambeurs s'approvisionnaient au comptoir en échange d'une livre de fromage, d'un sac de noisettes ou d'un casseau de bleuets.

La boutique de forge n'était pas moins accueillante avec sa double rangée de bûches sur lesquelles les visiteurs prenaient place, avec ses crachoirs et même son urinoir. Maniant marteaux, poinçons et tenailles, Wilbrod s'activait tout le jour entre l'âtre, l'enclume et le bac à l'eau — c'était justement son juron : Bacaleau. Il présidait en quelque sorte aux délibérations et les arbitrait aussi, bannissant sacres et blasphèmes par respect pour le bon saint Éloi, patron des forgerons, dont l'image surplombait la porte d'entrée de la soute à charbon. Afin de ne pas effrayer les chevaux, le grand-père veillait à toujours se vêtir de sombre sous son grand tablier de cuir noirci par les jets de limaille, le maniement du charbon et la poussière émanant du soufflet. Avenant, il avait aménagé pour les visiteurs, aux abords de la boutique, deux rangées de crochets auxquels ils attachaient leurs chevaux. Il avait aussi tracé sur le perron de la porte une série de rainures indiquant les heures du jour. L'ambiance était ordinairement à la gaieté dans la boutique. Le Grand y faisait justement sa première visite un jour où le notaire Mondedou s'y présenta, apportant un gros fauteuil dont une soudure avait cédé. La galerie ne se priva pas de l'aubaine. Un flâneur ouvrit aussitôt le bal :

— Tu devrais fére tes comptes plus légers, le Rouleau ; tu voué bin qu't'écris trop pesant.

Les rieurs s'en donnèrent à cœur joie, faisant fi des protestations de Wilbrod. Un autre, déjà étouffé par sa drôlerie, enchaînait :

— Y a dû vendre une autre terre de roches…

Mondedou gardait sa contenance, ayant depuis longtemps perdu tout crédit auprès de ces censeurs, en particulier depuis le jour où, arrivant chez Wilbrod, il s'était trouvé en présence d'un habitant très âgé qui confiait à l'auditoire de la forge :

— C'est curieux, en vieillissant j'me mêle toujours entre Albanel pis Tikouapé.

— Tiens, avait enchaîné le notaire qui avait voyagé dans « les Europes », moi c'est un peu la même chose, je confonds toujours l'Autriche et la Hongrie.

— Ça vous cause pas trop d'inconvénients, tejours?

En dehors de ces épisodes irrévérencieux, les sujets les plus divers étaient à l'honneur, mettant tous en vedette des « vérités vraies », aussi captivantes qu'improbables. L'un prétendait que, de sa terre, par vent d'est, il pouvait entendre le gros carillon de la cathédrale de Chicoutimi. Un autre racontait l'histoire de l'héritier sans cœur qui, ayant vendu la ferme familiale à un pur étranger, lui avait également laissé sa vieille mère parmi les biens meubles puis avait sacré son camp aux États. Un troisième rappelait le cas de cet homme méchant qui avait fait périr la récolte d'un voisin en y aspergeant de l'eau prétendument bénite par un « curé protestant ». La conversation glissait sur la terrible année des chenilles qui avaient failli dévaster les terres du Lac, une invasion d'une telle ampleur que les chars en glissaient sur les rails entre Roberval et Lac-Bouchette, oui monsieur ! Et c'est le curé de cette paroisse qui avait finalement repoussé le fléau en chantant une grand-messe au terme de laquelle chacun avait pu voir les insectes, en longs cortèges noirs (« des tonnes de bebittes »), se précipiter dans le lac des Commissaires. Suivaient des histoires d'enfants tombés dans des puits, de récoltes miraculeuses, d'hommes qui dormaient debout comme des chevaux. Des rappels historiques aussi. L'oncle Adrien aimait bien raconter la guerre des « Fainéants » (Féniens) qui, en effet, ne s'étaient finalement jamais battus. Il était parfois question aussi du grand gibord de Tadoussac qui, dans l'ancien temps, protégeait l'accès à la rivière Saguenay ; Méo imaginait le monstre dans les ténèbres, l'œil géant guettant le Fjord. Les plus vieux se remémoraient le Grand Feu de 1870, les miracles auxquels il avait donné lieu dans presque toutes les paroisses, les ours affamés qui, après le désastre, venaient manger dans la main des hommes…

À d'autres moments, des controverses assez techniques s'élevaient. Par exemple, du cheval et du bœuf, lequel servait le mieux l'habitant? Le premier était plus intelligent et le second plus puissant, tous s'accordaient là-dessus. De même, le cheval, contrairement au bœuf, comprenait mieux l'anglais que le français; de cela chacun témoignait avec autorité! Pour le reste, les opinions variaient. Certains affirmaient que le bœuf répugnait à faire marche arrière et qu'il avançait à pas trop petits; par contre, il n'avait ni la vanité ni la susceptibilité du cheval. L'habitant, plaidaient ceux-là, est « maître de son beu et compagnon de son cheval ». Le bœuf était aussi d'une santé plus robuste et, une fois mort, on pouvait le manger; tandis que le cheval... Ils s'entendaient toutefois à décrier la vache, cet animal hypocrite et stupide qui, sous un air bonasse, cachait un sale caractère. Sans parler de bien d'autres questions longuement débattues, jamais tranchées : les Américains sont-ils plus riches que les Anglais? la basilique Saint-Pierre est-elle vraiment plus grande que celle de Sainte-Anne-de-Beaupré? et la gomme d'épinette vaut-elle la gomme de sapin? Il était souvent question des Indiens qui savaient converser avec les bêtes sauvages, mangeaient de la viande de mouffette et consommaient toutes les parties du lièvre, même les intestins, sous prétexte que cet animal ne se nourrit que de branches et d'écorces. Chacun avait quelque chose à raconter sur l'adresse, la science, le courage de ces chasseurs, capables de survivre dans les conditions les plus hostiles, sur leur incroyable résistance physique, et bien d'autres choses. L'Indien, l'Inmourable... Méo se laissait captiver.

Les conversations revenaient sur les débats du conseil municipal ou bien le contenu des journaux dont quelques volontaires se chargeaient de faire la lecture à voix haute. L'actualité politique était fertile en controverses et les nouvelles étrangères, si pleines d'événements inouïs, sollicitaient beaucoup les imaginations, tout comme les inventions des savants. Dans ce registre, la diffusion du téléphone était un sujet inépuisable que chacun commentait à sa façon. Un vieillard, sourd comme trois veilloches, confiait un jour son émerveillement :

— C'est-y creillable! Quand j'pense qu'on s'comprend même pas icitt dans l'magasin…

Au printemps, avec l'arrivée des jeunesses qui avaient travaillé tout l'hiver sur la Côte-Nord ou ailleurs dans la vallée du Saint-Laurent, les conversations prenaient une autre allure. Ce sont les plus anciens qui écoutaient maintenant : des histoires de baleines échouées dans la frasie*, d'attelages tirés par de jeunes orignaux, de missionnaires disparus avec leurs chiens.

Il était beaucoup question des États-Unis, des grands lacs qu'on y trouvait (pas aussi grands que le Lac Saint-Jean?…), des fleuves qui traversaient tout le continent, des déserts où l'on mourait de chaleur le jour et de froid la nuit, des Indiens à peau rouge, et mille autres choses fascinantes, insolites, comme ces habitants de l'« Outâ » qui avaient autant d'épouses qu'ils le voulaient et se retrouvaient pères de cent enfants, tout ceci avec l'encouragement de leurs drôles de prêtres. Le Grand chérissait ces occasions; il s'abreuvait copieusement d'histoires des États, n'était jamais rassasié. Au magasin ou à la forge, la majorité des interlocuteurs avaient déjà séjourné en Nouvelle-Angleterre ou dans le Midwest. Revenus à Mistouk, ils parlaient des États-Unis avec une fierté mêlée de nostalgie, comme d'un continent lointain mais familier, parcouru jadis par des Français, leurs ancêtres, qui en avaient reconnu et nommé les fleuves, les rivières, les lieux. Un tel n'arrivait-il pas justement de Belle Plaine au Minnesota où il avait travaillé comme aide-fermier? Et cette Réserve indienne qu'il avait visitée à Fond-du-Lac? Et Des Moines, et Détroit, La Fayette, Eau-Claire, et combien d'autres? C'était comme une immense arrière-patrie. Évoquant un jour la Californie où se bousculaient les ethnies les plus diverses et dont il avait vaguement entendu parler, Clocher Fortin, le sédentaire, était allé jusqu'à prédire :

— Moué, j'vous avartis : l'français va fenir par se pardre dans ce boutt-là…

Chacun en tirait ses conclusions. Tout cela les ramenait au

Saguenay avec son vaste territoire où on pouvait tout recommencer. Ils commentaient l'avance de la colonisation autour du Lac et plus loin vers le nord où leurs descendants, assuraient-ils, verraient éclore d'innombrables villages et aussi des villes, des industries, des chemins de fer.

Comme aux États…

Chapitre V

Tous les dimanches, Joseph et les garçons se rendaient très tôt à l'étable pour faire le train pendant que les autres s'activaient à la maison ; puis la famille se hâtait vers le village pour assister à la messe où chacun se présentait à jeun afin de communier. Mais d'abord, Joseph avait soin de laver et d'étriller Farouche ; il ne se serait pas présenté le dimanche au village avec un cheval débraillé. Joseph et Marie prenaient la religion très au sérieux ; elle mettait de l'ordre dans l'univers et de l'espoir dans leur vie. Ils en avaient bien besoin. Comme disait Joseph :

— Heureusement qu'on a l'gouvernement du ciel ; parce que, pour c'qui est de l'autre...

Il s'y ajoutait le « gouvernement » de Marie qui veillait à tout : les prières, les dévotions, la tenue, les propos. Durant le carême, par austérité, elle faisait même disparaître de la maison tout le linge blanc, aussi bien les blouses et les rideaux que les couvertures. La sexualité était l'objet d'une étroite surveillance. Le nouveau catalogue était à peine arrivé qu'elle en avait déjà arraché les pages sur la lingerie de corps.

La famille s'entassait dans la voiture, Méo prenait les cordeaux, faisait chanter Farouche (c'était un rituel) et l'engageait dans le rang. En hiver, il leur fallait s'arrêter presque aussitôt dans le bas de la Côte-à-Clovis, que les passagers montaient à pied même par beau temps pour épargner la bête. Le trajet des Chicots à l'église durait plus d'une heure. Les habitants qui étaient bien greillés* de chevaux s'en donnaient à cœur joie, se lançaient des défis. Aucun attelage cependant n'était de taille avec Alexis-le-Trotteur. Lorsqu'il était de passage dans la paroisse, en général pour y construire un four, l'Innocent, comme tout le monde l'appelait, prenait plaisir à humilier les meilleurs trotteurs, même le fameux Coal Black, le pur-sang des Blanchette. Ces compétitions indisposaient les autres voyageurs. Comme il était déjà très difficile de se croiser sur ces chemins trop étroits, on ne pouvait guère doubler non plus. Les retardataires étaient pressés de se ranger, ce qu'ils ne faisaient pas toujours volontiers, d'où de fréquentes disputes.

Il en résulta un incident un jour que les Blanchette faisaient trotter Coal Black derrière la voiture des Tremblay et s'étaient mis à les harceler. Joseph avait pris le parti de laisser faire ; mais à un moment donné, sans avertissement, Méo s'était fâché, avait arrêté Farouche et sauté de la voiture. Incrédules, les siens le virent s'avancer vivement vers les Blanchette, leur dire en trois mots sa façon de penser puis revenir prendre place aux cordeaux. Tout le monde en fut bien surpris, y compris les Blanchette qui lancèrent quelques quolibets et ne semblèrent pas prendre l'affaire très au sérieux. Mais les rapports entre les deux voisins s'en trouvèrent encore plus tendus.

Sur le parcours vers le village, les voitures surchargées doublaient des familles trop pauvres pour posséder un cheval et qui faisaient le trajet à pied. En été, par économie, les marcheurs allaient pieds nus, ne chaussant leurs bottines qu'au moment d'entrer dans l'église. Lorsque les Tremblay y arrivaient, Joseph montait au jubé où il se joignait à la chorale et à madame Gertrude, une veuve très précieuse qui touchait « les orgues ». C'était en réalité un vieil harmonium aux conduits fatigués qui n'arrivait jamais au bout d'un morceau sans « tousser ». La dame Gertrude était elle-même asthmatique, ce qui n'arrangeait rien. Son art, en quelque sorte, était de synchroniser toutes les quintes : les siennes, celles de la partition et celles de l'instrument ; elle y parvenait rarement. Pendant que les autres prenaient place, Méo allait conduire Farouche à l'écurie municipale puis venait les rejoindre. À ce moment, Jean-Baptiste Renaud, le curé, siégeait au confessionnal, mettant parfois une heure à entendre les paroissiens qui faisaient la queue. Puis il filait à la sacristie d'où il ressortait vêtu des linges sacrés, précédé des enfants de chœur. Plus jeune, Méo avait bien voulu en être, mais les soutanes et surplis étaient beaucoup trop courts pour lui. L'essai avait été désastreux : il ressemblait à une brassée de laine qui avait foulé sur son fuseau. Dès qu'il fut apparu dans le chœur, un grand éclat de rire avait parcouru la nef.

Finalement, le curé prenait place devant l'autel, levait les deux bras vers le ciel en prononçant quelques invocations en latin et le silence se faisait. L'hiver, il pressait le rituel car l'édifice était très mal chauffé. En fait, c'était davantage une grosse chapelle qu'une église. Les pièces de bois mal équarries, peu isolées, laissaient filtrer le jour et le froid en plusieurs endroits. Les murs et les fenêtres étaient décorés de quelques madones et angelots à la mine déconfite, offerts par des vieilles paroisses mieux pourvues. Ces modestes artifices n'arrivaient pas à camoufler l'absence de vitraux, de dorures, de tapis. Les premiers bancs étaient occupés par les Du Rouleau, les Thériault, les Blanchette, les Simard. Très vite, les odeurs d'étable et de foin coupé, ou l'hiver les effluves de capots mouillés, venaient noyer les parfums délicats de la notairesse. Toute la messe se déroulait sur un fond de hennissements de chevaux, de toussotements et de crachements — le curé tolérait les chiqueux pourvu qu'ils apportent leur crachoir.

Il fallait aussi compter avec l'imprévisible Anna Bidoune, une simple d'esprit, difforme en plus, qui vivait de la charité publique, faisait toutes les choses à sa manière et, depuis longtemps, ne surprenait plus personne avec ses excentricités. Abandonnée par un quêteux, elle avait été recueillie par un vieux couple. Elle parcourait en toutes saisons les rangs, chargée de gros ballots de guenilles qu'elle recueillait dans les maisons. Les fils Tremblay l'aidaient souvent à transporter son butin jusqu'au village. Marie essayait de les détourner de la handicapée qui avait la mauvaise habitude de dévoiler son intimité au premier venu. Un jour, elle était même allée retrousser ses jupes au presbytère. Durant la messe, elle prenait habituellement place sur la marche de la balustrade, face à madame Mondedou, marmonnait des propos inintelligibles à l'intention de l'assemblée ou du prêtre et attendait impatiemment la communion. Le sens du rite lui échappait, mais elle en aimait le cérémonial. Ses facéties s'étaient, avec le temps, intégrées à la liturgie dominicale.

Après la lecture de l'évangile, Renaud montait à la petite chaire aménagée près du chœur. Il ne prêchait pas longtemps, soucieux de ne pas ennuyer les fidèles en forçant des dons oratoires qu'il savait fort limités. Il se montrait plus à l'aise dans la communication directe, dépouillée des effets qu'on avait voulu lui enseigner au Grand Séminaire. Les habitants étaient les derniers à s'en plaindre. Anna donnait parfois la réplique au prédicateur qui usait alors de patience, lui parlait doucement, attendant qu'elle retourne à ses obscures méditations. Après le sermon, Joseph chantait habituellement en solo un *Agnus Dei* ou bien le *Panis Angelicus* que le curé aimait bien. Il y mettait autant de cœur que de voix et l'ensemble produisait un résultat assez convenable, en dépit de l'infirmité qui accablait l'harmonium et la dame Gertrude. Les fidèles priaient ensuite pour leurs morts, ceux qu'ils avaient laissés derrière eux dans les paroisses de Charlevoix ou du Bas-Saint-Laurent, et les autres qui reposaient dans le cimetière de Mistouk, à l'ombre des grands pins. Suivaient les prières pour les malades, pour les infortunés, les estropiés du corps et de l'âme. C'est à ce moment que Marie élevait secrètement une invocation en faveur de Mathilde, la rétive et néanmoins promise.

La communion amenait les fidèles vers la balustrade, dont Julie qui devenait peu à peu une magnifique adolescente. Le curé distribuait les saintes espèces en tenant à l'œil Anna qui se présentait toujours trois ou quatre fois. L'hostie était sacrée. Les communiants l'avalaient en évitant de la toucher avec leurs dents et, s'il arrivait que le prêtre en échappe une par terre, il fallait laver immédiatement à grande eau le point de chute. Aux premières années de La Pipe, village voisin de Mistouk, une famille avait envoyé chercher le curé Renaud pour un agonisant, mais le calice était tombé à l'eau avec les hosties pendant la traversée d'une rivière. Rien n'avait pu être récupéré. L'événement avait causé un grand émoi dans les paroisses : le Bon Dieu s'était-il donc noyé ?

Lorsqu'ils en avaient terminé avec la messe et les vêpres, les paroissiens se regroupaient sur la place de l'église, pendant que d'autres allaient traiter diverses affaires au village. Quand l'Innocent était là, il y allait de quelques pas de danse sur le parvis, au grand plaisir des flâneurs. Le maître de poste y apportait le courrier de la semaine. Ceux qui avaient changé de cheval récemment le faisaient parader. Le curé venait se mêler aux conversations, causait semences et carrioles, fossés et rigoles. Il donnait son avis sur l'ensilage, la sélection des graines, les animaux reproducteurs ; il défrichait et exploitait lui-même un demi-lot derrière le presbytère. Une ou deux fois par été, des amuseurs ou même de tout petits cirques s'arrêtaient à Mistouk. Le curé était aussi friand que ses paroissiens de ces spectacles qui ne coûtaient presque rien et où il y avait souvent de la musique. Ils faisaient cercle autour des artistes, des magiciens, des lutteurs, selon l'occasion. Un funambule fit un jour une grosse impression, exécutant tous ses numéros en jouant de l'accordéon et en chantant dans plusieurs langues. Il vint également un dompteur de gorille dont le numéro tourna mal ; la bête s'était mise en colère, mettant son maître en fuite. Heureusement, le singe était gourmand et le marchand était parvenu à l'apaiser avec des biscuits (qu'il se fit ensuite rembourser par la fabrique). Il s'amusait bien, Renaud, ces jours-là ; il bavardait avec les exécutants, se prêtait à leurs facéties, se réjouissait de la bonne humeur de ses paroissiens qui volaient un moment de détente aux rigueurs de la semaine.

Jean-Baptiste vivait loin du luxe, près de ses gens, qui se plaisaient à dire de lui :

— V'là un curé qui a pas l'presbytère plus gros que l'église !

Il était rude, souvent bougonneux* mais généreux. Il partageait la petite maison lui servant de presbytère avec Bérengère, sa robuste ménagère, une vieille fille qui ne disait jamais un mot plus haut que l'autre. Une anecdote le situe bien, le curé. La plupart des familles du village allaient prélever l'eau à la tonne* au bord du Lac. Un ou deux matins par semaine, Renaud enlevait son col romain et attelait lui aussi pour aller s'approvisionner. Au retour, il se trouvait toujours une villageoise à qui il manquait tout juste un peu d'eau pour sa lessive et qui interceptait le curé au passage. Celui-ci l'accommodait bien volontiers. Il reprenait sa route mais le manège se répétait à la maison suivante, puis à nouveau un peu plus loin, si bien que la tonne était vidée bien avant d'arriver au presbytère. Renaud maugréait pour la forme :

— Vous abusez de moi ; vous allez me faire vider le Lac si ça continue !

Les gens s'en amusaient :

— Arrêtez donc d'vous lamenter, on vous d'mande pas d'marcher dessus…

Il retournait les plaisanteries et s'en allait refaire le plein ; cette fois pour de bon, espérait-il.

Il se faisait aimer des enfants. Au jour de l'An, par exemple, il déposait un grand plat de bonbons et de médailles sur la balustrade. Quant aux adultes, comment auraient-ils pu ne pas lui donner leur amitié? Il était de règle à l'époque que le curé d'une paroisse profite de sa visite annuelle dans les familles pour effectuer la quête en faveur du bedeau, dont c'était la principale source de revenu. Avec Jean-Baptiste, il en allait autrement. Touché par la misère des gens, c'est lui qui leur faisait la charité, au point que ses accompagnateurs, et surtout le bedeau, devaient le rappeler à l'ordre. Lorsque des familles se rendaient aux États-Unis pour y travailler dans les factries*, les parents étaient obligés, en vertu de la loi américaine, d'attester sous serment que leurs enfants avaient l'âge requis pour exercer un emploi salarié, ce qui était rarement le cas. Jean-Baptiste autorisait volontiers ces parjures qui n'en étaient pas vraiment, pensait-il; après tout, ces déclarations n'étaient-elles pas destinées à des protestants? En plus, les migrations étaient commandées par un bon motif. Un grand nombre de ces familles avaient des créances à rembourser et prenaient à cœur de payer leurs dettes « jusqu'au sanctus ». L'argent des États leur en donnerait le moyen.

C'était un curé à tempérament, besogneux, démuni, dévoué et solidaire, qui sentait tantôt l'encens, tantôt la vache, les pieds plantés dans la glaise et les yeux tournés vers le ciel, y allant d'une colère par-ci, d'une bénédiction par-là, qui dispensait le savoir et l'ignorance, mêlait un peu les croyances et les superstitions, parcourait les rangs tôt le matin et tard le soir, traversait au printemps les rivières en dégel, son cheval lancé au galop sur la glace submergée, d'une main agitant le fouet pour presser l'attelage et de l'autre brandissant le crucifix pour chasser le danger et, à travers tout cela, s'émouvant de la condition de ses gens, interrogeant constamment les desseins de la Providence, pour s'en remettre finalement aux bons soins du Seigneur qui assurément ne pouvait vouloir que du bien.

Jean-Baptiste faisait des miracles. Combien de maux soulagés, combien de fléaux repoussés grâce à ses interventions : maladies, mauvaises récoltes, invasions d'insectes, intempéries, sans parler des incendies qui pouvaient frapper à tout moment. Les familles de Mistouk étaient bien fières de leur curé; celles qui avaient séjourné en Nouvelle-Angleterre en témoignaient: pour ce genre de choses, dix pasteurs protestants ne valaient pas un prêtre catholique! Bien sûr, il y avait là comme ailleurs des mécontents. Un jour, Renaud était parvenu à maîtriser un incendie mais seulement après que le feu eut détruit trois maisons. L'un des sinistrés cria à l'injustice, se demandant pourquoi il avait été frappé alors que son voisin, un pécheur notoire, avait bénéficié de la protection divine. Renaud arguait des voies secrètes de la Providence. Hormis ses pouvoirs surnaturels, Jean-Baptiste avait encore bien d'autres qualités aux yeux des paroissiens. Il prenait certaines libertés avec la règle du diocèse. Les mariages à l'église étaient assujettis à une échelle de tarifs. Au terme d'une cérémonie de première classe, les nouveaux mariés sortaient de l'église par la porte principale; dans celle de troisième classe, ils sortaient par une petite porte latérale. Le curé avait aboli tout cela. À la différence de plusieurs de ses confrères, il ne s'élevait pas contre l'émigration aux États et semblait plutôt s'amuser des modes et colifichets que les « repatriés* » en ramenaient. Il savait aussi fermer les yeux quand il était temps. La vente des boissons alcoolisées étant défendue au Saguenay, la majorité des habitants en achetaient en contrebande chez le marchand général qui exploitait un alambic; d'autres avaient appris à s'en fabriquer à la maison. Non seulement le curé laissait faire mais il acceptait lui-même une « traite » à l'occasion. Plusieurs paroissiens ne s'acquittaient pas bien de la dîme; il n'en faisait pas une histoire, connaissant la condition des colons. Dans les veillées, dans les noces entre autres, les familles pratiquaient souvent en présence de Jean-Baptiste des danses interdites — toutes celles où les danseurs se touchaient la taille. Pour ne pas être en reste, le curé y allait volontiers de sa gigue.

Il évitait aussi de harceler les conjoints pour les inciter à procréer. L'évêque était pourtant strict sur ce sujet, condamnant tous les moyens d'arrêter ou de retarder les naissances. Certains couples, surchargés d'enfants, s'y adonnaient néanmoins, convaincus d'encourir la colère du prêtre et même d'être « discommuniés ». Le curé Renaud voyait la chose d'un autre œil ; ces familles modestes et généreuses lui inspiraient de l'admiration. Plusieurs conjoints venaient se confesser d'avoir « fait l'amour à côté », « déchargé leur voyage dans le foin », ou encore « jeté le jarme à côté du sillon ». Jean-Baptiste ne prêtait pas attention. Mais cette attitude était peu courante. Juste à côté de Mistouk, un curé allait jusqu'à punir sévèrement la continence.

Par contre, Renaud était intraitable sur tout ce qui concernait la sexualité chez les jeunes. On lui avait enseigné au Séminaire les périls de la puberté, « âge où se lève la moisson des désirs troublants et des plaisirs coupables ». Il n'aimait pas la coquetterie chez les filles, trouvait vulgaire qu'elles se fassent bronzer la peau du visage comme celles de la grande ville (en avait-il jamais vu ?), interdisait les robes à manches courtes à l'église et les combattait à l'extérieur. Dans les veillées de jeunesses, il exigeait que les chaises soient suffisamment distancées pour éviter les proximités dangereuses — les espacements devaient livrer passage à une personne au moins. L'hiver était pour lui la pire saison. La municipalité entretenait près de la salle publique une patinoire que fréquentaient les jeunes gens. Pour éviter de possibles abus, Jean-Baptiste avait mis au point un compromis : garçons et filles pouvaient patiner en couple à condition d'éviter tout contact, ce que rendait possible l'usage d'un bâtonnet de douze à quinze pouces que chacun des patineurs tenait par un bout. Ainsi la vertu était sauve, mais au prix de quelle surveillance et de quelles peines ! Pendant de longues soirées, livré aux morsures du froid, le curé demeurait à l'affût, se dissimulant derrière des bancs de neige et usant de ruses de chasseur pour traquer les délinquants. Tout l'hiver, il enchaînait rhumes, sinusites et bronchites. À l'arrivée du printemps, il était plus mort que vif.

Au confessionnal, il n'aimait pas se faire achaler avec des

vétilles. Les péchés véniels étaient expédiés et même les péchés dits mortels avaient besoin d'être costauds pour qu'il s'y attarde. La lecture de petits romans roses achetés dans le train ou un excès de boisson par-ci par-là le laissaient assez indifférent. Les situations les plus diverses se présentaient, qu'il traitait d'une façon très personnelle, toujours énergique. Un vieil ivrogne impénitent qui avait toujours maintenu sa famille dans la dèche exprimait son repentir au moment d'agoniser :

— Là, c'est bin fini, monsieur l'curé, j'ai vraiment lâché la boisson ; mais c'est dur, c'est comme si j'étais descendu du ciel d'un coup sec.

À quoi il lui fut répondu :

— Attends, tu vas trouver ça encore pas mal plus dur d'y r'monter.

Un célibataire s'adonnait à ce genre de vice auquel seul le mariage pouvait remédier ; Jean-Baptiste lui trouva au village un parti qui souffrait du même mal et tout rentra dans l'ordre. Le notaire l'ennuyait souverainement, confessant toujours la même faute : aux temps de ses études à Québec, une femme de petite vertu rencontrée à la gare du Palais s'était offerte à lui ; il avait, disait-il, trouvé la force morale de la repousser mais, vingt ans après, il le regrettait encore et cédait régulièrement à la tentation d'imaginer ce qu'auraient pu être les suites de la rencontre. Le curé lui donnait l'absolution, machinalement, mais s'échappait parfois à lui dire :

— Il m'semble qu'en cherchant un peu, notaire, vous pourriez trouver quelque chose de plus frais ?

Il y avait aussi le cas d'un veuf, Hermias Desbiens, qui souffrait de priapisme aigu. Il se plaignait au confessionnal d'être « bandé continu », ce qui l'incommodait fort, surtout, assurait-il, au temps de la pleine lune :

— Dans l'décours, c'est pas encore trop pire. Mais dans l'croissant, monsieur l'curé, ah ! dans l'croissant…

Il venait tous les dimanches s'accuser de son péché, toujours le même. Le curé lui recommandait le remariage, mais les fils Desbiens s'y opposaient, s'inquiétant du ridicule (Hermias avait quatre-vingt-six ans) et peut-être aussi de l'héritage. En désespoir de cause, le malheureux demanda un jour la permission de se faire couper le « narfe honteux », ce que Jean-Baptiste accorda. Le docteur Simard prit les dispositions nécessaires et l'opération eut lieu à l'hôpital de Chicoutimi. Hélas! Hermias en sortit Gros-Jean comme devant, le « narfe » en moins mais toujours bandé continu. Il mourut peu après, par une nuit de pleine lune justement. Un autre jour, c'était un père de famille nombreuse qui, pour éviter une nouvelle grossesse à sa femme, lui avait demandé de le soulager d'une manière non conforme à la règle de l'Église. Après l'aveu de sa faute, l'homme attendait sa pénitence; le curé s'enquit plutôt de ses fossés et de sa récolte.

Les cas auxquels il s'attardait étaient d'une autre nature. Celui, par exemple, d'une femme de colon qui s'était présentée au confessionnal en haillons pour se confesser de manquer de courage:

— Monsieur l'curé, ça va trop mal; une malchance attend pas l'autre. On est à veille de toutt lâcher là, mon mari pis moué.

Celle-là était certaine de voir accourir Jean-Baptiste dès le lendemain, sinon le jour même. Cependant, même l'assistance aux infortunés n'était pas simple. À une pénitente, mère de famille nombreuse, qui était venue se plaindre des soins épuisants que requéraient ses deux enfants infirmes, il suggéra de les confier à une institution, ce à quoi l'autre s'opposa vivement:

— Jamais d'la vie, monsieur l'curé; ces deux infirmes-là, c'est ma croix à moué. Si jamais j'm'en défaisais, l'Bon Dieu s'rait capable de m'en donner une pire encore…

À d'autres moments, il lui arrivait bien aussi de laisser parler son tempérament. Comme avec ce vieux buveur, Alfred T., à qui il reprochait de négliger sa famille et qui l'avait ainsi apostrophé:

— Mêlez-vous d'vos affaires, le curé. Si vous continuez à m'achaler, j'mettrai pus les pieds dans votre église.

— Tu vas pourtant y revenir un jour, Alfred ; mais ce s'ra les pieds devant.

L'hiver, quand il faisait trop froid dans l'église, il était trop heureux d'annuler son sermon. Sinon, il abordait de préférence des sujets pratiques : des réparations à faire aux propriétés de la fabrique, l'obligation pour les habitants de bien entretenir leur bout de chemin, l'importance des assurances contre le feu, l'utilité d'égoutter soigneusement les champs et de bien mélanger les graines de gaudriole* avant de les mettre en terre. Il réprimait quelques désordres : des enfants mal préparés au catéchisme par leurs parents (« j'ai entendu cette semaine que Judas Iscariote serait un ancien député du Saguenay ? que la Pentecôte serait une grosse côte près de Nazareth ? »), des hommes qui se plaignaient de ce que les femmes étiraient les files d'attente au confessionnal parce qu'elles mettaient trop de temps à se confesser (« trompez-vous pas : c'est pas parce qu'elles font plus de péchés, c'est parce qu'elles en cachent moins »), de la mauvaise habitude des paroissiens qui réglaient en effets presque tous leurs paiements à l'Église (« j'suis tanné là des mariages de bois de poêle pis des baptêmes d'avoine »), des scènes d'ivrognerie et des bagarres auxquelles avait donné lieu la dernière excursion en train de Roberval à Chicoutimi (« ce jour-là, on sait pourquoi le tortilleux tortillait… »), de l'entêtement des colons à en faire à leur guise, passant outre aux directives de leur curé (« on dirait qu'à Mistouk, il y a autant de clochers que de cheminées »).

Un jour, il se présenta en chaire avec une circulaire de l'évêque qui avait résolu de rebaptiser les rangs de toutes les paroisses du diocèse, substituant des noms de saints aux appellations populaires jugées de mauvais goût. Renaud commença la lecture du passage concernant Mistouk ; mais il ne put se rendre très loin. Le seul énoncé des anciens toponymes déclencha dans l'assemblée un grand fou rire auquel Jean-Baptiste lui-même ne sut résister ; l'exercice s'était arrêté au rang des Faces-de-Beu. Il proposait aussi quelques leçons de morale à la portée de tous :

sur l'oisiveté qui mène à tous les vices et le travail qui les éloigne («le cheval le plus fringant, après avoir tiré la charrue toute la journée, il n'a pas de mauvaises pensées quand il rentre à l'écurie»), sur les nouveautés qui détournaient les esprits de l'essentiel («n'oubliez pas que c'est le chemin de croix et non le chemin de fer qui va vous conduire au ciel»), sur l'impatience qui agite et distrait («la charrue ne va jamais plus vite que le cheval»), ou sur les dangers de la ville d'où venaient «les mauvaises idées, les charlatans et les politiciens». Il avait des formules très personnelles, très efficaces aussi, pour prévenir ses paroissiens contre les désordres, les emballements du cœur et du corps, les excès de toute nature; et aussi pour les persuader de la vanité des choses, leur rappeler la vraie sagesse: il invitait chacun à imiter la rivière, à s'efforcer de découvrir et de suivre le cours de sa vie, tout en le creusant, en l'élargissant; et à toujours faire ce que doit sans égard à la rumeur:

— A-t-on déjà vu la marée se bâdrer de la frasie?

Ou bien:

— Vous remarquerez que la rivière fait bien des détours mais perd jamais son chemin.

Sa manière contrastait avec celle du père Barnabé, un prédicateur de retraite très rude et très savant qui sévissait tous les ans à Mistouk. Celui-là inspirait de la terreur. Il menaçait les paroissiens des feux de l'enfer, feignait des colères terribles en hurlant et frappant du poing contre la chaire, brandissait le crucifix, pointait du doigt des fidèles au hasard. Toutes les fautes commises retomberaient sur la paroisse et ses habitants, comme le montrait si bien l'histoire de Venise, n'est-ce pas: d'abord la cité prospère et bienheureuse, aimée de Dieu, puis la république corrompue, à l'heure de Casanova, gavée des frivolités d'Orient, adonnée au vice et sévèrement châtiée, condamnée à la pourriture... Le péché de luxure était sa cible favorite. Les femmes qui «empêchaient la famille» étaient durement prises à partie, menacées d'excommunication, vouées aux cruautés du Malin:

après leur mort, seules sous le regard implacable de Dieu, elles auraient à rendre compte des enfants qu'elles n'avaient pas eus et des plaisirs qui les avaient remplacés. À celles, trop âgées ou malades, qui craignaient de mourir en couches, il était promis une plus belle place au Paradis, près du Seigneur. Plusieurs femmes quittaient l'église dans les tourments et les pleurs, et dans les mois qui suivaient, la fréquence des grossesses augmentait dans la paroisse. Aux hommes, le père recommandait de se prémunir contre les ruses, les séductions, « les perfidies des personnes du sexe ». Il les mettait en garde contre les dérèglements de la passion et ses fruits amers. Ainsi seraient assurés le salut des âmes, l'ordre du monde et le plaisir de Dieu. Plus tard, Jean-Baptiste interviendrait discrètement au confessionnal pour adoucir les fautes et les châtiments, calmer les esprits en émoi.

Plusieurs de ses traits désignaient le curé à la réprobation de monseigneur Labrecque. Des lettres parvenaient du reste à l'évêché à Chicoutimi, qui dénonçaient son langage cru en chaire, son comportement insolite au confessionnal, son parti pris en faveur des colons, son style expéditif dans les affaires du culte, ses conceptions très laxistes dans certains domaines de la moralité, et jusqu'à sa tenue. Les auteurs, anonymes, auraient pu ajouter que Jean-Baptiste avait en horreur la partie administrative de son ministère et y consacrait le moins de temps possible. Le rapport annuel à l'évêque lui était un vrai calvaire. Il devait compiler mille et une statistiques, répondre à trois cents questions sur les moindres aspects de la fabrique et de la paroisse, allant de l'état des cierges aux dimensions et à l'inventaire du cimetière, alors qu'il y avait tant à faire pour les vivants. Il improvisait souvent des réponses, laissait des blancs. La gestion matérielle, tout comme celle de ses revenus, ne l'intéressait guère. Aux questions sur les moyens de subsistance du curé (« prélève-t-il le casuel ? comment vit-il ? »), il répondait : « … à la gelée en hiver, à la pluie en été, au lard toute l'année, et pour le reste à la grâce de Dieu ». Il y avait aussi toute cette ribambelle d'associations pieuses, près d'une dizaine à Mistouk, qui le harcelaient avec leurs processions, leurs réunions, leurs interminables procès-verbaux, leurs disputes, tout cela pour quelques dévots et dévotes qui passaient le plus clair de leur temps à calomnier.

Jean-Baptiste n'était pas non plus un homme d'études, ce en quoi il différait des prêtres du Séminaire, ses anciens confrères. On lui en faisait le reproche avec raison : il ne s'entendait guère à l'administration compliquée des âmes sous l'éclairage savant de la casuistique. Durant la retraite annuelle à Chicoutimi où il retrouvait les autres curés du diocèse, il prenait peu d'intérêt à trancher les délicates questions de morale qui lui étaient soumises : pourquoi la broderie est-elle permise le dimanche mais non le tricot ? le masturbateur commet-il un homicide en jetant sa semence ? les conjoints sont-ils autorisés à prendre du plaisir en s'adonnant à leurs devoirs conjugaux ? Jean-Baptiste ne gardait pas non plus un bon souvenir de ses années passées au Petit Séminaire à Chicoutimi où il avait vainement recherché l'humilité, l'effacement qui aurait convenu à son tempérament. Il détestait tout particulièrement cette coutume qui consistait à faire parader chaque année sur la rue Racine les élèves, « la crème de la société », sous les applaudissements de citadins indigents. Il gardait de cette époque d'autres souvenirs peu glorieux, à commencer par ce surnom de « Toutou » dont ses confrères l'avaient affublé le jour où, dans une classe de langues, il lui avait été demandé de traduire le nombre « vingt-deux » en anglais ; distrait comme souvent, il avait répondu « two-two ».

Un dimanche de juillet 1902, monseigneur Labrecque, l'évêque du diocèse, se présenta à Mistouk en visite pastorale, comme il le faisait tous les cinq ans dans chacune des paroisses de son diocèse pour administrer le sacrement de la confirmation, constater l'état des âmes, vérifier la bonne gestion du prêtre desservant. Bien conscient de ses « errements », Jean-Baptiste redoutait cette épreuve. Au surplus, Labrecque était un personnage très autoritaire, au tempérament coléreux. Il avait ses moments d'aménité mais ses humeurs étaient imprévisibles. Il lui répugnait tout particulièrement de voir ses avis discutés, surtout lorsqu'ils étaient erronés, et il se faisait un point d'honneur de ne jamais revenir sur ses décisions. Cet entêtement, dont plusieurs interlocuteurs avaient souffert, était aggravé par un jugement qui s'égarait souvent dans les données d'une affaire. Il en avait résulté, pour Sa Grandeur, bien des mésaventures dont on faisait des gorges chaudes dans les cénacles du Séminaire et dans l'intimité des presbytères.

Il arriva à Mistouk avec sa suite, composée de son secrétaire et de quatre ou cinq autres prêtres. En accord avec le rituel, les paroissiens avaient décoré leurs maisons, accrochant à leurs fenêtres des guirlandes ou simplement des linges colorés, des branches de sapin et d'épinette. Deux arcs de verdure avaient été élevés sur le chemin du village. Une délégation de résidants à cheval s'en fut accueillir le cortège épiscopal à son arrivée. Des dizaines de villageois armés de leurs fusils de chasse tirèrent les salves habituelles. Lors de la visite précédente, cinq ans auparavant, ils avaient utilisé un vieux canon déniché à Roberval. Mais par un de ces caprices de la balistique, la bourre était retombée tout près de la voiture du prélat; on était donc retourné aux fusils. Une chorale attendait le cortège devant l'église, interprétant des chants folkloriques sur des accords de violon et d'accordéon. Puis une messe solennelle fut célébrée dans la petite église bondée; on en avait laissé les portes ouvertes, l'assistance s'étirant sur le parvis et jusque sur la place. Les marguilliers avaient fait les choses en grand. Tout ce qu'il y avait de fanions, d'oriflammes et de banderoles en l'honneur du Sacré-Cœur, du Vatican, du Délégué apostolique, avait été déployé. Monseigneur, méditatif, légèrement incliné sur sa crosse, trônait sous un dais sommairement aménagé dans le chœur, flanqué de quatre paroissiens qui agitaient des branches de cèdre pour chasser les maringouins.

Plus tard, devant les habitants recueillis et endimanchés qui luttaient contre la chaleur suffocante, l'auguste visiteur prit place devant la balustrade équarrie à la hache et prononça une longue homélie, très solennelle et très savante, sur le sujet de la confession, s'arrêtant longuement sur la difficile question des circonstances « peccamineuses ». En des formules bien frappées, il dénonça les détestables prétentions gallicanes, en prenant soin de bien distinguer les « mineures » et les « majeures ». Il s'en prit aussi aux funestes idées modernes. Mondedou, au premier rang, affectait un air grave et hochait ostensiblement la tête. Hélas ! l'exiguïté des lieux servait mal l'éloquence, pourtant remarquable, de Sa Grandeur. Au terme d'une longue envolée qu'il voulut ponctuer d'un geste solennel, il heurta violemment de sa crosse la lampe du sanctuaire qui vint choir à ses pieds. L'ordre revenu, il put terminer son allocution qu'il émailla de longs extraits en latin pour donner plus de force à ses propos. Puis, il administra le sacrement de la confirmation à quelques jeunes filles et garçons, incluant Méo dont la taille le surprit :

— Celui-là ne serait-il pas plutôt d'âge à être ordonné prêtre… ? souffla-t-il, espiègle, à l'un de ses acolytes.

Jusque-là, mis à part l'incident de la lampe, tout se passait plutôt bien. Jean-Baptiste avait pris ses précautions, usant même d'un stratagème pour éloigner Anna Bidoune de la paroisse pendant quelques jours.

La messe terminée, les visiteurs assistèrent à une petite pièce de théâtre, gracieuseté de la Ligue du Sacré-Cœur (*Le Sacrifice de Dollard des Ormeaux*), après quoi, sur le coup de midi, ils passèrent au presbytère pour prendre le repas que Bérengère avait préparé au mieux de ses moyens. Il fut bientôt expédié. Les mets étaient abondants, certes, mais pour ce qui est du raffinement, il tenait tout entier dans le gigantesque cipâte aux bleuets qui fut servi comme dessert et auquel, par malheur, monseigneur fit tant honneur qu'il s'étouffa. Il faut dire que les agapes ne furent pas autrement arrosées qu'avec l'eau du Lac, dont Jean-Baptiste avait fait une ample provision le matin même.

Ils se mirent au travail. L'évêque eut tôt fait de constater que les choses ne s'étaient guère améliorées et, par quelques remarques colorées qui firent sourire ses collaborateurs, il exprima son mécontentement. Le curé, humilié, plaida sans conviction. Parmi les reproches qui lui étaient adressés figuraient sa naïveté dans ses rapports avec les fidèles, sa négligence à combattre le luxe et l'immoralité venus des États, à démasquer les personnes scandaleuses ainsi que les ennemis ordinaires de l'Église : les colporteurs d'idées modernes, les libéraux qui rognaient les pouvoirs de l'Église, les protestants qui distribuaient partout des exemplaires de la Bible, les francs-maçons qui avaient peut-être infiltré sa paroisse. Là-dessus, monseigneur lui rappelait son serment antimoderniste. Et les Juifs ? S'en souciait-il seulement des Juifs qui parcouraient les campagnes déguisés en colporteurs ? Il fallait que le curé y voie : qu'il interroge habilement le maître de poste, suscite les confidences au confessionnal, mette à contribution les amis de l'Église. Il n'en manquait pas dans sa paroisse ; ne pouvait-il pas compter sur quelques esprits désintéressés comme monsieur le notaire et quelques autres ? Renaud baissait les yeux. Il constatait que le prélat, comme d'habitude, avait mis à profit ses sources d'information. Il savait bien lesquelles.

Pendant que l'évêque poursuivait ses remontrances, le curé songeait à l'état de sa paroisse. De l'immoralité ? Des personnes scandaleuses ? Certes, il y avait eu ce méchant Barsalou, décédé quelques mois auparavant. Sa famille au complet avait fini par l'abandonner, et Jean-Baptiste le disait habité par tous les serpents que saint Patrice avait chassés d'Irlande. À la fin de sa vie, il vivait seul avec un grand chien famélique dans une cabane à l'écart du village ; seule une cousine lui rendait visite, une ou deux fois par mois. Sous prétexte d'arranger son linge, elle y avait cousu des médailles à son insu ; elle versait aussi de l'eau bénite dans son puits. Mais rien n'y fit. Sur son lit de mort, il chassa tour à tour Renaud et le curé de La Pipe. Des villageois dévoués l'inhumèrent derrière sa cabane. Peu après, ils notèrent que le chien était resté sur place, comme pour garder son maître ; mais en fait, lorsqu'il avait faim, il grattait la terre et en retirait un os de Barsalou. En quelques semaines, tout le cadavre y passa, puis le chien disparut mystérieusement. Selon Jean-Baptiste, tous ces faits avaient été commandés par le Seigneur pour punir le pécheur scandaleux et donner une leçon aux paroissiens. Pour le reste, il n'y avait guère à s'inquiéter pour la foi et la piété à Mistouk. Il s'y trouvait même des colons qui faisaient jeûner leurs vaches le Vendredi saint — pas leurs chevaux, bien sûr. Et, à la fin du carême, certains leur faisaient boire de l'eau de Pâques.

— Vous m'écoutez, oui, Toutou ? Vous m'écoutez ?

L'évêque était cramoisi. Il en était à la comptabilité des cierges ; les gros, les petits…

— Bien sûr, monseigneur, bien sûr. Les petits cierges, oui, euh…

— Je vois que vous n'avez pas beaucoup changé depuis vos années de Séminaire ! Je vois aussi que…

Le dignitaire s'interrompit ; on frappait à la porte du presbytère. Soulagé, Renaud alla ouvrir. C'était un habitant, Gaston Ouellet, qui demandait après son curé. Jean-Baptiste se doutait bien de quoi il s'agissait ; avec Gaston, c'était toujours la même chose. Il négligeait d'engraisser ses terres qui en conséquence rendaient peu, puis il implorait l'intervention de la Providence, usant de médailles, de prières, de chemins de croix, de neuvaines et quoi encore. Ce jour-là, Gaston avait apporté une pelletée de terre et désirait rien de moins que la bénédiction de monseigneur. Mais Jean-Baptiste n'était pas d'humeur et le fit voir.

— Tout ce que j'demande, monsieur l'curé, c'est la grâce du Bon Dieu pour mes récoltes.

— Écoute bien, Gaston, commence donc par mettre un peu de marde, juste pour voir. De la grâce, c'est bon, c'est sûr ; mais de la graisse, c'est pas mauvais non plus !

Quand Renaud revint vers ses visiteurs, qui n'avaient rien

perdu de l'échange, il subit une autre réprimande et dut s'excuser. Mais le prélat et sa suite eurent beaucoup de mal à contenir l'hilarité qui les secouait.

— Sacré Toutou! soufflait le secrétaire.

Le soir était réservé à un grand souper, toujours au presbytère, dont le but était de mettre l'évêque en contact avec l'élite paroissiale. Ils étaient tous là : le maire, les marguilliers, les conseillers, le marchand, le médecin, le notaire, quelques gros cultivateurs, dont Blanchette. Le curé, le sacristain et Bérengère avaient disposé des tables et des chaises jusque dans la cuisine ; des invités durent rester debout. Monseigneur, en verve, présidait. Il félicita d'abord les distingués paroissiens, évoquant les progrès de Mistouk, fit valoir leur responsabilité morale à titre de meneurs, officiers ou dignitaires, rappela avec insistance le danger des boissons enivrantes et l'importance de l'abstinence, ce à quoi chacun opina vigoureusement, y compris Thériault, le marchand général, dont l'alambic ne connaissait pas de repos. Le pasteur s'inquiéta des désordres qui continuaient d'accompagner les fameuses excursions en train à Chicoutimi, et ce en dépit des nombreux avertissements qu'il avait servis. L'assemblée, fort contrite, montra qu'elle partageait son sentiment. Il s'ensuivit une période de questions au cours de laquelle le notaire et le marchand attirèrent l'attention du prélat sur l'état de leur église, s'interrogeant sur sa capacité à servir adéquatement une communauté qui était devenue une paroisse dynamique, en pleine expansion. Ils trouvaient surtout l'édifice indigne d'héberger un distingué visiteur comme Sa Grandeur. L'évêque, attentif, fit signe à son secrétaire de prendre note. Le temps passant, les représentants de la paroisse se retirèrent. Il restait à installer l'évêque et sa suite pour la nuit, ce qui ne fut pas aisé. Dans les mois qui suivirent, monseigneur évoqua à plusieurs reprises devant ses proches son « bivouac au Lac ».

Au déjeuner du lendemain, le prélat était d'humeur à causer. Il sut d'abord dérider sa suite. Il plaisanta finement sur « les moustiques de Mistouk », y associant adroitement quelques références cocasses à « Toutou ». À titre de membre de l'assemblée épiscopale canadienne, il était informé des dossiers de l'heure et de bien des anecdotes qu'il daigna, ce matin-là, partager avec ses compagnons de table. Il prit plaisir à rappeler une réplique du premier ministre du Québec en réponse à une requête des Pères jésuites qui désiraient ouvrir une université à Montréal. Les animateurs du projet faisaient valoir que plusieurs facultés étaient déjà en place. Il leur fut répondu qu'il en manquait pourtant une, essentielle : « la faculté de payer ». Monseigneur, qui avait une dent contre les Pères, se tapait sur les cuisses, ainsi que ses collaborateurs, tout comme ils l'avaient fait la veille à Alma et les jours précédents à Chambord, à Grandmont et ailleurs — le prélat racontait les mêmes histoires dans tous les presbytères où il s'arrêtait. Suivit un commentaire des démêlés dans lesquels l'évêché était engagé avec J.-D. Guay dit le « Beu », maire de Chicoutimi, la famille Price et ses affidés, les journaux locaux, les députés, les conseillers municipaux, les syndiqués, les vendeurs de boissons qui violaient le règlement de prohibition. Le curé Renaud, ennuyé par ces bavardages, essayait de faire bonne contenance. Le dignitaire s'amusa ensuite d'une remarque du curé de Tikouapé qui, prêchant devant Sa Grandeur, avait exhorté ses fidèles à « toujours démêler l'ivraie du faux »…

Il s'attarda ensuite, en s'esclaffant tous les trois mots, sur un incident comique survenu quelques jours plus tôt à Hébertville où il avait été accueilli par le maire, Pantaléon Corneau, un vieux colon de la place. Ce dernier, analphabète, avait néanmoins composé une longue adresse avec l'aide de son secrétaire-trésorier. Il avait eu l'idée louable mais périlleuse de résumer en quelques mots l'histoire du monde pour y situer le règne de Sa Grandeur en son Royaume du Saguenay. D'une nature généreuse, il y était allé un peu fort, semble-t-il, sur les références, convoquant par exemple en une même phrase « Apollon Bonaparte, le grand guérisseur saint Ambroise Paré et les Cinq martyrs canadiens ».

L'édile avait pris quelques libertés avec les millénaires et enjambé quelques siècles, expliquant que « le passé avance à grands pas ». Il avait tenu aussi à rappeler l'époque héroïque qu'avaient été pour l'Église et pour « notre saint Pierre le Pape les terribles cataquecombres » (Pantaléon était un gros maraîcher). L'orateur avait conclu en faisant revivre l'épopée des pères « jéshuîtres » au Lac-Saint-Jean, dont monseigneur était l'illustre continuateur. Labrecque avait adoré cette dernière saillie, la répétant trois fois :

— Les Pères « jéshuîtres »… Je dois la retenir celle-là ; mes confrères vont s'étouffer.

Retrouvant son sérieux, il revint à l'administration paroissiale et rappela l'importance d'une relation de confiance à toute épreuve entre un curé et son évêque. À ce propos, il vanta la droiture, le soutien indéfectible du curé de Roberval, son « homme de confiance au Lac ». Il le proposait en exemple à Renaud :

— Un homme qui a de l'ambition et sait faire équipe avec les chefs de sa paroisse pour mener de grands projets.

Jean-Baptiste réprima un sourire. À sa grande surprise, il constatait que le dignitaire ignorait le complot que le vaniteux curé, avec son « équipe », ourdissait contre lui. Le projet de scinder le diocèse pour faire de Roberval un siège épiscopal était pourtant un secret de polichinelle autour du Lac. Monseigneur continuait sur sa lancée. Il parla des Sauvages qu'il venait de visiter à Pointe-Bleue, évoquant les nombreux cadeaux qui lui avaient été offerts. Sur quoi un membre de sa suite l'avisa qu'ils étaient restés sur place, personne n'y ayant plus songé après leur présentation.

Puis l'évêque fit ses dernières recommandations au curé, le mettant en garde contre les négligences réitérées et l'invitant à ne pas abuser de sa patience. Il le pressa encore une fois de montrer plus de fermeté envers les paroissiens. Ceux du Lac, assurait-il, avaient « l'écorce épaisse » ; il les savait « turbulents et orgueilleux ». Enfin, il fit une allusion à l'inconfort du presbytère et à l'état précaire de l'église qui ne faisait pas honneur en effet à « une paroisse dynamique, en pleine expansion ». Sur quoi il se leva pour aller à la rencontre des villageois qui s'étaient attroupés devant le presbytère afin de le saluer une dernière fois. Sur son passage, il nota que sa photo, qui trônait dans un grand cadre sur le mur du salon, penchait fortement sur son axe ; il pria Renaud de veiller à la redresser. Puis il s'avança vers les fidèles. Sa Grandeur leur adressa un mot d'encouragement, les assura de ses prières et, comme le voulait l'usage, demanda quelle faveur ils désiraient obtenir :

— Donnez-moi, dit-il, ce qui vous ennuie, je vous en libérerai.

Un seul cri s'éleva de l'assistance :

— Prenez les maringouins…

Il se trouvait là justement deux des hommes qui, la veille dans la nef, avaient monté la garde aux coins du dais avec leurs branches de cèdre. Monseigneur, nullement embêté, eut un geste impérial :

— Mais c'est une très bonne idée… Allez en paix, mes amis. J'en fais mon affaire de ces satanés maringouins !

* * *

Durant l'été 1903, Mistouk et plusieurs autres paroisses du Lac eurent à nouveau le privilège d'accueillir d'augustes visiteurs. À l'occasion des fêtes du 24 juin, un groupe d'« Amis de la colonisation » s'étaient réunis à Québec. Ce cénacle était composé de notables dont la bonne foi au service de la religion, de la nationalité et du parti au pouvoir avait été plusieurs fois démontrée. Ils voyaient dans la colonisation la solution aux maux de l'heure. Mais une colonisation d'un type particulier : dirigée par des prêtres, ordonnée à des fins patriotiques et morales, destinée à consacrer l'empire de la société rurale, à célébrer ses vertus éminentes. D'une réunion à l'autre, leurs délibérations exploraient sous différents jours un même thème : la paroisse rurale comme cadre prédestiné du catholicisme et de l'esprit français.

Sous cet éclairage, le colon-défricheur était célébré comme un nouveau croisé lancé, derrière sa charrue, à l'assaut du mal urbain et travaillant à étendre vers les grands espaces du Nord les frontières de la nationalité pour y reproduire le Royaume de la vieille France, cette fille aînée de l'Église. L'émigration aux États-Unis était désignée comme le fléau à abattre, au même titre que la ville industrielle, les vices de la démocratie, l'instruction obligatoire, le syndicalisme, le luxe dans les campagnes, la décadence morale, les lectures perverses, et le reste. Les membres du groupe s'inquiétaient tout particulièrement des mauvaises influences qui contaminaient les jeunes filles et les détournaient des devoirs de la mère canadienne. Ce jour-là, ils résolurent de mettre sur pied une petite délégation qui se rendrait dans une région de peuplement pour y constater l'état d'avancement de la nationalité et, à leur retour, faire rapport aux « Amis ». Leur choix se fixa sur la contrée du Lac-Saint-Jean, ce fier rameau de France et de Nouvelle-France.

Les délégués, au nombre de quatre, débarquèrent vers la fin de juin à la gare de Roberval, d'où ils amorcèrent leur périple autour du Lac. Il y avait là un vieux missionnaire-colonisateur, le père Lacasse, qui avait quadrillé hiver comme été tout le Nord québécois pour faire reculer la barbarie parmi les Indigènes ; le journaliste et romancier Damase Potvin, ami de toutes les vertus et chantre de la vie rurale ; un membre de la vieille noblesse française, le comte de Foucault, modeste châtelain qui militait pour la restauration de la royauté ; et enfin, de Québec, le célèbre juge Basile-Adolphe Routhier, esprit relevé s'il en fut : sur le banc comme dans la vie privée, il cultivait en effet une amitié indéfectible pour le haut clergé et la haute finance, et il allait terminer sa carrière à la Chambre Haute. Flânant dans les rues de Roberval, les visiteurs se déclarèrent ravis de trouver tant de civilité, de cordialité et de charme, tant d'esprit français si loin du monde civilisé. Puis ils visitèrent Pointe-Bleue et prirent contact avec les Indiens, ces grands enfants ignares chez qui ils s'accordèrent à constater l'effet bienfaisant de la civilisation. Cheminant vers Tikouapé, Rivière-à-l'Ours et Albanel, ils s'extasièrent devant la majesté des paysages, la munificence des terres arborant déjà leur toison d'or en ce moment de l'été, la poésie rustique des camps et des champs, la griserie du zéphyr sur le cristal des eaux profondes. À chaque fois que, du chemin, ils apercevaient un colon à l'œuvre dans ses abattis, ils s'arrêtaient pour lui adresser des vivats en agitant leur panama et l'enjoignaient de ne pas sacrifier son Royaume au mirage américain. Ils s'émurent de cette société en formation dont ils appréciaient l'ordre et surtout l'austérité. Ils recoururent à de nombreux superlatifs pour vanter la race supérieure de l'habitant saguenayen, son front haut et noble, sa vigueur de corps et d'esprit, tous traits indissociables assurément, comme chacun pouvait le voir chez les grands peuples de l'Antiquité.

Chemin faisant, ils respiraient les arômes du grand lac, cet immense miroir d'argent encadré d'azur, commentaient longuement leur tête-à-tête avec la nature et ses grâces immortelles, s'arrêtaient devant les admirables baies de verdure, et partout ils retrouvaient l'esprit, l'empreinte de Gaïa. À d'autres moments, pour égayer leur parcours, ils échangeaient des mots d'esprit qu'ils consignaient aussitôt dans leur calepin, ils composaient des quatrains qu'ils adaptaient à des refrains patriotiques, ils s'arrêtaient pour pique-niquer au bord de rivières enchanteresses, arrosant leurs agapes frugales (des pâtés d'ortolan truffés dans de la vaisselle de faïence) de petits vins de France dont ils avaient fait provision, puis ils faisaient la sieste dans les fougères, bercés par le gazouillis de l'onde. Au moment de s'endormir, ils songeaient aux éminentes responsabilités qui leur incombaient, à eux guides de la nation, qui présidaient avec l'aide de Dieu au destin de tout un peuple d'âmes pures et naïves. À leur réveil, ils notaient encore quelques graves pensées qui avaient survécu aux langueurs digestives puis reprenaient hardiment la route.

Le troisième jour, les délégués firent halte à Mistouk. Ils

pénétrèrent dans la forge de Wilbrod où ils furent accueillis par le chant mélodieux du soufflet sous la hotte. Au magasin général, ils complimentèrent les causeurs sur leur langue forte et fraîche qui sentait bon la friche et le labour. Un peu plus tard, quelle ne fut pas la surprise du comte lorsqu'il fut présenté à Mondedou Du Rouleau! Il s'empressa d'embrasser son « cher cousin » sur les deux joues, le serra dans ses bras et l'interrogea longuement sur son ascendance dont les chemins compliqués et très anciens lui étaient toutefois inconnus... Ayant pris congé du village, ils passèrent devant l'Île Beemer et les îlots environnants. Le quatuor fut tellement séduit que, sur-le-champ, le petit archipel reçut le nom de « Venise du Québec ». L'usage populaire, hélas! ne le retint pas. Puis ils s'arrêtèrent aux Chicots où, comme ailleurs, ils se présentèrent (à l'exception du père Lacasse) en redingote, portant cravate, guêtres et veste noire. Ils saluèrent en Marie l'authentique mère canadienne, l'humble et irremplaçable servante du bâtisseur de pays et reconnurent en Méo le vrai type de l'ancien Canadien, ce géant taillé à la mesure du grand continent français. Ils transcrivirent avidement les mots de Joseph évoquant son trécarré et son deuxième lot, puis ils visitèrent l'étable où le juge et le comte se découvrirent un grand intérêt pour la vache saguenayenne qu'ils purent contempler dans toutes ses œuvres. Ils se retirèrent enchantés, saluant les mérites infinis de ces héros fils de héros et bénissant cette authentique famille catholique et française, héritière de Saint-Louis et de Jeanne d'Arc, qui avait si bien compris sa grande mission nationale.

Joseph n'avait jamais vu les choses de cette façon. Il en fut bouleversé, parvint à balbutier quelques remerciements puis, se tournant vers Marie, ne trouva qu'une phrase pour résumer son sentiment:

— C'est bin pour dire!

Le quatuor n'en avait pas fini. En fait, l'apothéose de leur voyage survint le lendemain lorsqu'ils visitèrent une nouvelle colonie de peuplement ouverte l'année précédente, juste derrière

Mistouk. L'entreprise était parrainée par un jeune prêtre de Charlevoix, l'abbé François-Albert Sagard, un pur visionnaire qui avait convaincu une cinquantaine d'hommes de là-bas de venir fonder une paroisse modèle au « grenier » de la province de Québec. Chaque volontaire s'était vu assigner un lot qu'il défrichait péniblement. Ils se retrouvaient tous ensemble le soir dans une grande tente que l'abbé arpentait pour haranguer sa troupe. Elle en avait bien besoin, son moral étant au plus bas. Car les représentations enthousiastes du missionnaire-colonisateur ne s'étaient pas avérées : les arbres géants avaient cédé la place à de frileux bouquets d'épinettes rouges encerclés d'aulnes ; le sol plantureux s'était désisté au profit d'une grosse terre noire constamment inondée et parsemée de savanes ; les bienfaits de la proximité du Lac et de ses villages prospères avaient été anéantis par l'absence de chemins et de crédits ; et les premières récoltes n'auraient pas fait honneur au grenier de la plus modeste chaumière. L'été de cette deuxième année, plusieurs hommes, dépités, avaient déjà abandonné ; les autres allaient suivre plus tard. Cependant, devant les quatre visiteurs émerveillés, Sagard affichait le plus bel optimisme. Il comparait sa colonie naissante à celles de la Grèce antique, récitait des vers de Virgile, rappelait Rome repoussant la barbarie, tirait des lignes imaginaires vers le Nord, présentait un à un ses colons, ses apôtres. Il confiait au quatuor que, chaque soir avant de se mettre au lit, il consignait dans un manuscrit les épisodes du jour qui tissaient la toile de cette grande épopée dont il était l'âme et le corps. Il en ferait un livre, assurément. Les colons, quant à eux, trouvaient que l'abbé se faisait une idée pas mal « endimanchée » de la colonisation. Se tenant à l'écart, ils échangeaient des souvenirs, des nouvelles de Charlevoix, de leurs familles restées là-bas. Et ils parlaient tout bas des États. Cependant, les quatre voyageurs se laissaient subjuguer et s'exclamaient, n'en ayant que pour l'éloquence, le lyrisme de l'abbé. Les adieux furent très touchants, le comte lançant solennellement aux colons médusés :

— Messieurs, bravo ! et encore bravo ! Merci de tout ce que vous faites ici pour la France.

Deux jours plus tard, encore attendris par les expériences de la veille, les voyageurs rentraient à Roberval où ils étaient les invités du curé. Ils y arrivèrent par un petit chemin ombragé où, comme ils le rapportèrent, les arbres se donnaient l'accolade au-dessus de leurs têtes. Ils furent impressionnés par l'énorme presbytère que le curé venait de se faire construire, en vue de son imminente accession à l'épiscopat. L'aspirant évêque les reçut royalement. Il leur ouvrit son « palais » ainsi que sa réserve de vins de Bordeaux qui fut mise à contribution pour agrémenter le généreux repas offert à ses hôtes. À l'heure des liqueurs et des cigares, ils prirent place sur la grande galerie qui dominait le Lac, derrière le presbytère. Le crépuscule induisant les cœurs à la mélancolie, ils improvisèrent une soirée littéraire et musicale au cours de laquelle ils chantèrent du Wagner et mirent en vers les beautés du grand Lac, cerné de champs mordorés qui riaient sous les feux du soleil couchant. Les esprits étaient en verve. La brise folâtre rima avec la vague bleuâtre, l'ange des mers avec les gouffres amers, les amours avec les labours, les âmes bien nées avec Saguenay, les voûtes éternelles avec les splendeurs d'Albanel. Les puissants affluents du Lac furent aussi à l'honneur ; toute la soirée, les eaux coulèrent, les oiseaux roucoulèrent. Le juge, cependant, se faisait étrangement silencieux : voulant produire un gros effet, il s'échinait, sans y arriver, à marier Métabetchouane ou Ashuapmushuane avec un lieu, un dieu, une déesse quelconque du grand répertoire...

Profitant d'une accalmie, Damase Potvin eut beaucoup de succès avec une touchante élégie, tout émaillée de références gréco-latines, sur la fraternité du Français et du Canadien français. Il concluait par une envolée très réussie sur l'alliance indéfectible du coquelicot, de la fleur de lys et du bleuet, ferments de la nouvelle Arcadie française. Le comte, au comble de l'émotion, ne voulut pas être en reste. À son tour, il évoqua avec une belle sensibilité les lieux et les heures de sa patrie : le Paris des Rois et des Reines, les fastes de Notre-Dame et de Saint-Denis, les torrents fougueux des Alpes après la morte saison, les cortèges de péniches descendant la Garonne au crépuscule, les douceurs printanières de l'Albigeois à Cordes, à Castelnau, à Rabastens. Pendant que Potvin et le comte triomphaient, Routhier, fébrile, restait muet, toujours empêtré dans ses essais infructueux : Roanne ? Vérone ? gourgane…

La nuit était fort avancée lorsque les invités chargèrent le comte, toujours en verve, de remercier leur hôte pour ses largesses. Il s'acquitta de sa tâche avec brio, improvisant avec aisance un boniment en vers qui mettait en valeur les grandes qualités du curé. L'aristocrate, qui avait le nez fin, insista sur sa distinction « tout épiscopale » qu'il eut le bonheur de faire rimer avec « Roberval ». Du coup, un peu de pourpre vint aux joues de l'intéressé qui se plut à voir là plus qu'une coïncidence : la Providence l'avait donc entendu ? Juste au moment où les convives gagnaient leur chambre, le juge Routhier réprima une exclamation ; il avait enfin trouvé : Macédoine ! Il était, hélas, trop tard.

Le lendemain, les visiteurs reprirent la route de Québec avec un brin de nostalgie dans l'âme mais tout à fait rassurés sur l'état de la race et de la nation. Ils avaient vu tout autour du Lac des maisons proprettes en fête, des Canadiennes plantureuses, épanouies par leurs nombreuses maternités et régnant gaiement sur leur joyeuse couvée, des enfants gras et joufflus qui s'ébattaient sur les perrons ensoleillés, des fermes prospères et souriantes, des colons admirables de vaillance et de piété, respectueux du prêtre et du notable, bref un petit peuple heureux et tranquille qui, tout à ses joies pastorales, œuvrait bravement à agrandir la patrie dans l'amitié et le respect de ses élites. Et dans ce jardin d'Armide, dans cet écrin qu'on aurait dit dessiné par un joaillier céleste, ils allaient pouvoir tous les quatre en témoigner à l'encontre des sceptiques, des esprits mal-pensants et autres ennemis de la nationalité : pas un seul, non, pas un seul maringouin !

Dans les mois qui suivirent, leur pensée revint plusieurs fois sur l'abbé Sagard, ce zélé missionnaire qui, là-bas au milieu des souches, ouvrait hardiment la voie à son peuple. Mais fussent-ils retournés un peu plus tard sur les lieux de l'épopée, ils auraient pu observer le dénouement de la grande aventure. Les visites de l'abbé s'espacèrent, son intérêt parut se déplacer, puis on ne le vit plus. Le projet de paroisse modèle prit fin dans une grande désolation, le missionnaire-colonisateur laissant derrière lui des colons aigris, amaigris, qui demandaient la charité, cherchant à reprendre pied dans la vie. Le livre qu'il tira de sa croisade connut toutefois un grand succès.

Chapitre VI

Au cours de cet hiver-là, une tempête n'attendait pas l'autre et une énorme quantité de neige s'accumula dans les champs et autour des maisons. Bondieu Ladislas se plaignait : il faisait froid « à s'en geler le cinquième membre ». Chez les Tremblay, dès la fin de décembre, on ne pouvait plus voir aucune habitation à travers les fenêtres et souvent, le matin, Raphaël devait sortir par une fenêtre avec Gonzague pour aller dégager les deux portes extérieures. Et presque tous les jours, ils se rendaient chez Clovis dont la maison était littéralement ensevelie dans la côte. Il est vrai qu'à l'automne les abeilles avaient fait leur nid très haut et les écureuils avaient amassé de grandes provisions de noisettes. Les chasseurs avaient également noté que la fourrure des lièvres avait blanchi tout de suite après la Toussaint. Chacun avait donc pris ses précautions, retouchant le renchaussement* des maisons et doublant les réserves de bois. Il y avait longtemps que les gens de Mistouk n'avaient vécu les Avents sous une telle neige. Quand il faisait soleil, le Lac se fondait complètement avec les champs, les chemins étaient beaux et il ne faisait pas froid, sauf lorsqu'une tempête se levait. Alors, c'était terrible. Malheur au voyageur dégradé en forêt ou surpris au milieu du Lac. Cette fois, c'est le ciel qui se confondait avec la terre et il devenait impossible de s'orienter. Le vent déplaçait les falaises, arrachait les balises le long des ponts de glace, effaçait tous les repères, mettait les convois en déroute. Les voyageurs n'y voyaient plus devant leur cheval. Par contre, pour de jeunes enfants comme Blanche et Béatrice, emmitouflées dans les grosses catalognes de Marie, quel plaisir de s'éveiller la nuit au milieu de la tourmente, assourdies par les rafales qui martelaient les fenêtres! Rien de tout cela, cependant, n'empêchait Méo d'effectuer ses sorties quotidiennes en patins sur le Lac, même s'il devait marcher parfois deux milles pour dénicher une aire de glace.

On était en janvier 1904, en plein Carnaval. Les soupers et les veillées se succédaient chez l'un et chez l'autre, marqués de musique, de danses, de jeux. Les visiteurs venaient de loin pour séjourner pendant une semaine ou deux chez des parents. Il y avait peu de travaux à faire en cette période de l'année à la ferme; les familles en profitaient. Joseph et Marie décidèrent d'offrir leur grande veillée pour remercier ceux et celles qui avaient participé à la corvée de la nouvelle maison. Les enfants furent mobilisés pendant une bonne semaine pour les préparatifs. Le jour venu, les premières carrioles arrivèrent vers la fin de l'après-midi. Il y en eut bientôt une quinzaine autour de la maison. Le Grand et Adhémar aidaient à dételer puis menaient les chevaux à l'étable. Le docteur Émile et le curé, retardés l'un par une naissance, l'autre par un baptême, furent les derniers arrivés. Au moment de se mettre à table, pas moins de soixante-cinq personnes s'entassaient dans la maison. Plusieurs invitées avaient apporté leur tablier et aidaient au service. Les hommes, eux, avaient surtout pensé à leurs provisions de whisky blanc, de bière de palette et de vin de cerise ou de pissenlit; tout le monde savait que Joseph et Marie étaient abstinents. Quand tous eurent mangé, chacun s'installa comme il put et les vraies conversations débutèrent : les maris au salon ou à proximité, les conjointes à la cuisine et dans la salle à manger. Les hommes se réchauffaient*, les langues se déliaient, le ton montait. Méo s'amusait à observer les alignements de grosses faces rouges de bonne humeur, tordues par le rire, avec leur regard complice, les cols désajustés, les cheveux en veilloche, les bretelles de travers. La plupart portaient de longs favoris qui, chez les plus âgés, se prolongeaient dans de grandes barbes blanches.

*   *   *

L'oncle Albert, presque chauve, vient d'expliquer très sérieusement qu'il ne se fait jamais couper les cheveux que dans le décours de la lune. Anatole enchaîne avec l'histoire, irrésistible, du moulin à scie à six scies et d'autres du même genre. Les chutes sont bien connues, on s'esclaffe néanmoins. Toutennâl, qui revient de Québec, s'y est fait demander malicieusement s'il y avait l'électricité à Mistouk. Il ne s'est pas laissé démonter, assure-t-il, répliquant aussitôt :

— Bin çartain, pis depuis longtemps à part ça ; vous devriez voir nos orages électriques, chose !

L'assemblée jubile. Quelqu'un rappelle le bon mot qu'avait eu l'oncle Almas à l'époque où il vivait à Grandmont. Les terres y étaient réputées très inférieures à celles d'Hébertville, une paroisse limitrophe très prospère en effet. Les cultivateurs de Grandmont étaient, pour cette raison, l'objet d'incessantes railleries de la part de leurs voisins. Un jour, en vertu d'une décision de l'évêché, le rang qu'Almas habitait fut rattaché à Hébertville :

— Tant mieux, s'était-il exclamé devant ses nouveaux coparoissiens, j'étais tanné de cultiver de la terre de roches…

Dans un autre groupe, un colon raconte comment il s'y est pris à l'automne pour arracher une souche si énorme qu'il aurait pu en tirer assez de bois pour faire trois bancs d'église. Son voisin plus âgé rapporte que dans sa jeunesse, il a déjà vu, « de ses yeux vu », le fameux Tourniquet, ce gigantesque remous des plus mystérieux qui, de temps à autre, agite toutes les eaux de la rivière Saguenay un peu en amont de Bourget, en quoi, selon les Sauvages, il faudrait voir un très mauvais présage. Lui-même n'a-t-il pas observé le phénomène peu avant le terrible feu qui a dévasté la région en 1870 ?

À ce moment, la conversation prend le large. Un jeune homme du village raconte la saison qu'il a passée à naviguer sur les « cageux », ces immenses trains de bois qui descendent le fleuve depuis l'Outaouais jusqu'au port de Québec. Il parle longuement des exploits du grand Aimé Guérin, l'un des derniers maîtres-cageux, célèbre jusqu'aux Grands Lacs, qui a franchi des centaines de fois les terribles rapides de Lachine sans perdre ni hommes ni billots. Puis, suivant le courant en quelque sorte, les propos se laissent dériver vers les vieilles paroisses de Charlevoix, vers le golfe Saint-Laurent et le grand large qui mène vers la France et « les Europes ». Il y a là un certain Calixte Martel qui parle avec émotion, comme s'il y avait déjà vécu, du village d'origine de ses ancêtres dans le Perche, décrivant les gens, les champs, les maisons. Il n'est jamais allé en France mais aimerait bien, dit-il, « y retourner ». La conversation revient sur ses pas, s'arrête sur les États-Unis. Presque tout le monde a quelque chose à dire ; Toutennâl est intarissable. Méo, comme toujours, est à l'écoute. Et pendant tout ce temps, seul dans son coin, gestes à l'appui, Lionel n'a pas cessé de marmonner ses récits de chasse ; personne ne lui prête attention, ce qui ne paraît pas le gêner. Plus tard, Tancrède captive à son tour l'assemblée avec l'inusable odyssée de Vaillant, dont le parcours ne cesse de s'allonger. Les mines sont attentives ; le conteur en a pour un bon moment.

Les femmes s'activent à l'autre bout de la maison. Elles desservent les tables, lavent et rangent la vaisselle, font rouler trois ou quatre conversations en même temps dans le brouhaha. Elles parlent des enfants, de la parenté, des travaux éreintants, des problèmes de santé. Elles tiennent aussi des apartés furtifs où il est question d'accouchements, de grossesses et de ce qui vient avant : « la chose », « l'affaire », « c'département-là ». Un homme de Chicoutimi a surpris la vertu d'une jeune fille de Mistouk qui s'est laissé séduire par ses paroles enjôleuses ; elle vient d'accoucher à la Crèche de Québec. Desneiges est scandalisée :

— Quand on pense, chère, faire ça avec un pur étranger…
Marie intervient :

— Pourquoi, ç'aurait été mieux avec un proche parent ?

— Doux Jésus ! dis pas d'affaire de même, toué !

La conversation reprend. Elvire fait l'éloge de son Ladislas, l'homme de parole et d'ordre dont elle soigne tous les besoins, les petits et les grands :

— Riez pas, c'est vrai qu'des fois y sent l'Bon Dieu…

— T'as l'nez fin !

Une vieille femme, veuve depuis plusieurs années, est moins heureuse. Elle se plaint d'avoir été abandonnée par tous ses enfants « établis au loin » :

— Vous voyez, une mère toute seule suffit pour entretenir dix enfants, mais dix enfants suffisent pas pour entretenir une mère.

Simone bougonne ; elle vient de mettre au monde son dixième enfant, son septième garçon d'affilée.

— Tu devrais pas t'lamenter, lui rappelle-t-on, y aura sûrement un don c't'enfant-là.

— Oui, peut-être ; mais pour l'instant, y a surtout l'don d'm'énarver.

Elle souffre de partout, dit-elle :

— Chus tannée des montées de lait pis des descentes de vessie.

Elle y va d'une diatribe contre son mari, s'en prend aux hommes en général, qui ne pensent qu'à « ça » :

— Chez les hommes, ce boutt-là est le dernier morceau qui meurt, çartain. Moué, j'pense que les trois heures de r'pos après la mort, là, c'est pas juste pour faire monter l'autre boutt, c'est surtout pour faire r'descendre celui-là.

Elles rient, ne sont pas toutes de son avis :

— T'exagères ; y sont quand même pas toutt comme Bandé Continu, voyons donc !

Annette la parfaite, un peu rêveuse, laisse tomber :

— En tout cas, pas l'mien, ça c'est sûr…

Charlotte parle du curé de Chambord où elle a vécu quelques années :

— Bonté divine, y laissait rien passer, lui. Fallait rien r'fuser à son homme, toujours laisser mener l'Bon Dieu.

— Tu parles de Ladislas, là ?…

— Non, non, j'parle du vré, là… eille ! Qu'est simple, elle !

Elles retrouvent leur sérieux ; Charlotte reprend :

— Dans sa visite paroissiale, y arrêtait pas d'm'tanner pour que j'en r'décolle un autre. Il lançait, comme ça : « La maison est bien grande, Charlotte, c'est sûrement pas la place qui manque ? ». Ou bin : « As-tu r'marqué que ton p'tit dernier a commencé à marcher ? ». Sainte Bénite ! Comme si deux ou trois de plus, ça faisait pas de différence. J'répondais : Mais des enfants, monsieur l'curé, ça s'défriche pas tout seuls, tornon !

Sa vis-à-vis s'objecte. Elle aussi a vécu à Chambord, a eu à traiter avec le même curé :

— C'est drôle, moué j'ai pas eu d'problème avec ça.

— Pauvre toué, vante-toué-z'en pas ; tu d'vais être rendue au moins à ton quatorzième à c'moment-là !

Elles parlent du père Barnabé, le prédicateur de retraite, le plus sévère de tous, de la peur qu'il leur inspire du haut de la chaire ou à la confession. Elles évoquent ce qu'elles appellent « les enfants du confessionnal ».

Elles en viennent comme toujours à Catherina, autrefois établie à La Pipe et maintenant aux États. Une pauvre personne au physique très ingrat, quoique bien dotée à son mariage, ce qui faisait dire au village qu'elle avait séduit « moins par ses appâts que par ses arpents ». Après quatre enfants et sept fausses couches, elle avait voulu « dételer un peu ». Son mari s'absentait souvent, courait les chantiers « pis bin d'aut'chose », ce qui faisait dire à Catherina :

— L'animal, y é tejours là quand j'sus féconde, jamais quand j'sus ronde.

Elle a parlé de son problème au confessionnal, suggéré quelques accommodements. Le curé de La Pipe a dit non, lui a parlé de l'enfer, a menacé de la priver des sacrements, de la « discommunier ». Elle a donc continué à concevoir, à enfanter des mort-nés. Plus tard, au cours d'une retraite, le père Barnabé lui a assuré que, si elle adoptait un orphelin de la crèche, son problème cesserait. Elle a adopté un enfant, mais les grossesses se sont poursuivies, les fausses couches aussi. Elles s'apitoient en chœur sur le sort de Catherina. Margot rompt les rangs :

— Attendez là, elle a bin du mérite, c'est sûr, Catherina, mais faudrait pas non plus lui mettre trois couronnes su'à tête, là ; elle aurait pu s'réveiller avant, vous trouvez pas ?

Une autre raconte sa vie, ses accouchements dans les débuts de Rivière-à-l'Ours, sans sage-femme, sans médecin. Il n'y avait pas d'autre colon à cinq milles à la ronde. Elle était déprimée :

— Éphrem défrichait, moué je m'ennuyais d'Charlevoix. J'mangeais des guedelles*, j'pleurais tout l'temps. Pour me distraire, j'm'assisais su'une souche pis j'écoutais le bruit d'la Chute-à-l'Ours ; c'est tout ce qu'y avait comme agrément.

Elles se souviennent de bons mots, s'amusent des souvenirs d'une vieille dame bien courageuse, mariée pendant cinquante ans à un ivrogne. Aux noces d'or, un prêtre a souhaité au couple encore de nombreuses années de vie commune. La dame a répliqué :

— Wô ! mettez-en pas trop, monsieur l'abbé, rapport qu'elles sont pas mal longues les années avec mon buveux !

Une autre parle d'une voisine dont le mari a « le dedans méchant », « le cœur sec comme un vieux pommier tordu ». Elle dit tous les sacrifices qu'elle s'est néanmoins imposés pour lui, l'ingratitude dont elle a été payée en retour. Berthilde Girard, la femme d'Anatole dit Blédinde, résume à sa façon, toujours énergique :

— C'est tejours pareil ; donne à manger à ton cochon, il va r'venir chier sur ton perron.

Bernadette rappelle qu'elle a bien connu deux frères de cet homme et qu'ils étaient bien méchants eux aussi :

— C'est bin vrai, chère, que quand on est parent, y a toujours queq'chose qui pend.

Berta intervient :

— Arrêtez donc d'vous lamenter pis d'vous monter l'scieau, les jeunes. Ces affaires-là, c'est comme le reste, ça va comme c'est m'né !

Elles ont baissé le ton maintenant. Elles parlent des moyens de « retarder la famille ». Il y a l'allaitement, bien sûr, mais ce n'est pas fiable. Il est plus simple de « finir ça à côté », d'autant que le curé Renaud n'est pas très sévère. Celles qui sont allées aux États ont entendu parler d'éponges, de lotions, de robeurs*, mais c'est vague. Toutes ces choses-là ne sont pas au goût d'Annette la parfaite :

— Ces affaires-là, c'est faitt pour des gens communs, pour du p'tit monde.

Elle explique comment elle s'y prend avec son mari. Ils font « l'acte » au complet et, immédiatement après, elle se lève et sautille près de son lit, pour faire descendre le « jarme ». L'ennui, c'est qu'elle vient d'avoir son treizième enfant. On le lui fait remarquer, à quoi elle réplique, nullement démontée :

— Oui, mais on saura jamais combien j'en aurais eus si j'avais pas sauté, chose !

Elles ne sont pas toutes convaincues. Marie-Adolphe vient d'allumer sa pipe. Elle s'y connaît un peu, a fait une grosse jeunesse, a été courtisée « de près ». Elle a le « devant » bien fourni, mange comme deux hommes, sacre comme trois. Ses mœurs font jaser dans le rang, elle s'en fiche comme de son premier bouquet de pissenlits :

— Ban moué, j'cré pas à ça, ces simplicités-là. Tu m'feras pas sauter, çartain.

— Avec tes deux cent cinquante livres, c'est p't'être aussi bin.

— Tu devrais peut-être en avoir queq-z-unes de plus, toué la parfaite. Au moins, moué, j'peux contrôler mon bonhomme ; ça fait que j'ai pas besoin de sauter. C'est plutôt lui qui r'vole quand chus tannée…

Elles s'amusent, retrouvent un moment leur sérieux pour évoquer les infirmités qui frappent parfois les nouveau-nés, tout comme chez les animaux, et qui seraient dues à la « cosanguinité ». Le mystère des ressemblances suscite aussi de nombreux commentaires, chacune y allant de sa théorie. À ce sujet, on rappelle le dernier propos de la maîtresse d'école du village : des savants auraient découvert que les humains descendraient du singe. Les interlocutrices sont sceptiques. Marie opine :

— Les hommes, j'dis pas, mais nous autres ?

La remarque a déclenché l'hilarité générale. Une autre :

— En tout cas, si c'est vré, y en a qui sont descendus moins vite que d'autres, ça c'est sûr.

Elles sont mortes de rire, pointent quelques conjoints du doigt au salon. Bertilde soutient que son Blédinde n'a pas encore amorcé sa descente.

Elles se rappellent leurs souvenirs de jeunes filles, leur naïveté, leurs rêves de jeunes mariées qu'elles comparent avec la réalité du mariage, les duretés, les déceptions de la vie. Bertilde en sait quelque chose :

— Parlez-moué-z-en pas. Niaiseuse que j'étais, j'peux pas crère ! J'nous voyais dans la vie, Anatole pis moué, heureux comme deux vers dans une grosse pomme. R'gardez-nous aujourd'hui ; on s'fait pas plus d'cas qu'deux bidons d'lait.

L'échange est interrompu par tout un barda du côté des

hommes. Wilbrod, au milieu de la place, est lancé dans une gigue infernale. Il imite quelqu'un, avec beaucoup de succès, semble-t-il ; les hommes s'esclaffent, pliés en quatre. Berta sourit :

— Quian, v'là mon vieux forgeron encore tout feu, tout flamme ; excité comme un lièvre dans les Avents.

Le Grand se fait discret. Il prête attention aux conversations des hommes, passe d'un groupe à un autre, observe les mines, les réactions, jette un coup d'œil du côté des femmes. Sa longue silhouette, ses yeux sombres, son air calme, tour à tour pensif et amusé, attirent les regards. Voici que le curé Renaud, qui a pris deux ou trois verres, se lève et, comme il le fait parfois dans ces occasions, provoque les hommes forts à une épreuve de tir au poignet. Vite, on libère la table à manger, Joseph s'institue arbitre, une douzaine de concurrents se proposent. À la suggestion de quelques-uns, un autre s'ajoute : Méo lui-même. Des partis se forment, on tient des paris, les affrontements se succèdent. Le curé est bâti solide, tout le monde le sait. Après une demi-heure, il a défait tous les opposants qui lui ont été proposés. Mais le Grand en a fait autant de son côté. Ils se retrouvent bientôt tous les deux en finale. Jean-Baptiste n'a jamais affronté ce jeune adversaire qui procède tout en souplesse et il s'en méfie. Avec raison. Au signal, l'autre lui applique promptement une torsion qui l'empêche de produire son effort et, au moment où il ne s'y attend pas, il subit une charge qu'il n'arrive pas à contrer. Le curé est vaincu ; il en est tout surpris, Méo encore plus. Un grand désordre s'ensuit ; on fait un triomphe au nouveau champion, les moqueries s'abattent sur Jean-Baptiste qui feint de s'en offenser, dénonce la partialité de l'arbitre, promet une revanche prochaine, menace de sévir au confessionnal. Il s'amuse bien, les autres aussi. Encore un p'tit coup, monsieur le curé ?

L'action se déplace vers la porte avant qui vient de s'ouvrir, laissant entrer une forte bourrasque de neige. Sept ou huit hommes s'esquintent autour d'une masse sombre recouverte de grosses catalognes. Avec peine, ils lui font franchir le perron, la disposent à l'entrée du salon. C'est un piano que les habitants des rangs offrent à la famille; il n'est pas neuf mais en bon état. Marie a la gorge serrée, essuie ses larmes avec son tablier. Elle pense à Woonsocket, au vieux couvent où, avec Bernadette, elle prenait des leçons. Enfin, elle n'aura plus à se rendre chez Berta pour s'adonner à sa chère musique. Dans le moment qui suit, elle a déjà pris place sur le banc. Ce soir, l'accordéon peut prendre congé; les chansons vont commencer. Les femmes s'avancent, se mêlent aux hommes. La pianiste a déjà lancé les premiers accords.

Marcellin sera le premier à s'exécuter, comme toujours. Le voici de nouveau qui, sans fin sur la grève, attend le retour de la barque du rêve, celle qui ramènera son amour. À ses pieds l'onde chante, son âme s'enchante. Mais à la fin, la vague meurt et son espoir aussi. L'assemblée applaudit chaleureusement. Il chante bien, Marcellin. Puis Toutennâll, au printemps de sa vi-i-e, juché sur le grand mât d'une corvette, guette la valse des flots sous la brise légère; car le bonheur, le bonheur l'attend là-bas — you bet! Pipalong, lui, a conçu pour la belle bergère un amour secret qui croît tel le fruit dans l'écrin du feuillage; son émoi l'égare mais il ne faut pas briser un rêve, même s'il semble un peu fou. On entend maintenant Simone, la jeune amoureuse, cruelle-ment éconduite par le bel étranger qui connaissait le chemin des cœurs et qui, dans un baiser, lui avait juré de l'aimer, de l'aimer toujours. Voici l'imposante Elvire, étourdie par le parfum des fleurs, fuyant le jardin, le vieux puits, la margelle; elle vient de s'envoler avec le fils d'un prince au bois du rossignolet. Elle pense à lui dès qu'elle s'éveille. Las! elle ne sait pas qu'au pays du rêve, les heures sont brèves; le bonheur n'est qu'un songe, tout n'y est que mensonge.

Et cependant l'énorme Ladislas, l'âme ravi-i-e, de son pas de lutin s'en va sous la charmi-ille-e cueillir la belle rose, la belle rose du rosier blanc. De ses grosses mains crevassées, avec des gestes d'orfèvre géant, il en fait un bouquet délicat dont il sème le parfum à la ronde. Le docteur Émile s'adresse à Mathilde qu'il a attirée au milieu du salon et qui se presse contre lui ; sur un air d'autrefois venu on ne sait d'où, il retrouve dans le vent d'automne la valse perdue que son cœur fredonne — et qui ne parle, jure-t-il, que de vous, que de vous. Mathilde qui a fermé les yeux reprend avec lui, en posant la tête sur son épaule : reviens donc, reviens donc ce soir nous parler des beaux jours, valse perdue, valse d'amour. Plus tard, Éliosa et Tancrède, en duo, goûtent dans la douceur du jasmin les lenteurs ombragées du crépuscule qui héberge leurs serments, leurs frissons, leurs baisers, leurs baisers les plus fous. Et Annette la parfaite, dont le cœur chavire, est une pâquerette fraîchement éclose que le soleil inonde dans le pré de mai. Ô la belle chose qu'un sourire ! Voici maintenant Charlotte la volage ; son cœur est un feu follet qui va et vient comme vent varie à travers bois et guérets. Mais taisez-vous donc, cher Lysandre, calmez ce bruyant délire qui fait si peur aux oiseaux. Puis Wilbrod, toujours sur son élan, r'trousse les jupons des filles de La Rochelle qu'il mêle à celles de Lowell et de Rivière-Ouelle. Il est suivi du curé Renaud qui de guerre revient tenant ses tripes dans ses mains ; avant qu'il ne fasse jour, il sera mort et enterré : n'entends-tu pas de l'escalier le marteau du charpentier ? Joseph s'avance et avec sa petite voix de ténor fait entendre la chanson divine des blés frémissants dans l'or du soir qui tombe. Un vent caressant se met à souffler sur la verte bruyère en même temps que sur la veillée.

Marie cède un moment sa place à Bernadette et le chant se hausse d'un cran avec le *Cygne* de Saint-Saëns. C'est un air qu'elle a fait venir de Montréal ; le compositeur n'est pas connu aux Chicots mais la mélodie attendrit, les paroles font rêver : Ô doux printemps d'autrefois… vertes saisons… collines en fleurs… La pianiste enchaîne avec deux ou trois galopes* très enlevées, apprises au temps de Woonsockett. Puis une brève accalmie survient. Des tantes veulent pousser Méo vers le piano ; Marie s'interpose :

— Le Grand, reste assis ; tu chantes trop mal !

Le chant touche à sa fin ; chacun sait ce qui va suivre. Marie, qui a repris sa place sur le banc, a fermé les yeux et laisse ses doigts glisser doucement sur le clavier. Alors, lentement, l'oncle Almas se lève et prend place au milieu de l'assemblée avec des précautions, des ruses de vieux maître-chantre. Toutes les conversations se sont tues pour accueillir encore une fois, la centième peut-être ? mais on ne s'en lasse pas, pour accueillir la petite hirondelle, la charmante messagère qui annonce et peut-être commande le printemps : c'est l'Oiseau qui vient de France. Épuisé par son long voyage, il a posé son aile d'ébène sur une feuille de cormier. Et dans toute la Laurentie, les cœurs tressaillent d'espérance, malgré les soldats en armes. Ne tirez pas, leur crie-t-on de toutes parts, ne tirez pas : c'est un oiseau qui vient de France ! Les veilleux reprennent en chœur : Sentinelles, sentinelles... qui vient de France... D'un mouvement de l'aile, il se porte à une fenêtre où une jeune fille aux cheveux noirs, séchant ses pleurs, met sur son aile un long baiser. Sentinelles, ne tirez pas, c'est un oiseau qui vient de France. Qui vient de France... Le voici qui survole la plaine en fleurs ; il voit le soleil, le ciel et le Lac, reconnaît les trois couleurs du pays d'où il vient. Et tous les cœurs sont pris d'une grande allégresse. Sentinelles, sentinelles... please. Mais un soldat a fait feu et l'hirondelle doucement, tout doucement glissant sur son aile, tombe expirante du ciel bleu. Il faut au cœur une espérance ; mais l'oiseau qui chantait là ne verra plus le ciel de France... Sentinelles, sentinelles... Le chœur s'est tu, Almas aussi. Immobilisé, il s'attarde un instant sur son dernier geste, comme pour accompagner, pour prolonger la glissade, la mort de l'oiseau. Les hommes s'ébrouent, toussotent ; les femmes sont demeurées silencieuses, les jeunes tardent à reprendre leurs jeux. Almas s'est rassis, songeur.

Un peu de danse ? Pardina Larouche le violoneux, le meilleur du Lac, s'est dressé. Marie n'a pas encore quitté son banc qu'il se jette dans un reel d'enfer tout juste rapporté des États. La veillée a rebondi. C'est un tout petit homme, Pardina, maigre comme un clou, visage verdâtre, corps désossé. Il ahane, se déhanche et tire la langue en maniant l'archet. On dirait qu'il s'agrippe, s'enroule à son violon qu'il a fabriqué lui-même avec du bois d'érable. Mais il joue comme un dieu ; il « fait rire et pleurer la musique ». Toutennâll, qui ne rate pas une occasion de baragouiner son anglais, s'est juché sur une chaise pour câller les set carrés et les quadrilles dans un charabia d'encanteur que personne ne cherche à comprendre. Cela n'a aucune importance ; chacun connaît les pas, les mouvements de la danse, et souigne sa partenaire. Pardina déverse tout son répertoire : le brandy, le cotillon américain, la bastringue, la colleuse, la rôdeuse et autres cardeuses, et puis toutes les variétés encore peu connues de cutter-danses venues du Midwest. C'est parti pour trois ou quatre heures, au moins. Tout le monde s'exécute : les vieux, les jeunes, le curé, Bérengère, allez donc ! Chacun y va de sa promenade, de son pas de gigue, de sa pirouette. Berta ne donne pas sa place. De temps à autre, la compagnie reprend son souffle à la faveur d'une petite valse triste. Ou bien Pardina récite un de ses quatrains canailles où l'on entend péter « l'archevêque de Conflans » (les soirs où il n'y a pas de prêtre dans l'assemblée, il lui substitue monseigneur Labrecque…). Puis la ronde recommence dans la sueur et la poussière, à travers les cris, les rires, les sifflements. Mathilde, déchaînée, ne quitte pas le plancher, rit à gorge déployée, relève ses jupes en virevoltant, lance à la ronde des œillades assassines. Félix, comme toujours en présence de visiteurs, s'est retiré près du poêle pour cacher son infirmité. Méo l'y rejoint, le tire par le bras, l'intègre dans la mêlée. Seul Raphaël ne s'y risque pas, il craint de se faire estropier ! Il se tient en retrait, rêveur ; il observe le tumulte d'où émerge une rumeur qui doit être celle du bonheur. Et qui a le goût âcre, sauvage, de la liberté en friche. Comme le sirop-à-mâcher du docteur Émile.

Vers le milieu de la nuit, un premier groupe de veilleux quitte la maison. Mais ils sont aussitôt refoulés par la violente tempête qui s'est levée. Déjà tout couverts de neige, le visage fouetté par les rafales, ils enlèvent leurs capots et reprennent leur siège.

— Torguieu, c'est pas sortable ; il fait un vent à écorner les beus.

— Ma pauv'Marie, t'es pas chanceuse ; j'cré qu'on va être obligés d'coucher su'l rôti*.

Pardina a rangé son violon, la veillée se calme. Dehors, la maison est littéralement prise d'assaut ; des tombereaux de neige s'abattent contre les fenêtres engivrées. Les femmes servent du thé, les conversations reprennent, dans la lassitude. Un long siège commence. Quand le soleil est levé, Marie, comme de juste, fait réchauffer ce qui reste du rôti de bœuf de la veille et improvise un autre repas. Il est presque midi lorsque les invités peuvent prendre congé. Ils sont contents, ils ont eu « bien de l'amusement ».

* * *

Vers ce temps-là, Félix, à force d'insistance, arracha à Méo la promesse de l'amener un jour aux États-Unis. Il lui en parlait tous les soirs dans leur lit avant qu'ils s'endorment ; ce fut pour lui un pacte secret, comme seuls en font deux frères. Il commença dès cette époque à faire des préparatifs, à imaginer des destinations : des villes, des fleuves, des déserts. Peu après, il se mit à collectionner des cartes postales des États — des cartes postales en couleur. Il les faisait venir d'une maison de Montréal, par l'entremise de Jeffrey.

C'est à cette époque aussi que le Grand Duc, un vieux lutteur, vint pour la première fois à Mistouk pour y faire une démonstration de son art, avec son ours. C'était un dimanche, sur la place de l'église. Il avait profité de la messe pour dresser son arène sur la place. L'animal, qui répondait au nom de Boulette (c'était une dame), attendait patiemment dans sa cage. En fait, ce lutteur intrépide, célèbre dans le monde entier, assurait-il, n'était nul autre que Roger Jomphe des Îles-de-la-Madeleine. Il avait été associé quelques années avec un autre lutteur, Armand Vigneault, également des Îles, et lui aussi accompagné d'un ours. Ils avaient acheté les deux bêtes pour cinq fois rien un soir sur le port de Halifax, d'un vieil amuseur russe sur la brosse qui soldait ses actifs. Pris de remords le lendemain, Jomphe et Vigneault étaient revenus sur le port pour rendre son bien au Russe dégrisé. Mais il avait maintenu la transaction; il rentrait au pays. Il avait fait ses adieux aux deux bêtes qui, elles, ne reverraient plus le sol natal. Il laissait aussi sur place ses haltères que personne n'arrivait à manipuler. Revenus au Québec, les deux Madelinots avaient dû se séparer toutefois, pour cause de mésentente (entre les ours). Depuis, Armand arpentait la rive sud avec Boule pendant que Roger parcourait la rive nord avec Boulette; c'est ainsi que les deux bêtes avaient été rebaptisées. L'hiver, ils se retrouvaient tous aux Îles.

Ce jour-là à Mistouk, un grand nombre de paroissiens s'étaient regroupés autour de l'athlète et de l'ourse. C'était une bête d'une force prodigieuse mais tout à fait inoffensive, d'un caractère débonnaire. Dans son numéro principal, elle feignait d'étouffer le Duc en grognant comme douze porcs mais, en réalité, elle ronronnait en se collant affectueusement contre lui. En plus, elle était chatouilleuse; il suffisait de lui gratter discrètement l'aisselle et elle se mettait à roucouler. Le lutteur, adroitement, simulait alors une prise qui immobilisait l'animal, vaincu. Tous les paroissiens furent très impressionnés par la prestation des deux belligérants. Le Duc était aussi un « homme de force ». Même à un âge avancé, il brisait des chaînes, pliait de ses doigts de gros clous de chemin de fer, soulevait des haltères. À la fin de son spectacle ce jour-là, il invita les « bonnes jeunesses » à l'affronter. Comme personne ne se proposait, il promena son regard sur l'assistance et désigna Méo. L'idée fut bien accueillie et le Grand fut poussé dans l'arène. Le Duc lui montra quelques prises de base puis l'invita à l'attaquer. Le pauvre Méo passa un mauvais quart d'heure. À chaque fois qu'il faisait un geste, l'autre trouvait un moyen de l'envoyer au sol. Épuisé, courbaturé, il finit par se rendre.

Alors, par souci d'équité peut-être, le Duc alla quérir une grosse branche de bouleau dans sa charrette et, la remettant à Méo, l'invita à l'assommer en la lui rabattant sur la tête. Mais à une condition : il devait frapper sans ménagement, de toutes ses forces. Le Duc expliquait que de longues années de pratique lui avaient rendu la tête dure comme une pierre, « au dehors comme au dedans ». Le Grand, tout comme les spectateurs, se montra perplexe mais devant l'insistance de l'autre, il s'empara de la branche. Le Duc s'étant placé à genoux devant lui, il assura sa prise et frappa de toutes ses forces. Stupéfaction : le bouleau se rompit et le gladiateur se releva en souriant à la ronde. Méo en fut encore plus démonté. Il se retira à l'écart, observant le Duc qui faisait rentrer l'ourse dans sa cage et rangeait son matériel. Il fut le dernier à quitter la place.

Durant les journées qui suivirent, il sollicita ses frères pour s'exercer aux prises dont il avait été victime, mais les volontaires firent rapidement défaut. En conséquence de leur participation, Adhémar manqua trois journées de travail et Léon-Pierre marcha tout de travers pendant une partie de l'été. Le Grand s'intéressa alors au numéro de la branche, pour lequel il requit les services de Raphaël. Ils commencèrent modestement avec des branchettes de bouleau sec que, mort de peur, Raphaël lui rabattait sur le crâne. Après quelque temps, le Grand jugea que les résultats étaient bons et se déclara prêt pour de plus gros calibres. C'est alors que les choses se gâtèrent. Au cours d'un essai malheureux avec un gourdin respectable, Raphaël ne put s'empêcher de marquer, en s'élançant, une fatale hésitation. Résultat : le coup fut trop faible pour briser la branche mais bien assez fort pour assommer Méo qui demeura un bon moment étendu à ses pieds. Raphaël était terrorisé. Ce fut bien pire encore lorsque le Grand eut retrouvé ses moyens. Il était si fâché que l'assaillant dut se réfugier sous le lit de Marie. Sagement, Méo résolut de mettre fin aux essais ; quelque chose n'était pas au point.

Le Duc fut de retour l'été d'après et plusieurs fois par la suite. Il se souvenait de Méo dont il avait remarqué le talent. Il décida de s'intéresser à lui et, avec l'accord de Joseph et Marie, il séjourna quelques jours aux Chicots. Boulette fit sensation. C'était une bête étrange qui tenait du cheval pour l'intelligence mais du mouton pour le tempérament. À quoi s'ajoutait un brin de gaminerie. Dès le premier soir, pendant que les Tremblay étaient à table avec le Duc, ils entendirent un terrible vacarme en provenance de l'étable : le mastodonte avait trouvé le moyen de quitter son enclos pour se glisser dans l'enceinte du taureau. C'est au cours de ce séjour et des suivants que le Duc put enseigner à Méo les trucs de son métier. Le Grand se signala par son adresse. En peu de temps, il fut l'égal du maître, puis le dépassa. Leurs séances d'entraînement, et bientôt leurs affrontements, se déroulaient derrière la maison des Tremblay, sur un carré d'herbe qu'ils avaient délimité et où ils prenaient place, torse nu. Tous les soirs, c'était pour la famille une source de distraction. À son grand plaisir (et à celui de Raphaël), Méo put enfin clarifier le numéro du rondin. Il s'agissait simplement de choisir une branche de bois sec comportant un gros nœud au point de l'impact. L'effet était alors assuré.

Lorsqu'il eut maîtrisé les prises les plus simples, le Grand passa aux plus compliquées qu'il assimila avec la même aisance. Le Duc lui enseignait des mouvements de défense et d'attaque, et des feintes, toute une gamme de feintes :

— L'art de mener en même temps ton combat et celui de l'autre, disait-il.

Mais il en eut bientôt plein les bras, devant constamment inviter son fougueux opposant à refréner ses ardeurs. Méo enchaînait avec une grande maîtrise clés de bras et de jambes, prises de tête, étranglements, retournements, carrousels. La prise la plus spectaculaire était la savate Royale, pour laquelle les deux belligérants prenaient la précaution de se déchausser. Elle consistait à se projeter subitement dans les airs, aussi haut que possible, en imprimant à son mouvement une contorsion telle que le lutteur se retrouvait un instant à l'horizontale, jambes repliées devant son adversaire, à la hauteur de ses épaules ou de sa tête. Alors, d'une détente très vive, l'attaquant projetait ses pieds soit à la poitrine de son vis-à-vis (savate simple), soit à son visage (savate Royale). Puis il effectuait une autre contorsion de façon à atterrir sur le ventre en se protégeant des bras et des jambes. Dévastatrice, la « Royale » n'était cependant pas à la portée de tous les belligérants car il fallait sauter très haut et se replier en souplesse. Méo y excellait au point que le Duc, impressionné par son agilité, se mit à l'appeler le Chat. Ils s'adonnèrent aussi à la boxe, que le Duc avait longuement pratiquée dans sa jeunesse. Là encore, mettant à profit sa puissance et ses réflexes, le Grand affirma vite sa maîtrise et les échanges devinrent inégaux.

Avec le temps, le Madelinot devint un habitué des Chicots où, l'âge aidant, il étira ses séjours d'une année à l'autre. Il continuait de s'entraîner avec le Grand. Un jour, voulant poser un geste symbolique, il décida de lui enseigner une prise secrète, mortelle, qu'un Asiatique lui avait apprise des années auparavant. Mais il fit d'abord jurer à Méo qu'il ne s'en servirait jamais, tout comme lui-même s'en était bien gardé. C'était la prise de l'Ours. Appliquée intégralement, elle avait pour effet de casser le cou de l'adversaire, ce qui entraînait sa mort. Mais personne ne les vit jamais s'entraîner à ce numéro qu'ils pratiquaient dans le champ, du côté du Pré-du-Loup. Lors de son dernier passage aux Chicots, Boulette, qui n'était plus très jeune elle non plus, fut prise d'un malaise et mourut peu après. Les enfants creusèrent un énorme trou pour l'ensevelir, de l'autre côté de l'Ours-Malin, justement. Cette fois-là, le Duc, très affecté, passa l'hiver avec les Tremblay. Il ne se consolait pas de la perte de sa partenaire. Lorsqu'il repartit au printemps, il voulut emmener Méo pour se produire en duo avec lui (« le Duc et le Chat ») et en faire bientôt son successeur. Le Grand se laissait tenter mais Joseph et Marie s'opposèrent au projet. Dès lors, les visites du lutteur s'espacèrent puis cessèrent. La famille apprit plus tard qu'il s'était retiré aux Îles, avec son ami Vigneault.

Ce genre d'épisodes mettait de la vie aux Chicots où, à part les jeux et les facéties de Méo, il ne se passait pas grand-chose. Le moindre incident prenait des dimensions disproportionnées, était commenté pendant des mois. Combien de fois les conversations du soir n'ont-elles pas évoqué ce fameux jour de l'An où Bondieu Ladislas, pas mal éméché au cours de la tournée habituelle des familles, avait fait entrer son cheval dans la maison d'Albert, y défonçant le plancher du salon ? Ou ce triomphe électoral qui faillit mal tourner, lorsque, les vainqueurs ayant brûlé leur adversaire en effigie, Mondedou voulut s'interposer et dut battre en retraite le feu au derrière ? Le 1er avril donnait lieu à des plaisanteries qui n'étaient pas au goût de tout le monde. Un jour, la prude madame Gertrude s'était présentée au magasin général pour s'y procurer son sirop contre la toux. C'était un lendemain de Pâques et l'atmosphère était passablement agitée. Un farceur avait lancé :

— Vot'sirop, vous pourriez aussi bin en donner un p'tit coup à l'harmonium, madame Gertrude.

Le bedeau, qui y était allé un peu fort depuis le matin avec le whisky blanc, était en verve. Il s'était aussitôt levé, faisant cesser les rires :

— Comment, vous savez pas ?

— Quoi donc ?

— Bin, l'harmonium ! Y tousse pus…

Et chacun de s'exclamer, exprimant son incrédulité.

— Comment ça, y tousse pus ?

— Bin non, y tousse pus. J'y ai donné du sirop-à-mâcher du docteur Émile ; ça l'a étouffé raide…

Autres exclamations, bruyantes, parmi l'assemblée. Le bedeau reprenait :

— En seulement que, faites excuse madame Gertrude, mais l'animal, y s'est mis à péter asteure…

La dame s'était retirée, outrée ; depuis ce temps, durant les offices religieux, le jubé était l'objet constant d'une surveillance complice.

Un jour, dans le même registre, c'est Zébert qui s'illustra. Une vieille dame était morte au village où elle habitait seule depuis quelques années. On ne lui connaissait pas de parenté et le maire fit appel à des âmes charitables pour veiller le corps exposé dans la salle du conseil. Méo et ses amis des Chicots se portèrent volontaires pour la troisième nuit. Le corps de la défunte gisait sur des planches, vêtu seulement d'une longue robe noire d'où émergeaient deux pieds rachitiques. Elle avait les yeux entrouverts et la bouche béante. Sa tête penchait du côté des veilleux comme si elle s'apprêtait à leur adresser la parole. La flamme de deux bougies projetait sur son visage des expressions inattendues, grimaçantes. Chacun, par une blague ou autrement, voulut manifester sa décontraction. Zébert, malgré son jeune âge, avait apporté un peu de boisson et s'était mis pompette. Ses compagnons savaient qu'il avait peur des morts et le mirent au défi de toucher au cadavre. L'énergumène s'exécuta puis s'enhardit au point qu'à un moment il se leva, saisit un orteil de la dame et le cassa. Le geste fut accueilli par de bruyants éclats de rire. Zébert récidiva, les rires redoublèrent. Quand les veilleux se retirèrent vers la fin de la nuit, la dame aurait été bien en peine de s'exécuter même si le Seigneur en personne lui avait ordonné de marcher. Méo lui-même avait cédé à l'entrain général et avait épaté la galerie en faisant craquer deux ou trois doigts de la défunte. Mais, revenant vers les Chicots dans la demi-obscurité, les comparses furent tout à coup saisis d'épouvante. Se croyant poursuivis par le démon déguisé en boule de feu, ils s'enfuirent dans les bois, leurs jambes à leur cou. Certains, dont Zébert, n'en revinrent que le surlendemain, hébétés et transis. Méo lui-même était rentré penaud, les vêtements déchirés. L'épisode sema autant d'hilarité que d'indignation, selon les quartiers.

Les visites de missionnaires étaient aussi des événements marquants. Ils prenaient la parole en chaire et, immanquablement, terminaient en récitant un *Je vous salue Marie* ou un *Gloire soit au Père* dans le dialecte du pays ou de la région où ils œuvraient. Les paroissiens étaient fascinés. De retour à la maison, Joseph échangeait ses impressions avec Marie :

— C'était de toute beauté ; on comprenait pas pantoute ! On voit bin qu'c'est pas nos langues. C'est pas comme la langue des États.

— Mon pauvre Joseph, tu parles pas un mot d'anglais, comment peux-tu savoir ?

— J'le parle pas, c'est vrai, mais on dirait qu'on s'comprend pareil. Les Américains, ça, on dirait que c'est comme nous autres. C'est d'nos races.

Marie souriait. Elle aussi avait séjourné longtemps à Woonsockett et ne parlait pas davantage l'anglais. Comme c'était loin tout cela. Elle conservait de bien vagues souvenirs de la jeune fille qu'elle avait été. Seule une photo posée sur le piano de ses parents au village lui rappelait les traits qui avaient séduit Joseph. Elle n'était pas très démonstrative, Marie ; chez elle, tout se passait à l'intérieur. Raphaël aimait la surprendre l'été au milieu de l'avant-midi, sur la galerie arrière où elle se réfugiait un moment, à l'ombre. Le vent soulevait légèrement ses cheveux déjà grisonnants. Il la trouvait belle. Il se plaisait à imaginer les destins qui auraient pu être les siens si la Providence ou le hasard l'avait fait naître en d'autres temps, en d'autres lieux. La rosée se levait, embaumant le jour encore frais. Les chats venaient se frotter à ses chevilles ; elle leur faisait une caresse. Elle observait les champs où se découpaient au loin les silhouettes des hommes, de Farouche et des vaches. Elle balayait du regard les montagnes avoisinantes où elle imaginait le Grand en train de « s'époumoner ». Elle examinait rapidement ses plates-bandes où s'alignaient des rangées de fleurs sauvages, adressait une courte prière au Seigneur puis retournait à sa besogne.

Son humeur, cependant, était assombrie par les inquiétudes que lui donnait Mathilde. Elle avait fait une tentative pour ouvrir son esprit à l'attrait du couvent et de la vie religieuse. Le résultat avait été désastreux et les rapports entre la mère et la fille s'étaient durcis. Consulté, le curé avait recommandé la patience et la prière. Marie savait que désormais elle portait sa couronne d'épines. Par contre, la grâce trouvait des chemins naturels chez la petite Béatrice qui affectionnait les dévotions, s'entourait d'images pieuses et rêvait déjà de devenir missionnaire.

Les relations entre Méo et Adhémar étaient un autre terrain de frictions. Le second s'accommodait de moins en moins des faveurs octroyées au premier et de l'ascendant qu'il exerçait dans la famille. Cette animosité avait donné lieu à quelques incidents désagréables et il régnait maintenant une tension qui ajoutait au chagrin de Marie. Mais le Grand, trop sollicité par ses rêveries, ne s'y arrêtait guère. En famille, il avait souvent des absences maintenant; il s'assoyait en retrait et s'abandonnait à de longues méditations. Les autres l'observaient à la dérobée; ils avaient le sentiment qu'il commençait à leur échapper. Indifférent à son entourage, il se passait machinalement la main dans les cheveux, repoussant la mèche qui lui retombait sur l'œil. Il continuait de s'adonner à ses jeux, faisait de longs parcours à la nage sur le Lac, allant et venant le long de la rive pendant deux ou trois heures, parfois davantage. Julie et les autres le regardaient glisser dans la vague, avec ses longs gestes puissants et sa chevelure lustrée plaquée sur la nuque. Souvent, les dimanches d'hiver, il attelait Farouche pour le faire promener avec d'autres chevaux sur le Lac, où les Blanchette faisaient aussi la loi avec leur superbe Coal Black. Mais le Grand ménageait son attelage. Il revenait lorsque le soleil penchait sur l'horizon, répandant des coulées de cuivre sur la neige. C'était l'heure où la nature s'apaisait, où toutes les choses se réconciliaient. Le Grand arrivait ordinairement par la Butte-à-Tancrède. Il avait mis Farouche à l'amble; c'était, à son goût, le plus beau pas du cheval.

D'autres fois, il organisait des matches de hockey. Les deux gardiens se confectionnaient des jambières avec de vieux catalogues de la maison Eaton à Montréal ; un crottin de cheval gelé servait de rondelle — il y eut quelques fins de saison peu glorieuses. Mais les affrontements étaient trop inégaux, à cause du Grand que personne n'arrivait à suivre. Les catalogues étaient devenus une matière rare à Mistouk et aux environs car en plus de les utiliser comme jambières pour les gardiens, les familles avaient l'habitude d'en présenter quelques exemplaires à Méo au cours des veillées, pour qu'il les déchire. C'était une épreuve de force très populaire. Avec l'été revenait le temps du baseball. Chaque rang avait son équipe. Les joueurs se faisaient tailler des costumes dans de vieux sacs de sucre ou de farine ; Redpath Sugar et Ogilvy se partageaient la vedette. Une branche de bouleau (sans nœud) servait de bâton. Les balles étaient confectionnées avec de l'étoffe, à partir de morceaux de fer fournis par le grand-père. Félix agissait comme arbitre, hiver comme été. Peu à peu, Méo agrandissait son cercle d'amis ; il en venait des paroisses voisines. Mais c'était la figure de Zébert qui dominait le lot. Ni grand ni gros, il manifestait une résistance à toute épreuve et une insouciance incorrigible. En plein mois de janvier, il arrivait mal habillé, mal chaussé, parfois nu-mains, et passait des heures dans le froid sans jamais se plaindre. On lui prêtait des mitaines, il les oubliait ou les perdait. De temps à autre, il s'arrêtait pour se réchauffer en soufflant dans ses mains ou en se frottant les oreilles. Sa peau devenait gercée, crevassée, ses oreilles enflées ; rien ne le dérangeait. Il mettait au jeu une ardeur démesurée et essayait, bien en vain, de tenir tête à Méo, s'infligeant des blessures dont il ne semblait pas souffrir. Il était aussi dur que désordonné. C'était un drôle de type, Zébert.

C'est à cette époque également que Méo fit ses premières escapades. De petites équipées bien inoffensives, mais qui annonçaient celles qui allaient suivre. Tous les chemins, tous les bateaux le faisaient rêver. Ses tournées annuelles avec Jeffrey ne lui suffisaient plus. De temps à autre, il s'esquivait pour aller prendre le traversier au quai de Mistouk et disparaissait pendant cinq ou six jours. Comme il était adroit, il trouvait toujours le moyen de s'engager à quelques travaux sur le bateau même ou sur les quais qu'il visitait autour du Lac. Ainsi, il rapportait un peu d'argent à la maison et s'assurait les bonnes grâces de Joseph. Les anecdotes et les blagues dont il avait fait provision assuraient le reste. En d'autres occasions, il coordonnait ses fugues avec les grandes excursions estivales en chemin de fer qui faisaient affluer à Roberval plusieurs centaines de touristes de Chicoutimi et de Jonquière. Pendant une journée, un programme très chargé faisait alterner les activités « sportiques », commerciales et religieuses. Encore là, Méo le chat trouvait à s'illustrer dans les compétitions de course, d'adresse et de force, chacune couronnée de divers prix. Avec les années, les Tremblay firent ainsi l'acquisition d'une collection de drapeaux de la Grande-Bretagne, des États-Unis, de la France et du Sacré-Cœur, d'une tête d'orignal avec son panache, d'un jeu de quilles portant l'effigie de criminels notoires, d'une paire de castagnettes ayant appartenu à une « danseuse exotique », d'un casque de scaphandrier, d'une « épée du roi » et de bien d'autres prises des plus hétéroclites qui firent pendant des années le bonheur des enfants admis au grenier familial. C'est de là aussi qu'un jour il rapporta le couteau de chasse qui ne le quitta plus jusqu'à la fin.

L'une de ces visites à Roberval coïncida avec la fête de l'Assomption qui était pour les Montagnais l'occasion de grandes démonstrations. Méo vit la flottille de quarante à cinquante canots, partie de Pointe-Bleue, qui parada d'abord devant la rive. Les rameurs tiraient des salves et brandissaient des perches auxquelles étaient attachés toutes sortes de linges en guise de pavillons. Les embarcations vinrent ensuite s'amarrer au quai où elles formèrent une procession bruyante de cent cinquante à deux cents personnes qui défilèrent dans la rue principale jusqu'à l'église. Le Grand s'était mêlé à la foule qui les suivait. Après la cérémonie religieuse, le cortège déambula dans la ville en chantant et en dansant au son des tambours. Les Indiens arboraient leurs costumes de fête : vêtements de peau brodés avec des perles de verre, ornés de piquants de porc-épic ou de poils de caribou, auxquels s'ajoutaient chez les femmes des bracelets, des colliers, des mouchoirs rouges ou bleus dans les cheveux. Les hommes portaient des mocassins et des jambières multicolores ainsi que la tunique avec des franges, décorée de motifs floraux et de glands ; certains affichaient des chapeaux à l'européenne ou de larges rubans en bandoulière. Vers la fin de l'après-midi, le cortège reprit place dans les canots sous les acclamations des citadins.

Une autre fois, Méo revint aux Chicots avec un grand boomerang. Après des heures d'entraînement volées aux travaux des champs, il était parvenu à maîtriser le mouvement de l'engin. Il convia alors la famille à une démonstration derrière la maison. Sous le regard impassible du taureau des Blanchette qui paissait à côté, le Grand fit merveille en multipliant les lancers les plus fantaisistes ; toujours, miraculeusement, l'instrument revenait vers lui, sinon dans ses mains, inversant sa course tout juste avant de heurter l'objet pris en cible. S'étant enhardi, il voulut faire rire la galerie, visa le « beu » des voisins dans son pré et propulsa avec force son projectile qui, soudain hors de contrôle, alla frapper de plein fouet la face de la bête — une tête couronnée lors de la précédente exposition agricole de Chicoutimi. L'animal lui-même prit la chose assez mollement, mais non les Blanchette qui avaient observé la prestation. Méo, mal à l'aise, alla présenter des excuses peu convaincantes. Julie, qui assistait à la scène, retenait mal son rire.

Le Grand continuait de fréquenter les Eaux-Belles où il rêvait à l'ombre des grands mélèzes. Il y avait construit un petit camp et y passait souvent la nuit, ce qui lui permettait d'allonger ses virées en forêt. Aux plus belles journées de l'été, dès que le soleil pointait, il quittait son lit en silence, sortait de la maison à pas feutrés, s'avançait doucement puis s'immobilisait un instant face au Lac. Comme s'il craignait de dérégler la fine horlogerie du jour nouveau, il s'y insérait sur la pointe des pieds, ainsi qu'un pèlerin entrant dans une cathédrale. Il éprouvait toujours du chagrin de partir sans Félix. Le soir, dans leur lit sous la mansarde, le jeune frère se faisait tout raconter, le gros et le détail, le court et le long : les trajets, les arbres, les ruisseaux, les bêtes. Et longtemps après que le Grand se fut endormi, Félix avait encore les yeux grands ouverts ; sa pensée errait sur les monts, arpentait les vallées, suivait les méandres des rivières sur les pas de Méo.

* * *

Un jour, au cours d'une échappée en forêt, le Grand s'égara et dut coucher à la belle étoile sous un abri incliné qu'il avait appris à aménager avec des branches. Il alluma un feu et y fit cuire des joncs des marais dont il mangea les racines. Il recueillit aussi des cèpes, des chanterelles, de la gomme de sapin. Il n'eut pas de mal à retrouver son chemin le lendemain, se réjouissant même de sa mésaventure. Joseph se mourait d'angoisse, Marie ne se contenait plus :

— Que cet enfant-là m'fatique ! Y va m'faire mourir, c'est bin simple. Mais qu'est-ce que j'ai donc faitt au Bon Dieu… Joseph, essaie donc de l'contrôler un peu, pour l'amour !

Une autre fois, dans une de ses randonnées vers le nord, il se laissa entraîner encore plus loin que d'habitude et se retrouva près d'un mont qu'il ne connaissait pas. Malgré l'heure tardive, il s'engagea vers le sommet. Il eut du mal à repérer un point d'observation d'où son regard pût embrasser l'autre versant. Après quelques tentatives, il gagna un monticule et grimpa aux branches d'un mélèze. Un paysage magnifique s'offrit à lui, parsemé de collines, de lacs et de rivières à perte de vue. Il s'amusait à les baptiser, songeant que, sans doute, personne ne l'y avait précédé. Il appela Félix un petit lac emprisonné dans ce qui semblait subsister d'un très vieux volcan, Mathilde une rivière tumultueuse qui se jetait dans une autre après une série de cascades, Julie une prairie naturelle où, pensait-il, le cerf et d'autres cervidés se rassemblaient à la brunante pour musarder.

Tout à coup, alors que son regard se portait droit devant lui sur un alignement de collines, il aperçut un mince filet de fumée qui s'élevait très loin. Intrigué, il redoubla d'attention et crut distinguer une deuxième colonne blanche tout près de la première. Des chasseurs? Un campement? À moins que… Le vent se leva peu après et nettoya l'horizon. Méo était déjà parti depuis la veille, la distance à franchir était longue, il était temps de rentrer.

Quelques jours plus tard, il compléta fébrilement ses préparatifs, prévint Joseph et Marie et s'engagea à nouveau dans la forêt. Il refit rapidement son itinéraire, s'arrêtant à peine pour boire et manger. Il parvint au sommet de sa montagne dans l'après-midi du lendemain et regagna son poste d'observation. Cette fois, il ne discerna aucun signe à l'horizon mais, en se guidant sur les repères qu'il avait relevés, il se porta sur l'autre versant. Il se hâta jusqu'au soir, trouva un endroit pour passer la nuit et se remit en marche au petit matin. Trois ou quatre heures plus tard, il avait gagné l'enfilade de collines. Il les franchit et sa vue plongea sur un grand lac, à moins d'un quart de mille. Il s'arrêta et réprima un cri de joie. C'était bien ce qu'il avait deviné, ce ne pouvait être que cela. L'autre réserve, la Petite Réserve. Il en avait entendu parler à quelques reprises : des chasseurs indiens qui, plusieurs années auparavant, avaient fui le village de Pointe-Bleue et le régime imposé par le Blanc, avaient juré fidélité à leur territoire, à leurs morts, et vivaient selon leur loi, leur manière. Méo, d'où il se trouvait, pouvait voir tout le campement. Pas plus de cinq ou six tentes au total, formant un large cercle; une dizaine de canots d'écorce alignés sur la grève; des chiens qui couraient avec des enfants; des hommes et des femmes qui s'affairaient autour de peaux suspendues à des perches. Le Grand ferma les yeux, redoutant un mirage…

Il hésitait. Il était hors de question de rebrousser chemin, mais comment aborder ces gens ? Le hasard lui vint en aide. Il avait amorcé lentement sa descente vers le lac quand, subitement, il se trouva face à face avec un jeune Indien, à peu près de son âge, moins grand que lui mais tout aussi athlétique. Surpris, ils s'immobilisèrent à vingt pas l'un de l'autre, s'étudiant mutuellement. Méo salua de la main, l'autre marqua une hésitation puis retourna le geste. Le Grand enchaîna en expliquant ce qui l'avait conduit là et d'où il venait. Il avoua sa curiosité, demanda s'il importunait, s'en excusa, bafouilla. L'Indien prit un air amusé, le considéra encore un instant puis, sans prononcer un mot, lui fit signe de le suivre. Ils descendirent tous deux en silence et, peu après, pénétrèrent dans le campement où vivaient une trentaine de personnes. Tous les yeux étaient tournés vers le nouvel arrivant. Méo fut conduit devant un vieil homme accroupi, occupé à fabriquer des raquettes. Il se présenta à nouveau, plus calmement. L'autre écouta sans broncher, en l'examinant attentivement avec ses petits yeux perçants. Le Grand s'était tu depuis un moment quand le vieillard prit enfin la parole :

— Tu es ici à la Rigane. Sois le bienvenu chez nous. Moïse va s'occuper de toi.

Dans l'heure qui suivit, le jeune Indien conduisit Méo d'une tente à l'autre, déclinant les noms, les prénoms. Presque tout le monde était apparenté d'une façon ou d'une autre. Le Grand entendait des bouts de conversation en montagnais mais tous s'adressaient à lui en français. Il remarqua surtout le père et la mère de Moïse, dont le nom de famille était Manigouche. Janvier était un homme dans la quarantaine, de taille moyenne, au geste vif. Comme les autres, il avait les cheveux d'un noir de jais, les narines légèrement éclatées, les pommettes relevées, le visage imberbe. Méo remarqua les franges et les glands qui pendaient à ses manches garnies de broderies. Alishen, la femme de Janvier, était grassouillette et souriait à pleines dents. Coiffée d'un bonnet rouge et noir, elle portait une jupe de flanelle qui lui tombait sur les chevilles. Un mouchoir jaune et bleu lui ceinturait le cou. Elle invita le visiteur à pénétrer dans une grande tente où s'affairaient deux jeunes filles, Senelle et Aurore. Il s'y trouvait aussi une vieille femme, Lunik, mère de Janvier et femme de Poness, le vieil homme à qui Méo avait parlé en arrivant. Les femmes le firent asseoir sur un lit de branchages et lui servirent une tisane, ainsi qu'à Moïse. Plus tard, ce dernier promena Méo à travers le campement, lui expliqua les travaux de chacun, lui montra les différentes pièces d'équipement, le maniement des pièges. Ils revinrent vers la tente en même temps que Janvier et Poness; c'était l'heure du repas. Ils mangèrent de la truite et de la graisse de caribou avec de la banique*, en buvant du thé dans des gobelets d'écorce. Les filles étaient excitées, Senelle surtout; elles essayaient d'observer leur invité à son insu, se poussaient du coude, riaient nerveusement. Le Grand se prêtait au jeu. Moïse, Janvier et Poness présentaient des visages accueillants mais se montraient peu loquaces, mastiquant minutieusement, la tête penchée sur leur nourriture. C'est Alishen surtout qui entretenait la conversation, ainsi que Lunik. Elles interrogeaient sans arrêt l'étranger. Senelle s'était placée devant lui.

Après le repas, les deux garçons firent une longue promenade en canot sur le lac. Moïse s'amusait des maladresses de Méo et s'employait à les corriger. L'élève apprenait vite et la puissance qu'il déploya à l'avant de l'embarcation attira l'attention de son compagnon. Ils revinrent comme la nuit tombait sur la Rigane. Le silence régnait dans les tentes. On avait préparé une couche pour Méo, entre Janvier et Moïse. Il mit du temps à s'endormir, passant plusieurs fois en revue les événements de cette journée qu'il avait du mal à assimiler. Il sentait la chaleur de ses deux voisins, allongés sur le dos, parfaitement immobiles. Réveillé avec les premiers rayons du soleil, il s'appliqua à imiter les gestes des uns et des autres, prit le rythme du campement, ne s'éloignant guère de Moïse qui le guidait discrètement, lui parlait de la prochaine saison de chasse, lui montrait les préparatifs en cours et décrivait le long parcours qu'il leur faudrait suivre vers le nord pour gagner leur territoire d'hiver. Vers le milieu de l'avant-midi, Méo estima qu'il était temps de prendre congé. Il fit le tour de la petite communauté, seul cette fois, saluant chacun et remerciant. Il revint ensuite vers Moïse qui offrit de faire un bout de chemin avec lui. Le Grand déclina mais demanda la permission de revenir. Moïse acquiesça, précisant que leur départ pour « les territoires » était prévu pour le début de septembre.

Quelques semaines plus tard, incapable de résister plus longtemps, le Grand renouvela l'expérience. Il passa cette fois huit jours à la Rigane, accompagnant Janvier et Moïse à la pêche et à la petite chasse autour du campement. Senelle se joignait souvent à eux. Il apprenait quelques mots de montagnais (de l'eau : « népi », du pain : « peshagin », une hache : « tish tash »…), observait les manières, parlait à chacun, apprenait à se rendre utile. À dix-huit ans, il était beaucoup plus grand et plus fort que les adultes ; il n'eut pas de peine à se faire valoir et à susciter, là aussi, des sympathies. Moïse lui parla de sa famille, de ses ancêtres, proches et lointains, de la vie qu'ils avaient menée à Pointe-Bleue. C'est là que les siens avaient appris le français, à l'école des Pères. Méo fut surpris d'apprendre qu'il existait quelques autres communautés retranchées comme celle des Manigouche. Vers la fin du mois d'août, il prit congé encore une fois de ses nouveaux compagnons qu'il savait sur le point de partir pour leur grande migration vers le Nord et dont ils ne reviendraient qu'au début de l'été suivant. Ce n'est pas sans tristesse qu'il serra la main de Moïse avant de s'engager à nouveau dans les collines. Ils avaient pris rendez-vous pour l'année suivante.

*　*　*

Peu après son retour à la maison, une mauvaise nouvelle arriva par le courrier concernant l'oncle Fabien Bernier, le fameux navigateur. La lettre, laconique, était rédigée par la tante

Eugénie. Elle mentionnait que le couple vivait maintenant à Chicoutimi, que son mari allait mal ; il n'arrivait plus à tenir l'atelier de voitures d'eau qu'il avait ouvert depuis qu'il avait cessé de naviguer. Ils avaient besoin d'aide. Il fut résolu chez les Tremblay que quelqu'un irait lui donner un coup de main pendant quelques semaines. Pourquoi pas Méo ? Il partit dès le lendemain, sac sur l'épaule, sourire aux lèvres, heureux de la nouvelle aventure qui se présentait. Joseph le conduisit à la gare d'Hébertville, à une quinzaine de milles des Chicots. Malheureux, Félix et Raphaël les avaient regardés partir ; leur regard était resté fixé sur la Butte-à-Tancrède longtemps après que la voiture eut disparu à l'horizon. Ils en voulaient un peu à Méo de cette séparation soudaine.

Et il n'avait même pas salué Julie.

Chapitre VII

Le Grand fut très volubile durant le trajet des Chicots à Hébertville. Il n'y avait personne à la gare lorsqu'ils y arrivèrent. Le chef de station, un cultivateur qui exploitait une terre dans le voisinage, ne parut pas et aucun passager ne descendit lorsque le train, avec ses quatre wagonnets bringuebalants, dont trois chargés de marchandises, vint s'immobiliser dans un fracas de bielles et de crachements. C'est au moment de grimper sur le marchepied que Méo, émergeant de son euphorie, constata toute la tristesse de Joseph, très affecté par ce départ. Ils échangèrent une accolade maladroite, gênés par la différence de taille autant que par la pudeur, en dépit du quai désert. Joseph restait muet. Le Grand lui tapa sur l'épaule :

— C'est seulement pour un mois, p'pa. T'inquiète pas.

Et il sauta dans le train.

Il ne fut pas long à retrouver son humeur du matin. Du fond du wagon où il avait pris place, tout retenait son attention : les passagers, le roulis du convoi secoué par les innombrables virages, les toussotements de l'engin dans les montées, le miaulement des freins dans les descentes, les arrêts inopinés au milieu des savanes de Larouche et de Dorval où, disait-on, des prospecteurs avaient découvert des mines de cuivre et d'argent. Le nez collé contre la vitre, il voyait défiler des boisés d'épinettes, des crans dénudés, parfois un lac, des petites rivières, des marais, mais aucune habitation. Devant lui se tenait, très droit sur sa banquette, un monsieur imposant tout vêtu de noir, qui ne levait le nez de ses journaux que pour s'adresser en anglais au contrôleur. Méo cherchait maintenant à fuir la monotonie des paysages qui couraient dans sa fenêtre. Il songea à l'oncle Fabien, ce seigneur de la mer, et à la légende qu'il s'était créée dans la famille. Mousse, matelot puis capitaine au long cours, il avait, aux commandes de grands voiliers, écumé tous les golfes, toutes les mers des Amériques et d'ailleurs. Il avait survécu à quelques naufrages et à d'innombrables tempêtes, avait détenu longtemps le record de la traversée à voile entre New York et Liverpool, avait surpris et pourchassé des contrebandiers, avait été lui-même la cible de forbans de tous bords. Il parlait quatre ou cinq langues et avait visité des dizaines de pays habités par les races, les faunes les plus étranges. Il connaissait tous les continents, tous les détroits, toutes les côtes, et combien d'îles, combien de ports et de villes.

Méo revint à ses affaires. Le train roulait depuis un bon moment dans la forêt et le jour déclinait au moment où des champs réapparurent. Ils avaient traversé Jonquière sans s'arrêter. En franchissant le pont qui enjambait la rivière Aux-Sables, Méo avait eu le temps d'apercevoir une petite usine de pulpe sur sa gauche. Le convoi s'immobilisa brusquement au milieu d'un champ. Le contrôleur en descendit en vitesse, des cris se firent entendre à l'avant où des hommes s'étaient groupés. L'arrêt se prolongeant, quelques passagers sortirent ; le monsieur très droit ne bougea pas, continuant sa lecture. On apprit bientôt que trois moutons stationnant sur la voie avaient été écrasés. L'affaire n'était pas inusitée mais il fallut dresser des constats, enlever les carcasses, vérifier l'état de l'engin. La soirée était très avancée lorsque le train entra en gare à Chicoutimi.

Il pleuvait des clous. Le Grand descendit sur le quai avec son sac sur l'épaule. Deux ou trois lampadaires projetaient une lumière falote à travers le brouillard qui s'élevait de la rivière Saguenay à un jet de pierre de la gare. On devinait sur l'autre rive le village de Sainte-Anne où brillaient encore quelques lumières. La quinzaine de voyageurs qui avaient occupé le wagon eurent tôt fait de se disperser avec leurs valises. Certains étaient attendus, d'autres hélèrent des cochers qui faisaient le pied de grue à la tête du train. Un à un, les attelages s'engagèrent dans une montée abrupte dominée par la masse sombre d'une église ; c'était la côte Salaberry, celle-là même que Jeffrey empruntait tous les printemps avec la Buick du Sirop Gauvin. Bientôt, il ne resta plus que le Grand sur le quai, ainsi que le monsieur très digne, entouré de ses malles, qui conversait à voix basse avec le chef de gare. Ce dernier tenait un large parapluie dont il abritait son vis-à-vis. Un bruit de moteur perça la nuit et une grosse automobile rouge, plus imposante encore que la Buick, vint s'immobiliser. Le chef de gare serra la main de son interlocuteur qui monta dans la voiture pendant que le chauffeur y entassait les valises. Ils prirent eux aussi la direction de l'église. Les phares s'agitèrent dans la nuit, lacérant le brouillard et la pluie, faisant surgir ici des alignement de maisonnettes blanchies à la chaux, là des façades d'ateliers décatis. Le moteur gronda dans la montée puis ses pétarades s'espacèrent. Le silence se fit, les lumières s'éteignirent. Le Grand, penaud, se retrouva seul dans la nuit, sous la pluie, au milieu du quai désert.

Que s'était-il passé ? Quelqu'un devait bien l'accueillir à la gare ? Il laissa passer encore quelques minutes puis, grelottant, ramassa son sac, s'engagea à son tour dans la montée et gagna la place de l'église. Trois ou quatre fois, il dut frapper à des portes et réveiller les occupants pour se faire guider chez l'oncle Fabien. Il se retrouva devant une maisonnette en bardeaux de cèdre flanquée d'un petit atelier et dont la façade était percée de deux fenêtres en forme de hublots. Il frappa, la tante Eugénie apparut.

Il se présenta brièvement. Elle parut mal à l'aise de voir le Grand, dont les vêtements étaient détrempés et les chaussures couvertes de boue. Elle le fit pénétrer dans une pièce assez grande qui tenait lieu de cuisine et de salle à manger. Deux portes, ouvrant sur des chambres, se découpaient sur le mur du fond. Il faisait froid. Une odeur fétide de tabac et d'alcool emplissait la maison. Méo vit que la tante était très embarrassée. Il n'était attendu que dans la semaine suivante, expliquait-elle avec plus ou moins de conviction ; il y avait eu malentendu sans doute. Elle le conduisit dans l'une des deux chambres, y alluma une bougie. Pendant qu'elle préparait le lit, une longue silhouette se dressa une seconde dans l'encadrement de la porte. C'était l'oncle, le fameux oncle Fabien, complètement saoul, tenant à peine debout.

Méo se leva très tôt le lendemain, réveillé par Eugénie qui s'activait déjà à la cuisine. Il alla la rejoindre, et c'est à ce moment qu'il remarqua l'étrange aménagement de la pièce principale. Le décor et les meubles reproduisaient l'intérieur d'une cabine de navire. Le plancher de bois était peint en gros bleu, des bancs longeaient les murs, des cordages pendaient du plafond, deux ou trois barriques servaient de siège et une galerie de minuscules tableaux représentait des ports, des mers démontées, tout un assortiment de bateaux. Les murs arboraient aussi des chapelets de coquillages, un sextant, une toute petite ancre. Eugénie servit le déjeuner et ils se mirent à table. C'était une vieille dame très douce et peu loquace dont le visage était parcouru de rides très fines. Méo remarqua surtout ses grands yeux très expressifs et intimidants qui semblaient lire au fond des pensées. Sa retenue, sa dignité aussi ajoutaient au malaise ambiant. À un moment, elle glissa :

— Mon mari ne va pas bien, il ne faudra pas vous offusquer de ses brusqueries. Il s'ennuie de la mer.

Elle observa un silence puis ajouta :

— C'est moi qui ai eu l'idée de demander de l'aide ; il n'était pas d'accord.

Méo fut surpris de se faire vouvoyer par cette dame qui parlait comme une religieuse. À ce moment, des bruits provinrent de la chambre de Fabien, dont la porte était encore close. La tante eut le temps d'ajouter, dans un souffle :

— S'il vous plaît, restez avec nous. Il a besoin d'aide.

La porte s'ouvrit lentement et l'oncle parut. Méo reconnut le grand gaillard mince au teint cuivré, à la mine sévère, entrevu la veille. Il nota sa mâchoire crispée, ses pommettes saillantes, ses fortes épaules. Il lui donnait près de soixante-dix ans, surtout à cause de ses cheveux blancs. Sa tenue était négligée, il sentait mauvais. Le Grand se leva en lui tendant la main :

— J'suis Méo à Joseph.

Le vieil homme ignora le geste, ne bougea pas. Il articula seulement, d'une voix râpeuse :

— T'es v'nu pour rien. Tu vas r'prendre le prochain train.

Là-dessus, il lui tourna le dos et regagna sa chambre où il s'enferma à nouveau. La rencontre avec le chevalier des mers, le seigneur du long cours, le légendaire oncle Fabien, n'avait pas duré deux minutes.

— Vous ne partirez pas.

La tante avait parlé sans élever la voix, mais d'un ton ferme. Elle fit comprendre à Méo que leur situation était sans issue ; Fabien était déprimé, ne travaillait plus, dépérissait. Il avait besoin d'aide pour le distraire, pour remettre un peu de vie dans sa vie. Elle ne pouvait plus souffrir le spectacle de cet homme déchu qu'elle admirait tant :

— Ne le jugez surtout pas à ce que vous voyez présentement. La mer le hante ; il n'arrive pas à fuir son ancienne vie.

Et de lui raconter ce qu'il avait été pour elle pendant quarante ans, comment elle avait vécu ses longues absences, comment ils avaient tout sacrifié l'un et l'autre à sa vie aventureuse, y compris le projet d'avoir des enfants. Vieillissant, il avait dû laisser à regret le métier qu'il exerçait depuis l'âge de dix ans, se séparant à Québec de son dernier bateau, un trois-mâts qu'il avait fait baptiser de son nom à elle (L'Eugénie). Il s'était ensuite établi près de Cap-à-l'Aigle, dans Charlevoix, sur une hauteur d'où il pouvait contempler le fleuve et surveiller le va-et-vient des transatlantiques. Il en connaissait les noms, les tonnages, les officiers, et souvent les itinéraires. Des capitaines, prévenus, naviguaient au plus près à tribord après avoir doublé l'Île-aux-Lièvres et actionnaient à son intention leur corne d'appel en frôlant le Bas-de-l'Anse, avant de filer vers l'Île-aux-Coudres à l'ouest. Alors, l'oncle se dressait, agitait un petit fanion de sa fabrication puis restait longtemps immobile, le regard rivé sur la poupe du navire qui se fondait dans l'horizon. Après deux ou trois ans, il n'avait pu surmonter la nostalgie dont ce spectacle quotidien l'accablait. Ils étaient venus s'établir à Chicoutimi, loin de la mer, où il avait ouvert le petit atelier attenant à la maison. Il y réparait des poulies, des chalands, des cordages ; il y faisait aussi des coffres, des mailles de chaîne et autres menus gréements.

Une longue pause succéda à son récit monocorde. Méo était déconcerté, ne savait à quoi s'en tenir ; ces confidences d'adultes le troublaient. Et il se résignait mal à la perspective d'un retour aussi précipité aux Chicots. Eugénie se leva, alla prendre une clé dans un tiroir et invita son neveu à le suivre.

— Je vais vous montrer l'atelier.

Ils sortirent. Méo n'était pas fâché de quitter l'air vicié de la maisonnette. Il jeta un coup d'œil en direction de l'église du Bassin. C'était une belle construction de pierre qui se dressait sur une butte au bout de la rue Bossé. Il savait que derrière se trouvaient d'un côté l'immense scierie des Price et, de l'autre, les usines de pulpe du groupe Dubuc. Il rejoignit sa tante qui l'attendait sur le perron de l'atelier. L'unique pièce baignait dans la pénombre, la lumière pénétrant difficilement à travers les vitres crasseuses. Tout était en désordre : des chevalets renversés, des contenants de peinture demeurés ouverts, des outils éparpillés, des ouvrages inachevés, et partout des encombrements, de l'abandon. Tout un bataclan plein de tristesse.

— Vous voyez ?

Méo se tourna vers Eugénie, lui sourit :

— J'm'occupe de ça, ma tante ; vous pouvez r'tourner dans vot'maison.

Il s'employa quelques heures à ranger, à nettoyer, à réparer même, et parvint à donner à la pièce un aspect à peu près convenable. Eugénie ne put retenir une exclamation quand elle vint le chercher pour le dîner. Ils regagnèrent la maison. L'oncle Fabien, dégrisé, s'était assis à table. Il avait fait un brin de toilette, mis des vêtements propres. Mais il ne disait mot. Sa femme disposa les plats et prit place entre les deux hommes. Elle interrogea le Grand, dont l'allure, les manières, le regard même éveillaient sa curiosité. Il parla de Marie, de Joseph, des Chicots, de la vie autour du Lac, de la parenté, de sa jeunesse. Il s'animait, retrouvait son entrain, sa faconde ; il racontait l'Île Beemer, le Château Roberval, ses courses en forêt, les Eaux-Belles, la Rigane et Jeffrey Lamontagne, Alexis-le-Trotteur et le Grand Duc. Et Félix et Mathilde et Zébert. Et Julie.

Et Julie…

Il glissait quelques épisodes farfelus qui faisaient sourire la vieille dame, presque malgré elle. L'après-midi avançait, l'heure du train approchait. L'oncle, toujours imperturbable, imposant, n'avait pas mangé. Il se tenait très droit sur sa chaise, le regard ailleurs, se gardant d'intervenir dans la conversation. Mais son indifférence était feinte. Subitement, il s'était pris de curiosité pour ce neveu qu'il regardait à la dérobée. Il découvrait son regard intense, sa vivacité d'esprit, son innocence, son beau visage allumé, son rire superbe, sa taille de géant. Il aimait ses lenteurs de fauve aux aguets. Lentement, il se laissait envahir par la présence chaleureuse de cette belle pièce d'homme taillée dans le cœur de la vie. Il lui venait maintenant des rappels du beau marin qu'il était à cet âge, plein d'appétits, de tourments, de passions et de rages, follement désireux d'étreindre la vie, qui avait brisé toutes ses attaches, pressé de prendre d'assaut l'univers, ses splendeurs, ses surprises, ses extravagances, et aussi ses ombres, ses replis, ses mystères, pour calmer en lui la ferveur sauvage qui brûlait, pour combler cette étrange, douloureuse nostalgie de tout ce qu'il n'avait jamais vu, et ce faisant, surmonter l'émoi, les peurs qu'il éprouvait néanmoins, ce sentiment de fragilité qui l'envahissait à la veille d'un grand départ, à l'approche d'un rivage inconnu, et plus encore au milieu de traversées périlleuses lorsque la nuit tombait sur une mer en furie et que, des cales encombrées, montaient des fracas de calfatages éclatés, de cargaisons entrechoquées, et des craquements terrifiants de poutres surchargées qui se mêlaient aux claquements des grandes voiles, aux gémissements de la mâture tendue à se rompre, aux cris et aux jurons des hommes dérivant sur les ponts inondés, et toute cette agitation, ces peurs, ces fatigues, toutes ces courses aux quatre coins du monde, et jusqu'en mer de Chine parfois, dont il revenait exténué, le cœur et le corps chavirés…

Maintenant parvenu à l'heure de la vieillesse, après avoir usé sa jeunesse et sa vie d'homme, il retrouvait le sentiment d'un vide, d'une privation, ainsi que jadis à l'âge des impatiences, comme s'il était revenu au début de son parcours, face à lui-même, mais cette fois sans ressort, sans l'espérance d'un envol, incapable de rêves, seul désormais et jusqu'à la fin auprès d'une femme aimante certes mais mal connue, mal aimée. Et tout ce temps qui restait, tout ce temps à vivre en vain, sans même un fils sur qui se projeter, en qui voyager, rêver à nouveau. Toute cette lassitude, cette amertume qui s'abattait tout à coup ainsi qu'une déferlante…

Un fils?

Le vieil homme revint à lui, posa à nouveau son regard sur Méo, s'avisa qu'Eugénie et son neveu s'étaient tus depuis un moment. Ils étaient là à le fixer bizarrement, surpris de le voir agité, transpirant, vaguement inquiets de son regard fiévreux, de ses traits convulsés. Pour la première fois depuis longtemps, il était sorti de sa torpeur. Il se leva nerveusement, fit quelques pas, vint se rasseoir. Un long moment s'écoula. Puis, abruptement, faisant face à Méo :

— Quel âge as-tu ?

— Dix-huit ans.

Et il restait là, songeur, à nouveau retranché dans son silence. Cette fois, c'est Méo qui intervint :

— C'est d'accord, j'prends l'train dans la soirée, comme vous l'avez dit. Mais j'ai une faveur à vous d'mander.

Fabien demeurait muet. Le Grand continua :

— Emmenez-moi au port.

Eugénie se crispa. Fabien avait cessé d'y aller depuis un an parce qu'il en revenait trop bouleversé ; ce fut justement le début de sa glissade. L'oncle s'abstint de répondre, comme s'il n'avait rien entendu. Quelques minutes s'écoulèrent. Il se releva et gagna sa chambre dont il referma la porte. Il en ressortit après une demi-heure, rasé, coiffé de sa casquette de capitaine et vêtu d'un gros chandail :

— Viens.

Les deux hommes sortirent et se dirigèrent vers la rivière Saguenay. L'oncle, qui était resté silencieux pendant tout le trajet, se fit subitement intarissable lorsqu'ils s'immobilisèrent sur le quai, où quelques vapeurs et voiliers recevaient des chargements de madriers, de pulpe et de fromage. Deux goélettes s'apprêtaient à lever l'ancre, emportant une cargaison de bois de fuseaux, de bardeaux de cèdre et de bleuets. Une autre déchargeait une livraison de harengs, d'anguilles et de morues dont les citadins faisaient déjà provision pour l'hiver. Plus tard, ils virent accoster le Richelieu avec une centaine de passagers, dont plusieurs Américains qui se dirigèrent vers le Château Saguenay. L'oncle avait du rattrapage à faire ; il expliquait par le menu, et dans une débâcle de mots, la structure des bateaux, les tonnages et les tirants d'eau, les courants, les marées et les manœuvres, les équipages, les travaux, la vie à bord. Sa science était sans limite et son entrain ne se démentait pas. Méo était aux anges. Il posa mille questions auxquelles Fabien répondit en émaillant ses propos d'autant d'anecdotes. Le reste de l'après-midi y passa. Une seule fois, le visage de l'oncle s'assombrit : lorsqu'il évoqua le sort des anciens capitaines, certains devenus gardiens de phare, d'autres opérateurs de pont ouvrant, d'autres encore valets de quai. Ils revinrent à la tombée du jour, prolongeant leur échange animé. Juste avant de pénétrer dans la maison, Fabien, sans se retourner, d'un ton qui se voulait neutre, annonça à son compagnon :

— Demain, nous allons voir appareiller le Richelieu.

Ils avaient oublié le train du soir. La magie de Méo avait joué encore une fois.

Le lendemain, ils se levèrent aux aurores et retournèrent au port. Ils marchèrent le long de la rivière, envers l'Anse-aux-Foins où mouillaient de gros bateaux en partance pour Liverpool. Au fond d'une petite anse sur la rive nord, Fabien désigna à Méo deux ou trois barques de contrebandiers qui défiaient le règlement de prohibition des « liqueurs fortes ». Plus loin, vers l'est, à travers des filets de brume, ils apercevaient de chaque côté du Saguenay les sombres massifs de roc qui marquaient la naissance du Fjord. Ils revinrent dans la ville, traversèrent le petit pont de la Rivière-aux-Rats et marchèrent cette fois vers l'ouest jusqu'à la rivière Chicoutimi qu'ils longèrent en direction du sud. Plusieurs goélettes étaient accostées au quai des Price. Au-delà s'étendaient sur quelques arpents des amoncellements de billots et de madriers mis à sécher. L'immense scierie s'étirait le long de la rive ; une centaine d'hommes s'agitaient tout autour. En remontant encore la rivière, ils débouchèrent sur un grand bassin qui avait donné son nom au quartier et au bord duquel se dressaient les usines de la Compagnie de Pulpe, dirigée par J.-E.-A. Dubuc, l'ancien gérant de banque. Sur le bâtiment principal flottait le drapeau des Canadiens français avec son fond d'azur et ses fleurs de lys évoquant Carillon, Lévis, Montcalm. Des barges faisaient la queue pour recevoir la pulpe qui était ensuite transbordée sur les transatlantiques en rade devant l'Anse-aux-Foins. Et toujours, l'oncle racontait; le Grand enregistrait. En amont de la rivière, ils apercevaient la chute et l'«île électrique» où la municipalité avait érigé un barrage et une petite centrale quelques années auparavant. Mais les usines Dubuc demeuraient encore actionnées surtout par le courant de la rivière, très fort à cet endroit. Ils vinrent s'asseoir sur un rocher dominant les cascades. Fabien sortit de sa poche une boussole, la première que Méo eût jamais vue. L'oncle l'avait achetée à New York en sa jeunesse. Il en expliqua longuement le mécanisme à Méo, qui la maniait avec des précautions infinies, comme s'il se fût agi d'un objet consacré. Au retour, c'est lui qui les guida vers la maison de la rue Bossé en s'aidant de l'instrument. Parvenu à destination, il se montra aussi excité qu'au terme d'une périlleuse traversée. L'oncle s'amusait de sa curiosité, de ses émerveillements.

Au cours des journées qui suivirent, les deux hommes reprirent chaque matin la route vers les endroits les plus variés; ils allaient n'importe où, pourvu qu'il s'y trouvât des quais, des bateaux, des phares, des marins, ou même seulement des pêcheurs. Aux côtés du Grand, l'oncle apprenait à maîtriser les images de son ancienne vie. Il éprouvait du soulagement maintenant et même du plaisir à en raconter les péripéties parfois exaltantes et pathétiques, parfois drôles ou insolites, et parfois peu glorieuses aussi. Il riait peu, ce n'était pas dans sa manière, mais il avait repris possession de lui-même. Un jour, ils s'embarquèrent sur le Marie-Louise, le traversier d'Épiphane Gagnon, et gagnèrent l'autre rive du Saguenay où ils grimpèrent sur le Cap Saint-Joseph. Le temps était très clair, comme souvent au Saguenay en octobre, et la vue magnifique; ils croyaient apercevoir à la fois sur leur gauche le Fjord et sur leur droite le Lac. Méo n'avait jamais vu autant de choses à la fois; il lui sembla embrasser la moitié de l'univers. Un autre jour, l'oncle attira son attention sur une grosse automobile qui venait de s'arrêter devant eux; l'homme qui en descendit n'était nul autre que J.-E.-A. Dubuc. Méo reconnut la voiture et le passager discret qui avait quitté le quai de la gare juste avant lui le soir de son arrivée. Ils visitèrent ainsi tous les sites dans les environs de la ville. Les citadins s'étaient habitués aux promenades de ce couple désassorti du vieux capitaine et du jeune géant qui n'en avaient que pour eux-mêmes, absorbés dans leur dialogue ininterrompu qui, à chaque pas, leur faisait enjamber ici un continent, là un océan.

Peu à peu, aidé de Méo, l'oncle Fabien se remit au travail. Des travaux laissés en souffrance furent menés à terme, d'autres commandes entrèrent; la vie reprit dans l'atelier et dans les environs. Des voisins, des passants s'arrêtaient pour passer le temps. Méo, pour son plus grand plaisir, retrouvait l'atmosphère du magasin général et de la forge du grand-père. Il se réjouissait de la résurrection de l'oncle et du sourire qui ne quittait plus le visage d'Eugénie. Elle passait ses soirées à tricoter de gros chandails de laine (Fabien en possédait suffisamment pour vêtir trois équipages) ou bien à fabriquer des chapelets avec de la corde de vieux filets de pêche : un nœud pour un *Ave,* deux pour un *Pater,* trois pour un *Gloria...* Elle portait tous les dimanches au presbytère sa production de la semaine. Le soir était propice aux tourments et, plus encore que le jour, l'oncle recherchait la compagnie du Grand. Dès après le souper, il mettait une grosse bûche dans le poêle et venait s'asseoir près de Méo. Sans attendre les questions, il reprenait là où il avait laissé la veille, poursuivant son récit de ce qu'il appelait « l'époque des bateaux de bois et des hommes de fer ». Tout y passait. Son dur apprentissage, son ascension rapide vers le statut de capitaine qu'il atteignit dès l'âge de vingt-cinq ans après avoir tout appris : faire et défaire les nœuds, lire un compas, relever la position du navire à l'aide du soleil, maintenir le cap, manier le sextant et le cabestan, maîtriser les voiles, aussi bien le perroquet et la vergue que le grand hunier, si capricieux. Et diriger les hommes; surtout diriger les hommes.

Il racontait bien, l'oncle Fabien. Ses voyages aux Antilles où, bravant la flibuste, il livrait des cargaisons de biscuits, de farine et de bois, pour aussitôt refaire le plein de mélasse et de sucre qu'il allait échanger soit à Valparaiso contre du blé, soit à Lisbonne contre une cargaison de liège, de fruits, de marbre vert de Vila Real ou de Covilha, auquel il ajoutait en passant à Cadix un chargement de barriques de sel et de tapis précieux qu'il rapportait à New York. Ce jour où il avait surpris, dissimulés dans un archipel de Finlande, mouillant dans le crépuscule, les cent quatre-mâts qui composaient la force navale du roi de Suède, les derniers de leur espèce, avec leurs alignements de canons de bronze ornés de fanions jaunes et bleus. La fois où, dérouté par un ouragan au large de la Nouvelle-Guinée, ballotté jusqu'aux Îles Mariannes, il avait dû tenir la barre pendant trois jours et trois nuits au terme desquels, fait rarissime en mer, une nuée de papillons, des monarques par milliers, les avaient accompagnés pendant des heures. Ces poissons volants qui retombaient sur le pont en faisant entendre un drôle de cri et que les hommes achevaient à coups de rame. Et ces centaines d'esclaves presque nus, à la peau desséchée, craquelée, aperçus sur les quais défoncés de Madras, entassés là depuis des jours sinon des semaines, résignés, silencieux, indifférents à la vie désordonnée du port, avec leur regard éteint qui errait au large vers le golfe du Bengale, d'où ils venaient peut-être. Et dans les eaux chaudes du bassin brésilien, entre Salvador et Rio, tous ces dauphins, tous ces dauphins sous le soleil...

— Si tu savais comme c'est doux un dauphin, Méo.

Il racontait les côtes d'Irlande et les brisants qui avaient coûté la vie à tant de matelots, tout comme les berges des Îles-de-la-Madeleine, l'hiver, lorsqu'elles se recouvraient de glace et se transformaient en redoutables murailles de trente pieds contre lesquelles le vent projetait les embarcations qui avaient eu l'imprudence de naviguer trop serré. Il revivait cette étonnante traversée au cours de laquelle, jeune matelot, sur un brigantin piloté par son père, il avait pu observer pendant deux jours entre le Groenland et Terre-Neuve toute une famille de ces mystérieuses baleines noires qui pouvaient nager jusqu'à un mille sous la surface de l'eau et se jouaient des marins en se dissimulant derrière les banquises. Il expliquait les itinéraires compliqués, des bateaux sur l'océan, toujours changeants à cause des vents, des courants, des marées, des bris, des tempêtes, si bien que sur cent traversées empruntant le même parcours, aucune n'était semblable à une autre, ce pourquoi les meilleurs capitaines se montraient toujours inquiets, toujours aux aguets. Et comment, dans certaines mers tropicales infestées de requins, le jeune marin devait s'habituer à prendre son bain dans un baril sur le pont, sous les quolibets de l'équipage. Il rappelait aussi ces longues semaines sans pluie où, pour combattre la pénurie d'eau, les matelots assoiffés se précipitaient le matin pour lécher la rosée qui s'était formée durant la nuit sur les voiles. Et les côtes escarpées de la Corne d'Afrique avec leurs villages haut perchés, comme s'ils y avaient été déposés par de gigantesques marées. Et ce matin brumeux, opaque, quelque part au large de la Tasmanie, au bout du Pacifique, quand avait surgi devant son bateau, à trois encablures au plus, la silhouette immense du Great Eastern, ce géant des mers, avec sa vergue à mi-mât pour signifier, comme c'était la coutume, que son capitaine venait de mourir…

Eugénie l'interrompait doucement :

— C'est assez, Fabien ; tu te fais du mal et tu tannes Méo.

— Non, ça m'fait du bien ; j'ai besoin de vider mes cales. Méo, on veille encore un peu, tu veux ?

Il remettait une bûche au feu. Méo, justement, ne demandait pas mieux. Il aurait passé toutes les nuits à suivre le capitaine autour du monde. L'oncle enchaînait, expliquait à son neveu les voilures, le gouvernail, les manœuvres à l'accostage, ainsi qu'à un apprenti qui s'apprête à prendre la mer. Et souvent, très tard le soir, les voisins pouvaient les surprendre tous les deux encore très affairés au milieu de la rue Bossé, la tête renversée sous le firmament, l'un indiquant à l'autre avec une grande précision la position et le mouvement des étoiles, ou de quelconques repères ayant depuis des milliers d'années guidé et sauvé tant de marins. Et, longtemps encore, jusqu'à la nuit avancée, ils restaient là ainsi que de vieux complices, très absorbés, gesticulant en prenant les astres à témoin, découvrant des arrangements, un ordre dans leur fourmillement, comme si, à la veille d'on ne sait quel départ, ils aménageaient des itinéraires et des escales dans la voûte céleste.

Un matin, le bruit courut qu'un attentat à l'explosif venait d'être commis dans la ville. Dans le quartier du Bassin, la panique s'empara des résidants. Les rumeurs les plus folles coururent jusque dans l'après-midi, lorsque J.-D. Guay, l'éditeur de l'hebdomadaire le *Progrès du Saguenay,* diffusa une circulaire. Durant la nuit précédente, un avocat de Chicoutimi, Louis-de-Gonzague Belley, avait tenté de faire sauter l'imposant monument que la famille Price s'était elle-même élevé près de l'Hôpital, sur un rocher dominant la ville. Fabien et Méo s'y rendirent, ainsi que des centaines de curieux surexcités qui se bousculaient. Ils purent voir le monument avec son inscription présentant le plus vieux des Price comme le « Père » du Royaume du Saguenay. L'explosion avait endommagé la pierre, mais superficiellement; elle n'avait pas suffi à la renverser. Dès le lendemain, le *Progrès* paraissait en édition spéciale et rappelait les faits en les insérant dans le conflit qui divisait la ville.

* * *

À partir des années 1840, alors qu'arrivèrent les premiers colons, Chicoutimi avait vécu sous la coupe des Price, une puissante famille anglophone enrichie dans le commerce du bois, dont ils détinrent longtemps le monopole au Saguenay. Les Price possédaient plusieurs scieries et navires qui assuraient la production et l'exportation. Pendant quelques décennies, ils furent les maîtres de la région, recourant à l'intimidation et même à des agressions pour imposer leur loi. Leurs boulés* et leurs contre-maîtres étaient connus et redoutés. Robert Blair, un boss au moulin de la Baie, mesurait plus de six pieds et pesait deux cent cinquante livres. Ces durs à cuire intervenaient lors d'élections municipales pour s'assurer que les bons candidats seraient élus. C'est à coups de poing aussi qu'ils faisaient régner l'ordre parmi les ouvriers des scieries et des chantiers. Les mêmes méthodes servaient à décourager toute concurrence commerciale. Des colons du village de Grand-Brûlé l'avaient appris à leurs dépens dans les années 1850. Agissant sous la direction d'un missionnaire oblat, le père Honorat, ils avaient voulu fonder une « colonie libre ». L'entreprise fut brisée par les boulés et le père oblat chassé du Saguenay.

Il existait bien d'autres motifs de mécontentement à l'endroit des Price. Ils possédaient les rivières à saumon et y contrôlaient la pêche. Leurs employés, parmi lesquels se trouvaient des enfants de dix ans, travaillaient de six heures du matin jusqu'à six ou sept heures du soir et ils étaient rétribués non pas en argent mais en « pitons » (ou « grimaces ») échangeables seulement aux magasins de la compagnie et à ses conditions, ce qui donnait lieu à de nombreux abus. Ils étaient victimes de toutes sortes de sanctions : privation de salaire, châtiments corporels, congédiements arbitraires. Et ils étaient d'autant plus vulnérables qu'ils habitaient, pour la plupart, des maisons appartenant à la compagnie. Des grèves spontanées éclataient régulièrement dans les scieries ; elles étaient réprimées par les fiers-à-bras qui chassaient les récalcitrants. Il y avait beaucoup d'arrogance aussi. À la Baie, où les Price exploitaient une grosse ferme, Blair avait donné des noms de famille canadiens-français à ses chevaux (Tremblay, Simard, Gagnon…). En 1888, lorsque la famille fit dresser son monument, le geste suscita beaucoup d'indignation parmi la population, y compris au sein du clergé. Un prêtre dénonça ce qu'il appela la « pierre menteuse ».

Vers 1890, des Canadiens français de Chicoutimi, tous dans la vingtaine, résolurent de mettre fin à ce régime. Ils avaient à leur tête le maire de la ville, Joseph-Dominique Guay, ainsi que J.-E.-A. Dubuc, un gérant de banque, Louis-de-Gonzague Belley, un avocat, les frères Joseph et Louis Gagnon ainsi qu'Elzéar Boivin, des commerçants, et plusieurs autres qui, avec les années, parvinrent à briser le monopole des Price et à mettre sur pied une entreprise concurrente (la Compagnie de Pulpe de Chicoutimi). À Jonquière, ce furent des cultivateurs qui prirent en 1899 l'initiative de créer une manufacture de pulpe.

Les animateurs de ce mouvement accédèrent à la notoriété dans la région et même à l'extérieur. Dans les journaux de Québec et de Montréal, on les appelait les « Américains » de Chicoutimi parce qu'ils entendaient démontrer les talents des Canadiens français dans le domaine des affaires et y faire jeu égal avec les Anglais. Ils ne rêvaient que d'industries, voyageaient régulièrement aux États-Unis à la recherche d'idées et de capitaux, fondaient des entreprises. Ils voulaient faire de leur ville rien de moins que la Chicago de l'an 2000. Guay et d'autres croyaient que, en un siècle, la population de Chicoutimi atteindrait un million d'habitants. Quant à la région du Saguenay, elle allait devenir une nouvelle province, peut-être même un État indépendant qui s'étendrait jusqu'à la Baie James. Tout ce territoire, grâce à ses ressources illimitées, serait recouvert de grandes villes et parsemé de cheminées d'usines. Du reste, faisaient-ils remarquer, Chicoutimi est plus proche de l'Europe que ne le sont Montréal ou New York : qu'est-ce qui empêcherait donc de prolonger vers le nord-est les grands chemins de fer continentaux et d'acheminer vers le Saguenay tout le commerce de l'Ouest, y compris celui du Pacifique ? Telle était leur vision du Québec, du Canada et du monde.

Les deux clans se disputaient les faveurs des politiciens à Québec pour se faire concéder les droits sur les meilleures forêts. Ils s'affrontaient aussi en des querelles interminables dans la presse locale, devant les tribunaux et sur la scène politique municipale. Là, chacun essayait de s'assujettir le conseil en y faisant élire ses hommes, ce qui donnait lieu à des fraudes. D'un élu accusé d'avoir « volé » son élection, un journal adverse écrivit un jour qu'il l'avait gagnée « haut les mains ». L'attentat perpétré par l'avocat Belley constituait le plus récent épisode de ce conflit qui s'étirait. Mais, à cette occasion, tous les curieux purent constater que la « pierre menteuse » était solidement posée.

* * *

À tout moment, il y avait des courses à faire dans la ville; le Grand s'en chargeait. Fidèle à son habitude, il en profitait pour varier, étirer ses parcours. Un mois après son arrivée, il avait exploré tout le quartier du Bassin, là où résidaient les ouvriers de Price et de Dubuc. Il accompagnait tous les dimanches l'oncle et la tante à l'église des Pères eudistes, qui étaient de redoutables prédicateurs. L'un d'entre eux, très sévère, avait un jour admonesté durement les paroissiens, presque tous des ouvriers et des journaliers, leur reprochant d'avoir contracté « tous les traits de la cigale mais aucun de la fourmi ». Méo s'habituait aux bruits du quartier : le sifflement des meules des usines de pulpe, la clochette du boucher ambulant, les cris des cochers, le martèlement des bottines sur les trottoirs de bois. Il passait souvent devant le modeste édifice à deux étages de la Fédération ouvrière, qui était le syndicat des employés de la Compagnie de Pulpe. Il s'y attardait, suivait le va-et-vient des ouvriers, dont plusieurs étaient plus jeunes que lui. Il s'arrêtait aussi pour observer, après la tombée du jour, les visages des femmes et des enfants, silencieux, sur les galeries jouxtant les trottoirs.

Il était également devenu un habitué du quartier Centre au bas de la rue Racine, où étaient concentrés les magasins, les ateliers, les échoppes. Il était attiré par le salon de barbier où l'on pouvait aussi acheter des cigares. L'entrée était surmontée d'une enseigne représentant un drapeau anglais flanqué des armes royales; c'était l'œuvre du barbier lui-même, un Villeneuve, peintre à ses heures. Le Grand lisait les avis publics affichés sur le pont de la Rivière-aux-Rats et admirait l'énorme roue actionnée par le courant qui fournissait l'énergie à une petite manufacture de bois de fuseaux. Il se laissait séduire par les vitrines de la Bonne Ménagère, un magasin aussi gros qu'un presbytère. Au-delà, divers établissements se succédaient jusqu'en haut de la côte, chacun exhalant ses bruits, ses fumées, ses odeurs.

La chaussée venait d'être recouverte d'une couche de fines pierres concassées, procédé qui faisait merveille. Les citadins en étaient si entichés qu'ils l'avaient appelé le « macadam du Bon Dieu ». C'est un jeune entrepreneur de Gaspésie, un certain J.-R. Théberge, qui l'avait introduit à prix d'or. Mais dans toutes les autres rues, les passants étaient asphyxiés par la poussière que soulevaient chevaux et voitures. Méo voyait pour la première fois des hydrants*, des bicyclettes, des fils électriques, des numéros à la porte de chaque maison. Plusieurs hommes portaient des chapeaux durs, comme à la messe le dimanche. Le Quartier Est, en haut de la côte (la « Haute-ville »), regroupait les institutions religieuses, dont l'évêché, la cathédrale et le Séminaire. C'est là aussi que se dressait le Château Saguenay, avec ses quatre étages surmontés de tourelles. J.-D. Guay, le propriétaire, en était très fier; il avait voulu en faire une imitation de l'énorme Château Frontenac à Québec. La première fois que Méo y pénétra, il se retrouva à l'entrée d'un grand salon où était dressée une table chargée de boissons et de victuailles. Les officiers des navires en attente au port ou à l'Anse-aux-Foins recevaient les notables de la ville. Toutes les consommations étaient réglées avec des pièces d'or.

Chaque jour, des familles de travailleurs arrivaient. Le progrès se manifestait partout, comme l'annonçait le journal de J.-D. Guay, également maire de la ville. Le Grand fut enchanté de découvrir le téléphone, dont une soixantaine de maisons et d'établissements étaient équipés. C'était l'époque où, au Séminaire, de vieux prêtres se découvraient respectueusement devant le combiné avant d'engager la conversation. Il apprit aussi pourquoi, une ou deux fois par mois, on entendait sonner la cloche du cloître des Petites Servantes du Saint-Sacrement. La communauté ne vivait que de charité publique. Lorsque les sœurs n'avaient pas mangé depuis deux ou trois jours, elles envoyaient ce signal de détresse à la population qui se portait alors à leur secours.

Méo adorait la ville, où il y avait tant à voir et à faire. Un jour, c'était un voleur qui, s'étant introduit dans la banque, en avait été chassé à coups de feu par le gérant lui-même. Un autre jour, ce fut le défilé annuel des élèves du Séminaire dans les rues de la ville, avec leur costume bleu et vert. Cet événement était toujours très couru. Ouvrant la marche, une chorale formée des plus anciens étudiants interprétaient des chansons « canadiennes »; les autres élèves puis les prêtres suivaient. Mais Méo n'enviait pas le sort de ces garçons : il avait trop à apprendre. C'est cet automne-là que fut instruit le retentissant procès de Joseph Maltais, cultivateur de l'Anse-aux-Foins, accusé d'avoir tué son voisin d'un coup de pelle ; ils croyaient tous deux avoir trouvé le fameux trésor des Scandinaves et s'en disputaient la propriété. Il y avait souvent à l'hôtel de ville des « soirées dramatiques et musicales » qui attiraient une grosse foule. Tous les samedis soir, une fanfare donnait des concerts au parc de la Réserve.

D'autres événements véritablement remarquables jetèrent l'émoi dans la ville cet automne-là. La visite du grand cirque américain Washburn donna lieu à un gigantesque défilé de chars, de saltimbanques, de magiciens, de nains, de lions accompagnés de cinq ou six éléphants qui durent traverser la Rivière-aux-Rats à la nage pour éviter d'écraser le pont. Il y eut le suicide de l'illusionniste Richard, dont le corps fut retrouvé pendu à un arbre ; les curieux l'y laissèrent un bon moment à se balancer, croyant à un autre de ses tours. Un étrange « homme-mouche » ne fut guère plus heureux qui, un jour, devant plusieurs centaines de citadins, entreprit d'escalader à mains nues le mur de façade du Château Saguenay. Parvenu à la hauteur du troisième étage, il perdit prise et vint s'empaler sur un hydrant. Mais rien n'égala ce gros incendie qui, pendant toute une nuit, fit rage dans la Basse-ville, y détruisant plusieurs maisons et magasins. Des centaines de contribuables se portèrent volontaires, œuvrant sous la direction du maire de la ville et du Grand-Vicaire Belley, le curé de la cathédrale, que chacun put voir jusqu'au petit matin sur la brèche, la soutane retroussée, le col défait, le visage rougi par l'effort et par les flammes, criant des ordres à la ronde, hurlant comme un charretier par moment et déversant lui-même sur le brasier de grosses chaudiérées d'eau qu'une chaîne humaine faisait transiter depuis la rivière.

Et que dire du miracle des chutes électriques? Depuis plus de deux semaines, une vilaine pluie tombait presque sans arrêt sur la ville. Partout les ruisseaux, les rivières débordaient de leur lit, emportant les ponts de bois, rompant les écluses et creusant même de profondes rigoles à travers le macadam du Bon Dieu. Les cochers ne sortaient plus et deux enfants faillirent se noyer dans la rue Bossé, où l'atelier de l'oncle fut inondé — il en avait vu d'autres. À la Compagnie de Pulpe, on s'avisa un jour que la crue des eaux mettait en péril les bâtiments. J.-E.-A. Dubuc lui-même fit appel au Grand-Vicaire, encore lui. Suivi de centaines de curieux alertés par la rumeur, il vint en grande procession portant les saintes espèces et, entouré de prêtres du Séminaire qui psalmodiaient sous la pluie, il déposa solennellement une toute petite médaille du Sacré-Cœur sur les bords du torrent. L'intervention divine fut instantanée, chacun pouvant constater l'accalmie puis le reflux des eaux. La ville et la Compagnie étaient sauvées. Les patrons, les contremaîtres et les ouvriers, en procession eux aussi, se rendirent ensuite à la cathédrale pour offrir un tribut et recevoir la communion. Et tous s'accordèrent à reconnaître au Grand-Vicaire des pouvoirs extraordinaires : ce saint homme n'avait-il pas, au cours du même mois, vaincu tour à tour les périls du feu et de l'eau?

Méo était de toutes ces grandes manifestations, mais il ne prenait pas moins d'intérêt à des épisodes plus effacés. Comme cette dépouille d'un chef indien que des travailleurs avaient exhumée en creusant pour installer l'aqueduc au Bassin. Le Grand avait pu voir les os, le crâne, les perles et surtout les deux fers de lance qui émergeaient de la boue. Ce genre de découvertes rappelait le passé très ancien de la ville, érigée à proximité d'un poste de traite depuis longtemps abandonné. Le Grand s'amusait aussi du manège de deux petites filles inséparables, âgées de six ou sept ans, qui demeuraient à deux maisons de chez l'oncle Fabien. Il les voyait tous les jours partir pour l'école et en revenir main dans la main, franchissant à pieds joints les flaques d'eau et lançant des feuilles mortes aux oiseaux. Elles avaient toutes deux le visage couvert de taches de rousseur, comme Rosalie, et de longs cheveux roux. Le dimanche, elles passaient des heures à catiner* sur le trottoir de bois, sous le regard indifférent d'un gros matou pensif. Méo les saluait de loin ; elles lui répondaient timidement, en baissant les yeux, appréciant et craignant à la fois le voisinage de ce géant bienveillant. Le Grand les apprivoisa en leur fabriquant une cabane d'oiseaux. Il les amusait en jonglant avec leurs balles, en faisant des tours de magie. Pour chacune, il sculpta un petit bateau avec son couteau de chasse. Bientôt, elles vinrent régulièrement lui rendre visite à l'atelier de l'oncle qui leur prêtait sa lunette d'approche et leur racontait des anecdotes de sa vie de marin tout en continuant son travail. Il avait imaginé un récit à épisodes mettant en vedette une grenouille devenue, disait-il, gardienne de nénuphar et à qui il arrivait les choses les plus étonnantes. Méo en rajoutait, ne perdait pas une occasion de se moquer des deux fillettes. Un jour, il leur dit :

— J'vous ai examinées comme il faut et y en a une de vous deux qui est plus belle que l'autre !

Elles s'étaient observées, embarrassées par cette remarque maladroite :

— Laquelle ? demandaient-elles néanmoins, à l'unisson.

— Ah! vous vous r'ssemblez trop, j'suis pas capable de l'dire.

Soulagées mais honteuses de s'être laissé piéger, elles avaient fait mine de se fâcher :

— Malavenant!

— Grand pas fin!

Puis elles s'étaient enfuies en riant, cheveux au vent, faisant voler derrière elles un petit nuage écarlate.

Tard un soir, Méo flânait sur le port. Il y fut rejoint à sa grande surprise par Alexis-le-Trotteur qui arrivait au galop. Il s'arrêta sans façon devant le Grand, comme s'il avait su qu'il le trouverait là, et lui demanda, haletant :

— Le Rrrrrichelieu est-y… est-y arrivé?

— Non, mais j'l'attends justement.

— Bon, t… tant mieux; j'ai g… gagné m… ma course! annonça-t-il triomphalement en s'y reprenant par trois fois.

Et d'expliquer qu'il avait quitté Malbaie la veille, en même temps que le bateau de croisière. Des passagers avaient fait un pari : qui de lui ou du navire rallierait le premier le quai de Chicoutimi. Et en effet, lorsque le Richelieu, qui avait prolongé son escale à Tadoussac, eut accosté quelques minutes plus tard, il y eut une cérémonie pour honorer le vainqueur et répartir la bourse entre les heureux parieurs. Alexis, lui, eut droit à des applaudissements et aux félicitations du capitaine. Hébergé par Eugénie, l'Innocent séjourna quelque temps dans la ville et suscita l'admiration en offrant diverses démonstrations de ses talents. Parmi d'autres prouesses qui épatèrent la foule, il battit le meilleur cheval des Price sur une courte distance qui, pourtant, avantageait l'animal. En une autre occasion, il franchit d'un bond spectaculaire (mais dans le sens de la largeur seulement) la grosse tranchée creusée le long de la rue Bossé pour recevoir l'aqueduc. Il eut aussi l'honneur de danser devant les hôtes distingués, et décontenancés, du Château Saguenay. Puis, un matin, sans préavis, il quitta la ville et prit la direction du Lac, en suivant le parcours de la voie ferrée et en imitant les toussotements de l'engin. Telle était la vie insouciante et heureuse d'Alexis, allant au petit bonheur la chance, sans s'inquiéter ni de l'heure ni de l'an, tissant le fil d'une destinée dont personne alors n'aurait pu soupçonner le terme.

Méo avait deux lieux de prédilection, le port et la gare. Il trouvait tous les jours un prétexte pour fuir l'atelier de Fabien et venir musarder sur les quais. Il voyait au loin les montagnes du Valinoit dont le front, surtout le matin, baignait souvent dans la ouate, comme pour panser on ne sait quelle blessure. À marée basse, il apercevait les mâtures du Chicoutimi, un caboteur qui avait fait naufrage au large de l'Anse-aux-Foins une vingtaine d'années auparavant. Parfois, à marée montante, lorsque souf-flait un fort vent d'est, une quinzaine de voiliers arrivaient en même temps, toutes voiles dehors. Le Grand était ébloui. Il regardait manœuvrer les transatlantiques de Price, en particulier l'Ulrica, le plus gros des trois-mâts qui fréquentaient le port. Et, lorsque le soir tombait, il se laissait bercer par la féerie des douze phares alignés le long du chenal jusqu'à l'entrée du Fjord.

Il était souvent à la gare à rôder autour des trains, à examiner les voyageurs, à imaginer leur destination, leur provenance. À deux occasions, il assista au départ de centaines de pèlerins en route pour Sainte-Anne-de-Beaupré. Il s'intéressait beaucoup aux aventuriers qui revenaient du Klondike, épiait leurs conver-sations, les escortait jusque dans la ville. À quelques reprises, il vit entrer en gare les trains privés de richissimes Américains qui venaient au Saguenay pour préparer des investissements. À par-tir du milieu de décembre, les chutes de neige furent très abon-dantes; les trains entraient en retard, et dans quel état! Le Grand n'en finissait pas de contempler ces masses fumantes de métal et de glace mêlée de charbon surgies de la nuit: grosses bêtes suin-tantes et poussives aux formes irréelles qui venaient s'échouer devant la gare comme les immenses baleines noires de l'oncle Fabien. Des employés devaient, pour dégager les portes des wagons, attaquer à coups de pic l'épaisse croûte de neige, de charbon et de suie collée aux parois.

Un de ces matins de tempête, il les vit débarquer, les Finlandais. Depuis des semaines, leur arrivée défrayait la chronique des journaux. Ils étaient, disait-on, l'avant-garde d'un très gros contingent venant fonder, au sud-est de la Baie des Ha! Ha!, une importante colonie forestière et agricole. Deux financiers suédois pilotaient ce projet que les gens d'affaires de Chicoutimi appuyaient. L'évêché s'y était d'abord opposé de toutes ses forces, essayant même de soulever la population. Monseigneur Labrecque craignait l'expansion de cet « élément étranger parmi les nôtres ». Il s'était finalement laissé fléchir devant l'engagement, pris par les deux promoteurs, de faire inscrire les enfants et même leurs parents à l'école catholique. Mais l'affaire était une supercherie. Les Suédois, qui s'étaient présentés comme d'importants capitalistes, étaient en réalité sans le sou et, un an après sa création, la colonie allait être démembrée, abandonnant les employés à leur sort.

Ce matin de décembre, les Finlandais restaient là dans le train, intimidés par les centaines de curieux qui s'étaient assemblés sur le quai, impatients de voir ces étrangers qui avaient tant fait parler d'eux. Des accompagnateurs du gouvernement les firent descendre et défiler un à un vers trois ou quatre traîneaux sur lesquels ils déposèrent leurs effets. La plupart étaient des hommes dans la vingtaine; il s'y trouvait quelques femmes avec des enfants. Méo les regardait attentivement. Il s'était attendu à voir des gros bras, des durs, des mines peu engageantes; il découvrait des visages timorés, des regards clairs et francs, de belles têtes d'hommes. Ils étaient de petite taille, mal habillés. Il les vit, grelottants, silencieux, s'attrouper derrière les traîneaux. Le Grand se disait qu'il fallait être bien miséreux pour s'imposer de pareils sacrifices. Quelqu'un donna le signal et le convoi se mit en branle, les voitures devant avec les bagages, les hommes et les femmes derrière. Une marche de vingt milles dans le froid les attendait.

Ces images, et bien d'autres, le poursuivirent longtemps. Mais, pour Méo, le fait marquant de cette mémorable saison survint vers la fin de novembre. Une campagne électorale était en cours ; le vote devait avoir lieu début décembre. Les hommes des deux partis (P.-V. Savard, candidat libéral ; Jos. Girard, conservateur et député sortant) avaient tenu de petites assemblées publiques dans plusieurs localités du Haut-Saguenay. La campagne allait se terminer par une énorme manifestation à Chicoutimi. Les deux clans faisaient distribuer des tracts dans les maisons et surtout de grosses quantités de boisson pour s'attirer la faveur des électeurs. Le jour venu, l'excitation fut à son comble. Comme d'habitude, les boulés menaient le bal. Canayen Corneau, le plus redoutable d'entre eux malgré son jeune âge, travaillait pour le compte des conservateurs, le parti des Price. Il avait déjà fait la traite du whisky chez les Indiens ; ce sont eux qui l'avaient baptisé Canayen. Plus tard, il était entré au service des Price, s'appliquant à faire régner l'ordre et tout autant le désordre. Le matin de l'événement, les organisateurs avaient craint que l'assemblée ne soit reportée à cause d'un violent orage, mais le temps s'était vite remis au beau. Plusieurs milliers de personnes, pataugeant dans la boue, se réunirent donc près du quai, derrière l'hôtel de ville.

Le Grand et l'oncle Fabien se tenaient dans la foule, avec les supporteurs de Savard, le libéral. Dès le début, une bousculade éclata sur l'estrade même où les candidats et des représentants des partis avaient pris place. La suite ne fut pas moins tumultueuse : des bouts de discours entrecoupés d'escarmouches dans l'assistance, certaines suscitées et d'autres réprimées par les boulés. Après quelques heures très mouvementées, l'assemblée prit fin dans le chaos. On vit Canayen, aidé de quelques brutes, se diriger du côté des libéraux et y ouvrir un chemin à coups de poing et de pied, pour permettre à Girard d'évacuer la place. Le hasard plaça Fabien et Méo sur leur parcours. Ils ne virent pas venir le groupe de Girard car ils avaient tous deux tourné le dos à l'estrade, essayant eux-mêmes de se frayer un chemin vers la rue Racine. L'oncle fut bousculé le premier et, en se retournant, reçut le poing de Corneau en plein visage. Méo, qui voulut s'interposer, fut violemment repoussé à son tour et se retrouva au sol, piétiné par la cohue. Lorsque la horde se fut dissipée, Fabien, le visage ensanglanté, gisait au milieu d'une mare de boue, tentant vainement de se relever. C'est le Grand, encore étourdi, qui se porta à son secours. Il le souleva, essuya le sang qui coulait abondamment de la blessure et appela à l'aide. Un cocher les emmena finalement et les conduisit rue Bossé. L'oncle était mal en point. Un médecin fut appelé qui pansa une longue entaille sur le front. Le Grand se sentait vaguement coupable et se faisait du souci pour le vieil homme ; il le veilla toute la nuit, avec Eugénie. Le blessé mit plusieurs jours à se remettre. L'affaire, heureusement, ne laissa pas de séquelles, sauf chez Méo, bouleversé par l'incident, révolté par la conduite du boulé. Il s'était pris d'une grande affection pour l'oncle Fabien.

Il quitta Chicoutimi juste avant Noël, son séjour s'étant étiré bien au-delà de ce qui avait été prévu. Il avait eu le temps de voir le pont d'hiver se former la semaine précédente entre le quai de l'hôtel de ville et l'autre rive. Dès que la glace s'était fixée sur la rivière, des équipes d'hommes s'étaient mises au travail pour former un épais tablier à force d'arrosage et marquer soigneusement les repères de ce qui allait être pendant quatre mois l'unique voie de communication entre le village de Sainte-Anne et Chicoutimi. Il avait pu voir aussi Santa Klaus à la Bonne Ménagère. Le propriétaire avait disposé un piano au milieu du magasin. Une petite dame, qui lui rappela Marie, jouait des airs de Noël.

Le jour du départ, l'oncle et la tante avaient tenu à accompagner leur neveu à la gare. Il faisait très froid et les adieux furent brefs. Eugénie pleurait, discrètement. Ses larmes fines, saisies par le gel, se figeaient sur sa joue. Fabien étreignit Méo, glissa dans sa main sa grosse boussole. Puis il regarda longuement le train s'éloigner, comme si c'était son dernier bateau qui partait sans lui. Avec son fils à bord.

DEUXIÈME PARTIE

La Source Blanche

Chapitre VIII

Le Grand revint aux Chicots deux jours avant Noël. Comme d'habitude, son retour causa beaucoup de joie, en particulier chez Joseph qui était retenu au lit depuis plusieurs jours par une forte fièvre et une toux incessante; «une vraie grippe d'homme», disait Marie. Mathilde, Félix et Raphaël ne quittaient pas leur frère d'une semelle. L'une voulait tout savoir sur Chicoutimi, le deuxième s'intéressait à la boussole, l'autre buvait ses paroles. Et tous s'agitaient autour de lui, le trouvant plus intense que jamais. Tous sauf Adhémar, qui protestait: Méo revenait à nouveau d'une escapade la tête pleine et les mains vides. Lui, l'aîné, le géant (chacun nota qu'il avait encore grandi), ne rapportait rien d'autre que ses récits et ses «simplicités», alors que même Léon-Pierre, encore tout jeune, se débrouillait pour gagner quelques sous à gauche et à droite. Le climat des Fêtes fut assombri. Marie ne songeait pas à gronder le Grand qui était allé assister un parent mais reconnaissait que son séjour s'était prolongé sans raison. Joseph, comme toujours, prenait son parti; Marie le lui reprochait.

À seize ans, Mathilde était très éveillée, ardente, avide de plaisirs ; c'était une autre source de tension. Elle s'était mise au piano et avait appris plusieurs chansons comiques qui ne faisaient pas rire sa mère. Elle se montrait bonne de la jeunesse, qui le lui rendait bien. Elle amusait Raphaël avec ses fantaisies, ses déguisements ; il aimait son excentricité. Un prêtre venait de fonder à Chicoutimi une communauté de religieuses (les Antoniennes). Il avait recruté les premières novices, une douzaine, dans quelques paroisses du Lac et avait invité les curés à pressentir les familles à ce sujet. Marie en avait parlé à Mathilde et avait prié le curé Renaud de faire de même de son côté. Mais l'intéressée les avait tous deux éconduits. Il y avait eu une scène douloureuse à la maison :

— Religieuse, c'est pas pour moué. J'ai aut'chose à faire dans la vie.

— Tu veux pas comprendre, ma p'tite fille ? L'accouchement s'faisait pas, tu s'rais morte en naissant. J'ai dû promettre pour que tu vives.

— Bin pas moué ! C'est une affaire entre toué pis la Sainte Vierge. Ça me r'garde pas.

— Tu dis ça, pauvre toué, tu s'rais même pas là si j'avais pas promis.

— Écoute bin, m'man. T'as promis, t'as prié, t'as fait tout c'que t'as pu. T'as rien à t'reprocher. Moué non plus.

— T'as pas l'droit de parler comme ça, c'est un sacrilège ! C'est la Sainte Vierge qui t'a protégée.

Là-dessus, Mathilde s'était emportée et avait élevé le ton :

— Mais moué, je lui ai rien d'mandé à la Sainte Vierge. Ça fait que je lui dois rien. Si tu veux une religieuse, entreprends Béatrice ; ça va faire pareil, non ?

— Espèce d'égoïste ! Tu penses donc rien qu'à toué ?

— Égoïste, égoïste, c'est facile à dire. Ton vœu, t'as bin dû l'fére un peu pour toué aussi ?

Sur ce, elle avait couru au salon, grimpé sur une chaise et

soufflé violemment le lampion de la Vierge. Marie, en pleurs, s'était retirée dans sa chambre. Mathilde, malheureuse elle aussi mais l'œil sec, n'avait pas bronché. La relation entre la mère et la fille était brisée; elle ne se réparerait pas. L'année 1906 ne commençait pas bien. Finalement, il fut décidé d'inscrire Mathilde comme pensionnaire à l'École ménagère de Roberval, tenue par des Ursulines; elle y entrerait à l'automne suivant. Mais, durant cet été-là, elle séjourna de plus en plus souvent chez Bernadette et Honorius qui avaient besoin d'aide. L'auberge était très fréquentée; la tante donnait en plus des leçons de chant et de piano aux jeunes filles du village.

Béatrice, par contre, à l'âge de huit ou neuf ans, passait une grande partie de ses journées en prière, vivait en retrait de la famille, rêvait secrètement de se faire missionnaire en Afrique et d'y périr martyre. Raphaël, treize ans, était toujours aussi chétif et ne s'entendait guère aux travaux manuels. Il avait contracté la passion des livres; Joseph et Marie résolurent de le faire instruire. Il aurait pu aller au Séminaire de Chicoutimi, puisque le curé Renaud était disposé à tout payer, mais sa santé fragile le lui interdisait. Il continua pour un temps son instruction à la maison avec les ouvrages que le curé ainsi qu'Almas lui prêtaient. L'oncle en possédait une quantité étonnante, sur tous les sujets. Généreuse, la tante Clothilde disait:

— Gêne-toué surtout pas pour en emprunter, mon pauvre enfant; Almas, y les a toutt, les livres.

Félix, lui, continuait de compulser ses cartes postales en couleur en rêvant des États; il rappelait à Méo sa promesse de l'y emmener un jour, élaborait des plans, traçait des itinéraires: peut-être même pourrait-il y faire traiter son pied?

— Euh... oui bin sûr, lui répondait le Grand. Bin sûr...

Au cours des veillées qui suivirent le jour de l'An, Méo remarqua que, depuis l'automne précédent, plusieurs familles des Chicots avaient quitté la paroisse, soit pour les États-Unis, soit pour d'autres paroisses de colonisation autour du Lac. Il ne retrouva qu'une partie de ses compagnons de jeu. Renaud s'attristait de voir partir ces familles qui lui étaient chères :

— Pour moi, c'est toujours la fleur de la paroisse qui s'en va…

Le Grand rencontra Julie à deux ou trois reprises. Il affecta des airs détachés, lui donna comme toujours de l'Arc-en-ciel et de la Ciboulette, de la Coccinelle et du Pissenlit. Mais il cachait mal son trouble. Et il voyait bien que Julie avait dépassé l'âge de ces espiègleries ; le regard qu'elle posait sur lui n'était plus celui de la petite écolière naïve. Il apprit aussi qu'elle était devenue très amie avec Mathilde et, instinctivement, cette alliance lui fit peur.

Le Grand découvrait que, tout comme Julie, il avait changé d'âge. Il lui semblait que les Chicots n'étaient plus les mêmes. À peine revenu, il éprouvait le besoin de s'en éloigner encore. Dès la deuxième semaine de janvier, il décida de repartir. Depuis novembre, Bondieu Ladislas faisait chantier à la rivière Pikauba, au sud de Chicoutimi, et il lui avait offert de se joindre à ses hommes. Il reprit donc son sac et partit un matin à pied, dans le grand froid. Une voiture le fit monter trois ou quatre milles plus loin et, vers la fin de l'après-midi, il gagnait Hébertville où il prit le train pour Chicoutimi. Il passa la nuit chez Fabien et Eugénie, ravis de ce retour inopiné, et se remit en marche à l'aube, franchissant trente milles durant la journée. Sur l'heure du midi, il s'arrêta chez un habitant de Grand-Brûlé, Réo Blackburn, où on lui offrit à manger. Il y avait là une belle grande fille au regard sombre qui, au moment où il prit congé, lui remit discrètement quelques galettes ; Méo s'émut du geste furtif, presque complice. Il se remit en route et fut de nouveau saisi par le froid. Les fermes et les habitations, à demi enfouies dans la neige, se firent plus rares sur son chemin. Bientôt, il laissa derrière lui les dernières maisons, comme des oasis dans la neige. La route était maintenant plus étroite et le relief plus accidenté. Comme on l'en avait prévenu, il traversa deux lacs, un petit d'abord puis un très grand, parsemé d'îlots en son milieu. La nuit était tombée depuis un bon moment lorsqu'il arriva au camp de Ladislas, après avoir marché durant deux heures sur un mauvais chemin forestier qui s'élevait lentement dans une coupe*.

L'oncle, cultivateur de profession, était durant la morte saison l'un des nombreux petits djobeurs de la Compagnie de Pulpe de Chicoutimi. Il employait cet hiver-là une quinzaine d'hommes. Le chantier bourdonnait d'activité lorsque le Grand y arriva. Il pénétra dans le camp principal, une petite bâtisse en bois rond calfeutré au moyen d'écorces de bouleau. Il se retrouva dans une pièce mal éclairée, enfumée et surchauffée. Les forestiers, presque tous dans la vingtaine, venaient de sortir de table et le couke s'affairait encore à ses marmites. Il servit à Méo une assiettée de binnes. Les hommes firent connaissance avec le nouvel arrivant, demandèrent des nouvelles d'en bas. La plupart venaient des environs de Mistouk ou d'Alma. L'oncle Ladislas était absent ; il surveillait les travaux de glaçage des chemins de charroi, ceux qu'empruntaient les charretiers pour transporter les billots entre le lieu d'abattage et le bord de la rivière où ils seraient mis à flotter au printemps, à la saison de la drave. Méo quitta la table à l'heure où les autres se mettaient au lit. Tous prenaient place, côte à côte, sur un matelas de branches de sapin. Une cambuse, dont le modèle était emprunté aux Indiens, occupait le milieu de la pièce. C'était un emplacement de quatre pieds sur quatre aménagé à même le sol et recouvert de sable. On y entretenait le feu qui chauffait le camp et servait à la cuisine. Une ouverture plus petite était pratiquée dans le toit, juste au-dessus, qui laissait échapper la fumée.

Méo mit du temps à s'endormir. Il prêtait l'oreille au piaffement des chevaux dans l'écurie qui n'était séparée de la pièce que par une cloison. Cette proximité était voulue ; dans les nuits de très grand froid, le mur était abattu en sorte que les hommes et les bêtes pouvaient se réchauffer mutuellement. Le Grand pensait à son trop bref séjour aux Chicots, à Mathilde, à Julie. Il finit par trouver le sommeil. Plus tard, la température tomba et il fit aussi froid qu'à l'extérieur ; des hommes se levèrent pour attiser le feu et se réchauffer autour de la cambuse.

Ladislas logeait dans un tout petit camp séparé, là où la rivière se découvrait pour former une cascade, ou ce que les hommes appelaient un « rapide blanc ». Méo ne vit son oncle que le lendemain matin. Les retrouvailles furent brèves. Il indiqua à son neveu la direction de son bûché et lui rappela la règle d'or du chantier : s'assurer d'être à l'ouvrage d'une étoile à l'autre. Le territoire de coupe chevauchait une vallée de trente milles carrés traversée d'une petite rivière. À la fin de la nuit, les bûcherons prenaient place sur ses deux flancs, de façon à entrer en action dès l'aurore. De chaque côté, perpendiculaire à la rive, un chemin de glace reliait les bûchés au cours d'eau. L'abattage était la tâche la plus rude. Le matin, les hommes laissaient à contrecœur la chaleur du camp, emportant une provision de pain, de cretons et de lard salé qu'une fois à pied d'œuvre ils enfouissaient dans la neige pour la protéger du gel. Le midi, pour gagner du temps, ils récupéraient la nourriture et la consommaient sur place (« à la souche »), sans la faire réchauffer. Ainsi le voulait le code d'honneur du vrai « gars de chantier ».

Tout le travail se faisait à la hache dans la neige abondante qu'il fallait d'abord fouler autour de l'arbre afin de prendre pied. Les sapins et les épinettes étaient abattus, ébranchés puis coupés en billots de huit pieds. Les hommes, payés à la pièce, fournissaient un rendement moyen de vint-cinq billots par jour. Ladislas gardait l'œil ouvert et mettait au pas les bretteux[*] et varnousseux, les « gros-parleux-petits-faiseux ». Plusieurs en arrachaient en effet, guettant en fin de journée l'apparition de la première étoile qui les délivrerait provisoirement de leur supplice. Méo se plaisait à bûcher dans la neige. À part quelques mélèzes géants qu'il s'interdisait d'abattre, les arbres étaient de taille modeste et tout lui était facile. Il provoqua l'incrédulité lorsque, le premier soir, il annonça une production de quarante billots. Dans la semaine qui suivit, ce sentiment fit place au respect et même à une grande admiration : jour après jour, le Grand maintenait son rythme. Il en fut lui-même surpris et en tira quelque vanité. Un jour que des hommes s'étaient déplacés pour l'observer en action, il força un peu la note et s'infligea un tour de reins qui le confina pendant trois jours au camp, l'exposant à quelques quolibets.

Le travail des charretiers était moins dur mais ils faisaient les journées plus longues. Ce métier exigeait en plus une grande habileté à diriger les bêtes. Ils se levaient chaque nuit pour les nourrir. C'est aux charretiers aussi qu'incombait l'entretien des chemins de glace, tâche qui les occupait après le souper, parfois jusque très tard le soir. Ils prélevaient de l'eau à la tonne dans la rivière et la déversaient sur les chemins. Ils devaient y mettre beaucoup de soin, sinon une pellicule de glace se formait à la surface, et les chevaux, en la brisant, s'infligeaient des coupures aux pattes. Sur un chemin bien entretenu dont la pente était régulière et la chaussée bien ferme, un attelage pouvait tirer d'énormes charges ; les bûcherons s'émerveillaient de voir manœuvrer les charretiers et leur monture, toujours menacés cependant d'un dérapage qui les projetterait sur les bancs de neige avec le chargement. Méo s'intéressait à tous les aspects du métier et il s'attardait souvent le soir sur ces chemins ou aux abords de l'écurie pour observer la manœuvre et donner un coup de main.

Le couke faisait office d'infirmier. Le retour des hommes après la tombée de la nuit rompait la monotonie de ses journées. Une odeur de transpiration, de résine et de sapin mouillé (une « odeur de bûcheron ») se répandait dans le camp. Les arrivants se précipitaient autour de la table et s'empiffraient. Les plus vieux, les vrais gars de bois, ceux dont on disait qu'ils avaient « de la gomme de sapin dans les veines », prenaient l'initiative du chouennage* et essayaient d'impressionner les plus jeunes avec des anecdotes mémorables tirées des annales des chantiers : une petite bouteille d'eau bénite, accrochée à un arbre, miraculeusement préservée du gel pendant tout un hiver ; un bouleau qui poussait en forme de croix, près de la Rivière-à-Mars, là où un sacreur s'était noyé quelques années auparavant ; un chantier qui avait dû être fermé parce que le diable y apparaissait ; un revenant dont on entendait les plaintes dans un camp du lac Kénogami. Tous n'ajoutaient pas foi aux récits mais chacun y trouvait à se distraire.

Le dimanche était jour de repos. Les charretiers sortaient les chevaux pour les faire courir et jouer ; toute la semaine, le Grand attendait ce moment. Des hommes se livraient à la petite chasse ou allaient pêcher sous la glace des lacs environnants quelques truites qui s'ajouteraient au menu du soir. D'autres, et c'était le cas de Méo, profitaient simplement de la beauté du jour, allaient et venaient sur le chemin de glace entre la rivière et le camp, observant le mouvement des arbres et de la neige dans le vent, guettant ici un renard momentanément figé dans sa course, là une volée de moineaux qui tournoyaient autour des cheminées des deux camps. La fumée se dispersait au loin, se mêlant à la poudrerie qui s'échappait toujours des sapins et des épinettes, même par temps calme. Le soir, les hommes jouaient aux cartes ou bien simulaient des procès qui avaient fait les manchettes du *Progrès du Saguenay* et dont l'accusé était condamné ou gracié, selon le bon vouloir du couke-magistrat. Quelques fiancés, indifférents à ces drames, écrivaient laborieusement à leur blonde des lettres qui ne seraient jamais expédiées : ils les déchireraient ou les livreraient eux-mêmes au printemps. Les sujets étaient toujours les mêmes : des histoires d'hommes et de bêtes, de blessures et de guérisons, de misère noire et de rapides blancs. La plupart s'ouvraient par les mêmes mots : « Me voici au cœur de la forêt vierge… », « Je pense à toi tous les jours en attendant mon retour… », ou bien : « Au cas où cette lettre t'arriverait avant moi… ».

Personne n'en parlait jamais, mais chacun craignait l'accident grave qui le laisserait sans secours dans ce lieu retranché. Tous connaissaient l'histoire du charretier grièvement blessé dans un chantier des Price à la tête de la Péribonka et qu'on avait jugé incapable de supporter le déplacement jusqu'au village le plus proche. Des hommes étaient donc descendus au Lac quérir le médecin, mais au retour vers le camp, pour parer à toute éventualité, ils avaient cru avisé de monter en même temps un cercueil. Il avait effectivement servi à évacuer le corps de l'homme, décédé des suites de sa blessure. On savait aussi que dans des situations semblables, quand les distances étaient trop longues, des morts avaient été hissés sur le toit du camp pour n'être ramenés à leur famille qu'au printemps, à la fermeture du chantier. Pour éviter ces horreurs à leurs hommes, des filles et des femmes récitaient un rosaire quotidien et faisaient tous les dimanches un chemin de croix. Certains engagés, même parmi les plus endurcis, au moment de partir en novembre, laissaient aussi de l'argent à des prieuses à gages — comme la veuve Adeline Tremblay de Mistouk, qui priait à longueur de journée durant l'hiver, prenant entre vingt-cinq et cinquante sous pour cent chapelets.

Le malheur frappa néanmoins sur la Pikauba. La première fois, un dimanche. Un jeune homme de Grandmont, Régis Thibeault, avait quitté le camp au milieu de la journée en annonçant qu'il allait pêcher sur un lac éloigné. Comme il n'était pas revenu à l'heure du souper, on commença à s'inquiéter. Dans le courant de la soirée, il fut décidé de faire une battue. Trois équipes partirent dans des directions différentes conduisant à des lacs déjà reconnus. Les hommes avançaient lentement dans l'obscurité, de peur de se perdre eux aussi. Bientôt le vent et la neige se mirent de la partie, brouillant les pistes. Tard dans la nuit, ils durent retraiter au camp. Après quelques heures de repos sans sommeil, ils s'enfoncèrent de nouveau dans la forêt en variant cette fois leurs itinéraires. Mais l'absence d'indices rendait leur démarche très incertaine :

— Aussi bin charcher une hostie dans un banc de neige, se plaignait Ladislas.

Au milieu de l'après-midi, trois bûcherons aperçurent Thibeault accroupi contre un arbre, à demi enseveli sous la neige. Il respirait encore mais était inconscient. Ils le portèrent sur une distance de deux ou trois milles pour le ramener au camp. Presque miraculeusement, il revint à lui. Au début, il tenait des propos incohérents puis il reprit ses sens. Son histoire était banale, comme celle de la plupart des égarés en forêt. Il avait découvert un nouveau lac, s'y était attardé, avait été surpris par l'obscurité. Pris de panique au retour, il avait voulu prendre un raccourci à travers une colline, s'était perdu et avait tourné en rond jusqu'à épuisement. Il souffrait de graves engelures aux pieds et aux mains qui l'immobilisèrent pendant une semaine, après quoi Ladislas décida de le faire conduire à Chicoutimi. Méo en fut chargé avec deux charretiers. Ils furent de retour le surlendemain.

Le deuxième cas connut un dénouement plus tragique. C'était en mars, deux ou trois semaines avant la fermeture du chantier. Léon Bouliane, de La Pipe, au moment de s'élancer avec sa hache, perdit pied et se fit une large entaille au bas de la jambe. Un charretier le découvrit peu après. Le fer de la hache avait sectionné les chairs et la moitié de l'os ; la plaie saignait abondamment. Le blessé fut transporté au camp mais sa condition exigeait des soins urgents que le couke ne pouvait prodiguer. Il posa toutefois un garrot qui contint l'hémorragie. C'est encore une fois Méo avec les deux mêmes charretiers qui furent désignés pour conduire l'homme à l'Hôpital de Chicoutimi. On l'enveloppa dans des couvertures et le déposa sur une slé*. Il était lucide mais souffrait beaucoup et émettait de longs gémissements. On avait attelé Boxon, le meilleur cheval du chantier. Dans des conditions normales avec un bon attelage, il fallait compter une quinzaine d'heures pour arriver à Chicoutimi. Mais le ciel était couvert et, peu après leur départ, le temps vira à la tempête. Une grosse neige mouilleuse projetée par de fortes rafales fouettait la bête et les hommes qui ne voyaient plus ni ciel ni terre. Le chemin de chantier devint très vite impraticable et le cheval avançait de plus en plus difficilement. Méo s'était étendu le long du blessé pour l'abriter du vent :

— Decourage-toué pas, Léon ; on a un bon cheval, ça va bin aller.

À tout moment, les trois hommes descendaient de voiture pour aider Boxon à dégager le traîneau embourbé. La fatigue les força à faire des pauses de plus en plus longues. Les charretiers se plaignaient :

— Christ de blasphème de tempêtes de printemps !

Le soir tombait lorsqu'ils parvinrent au grand lac. Ils n'y voyaient plus à trois pas. Alors la température chuta brutalement, le froid devint mordant. Le blessé, à demi conscient, continuait à gémir faiblement. Sur le lac, une glace se forma au-dessus de la neige détrempée. Elle cédait sous les pas du cheval, éclatant en arêtes qui lui lacéraient les pattes. Après une heure de cette marche forcée, Boxon relâcha un peu son allure. Rathé, le charretier qui était aux cordeaux, sortit le fouet et rudoya la bête qui reprit son rythme puis ralentit à nouveau. Le manège se répéta quatre ou cinq fois. Maintenant Rathé était furieux, jurait, frappait de plus en plus fort ; l'animal se cabrait. Méo s'interposa. Il fit le tour de l'attelage et constata que le cheval avait les quatre pattes ensanglantées jusqu'aux jarrets. Il avait aussi les yeux recouverts de glace et les naseaux obstrués. Mais il ne se plaignait pas ; il dodelinait seulement de la tête et agitait la queue. Le tenant par la bride, Méo lui dégagea les yeux, les naseaux, lui parla à sa façon. Puis, tirant toujours la bride, il se mit en marche lentement devant, en prenant soin d'écraser la glace sous ses pieds ; le cheval retrouva son calme et lui emboîta le pas. Le Grand, à demi suffoqué dans le vent, avançait à l'aveuglette devant Boxon, pataugeant dans la glace et la gadoue, le reste de l'attelage suivant à l'arrière. À un moment, ils se crurent arrivés à l'autre rive mais ce n'était qu'un îlot ; ils surent qu'ils n'étaient qu'au milieu du premier lac. Il fallut encore deux bonnes heures pour retrouver le couvert de la forêt. Mais la tempête n'avait rien perdu de son intensité. Bouliane était depuis quelque temps immobile et n'émettait plus aucun son. Les deux charretiers s'étaient allongés de chaque côté de lui. Un peu plus tard, ils franchirent le second lac, heureusement plus petit, dans les mêmes conditions. Méo continuait d'ouvrir le passage. Il avait lui-même le bas des jambes écorché et tout son corps lui faisait mal.

Le jour était levé depuis longtemps lorsqu'ils débouchèrent dans le premier rang de Grand-Brûlé. Après vingt heures de marche, ils s'arrêtèrent enfin à une petite habitation, presque ensevelie sous la neige, où leur arrivée créa une grande agitation. Le secours fut cependant vite organisé. Le chef de maison, Arthur Bergeron, prit le relais avec deux de ses garçons. Le blessé fut enroulé dans d'autres couvertures puis installé sur une meilleure voiture à laquelle on attela un cheval frais, et il fut conduit en toute hâte à Chicoutimi. Il eut finalement la vie sauve mais les médecins lui amputèrent la jambe. Pendant ce temps à Grand-Brûlé, Méo, les deux charretiers et Boxon étaient assez mal en point, souffrant de nombreuses engelures ; Méo surtout, qui avait fait le gros du travail au cours de la nuit. Les Bergeron les hébergèrent, et c'est seulement cinq jours plus tard qu'ils purent revenir à Pikauba. Les charretiers firent le récit de leur aventure. Ils n'avaient pas de mots pour louer la résistance de Méo. Méo le héros.

Le chantier ferma à la fin de mars, le doux temps rendant les déplacements trop difficiles dans la forêt et sur les chemins de charroi. Les hommes fermèrent le camp, ayant soin de laisser derrière eux des vivres et des accessoires de survie, tout comme le faisaient les Indiens pour secourir quelque voyageur en péril dans la forêt. Puis ils descendirent ensemble du chantier, tous à pied sauf les charretiers, comme ils y étaient montés. Le voyage donna lieu aux habituelles manifestations de joie. Il faisait beau, la fonte des neiges ouvrait des rigoles qui serpentaient au milieu du chemin défoncé ; les ruisseaux coulaient de nouveau bruyamment au grand jour et, sur les crans, les couches de neige exposées au soleil de midi renvoyaient de surprenantes bouffées de chaleur. Les voyageurs enlevaient tuques et mitaines, déboutonnaient leur manteau, se lançaient des mottes de neige, se bousculaient comme des enfants, souriaient à la douceur du «petit printemps». Ils allaient maintenant s'offrir un répit, retrouver leur famille et leur blonde, profiter un peu de l'argent durement gagné, dont ils remettraient la plus grande partie à leur famille. À l'approche de Grand-Brûlé, ils s'arrêtèrent un instant pour saluer et remercier encore une fois la famille Bergeron. Plus loin, Méo s'arrêta encore, brièvement, cette fois chez les Blackburn. Il avait sculpté durant l'hiver un petit cheval de bois; il le remit à la grande fille brune — elle s'appelait Carole. Après quoi les hommes se séparèrent, Méo ayant tout à coup décidé de prendre la direction de Chicoutimi. Comme le voulait un rituel masculin, le premier hiver dans les chantiers marquait l'accès à un nouveau statut : un jeune pouvait désormais sacrer, prendre un coup, se battre et même courir un peu les femmes. Mais, pour l'heure, Méo choisit de s'abstenir.

Il se présenta à nouveau chez l'oncle Fabien, où il reçut le même accueil que trois mois auparavant. Cette fois, il s'installa pour quelques semaines. Une mauvaise nouvelle l'attendait : une lettre reçue le mois précédent, rue Bossé, annonçait la mort du grand-père François. Joseph, Marie, Mathilde et quelques autres s'étaient rendus à Métabetchouane pour les obsèques. Méo fut secoué. Il portait toujours sur lui la montre reçue en cadeau quelques années auparavant et, du défunt, il gardait en mémoire le visage osseux, les bras décharnés et les longues mains calleuses aux doigts noueux. L'oncle et la tante virent son émoi et redoublèrent d'attentions durant les jours qui suivirent. Les distractions, heureusement, ne firent pas défaut. Le Grand renouait avec les rues, les paysages familiers de la petite ville. Il revoyait le décor, les visages qui l'avaient enchanté ou intrigué l'automne précédent. Et il découvrait la vie de Chicoutimi au printemps : le retour des forestiers, la remise en marche des usines Dubuc fermées tout l'hiver à cause du faible débit des eaux dans la rivière, et surtout le retour des bateaux avec leur clientèle de commerçants, de prospecteurs, de touristes, d'arpenteurs, de charlatans.

Méo assista aux trois parties de hockey qui opposaient en finale le club de Chicoutimi à celui de Trois-Rivières. Ou plus exactement : aux deux premières, car le hasard fit qu'il prit part à la dernière. Une épidémie de grippe avait décimé les rangs des deux équipes qui étaient à cours de joueurs. Revenu des chantiers tout en muscles et débordant d'énergie, le Grand s'était porté volontaire auprès des « locaux ». Ils lui firent d'abord subir un essai jugé concluant. En fait, il surprit tout le monde par « son coup de patin, son maniement de la rondelle et la puissance de son lancer », comme le relata un journal local quelques jours plus tard. Un autre rapporta que la recrue avait introduit dans ce sport violent l'art de la feinte auquel il prédisait un grand avenir. Bref, Chicoutimi remporta le dernier match et le championnat. Devant des adversaires mal en point, Méo marqua quatre buts, fut porté en triomphe et, pendant huit jours, la petite maison de la rue Bossé fut assaillie de supporteurs. Le *Progrès du Saguenay* se demanda d'où sortait ce phénomène qui, par une retentissante mise en échec, s'était en outre permis de remettre à sa place le boulé de l'équipe adverse. Au terme d'une bousculade dans un coin de la patinoire, le Grand lui avait même offert « une claque su'a baboune ». Toujours, Méo le héros…

Il continuait à s'intéresser à la petite vie de la ville : les déménagements, dont la saison débutait ; le va-et-vient des résidants du Bassin qui, deux ou trois fois la semaine, allaient aux abords de la ville avec de petits traîneaux pour recueillir du bois mort, couper des aulnes, des arbustes, dont ils se chauffaient ; les enfants qui se glissaient du haut de la côte de la rue Jacques-Cartier, suscitant la mauvaise humeur des charretiers ; les promenades du dimanche avec Eugénie et Fabien sur le pont de glace reliant Chicoutimi et Sainte-Anne. Le pont de glace, justement. Le Grand y trouva une autre occasion de s'illustrer. La tradition voulait que, chaque année au printemps, juste avant qu'il ne soit emporté par le courant, on y plante un Mai. Des hommes choisissaient un immense sapin, l'émondaient, attachaient une bannière quelconque au sommet (le «drapeau du Mai») et allaient de nuit le planter sur le pont, le tout accompagné de force libations. Le lendemain, pour achever le rituel, les jeunes de la ville s'y rassemblaient au milieu d'une grosse foule trop heureuse de secouer la torpeur de l'hiver. Ils avaient pour tâche d'aller décrocher le drapeau, performance dont l'auteur était gratifié d'un prix et de l'estime de la communauté. Il s'écoulait parfois des années sans que personne n'arrivât à «sauver le Mai». Les jeunes subissaient alors les moqueries des plus vieux. On crut bien que ce serait le cas cette année-là. Toutes les tentatives pour escalader le «mât», même par les jeunesses les plus vigoureuses, s'avérèrent infructueuses, chaque essai donnant lieu à des mouvements bruyants parmi l'assistance. Jusqu'à ce que le Grand décide d'entrer en action. Lentement mais sans faillir, il gravit les trente pieds jusqu'au sommet, décrocha délicatement le Mai en faisant dangereusement osciller la tête du sapin et, acclamé de toutes parts, revint sans accroc toucher terre. C'est le maire de la ville lui-même, «Jos.-D.» comme tout le monde l'appelait, qui remit au Grand sa récompense, une pièce de monnaie de un dollar, et lui passa autour du cou le ruban du Mai. Méo était désormais célèbre sur les deux rives. Méo le chat.

Chef de file des «Américains» de Chicoutimi, Jos.-D. était à cette époque un personnage célèbre dans la région. Il en menait long et large : initiateur et vice-président de la Compagnie de Pulpe, propriétaire et directeur du *Progrès du Saguenay,* copropriétaire d'une foule de petites manufactures, spéculateur foncier, prêteur, principal actionnaire du Château Saguenay, pionnier et animateur de la Bourse du fromage, dirigeant lui-même deux ou trois fermes modèles, conférencier agricole recherché, gérant de clubs de chasse et de pêche où il était l'hôte de riches Américains, maire de sa ville pendant plusieurs années, président de nombreuses associations, tels étaient les titres de cet homme-orchestre que plusieurs avaient surnommé «le Beu» à cause de sa résistance et de l'opiniâtreté qu'il mettait dans ses affaires. Il savait aussi, il faut le dire, mêler efficacement ses intérêts avec ceux de la municipalité et organiser ses élections en se mettant à l'abri des surprises. Il brûlait la vie par tous les bouts, poursuivait avec le même acharnement ses projets et ses adversaires, intenta cent procès dont il perdit au moins la moitié, ne s'accorda jamais tout à fait (comme de nombreux autres) avec le règlement de prohibition frappant les boissons alcoolisées et, pour le reste, tout en étant bon catholique et père de famille attentif, défia régulièrement l'orthodoxie imposée par le clergé dans les matières temporelles, ce qui lui fit souvent encourir les représailles de l'évêque et contribua finalement à sa chute.

Rien cependant n'entacha jamais la faveur dont il jouissait auprès des citoyens les plus humbles, dont plusieurs trouvaient de l'emploi dans ses entreprises et qui s'adressaient à lui pour tout ou rien. Des passants s'arrêtaient à ses bureaux au *Progrès* pour obtenir des informations pratiques ou des conseils : une jument atteinte du souffle peut-elle transmettre la maladie à son poulain ? comment contester son évaluation foncière ? quelle est la différence entre un roi et un empereur ? dans quel continent se trouvent les plus hautes montagnes du monde ? et puis, serait-il assez aimable pour effectuer telle ou telle course lors de son prochain voyage à Québec ?... Sa lutte contre le monopole des Price était une autre source de sa popularité. Il s'en prenait aussi dans son journal aux commerçants locaux qui ne mettaient que de l'anglais sur leurs enseignes.

L'événement du Mai, s'ajoutant à l'épisode de la finale de hockey, attira sur Méo l'attention de Jos.-D., que les démonstrations d'audace et de vivacité ne laissaient pas indifférent. Il invita le jeune prodige à lui rendre visite avec Eugénie et Fabien. Méo fut ébloui par la résidence du maire : les dimensions du salon richement meublé, les domestiques en livrée, le grand jardin et son aquarium dont Guay avait emprunté le modèle à un grand hôtel parisien, l'écurie de quatre chevaux, l'automobile toute neuve. Le maître des lieux fit servir à boire à ses invités et offrit à l'oncle Fabien un cigare long comme le bras. Puis la conversation s'engagea. Jos.-D. se passionna pour le passé du capitaine, échangea avec lui des propos très informés sur les pays, les peuples et les mers, et, à la grande surprise de son interlocuteur, devisa assez savamment sur les mérites de telle ou telle voilure, l'évolution des tonnages et des moteurs, l'histoire des grandes routes de navigation, tout cela pendant que madame Guay faisait à Eugénie les honneurs de la résidence. Méo, de son côté, avait lié connaissance avec le fils aîné de la maison, Pierre-Eugène, du même âge que lui et étudiant au Séminaire. Au salon, la conversation revenait à des considérations plus immédiates : l'économie de la ville, la situation du port, le manque de main-d'œuvre. Là-dessus, Jos.-D. offrit à Méo d'entrer à son service quand il lui plairait. Et les visiteurs prirent congé, ravis de leur sortie, en particulier l'ancien navigateur qui avait trouvé le maire « très facile d'accostage ».

Le Grand songeait à l'offre qui lui était faite, hésitait, cherchait à gagner du temps. Dans les jours qui suivirent, le fils Guay l'invita à se joindre à ses divertissements : parties de quilles au Château Saguenay, promenades à bicyclette dans la ville, visite du Richelieu en compagnie de son capitaine, fréquentation de l'écurie familiale. Un soir, ils allèrent à l'hôtel de ville en compagnie du maire et de sa femme pour assister, du premier rang, à un spectacle du fameux Altamon, le magicien qui faisait tout disparaître. C'est au cours de cette soirée qu'un spectateur en boisson lança du fond de la salle :

— Tant qu'à fére, chose, pogne donc aussi la dette d'la ville…

La salle avait éclaté et Jos.-D., beau joueur, s'était levé pour tirer son chapeau au plaisantin. Le lendemain, une petite barge laissait Eugène et Méo à l'Anse-aux-Foins d'où ils gagnèrent à pied le sommet du Mont-Valin. Il se trouvait là un lac encaissé, tout en longueur, avec une petite île au milieu, sur laquelle Guay avait fait construire un chalet pour ses voyageurs américains. Ils s'y installèrent et, pendant trois jours, ramèrent paresseusement d'une rive à l'autre, tout en pêchant la truite. Ils découvrirent au fond d'une anse les vestiges de trois canots d'écorce abandonnés ; ils donnèrent son nom à l'endroit : le lac des Canots. Méo vivait un grand moment de bonheur. Il racontait à son compagnon ses visites à la Rigane, lui montrait la montre du grand-père, la boussole de Fabien et lui parlait longuement de l'oncle. Sur le chemin du retour, ils purent contempler les immenses voliers de bernaches qui se posaient sur les battures de l'Anse-aux-Foins au terme de leur migration printanière. Le Grand revint rue Bossé encore plus indécis, étourdi par le nouveau cours de sa vie.

Il se retrouva sur le port un matin, remuant ses pensées au hasard de ses pas. La rivière charriait d'immenses plaques de glace descendues du Lac Saint-Jean, certaines portant encore les balises qui, les mois précédents, avaient guidé les voyageurs en détresse : des glaces de Roberval, de Métabetchouane, de Péribonka, encore chargées de la mémoire de l'hiver et qui dérivaient lentement vers le Fjord où elles s'abîmeraient. Des glaces des Chicots peut-être ?

Il était temps de rentrer.

* * *

On était à la fin de mai 1906. Revenu chez lui, le Grand remit 300 dollars à Joseph (qui en écarquilla les yeux), se réservant secrètement une somme qui servirait à financer ses prochaines virées. Il raconta son séjour aux chantiers, omettant les événements qui avaient marqué son passage à Chicoutimi — mais le *Progrès* avait déjà diffusé ses exploits autour du Lac. Dans les jours qui suivirent, il visita la famille du grand-père défunt à Métabetchouane pour offrir ses condoléances. Au moment où il passait devant la gare à Roberval, un train s'y arrêtait en provenance de Chicoutimi. Il ramenait des familles du Lac qui étaient allées passer l'hiver dans un chantier forestier de l'Île d'Anticosti.

Méo s'y attarda. Il vit bientôt descendre une soixantaine d'hommes et une dizaine de femmes, tous en mauvais état. Les tempêtes s'étaient succédé tout l'hiver, les vivres avaient manqué, des accidents de toutes sortes avaient frappé le chantier. Le djobeur, un commerçant de Tikouapé, avait dû déclarer faillite, ne versant que le quart des salaires à ses engagés. Quand tous les passagers furent descendus, ils restèrent là, pensifs, regroupés sur le quai. Une quinzaine de chevaux hennissaient dans un autre wagon. Des gens de la ville accouraient. On était allé chercher le curé qui se présenta avec son bénitier et deux enfants de chœur. Puis des hommes déposèrent sur des chariots cinq cercueils contenant les dépouilles de quatre hommes et d'une femme. Les morts de l'hiver.

Le Grand continua sa route vers Couchepagane. Un habitant le prit à bord de sa voiture jusqu'à Chambord, puis un autre. Il arriva vers la fin de l'après-midi chez la grand-mère Mélanie où il demeura pendant quelques jours. L'aïeule tint à le présenter à la parenté ; des grands-oncles voulurent aussi le voir. Un soir, Mélanie en réunit quelques-uns chez elle, en compagnie d'autres parents. Méo fut très ému de rencontrer ces visages où il releva bien des ressemblances : des traits, des accents, des gestes, des expressions même. Il revit la cousine qui lui avait tant rappelé Mathilde. Mais il se tint surtout avec les grands-oncles qui avaient émigré au Saguenay dans les années 1840-1850 avec la première génération de colons dans le dénuement le plus total, laissant derrière eux une contrée dont le souvenir ne les avait jamais quittés. Un souvenir qui, avec le temps, s'était nourri de rêve, en était venu à mêler la réalité et la légende, et qu'ils racontaient éloquemment, sans se lasser, à l'intention du neveu.

* * *

Les yeux embués, ils parlaient avec passion de Charlevoix, ce pays de la mer aux paysages somptueux dont ils avaient néanmoins été chassés par la pauvreté. Ils évoquaient la misère dans laquelle ils avaient vécu, eux et leurs ancêtres, sur « les terres de roches » de Saint-Urbain, de Sainte-Agnès, de Saint-Hilarion, ou sur les hauteurs de Cap-aux-Oies, de Cap-à-l'Aigle, des Éboulements : les durs travaux, les maigres récoltes, les lendemains incertains, les habitats surpeuplés. Comme ils la regrettaient pourtant cette patrie sévère et superbe surplombant le grand fleuve, avec ses montagnes pleines de mystères, ses rives escarpées, ses enfilades de falaises et de quais, de caps et de baies ! Ils racontaient les tempêtes et les naufrages, les pêches miraculeuses, les périlleuses navigations au long cours, les marins qui n'étaient jamais revenus et mille autres choses remarquables : comme ces vieillards de Petite-Rivière dont le regard, à force de fixer la mer du matin jusqu'au soir, finissait par en épouser la couleur changeante, tantôt pâle et morne, tantôt claire et gaie, ou bien noire et méchante comme l'œil du hibou ; les corps de noyés que tôt ou tard, assuraient-ils, la marée ramenait sur la grève de leur village, le visage tourné vers l'église ; et les bélugas qui, au mois d'août, venaient s'accoupler au large de l'Île-aux-Coudres, dans les eaux douces de la fin du jour. Et ces immigrants irlandais de Grosse-Île, inhumés à la hâte sans les services du prêtre, qui revenaient ensuite hanter les vivants et tenaient des réunions nocturnes sur les hauteurs du Cap-aux-Corbeaux. Enfants, ne les avaient-ils pas vus sous la pleine lune danser là-haut autour de grands feux qui dessinaient des ombres effrayantes ?

Tel était le Charlevoix du large, celui des navires géants surgis des lointains, celui des grandes marées d'automne qui embaumaient jusqu'au pied des monts et faisaient rouler le caplan sur la grande plage de Saint-Irénée, celui des goélettes et des cornes de brume, de l'anguille qui abondait et du marsouin qui se faisait rare, obligeant les hommes à le poursuivre de plus en plus loin vers le golfe, dans des courses échevelées dont ils referaient mille fois le récit.

Il y avait aussi, vers le nord, le Charlevoix de l'intérieur, celui de la montagne et des Indiens, celui des animaux sauvages, des innombrables lacs et rivières. Dans les années 1830, peu de gens avaient osé franchir le premier alignement des cimes qui bloquaient l'accès à ce véritable continent qu'on appelait le Royaume du Saguenay et que, jadis, guidés par des Indigènes intrépides et au prix de terribles souffrances, des missionnaires français avaient néanmoins parcouru au complet, ce qui les avait menés jusqu'au bout du monde ou presque, là où ne vivent que les Esquimaux, les grands phoques et les ours blancs. Plus tard, d'autres hommes s'y étaient aventurés pour y faire le commerce des fourrures. Ils avaient établi des postes de traite près de campements de Sauvages, en des lieux nommés Chicoutimi, Métabetchouane et Nikabau, à proximité d'un lac que l'on disait d'une telle étendue que, de n'importe quel endroit sur ses bords, on n'apercevait jamais l'autre rive. Toutes les maisonnées de Charlevoix savaient les hauts faits associés à cette mer intérieure. On répétait que des explorateurs y avaient pêché des poissons de douze pieds, que son pourtour recelait les terres les plus fertiles des Amériques, qu'elle était secouée de soudaines et furieuses tempêtes aussitôt suivies des plus douces accalmies, qu'elle se déversait avec fracas dans une sorte de fleuve enserré par d'immenses parois rocheuses dont même les oiseaux ne pouvaient atteindre le sommet. Les rares habitants de Charlevoix qui se vantaient d'avoir franchi les abords de cette contrée pleine de dangers et de merveilles en rapportaient des visions étranges : des silhouettes de vieux chefs indiens dressés sur des promontoires rocheux, qui guettaient le vent et les étoiles, immobiles et silencieux, leur regard embrassant le ciel comme s'ils interpellaient l'univers ; des chutes redoutables, hautes comme des trois-mâts, que des saumons géants parvenaient néanmoins à remonter par bonds prodigieux ; d'effroyables incendies qui y avaient fauché des morceaux de forêt grands comme des pays ; et des traces des tout premiers découvreurs, d'antiques outils de fer et de cuivre, des perles de toutes les couleurs, et bien d'autres objets ayant appartenu aux grands capitaines jadis envoyés par les rois de France.

Et puis, coincé entre la montagne et la mer, il y avait le Charlevoix de tous les jours, celui de la pauvreté et de l'entraide, celui des terres arides et des ventres féconds, celui des cent métiers et des mille peines dont les rangs s'appelaient justement Mille-Peines, Mains-sales, Misère, Courage, Pie-sec, Pousse-pioche. C'est dans ces rangs-là qu'était née l'idée de peupler le Saguenay. À plusieurs, la promesse de vastes étendues de terre fertile au creux d'une vallée traversée de belles rivières était alléchante. Les premiers volontaires se mirent en marche au début de l'été 1838. On était venu d'un peu partout pour assister à leur départ. Des prêtres leur avaient donné la bénédiction. Ils étaient une quinzaine de familles, amenant chacune quelques animaux. Les colons, surchargés, s'engagèrent à pied dans la forêt, allant par monts et par vaux à travers les moustiques, souvent sous la pluie, les bras et le visage écorchés par les branches, les pieds blessés par les ronces et les roches, suivant des chemins mal balisés qui les obligeaient constamment à revenir en arrière. En quittant Saint-Urbain, ils franchissaient d'abord le mont des Cygnes puis le mont de l'Ourse et le Dôme. Au-delà de la montagne de la Noyée, ils abordaient un paysage aride formé de crêtes, de pics, de formations volcaniques où serpentaient de longues vallées glaciaires. Ils affrontaient de la neige sur les sommets, des marais dans les « fonds ». Ils poussaient devant eux leurs animaux qui s'égaraient souvent ou s'enlisaient. Ils s'immobilisaient à tout moment pour faire se reposer les enfants, les réconforter, et déposer un instant les lourds fardeaux.

À la fin du jour, ils aménageaient des abris de fortune. Chacun s'y installait pour la nuit, s'allongeant à même le sol recouvert de branches de sapin ou d'épinette que les hommes avaient coupées à proximité. Les plus jeunes n'oublieraient pas ces longues nuits sans sommeil, agitées par les mouvements et les cris des bêtes sauvages. Après cinq ou six jours de cette marche forcée au cours de laquelle se soudaient des liens indestructibles entre hommes et femmes, entre parents et enfants, ils atteignaient enfin les hauteurs de la Baie des Ha! Ha!

Ces traversées donnaient lieu à toutes sortes d'infortunes : des convois enlisés pendant plusieurs jours dans la neige même en début d'été; des familles égarées dans le mauvais temps, forcées de coucher plusieurs fois à la belle étoile; des enfants mal chaussés qui se gelaient les pieds et devaient subir ensuite des amputations; des marcheurs qui se faisaient une entorse et qu'il fallait soutenir jusqu'à la fin du trajet; des familles qui, à court de provisions, furent miraculeusement sauvées par des Indiens; d'autres qui, dans les mêmes circonstances, abattaient leurs animaux pour se nourrir. Quelques familles durent manger leur chien pour éviter de mourir de faim. Et, une fois qu'ils étaient arrivés au Saguenay, au lieu des mines et trésors de la légende, ce qu'ils découvraient ressemblait souvent aux « terres malplaisantes » évoquées jadis par certains missionnaires. Dans les premiers temps de leur installation sur leur lot, ils dormaient à la belle étoile. Des camps sommaires étaient ensuite élevés, des constructions de quatre ou cinq pieds de hauteur, recouvertes d'écorces de bouleau, qui permettaient seulement de s'asseoir ou de se coucher sur un lit de branches. Ces abris se dressaient en peu de temps et, dans les endroits très fréquentés par les ours, ils offraient l'avantage d'être difficilement accessibles. À partir du milieu de l'hiver, les familles manquaient de tout, ne se nourrissant que de pommes de terre. Elles avaient hâte au printemps, au retour de la perdrix blanche. C'était un drôle d'oiseau, très facile à attraper. Lorsque le temps était couvert surtout, il se laissait capturer par les enfants tout près des camps, comme s'il le faisait exprès. Certains disaient que la perdrix ne venait pas seulement des airs mais du Ciel, qu'elle était envoyée pour secourir le colon. Quand des nouveau-nés ou des jeunes enfants décédaient, ils étaient enterrés à la lisière des défrichements; on les déterrait plus tard lorsque la paroisse était organisée et qu'un cimetière pouvait les recevoir. Parfois les familles avaient alors quitté la région et ces morts-là ne furent jamais relevés*.

Les parents de Charlevoix n'oubliaient pas leurs gens partis au-delà des montagnes. De temps à autre, des convois descendaient vers le Haut-Saguenay et le sud du Lac-Saint-Jean pour venir en aide aux colons. Ils apportaient des victuailles, du linge, des outils, des graines de semence, quelques volailles, en fait tout ce que la collecte des paroisses avait donné ; à quoi s'ajoutaient des tinettes de sirop d'érable, des petites sculptures de bois en forme de cabanes à sucre. Les gens de Couchepagane recevaient pieusement cette accolade des familles qui se souvenaient.

Il y avait des moments de douceur. Certains soirs d'été à Couchepagane, lorsque le vent éloignait les moustiques, les ancêtres Tremblay s'assemblaient pour marcher dans les grains, à travers les souches, puis ils se dirigeaient vers l'avant des camps pour regarder le Lac. À gauche, vers l'ouest, et surtout à droite en direction d'Hébertville, toute la côte était illuminée d'un chapelet de feux d'abattis. Le spectacle les émouvait, surtout lorsque le vent soufflait du sud-est : c'était le vent le plus doux, le vent de Charlevoix. Parfois, ils croyaient même y déceler des échos des vieux villages et les odeurs de la mer.

*   *   *

Méo prit congé avec regret de ces témoins que la mort emporterait bientôt. Leur parole chaude et grave racontait une vie qu'il n'avait pas soupçonnée. Sur la route qui le ramenait à Roberval, il voyait maintenant d'un autre œil les terres qui défilaient sous ses yeux. Il était toujours sensible à la féerie du paysage, mais aussi à la misère qui en était le prix, à tout un passé qu'elle ne laissait pas deviner.

Rentré aux Chicots, il reprit un moment sa vie habituelle, donnant un coup de main à la ferme. Joseph maugréait ; les défrichements n'avançaient pas aussi vite qu'il l'aurait voulu. Marie le raisonnait :

— Extravagant, tu voudrais tout faire en trois jours. Fais donc comme les autres, prends ça paroisse par paroisse.

— Y a des jours où on dirait que j'travaille pour rien. J'ai l'impression d'avancer comme un barbeau dans l'sirop.

Méo l'assistait de son mieux mais il visitait régulièrement les Eaux-Belles et s'était remis à nager sur de longues distances dans les eaux du Lac. Un jour, s'étant rendu à pied au village, il y rencontra Julie sortant du magasin général. La rencontre fut brève. Ils parurent surpris l'un et l'autre, lui surtout. Ils s'observèrent un instant en silence. L'âge les avait transformés. Ils étaient fondus depuis longtemps, les bonshommes de neige de leur enfance. Au-delà de l'écolière puis de l'adolescente qui avait partagé ses rires, ses jeux, Méo découvrait une jeune fille épanouie, attirante, à la fois très douce et résolue. C'est elle qui réagit la première. Le plus naturellement du monde, elle lui dit tout bas :

— T'es beau, Méo.

Du coup, il rougit, resta interdit, jeta des regards à gauche et à droite comme s'il cherchait une bouée, esquissa enfin un sourire qui se figea dans une espèce de grimace, puis balbutia :

— Toué aussi...

Et il s'éloigna vivement, malheureux, maudissant sa sottise et sa maladresse. Que se passait-il donc ?

Le 24 juin 1906, il eut dix-neuf ans. Il fit le compte de ce qu'il avait appris jusque-là sur les êtres et sur les choses. Il savait maintenant démêler l'essentiel et l'accessoire (« la crème et le p'tit lait », comme ils disaient à Mistouk), que la vie n'est pas éternelle, que l'esprit entretient des rapports compliqués avec la réalité, que l'existence humaine est un tout dont plusieurs parties sont mal emmanchées. Il avait aussi noté qu'on se console aisément du malheur des autres, que l'ascèse est pour les pauvres une contrainte et pour les riches une vertu, que le cœur oublie autant qu'il se souvient, tout comme la neige qui efface les empreintes mais aussi les retient. Il comprenait que, si l'univers est assurément très vaste, inaccessible peut-être, beaucoup de choses sont toutes proches qui aident à deviner le reste. Enfin, il commençait à percevoir, mais plus vaguement, d'autres vérités ; par exemple que les contraires parfois s'accordent : certains matins, le soleil, la lune et les étoiles brillent en même temps ; en mai, les lilas fleurissent ainsi que les chardons ; et, chez quelques adultes comme l'oncle Médée, l'enfant survit et s'épanouit. Voilà le genre d'occupation auquel il consacra une partie de sa matinée.

Il n'était pas habituel de souligner les anniversaires dans les familles, mais celui de Méo attirait l'attention parce qu'il coïncidait avec la fête nationale des Canadiens français. Plus tard dans l'avant-midi, il se rendit avec Joseph à Alma ; ils en revinrent avec un jeune cheval fringant que Méo baptisa du nom de Vaillant. Il commença immédiatement à le dresser, lui apprenant ses facéties habituelles : le chant et même le sourire de l'oncle Albert, le salut à Monseigneur, le petit trot de Mondedou et autres irrévérences. Les jours suivants, il amenait Farouche et Vaillant devant la maison pour les dresser en duo. À la fin de l'été, ils exécutèrent un nouveau numéro : les pas de Bull et Johnny Blanchette.

Dans l'après-midi de ce vingt-quatre juin, le village de Mistouk s'anima, les maisons se décorèrent de fanions, des attroupements se formèrent sur la place de l'église. Comme le voulait la coutume, l'institutrice, accompagnée de plusieurs écoliers, rendit visite au doyen de la place, Marc Bélanger, alors âgé de quatre-vingt-onze ans, pour lui présenter les hommages de la paroisse. Le Cercle agricole organisa un concours où plusieurs cultivateurs vinrent avec leurs chevaux se mesurer dans des épreuves de labour, de hersage, de dressage. Le soir, une célébration bruyante réunit des centaines de paroissiens autour d'un énorme brasier sur la plage. L'autre rive, de Grandmont à Rivière-à-l'Ours, était illuminée elle aussi par une chaîne de feux qui faisait comme une guirlande au bord du Lac.

Le lendemain, le *Colon* décrivait les « assemblées patrio-

tiques » qui s'étaient tenues à Chicoutimi, à Jonquière et à Roberval, et rapportait en détail les discours enflammés qui avaient été
prononcés : contre l'émigration (« l'hémorragie ») aux États-
Unis qui se poursuivait, sur le sort qui était réservé aux Canadiens français dans les provinces anglophones, sur l'issue du
conflit des droits scolaires au Kewatin qui avait laissé des souvenirs amers, tout comme « le compromis honteux » qui avait
scellé la crise des écoles manitobaines. Des orateurs s'en étaient
pris à Laurier, déplorant sa faiblesse et même sa « duplicité ».
Aux Chicots et au Lac, les habitants faisaient davantage confiance
à des nationalistes comme Bourassa et surtout Asselin ou
LaVergne, dont les journaux diffusaient largement les prises de
position. L'Angleterre et ses symboles étaient la cible de tous les
quolibets. Dans les paroisses autour du Lac, une chanson très
impertinente et néanmoins fort populaire avait pour refrain :
« C'est la fa-/mille royale / plus y en a / plus c'est sale ».

Pour l'oncle Almas, le jour de la Saint-Jean-Baptiste était
associé à un rituel. Il revêtait son habit du dimanche, s'embarquait à Mistouk avec des amis et allait à Métabetchouane saluer
très solennellement Béloni Régnier, un ancien Patriote enrôlé
avec Nelson en 1837-1838. La cérémonie se répéta jusqu'au
décès de Béloni, survenu en 1908 alors qu'il avait quatre-vingt-
dix ans. En ce mois de juin 1906, l'oncle revenait d'un pèlerinage
à Sainte-Anne-de-Beaupré. Chez les Tremblay, chacun s'attendait à de longs récits de prêtres et de prêches, de miracles et d'ex-
voto ; mais il les surprit encore. Armé de son pied-de-roi, le
menuisier-charpentier en avait profité pour tout mesurer : la
hauteur des portes centrales de la basilique, la largeur et la profondeur de la nef, les dimensions du parvis, et bien d'autres
choses. Pendant quelques semaines, il abreuva copieusement ses
neveux et nièces de sa nouvelle érudition.

Car il continuait ses visites hebdomadaires aux Chicots.
Debout dans la cuisine, gesticulant comme il en avait coutume,
il reprenait ses plaidoyers véhéments dans lesquels il offrait la

synthèse et le détail des affaires nationales, situant brièvement les acteurs et chaque péripétie tout en montrant son lien avec la question principale qui était le long combat des Canadiens français pour la survivance, pour leur reconnaissance, leur affranchissement comme peuple soumis depuis trop longtemps à un régime inique. Puis, dirigeant ses lances contre les « nôtres » à Québec et à Montréal, il passait en revue, dans leurs faits et méfaits, la galerie des dirigeants « incapables et coupables », quêteurs de faveurs anglaises, traîtres à la patrie. Depuis la fameuse conférence d'Olivar Asselin à Roberval, il ne manquait pas d'inclure parmi ses cibles le haut clergé, « toujours abandé avec l'Anglais et avec les puissants ». Marie l'interrompait :

— Almas, voyons ! J'te défends de dire ça d'vant les enfants.

— Justement, il faut leur ouvrir les yeux, Marie. Qu'ils fassent pas comme nous autres, écrasés comme des moutons, s'excusant quasiment de ce que la laine leur pousse pas plus vite sur le dos…

Ses diatribes étaient, comme toujours, énoncées dans une rhétorique châtiée et illustrées de gestes énergiques qui mirent plus d'une fois en péril la table familiale. Son jeune public se laissait aisément convaincre. Laurier était devenu l'une de ses têtes de Turc ; comme plusieurs autres, le vieux chef était accusé d'avoir mis « le parti avant la patrie », comme il avait dû le lire quelque part. L'oncle était friand de maximes qu'il relevait au hasard de ses lectures ; dont celle-ci, sa préférée :

— Mes amis, un homme peut commander à un autre homme, proclamait-il, emphatique, mais jamais une nation à une autre nation.

Des voisins accouraient chez les Tremblay pour assister à ses prestations qui étaient ensuite commentées dans les foyers. Au terme de ses réquisitoires, ayant conquis ses auditeurs et réduit au silence les objecteurs imaginaires, il prenait une mine opprimée, fermait les yeux en relevant le menton et, comme Cassandre, y allait d'un sombre avertissement :

— Et je vous le dis : le pire est à venir… le pire est à venir !

Après son départ, ignorant la réprobation de Joseph et de Marie, les enfants se moquaient de ses excès, imitaient ses manies, sa manière, et surtout ses curieux déhanchements (« ses effets de hanches », dirait un jour Raphaël) qui voulaient compenser sa petite taille. Mais sa science, sa passion, sa verve incendiaire, son regard d'acier, son geste tranchant comme une épée et, pour tout dire, son génie laissaient une forte impression dans les jeunes esprits. Et sa prophétie, dont ils faisaient leurs choux gras, les laissait songeurs.

Chapitre IX

Un autre épisode occupa une partie de cet été 1906, soit la visite prolongée d'Alexis-le-Trotteur venu offrir ses services chez les Tremblay pour la construction d'un four à pain. C'était le gagne-pain de l'Innocent qui avait déjà exercé son art dans plusieurs paroisses de la région. Dans son langage très personnel auquel chacun s'était habitué, il disait « fourer » pour « construire un four à pain ». Sa conversation était donc émaillée de « j'ai fouré » par-ci ou par-là ; j'ai « fouré » tout le long de la Côte-Nord, dont trois semaines chez la veuve une telle, etc. Personne n'y faisait plus attention. Il arriva aux Chicots au début de juillet et se mit aussitôt au travail. Son procédé, longuement éprouvé, ne variait guère : il recueillait de la glaise qu'il détrempait dans l'eau, y ajoutait de la paille ou du foin, des aulnes aussi et parfois des écorces. Puis, les jambes de pantalon roulées jusqu'au-dessus des genoux, il pilonnait (« pilottait ») longuement le tout en dansant et en chantant, au grand plaisir des spectateurs, surtout des enfants. Lorsqu'il jugeait le mortier à point, il en faisait de grosses boules qu'il disposait, tel un maçon, pour monter la charpente en forme d'igloo. Il mettait un soin particulier à aplanir le plafond de la voûte, après quoi il y mettait le feu. Les aulnes, la paille, le foin et tout ce qui avait servi à former les cintres brûlaient et, en asséchant la glaise, la rendaient dure comme du ciment. Pour finir, en guise de signature, il dessinait de petits animaux autour de l'entrée. Tel était le cours général du travail. Mais l'œuvre était sans cesse interrompue par les caprices du maître. À un moment, toute son attention était mobilisée par une soudure délicate; l'instant d'après, il galopait comme un lièvre dans la savane. Ses séjours s'étiraient donc, parfois jusqu'à trois, quatre semaines ou plus. Il « fourait » par intermittence, en quelque sorte.

Il avait contracté une autre manie, inoffensive certes, mais qui ne laissait pas de surprendre au premier abord : celle de porter sa main au corsage des dames, et de la façon la plus inattendue qui soit. Encore une fois, il le faisait de façon si candide que personne ne s'en offusquait plus. Mais tout de même. Il fallait surtout ouvrir l'œil lorsque des religieuses étaient de passage aux Chicots. Une rencontre inopinée avec la dame Gertrude à la sortie de la messe avait un jour entraîné des conséquences fâcheuses. Toute vertueuse qu'elle fût, la virtuose se plaisait à afficher une poitrine bien fournie qui suscitait l'envie de ses congénères moins pourvues. Mais, ce jour-là, la moitié de la paroisse put constater que la nature n'y était pour rien : la main leste de l'Innocent avait dégrafé toute la « devanture » de la dame. Une présidente honoraire des Dames-de-Sainte-Anne !

Pendant son séjour chez les Tremblay, Alexis fit la connaissance d'Anna Bidoune, en déplacement vers la Concession des Chiens où l'appelait quelque affaire. Ils furent présentés l'un à l'autre, se plurent, échangèrent des politesses puis des familiarités, ce dont tout le monde s'amusa jusqu'à ce que Joseph les surprenne un peu plus tard derrière l'étable en train de se livrer à des explorations ordinairement réservées à l'intimité conjugale. Le couple fut sévèrement admonesté, Anna fut éconduite et tout rentra dans l'ordre. L'Innocent se faisait repentant, jurant qu'on ne l'y reprendrait plus. Puis, tout piteux, il demanda s'il pouvait continuer à « fourer ».

— … Bin sûr, bin sûr.

Toutes ces distractions expliquent sans doute le drame qui survint peu après. Par forfanterie peut-être, par amitié sûrement, Alexis résolut de bâtir chez les Tremblay le plus gros four de Mistouk. Il y intégra de fortes quantités de grosse terre noire, de racines et même de cailloux, doubla quasiment la superficie de la base et le volume de l'âtre, donna un angle très audacieux à la voûte et fit tant que, juste au moment où il s'était allongé dans sa construction pour niveler une aspérité, la lourde charpente s'effondra brusquement. Il s'y retrouva prisonnier, perdant peu à peu le souffle ; seuls ses pieds, demeurés à l'air libre, gigotaient frénétiquement. Il y eut un moment de panique. Gonzague, Blanche et Béatrice ameutèrent aussitôt l'entourage :

— Au secours ! Au secours ! L'Innocent a perdu la lumière ! L'Innocent a perdu la lumière !

Adhémar accourut mais fut incapable de soulever la masse de glaise. Léon-Pierre vint en renfort mais en vain, le magma n'offrant de prise qu'à un seul homme, du côté de la porte précisément, où les battements de pieds perdaient de leur vigueur. Il n'y avait qu'une solution : Méo. Il rôdait près du Lac peu avant l'accident ; on le retrouva bientôt. Il s'en vint à la course, enregistra la scène d'un coup d'œil, fit glisser de chaque côté d'Alexis un gros madrier sous le mortier en compote, assura fermement sa prise et, d'un grand coup de reins, à la stupéfaction générale, souleva le four au complet, libérant du même coup la victime. Pendant quelques heures, Alexis n'en mena pas large, émettant de longs gémissements entrecoupés de bruyants :

— Aoutchou ! Aoutchou…

Le docteur Simard vint le palper mais ne constata aucune « brisure », seulement « un engourdissement du corps ». Dès que le malheureux eut repris vie, son premier geste fut de sauter au cou du Grand pour le remercier en sanglotant et lui jurer sa reconnaissance éternelle. Dans les années qui suivirent, il reprit ce refrain à chaque fois qu'il croisa Méo. Il lui répétait, attendri, en posant la tête sur sa poitrine :

— Tu m'as sss… auvé toute la vie ! Tu m'as rrr… evenu au monde…

La nouvelle de sa présence aux Chicots s'était répandue autour du Lac. Un commerçant d'Hébertville y vit une occasion de profit et organisa un grand événement sportif : une confrontation entre Alexis et une automobile, sur un trajet d'environ vingt-cinq milles, entre Hébertville et Roberval. Le commerçant tint des paris, certains substantiels. Alexis, lui, courrait pour la gloire et le plaisir des foules, comme d'habitude. Le jour de l'épreuve, de nombreux curieux s'étaient massés tout au long du parcours. Le signal du départ fut donné par le maire du village lui-même qui, pour ajouter à la solennité de l'événement, avait eu l'idée de se draper dans la bannière du Sacré-Cœur. Les deux concurrents s'élancèrent, empruntant d'abord un chemin embourbé qu'ils franchirent nez à nez. Ils prirent ensuite de la vitesse et, après deux ou trois milles, la machine s'assura une petite avance qu'elle perdit aussitôt dans une longue montée. L'épreuve s'annonçait palpitante. Hélas ! c'était compter sans l'humeur changeante de l'Innocent. À la sortie d'un détour, il prit subitement la clé des champs et on ne le revit plus de la journée. Il s'ensuivit un imbroglio monstre entre l'organisateur et les parieurs qui ne put être dénoué que beaucoup plus tard devant les tribunaux. Un autre jour, le maire de Mistouk, Symphorien Thériault, convainquit le coureur de s'engager dans une épreuve de vingt-quatre heures ; mais cette fois, jugeant qu'on exploitait honteusement Alexis, Méo intervint et le projet n'eut pas de suite.

L'Innocent, lui, vouait son attention à une tout autre affaire. Depuis quelques années, à chacune de ses visites au Lac, il observait entre Roberval et l'autre rive le mouvement du Colon, le plus gros et le plus rapide des traversiers alors en activité. Il n'en avait soufflé mot à personne mais il nourrissait le grand dessein de se mesurer avec le bateau et, à cette fin, il reconnaissait différents itinéraires entre Roberval, Grandmont, Alma et Mistouk, une bagatelle de cinquante milles. Mais, effrayé lui-même par son défi, il en différait sans cesse l'exécution et continuait à parfaire son parcours, mémorisant les montées, les marais, les ruisseaux, les savanes. Il y consacrait tout le temps qu'il ne passait pas à danser ou à « fourer ».

Vers le milieu du même été, Méo fit un voyage éclair à la Rigane, dont il parla peu. Il avait décidé de passer l'hiver suivant avec ses amis, sur leur territoire de chasse. Il alla donc prendre entente avec les Manigouche. Il fut de retour après une semaine, au moment où une dispute éclatait à Mistouk.

Au début, l'affaire parut sans conséquence. En réalité, elle était le premier acte d'un conflit qui allait diviser et perturber pour longtemps la paroisse. Il était coutume au Lac que les habitants, en témoignage de reconnaissance et d'estime, offrent à leur curé une bourse qui lui permette de visiter les Lieux saints ou de voyager dans les « vieux pays », ordinairement en Italie et en France. Même des petites paroisses très pauvres comme Tikouapé et Lac-Bouchette avaient souscrit à cet usage. Le curé Leclerc d'Hébertville franchit ainsi l'océan deux ou trois fois. Les pasteurs étaient accueillis à leur retour par de grandes célébrations religieuses et civiles. Les paroissiens balisaient la rue principale du village, dressaient une arche devant la façade du presbytère, composaient une longue adresse. En guise de remerciements, le curé avait soin de rapporter quelque relique, une pincée de sable de Terre sainte, des icônes d'Assise ou de Pise, des médailles du Vatican et, surtout, la bénédiction du Saint-Père le pape. Pendant quelques semaines, il émaillait ses sermons de réminiscences édifiantes : le scandale de la vie païenne dans la plupart des vieux pays ; la beauté tragique des Alpes avec leurs cimes effilées projetées vers le ciel « comme des mains de pêcheurs implorant le pardon de Dieu » ; le « silence d'airain » enveloppant le sanctuaire de Lourdes, ce haut lieu de détresse et de foi ; les splendeurs de la basilique Saint-Pierre, le ravissement que suscitait l'audience papale.

En d'autres circonstances, devant des cercles plus intimes ou dans des journaux de voyage, ceux qui s'étaient écartés des grandes routes de pèlerinage décrivaient les villes insolites d'une Europe inconnue (Carcassonne, Sofia, Zagreb...), les ponts et aqueducs romains « s'élançant au-dessus de gouffres abyssaux », les sombres vallées de Croatie semées de villages somnolents où la vie semblait éternelle, et des images fuyantes volées de la fenêtre d'un train : allées d'oliviers le long de promenades ombragées, pergolas perchées sur des terrasses antiques donnant sur la mer, panthéons de nymphes et de chérubins au milieu de citronniers, bosquets d'eucalyptus et de mimosas sous la brunante. Durant les mois qui suivaient, la nostalgie s'emparait du voyageur, des souvenirs moins pieux faisaient surface, bousculant les autres. La rumeur de la piazza Navone se mêlait aux chuchotements de la basilique Saint-Pierre, les parfums d'Andalousie aux encens de la Sainte-Chapelle. Et bien d'autres choses encore : les coteaux du pont du Gard, les petits vins du Midi, le sang noir du taureau sur le sable chaud de l'arène, et ces rappels de mandoline et de chianti qui mettaient le cœur en tarentelle... Mais il se trouvait aussi, parmi eux, des esprits délicats, capables d'apprécier l'équilibre des sculptures de Donatello, de commenter la statue de saint Jean l'Évangéliste à Florence ou le détail de l'autel Saint-Antoine à Padoue.

Bon an mal an, le curé Renaud n'allait jamais plus loin que Charlevoix où, pendant une dizaine de jours en automne, il retrouvait à Saint-Urbain le lieu de sa naissance. Cette année-là, les paroissiens de La Pipe, la petite colonie voisine, venaient d'offrir à leur curé un pèlerinage à Lourdes. Un groupe de fidèles de Mistouk, piqués au vif, résolurent de relever l'affront. Ils prirent, à l'insu de leur curé, l'initiative d'une souscription afin de l'envoyer à Rome. À l'occasion de la fête de sainte Anne, une bourse généreuse lui fut donc présentée durant la messe par les trois marguilliers qui s'étaient avancés jusque dans le chœur. Pris au dépourvu, Renaud créa à son tour une grande surprise en annonçant sur-le-champ qu'il n'irait pas en Europe mais redistribuerait l'argent parmi les pauvres de la paroisse. La plupart des assistants ne furent pas longs à approuver et même à louer son geste. Mais Mondedou, le marchand général et quelques autres coqs du village qui avaient ouvert leur bourse ne cachèrent pas leur déplaisir. Durant la semaine qui suivit, ils se présentèrent en délégation au presbytère, demandant que l'argent soit au moins utilisé pour rafraîchir l'intérieur de l'église, remplacer l'orgue. Renaud les accueillit poliment mais resta sur sa position. C'est à partir de ce jour que les rapports entre les deux parties se détériorèrent pour de bon. Mais, pour l'heure, les choses en demeurèrent là.

Dans le courant du mois d'août, un cabrouet se présenta aux Chicots. Un cousin venait apprendre aux Tremblay que Berta était au plus mal. Elle avait subi une crise durant la nuit et n'avait pas repris conscience. Joseph et Marie se rendirent au village et en revinrent à la fin de la soirée. La malade avait retrouvé ses esprits mais ne se sentait guère mieux. Aussitôt, Méo attela à son tour et alla passer la nuit au chevet de sa marraine. Il la trouva très mal en point; elle souffrait et divaguait. Il revint au matin, déprimé. Elle demeura dans cet état pendant trois ou quatre semaines. Elle avait du mal à s'alimenter et sa condition ne cessait de décliner, bien qu'elle eût de longs moments de lucidité. Très affecté, le Grand passa encore quelques nuits auprès d'elle. Elle se savait « décomptée », voulait en finir au plus tôt :

— Mon pauv'Méo, c'est pas qu'un p'tit métier que d'vieillir. Pis quand ça s'arrête, franchement, c'est pas tellement mieux !

Elle s'amusait de son mot. Puis elle fermait les yeux, restait longtemps silencieuse, comme si elle dormait.

— À quoi pensez-vous, grand-mère ?

— Bah ! À pas grand-chose. C'est peut-être aussi bin d'même. Quand on est jeune, tu voué, au moins on peut rêver en masse ; mais à mon âge, on s'trouve déjà bin chanceux quand on peut s'endormir.

— Voyons, vous avez eu une belle vie, des belles années à Mistouk ?

— Oh que si ! que si ! Bien des bonnes choses me sont arrivées. Mais même en les mettant boutt à boutt, ça fait pas si long, tu sais. Ça m'laisse encore pas mal de temps pour jongler dans l'vide.

— Mais tous vos souvenirs…

— Mes souvenirs, mon pauv'Méo, j'en ai que trop ! Mais c'est comme le reste, y commencent à être pas mal usés.

Puis, un matin, elle en eut assez, elle résolut d'en finir au plus vite et refusa toute nourriture. Le curé Renaud désapprouvait. Dans les jours et les nuits qui suivirent, elle sombra dans de longues léthargies plus ou moins comateuses d'où elle émergeait brièvement en maugréant :

— Bin voyons ! J'su donc pas encore morte, moué ?

À l'une de ces occasions, le curé se trouvait à ses côtés :

— Franchement, vous pourriez mourir plus chrétiennement, Berta. Pensez que vous allez vous présenter devant le Bon Dieu dans pas longtemps.

— Justement, j'fais ça pour aller le r'trouver plus vite, monsieur l'curé. J'fais mon boutt de ch'min ; faudrait bin qu'y fasse le sien.

À d'autres moments, elle était prise d'angoisse. Méo, quand il était là, lui prenait la main, lui parlait doucement. Elle se calmait. Il la regardait longuement, se rappelait le temps de ses premières visites aux Chicots, ses doigts caressants sur son front. Le temps des « Bobo Méo ».

Il se tenait tout près d'elle quand elle mourut, entourée des siens. Jean-Baptiste avait récité les prières, elle agonisait. Elle eut un léger, un dernier sursaut, comme une crispation. Un bref instant, elle ouvrit un œil, du côté de Méo. Mais c'était un œil mort, qui ne regardait plus ; une chose éteinte, blanchâtre, dans ce qui n'était déjà plus un visage. Le Grand se sentit mal, se leva, marcha un peu dans la pièce. Puis il sortit et se réfugia derrière la maison. Il avait besoin d'être seul.

Une semaine s'était à peine écoulée depuis les funérailles lorsque Mathilde quitta les Chicots pour Roberval où, comme prévu, elle allait passer l'année comme pensionnaire au couvent des Ursulines. Il y avait eu une petite fête à la maison la veille de son départ. Au cours de ses visites chez Bernadette, Mathilde avait appris d'autres chansons, davantage au goût de Marie. Ce soir-là, profitant d'une pause, elle s'était mise au piano et avait chanté la *Sérénade* de Toselli. Les enfants, fort attachés à la grande sœur, furent très affectés par son départ. Celui de Méo, qui suivit peu après, n'eut rien pour les consoler. Ils n'auraient pu imaginer une fin d'été plus triste.

* * *

Le Grand partit un matin, faisant un détour par la Butte-à-Tancrède avant de couper vers les Eaux-Belles pour être certain d'échapper au regard de Julie, au cas où elle serait à sa fenêtre. Il fut heureux, trois jours plus tard, de retrouver à la Petite Réserve les visages qui lui étaient devenus familiers. Senelle, la sœur de Moïse, le vit arriver et se porta aussitôt à sa rencontre. Pendant une semaine, il participa avec entrain aux préparatifs du départ puis, contenant mal son impatience, il se mit en route avec le reste de la communauté. Le groupe comprenait une quinzaine d'adultes, hommes et femmes, et autant d'enfants, de tous âges. Ils prirent place avec les chiens dans une dizaine de canots lourdement chargés de provisions et d'équipement. Les hommes étaient assis à l'arrière, les enfants au milieu et les femmes à l'avant avec leurs bébés disposés face à elles, à la pince du canot. Tous les adultes ramaient. Ils apportaient peu de nourriture, surtout de la graisse, de la viande séchée, du thé, de la farine ; ils s'alimenteraient du produit de la chasse et de la pêche au cours de leur montée vers le nord. Divers outils et accessoires composaient la plus grande partie des bagages : des tentes, des poêles, des toiles pour envelopper la viande, des chaudières, des perches, des fusils, des raquettes, un assortiment de racloirs et de grattoirs ; plus le tambour de Poness, soigneusement posé à l'avant du plus grand canot.

Une longue migration de trois cent cinquante milles commençait qui allait les conduire deux mois plus tard sur le territoire de chasse des Manigouche. C'était une étendue de quatre cents milles carrés environ, située au nord du lac Onichetagane, plus haut que le lac Mistassini. Ils auraient pu faire plus vite, mais ils ménageaient leurs forces pour la grosse chasse de l'hiver. L'itinéraire serait le même que par le passé : une enfilade de petites rivières et de lacs les conduirait d'abord au grand lac Tchitogama puis, sur la droite, à la rivière Péribonka qu'ils remonteraient jusqu'au lac du même nom. De là, il leur resterait environ cent cinquante milles à parcourir en suivant la Péribonka jusqu'à sa naissance puis en s'engageant dans un delta de cours d'eaux secondaires. Ce n'était pas la route la plus fréquentée par les Indiens du Saguenay dans leurs migrations automnales. Ceux qui partaient de Pointe-Bleue empruntaient plus souvent la rivière Ashuapmushuane ou la Mistassini. Les contacts étaient donc peu fréquents au cours du trajet.

Dès le premier portage, ils disposèrent les bagages en paquetons et se les répartirent. Des hommes portaient les canots ; les autres fixaient sur leur dos trois ou quatre ballots reliés à leur tête à l'aide d'une lanière frontale. Méo resta estomaqué en voyant les énormes fardeaux qu'emportaient hommes et femmes dans le vilain sentier qui s'ouvrait devant eux. Il s'empara lui-même d'une charge de trois cents livres mais constata que des hommes de taille moyenne en faisaient tout autant ; il est vrai que, dans les semaines qui suivirent, c'est lui qui étonna ses compagnons en augmentant progressivement la mise. À leur fardeau, les femmes ajoutaient leur bébé enserré dans un papuss*. Le groupe parcourut ainsi une distance de deux milles et se trouva au bord d'une petite rivière sur laquelle il reprit la navigation. Au cours de la première journée, ils franchirent quatre ou cinq portages, tantôt pour éviter des cascades infranchissables, tantôt pour changer de rivière ou de lac. Parfois aussi, là où une rivière faisait de longues boucles, ils gagnaient du temps en portageant sur les langues de terre.

Le Grand s'acclimatait à sa nouvelle vie et s'émerveillait de tout, notamment des très anciens portages que, selon Poness, cent générations d'Indiens avaient empruntés avant eux. D'autres, beaucoup plus récents ou mal balisés, étaient indiqués par des signes, des flèches surtout, tracés avec de la gomme de sapin sur des écorces de bouleau. Les portageurs avançaient l'un derrière l'autre en silence, d'un pas mesuré et prudent. Portant eux aussi leur charge, les petits garçons marchaient immédiatement derrière leur père ; plus tard, ils marcheraient devant. Tous semblaient indifférents à la fatigue, aux écarts de température et aux plaies qu'ouvrait souvent au fil des jours le mouvement de la charge sur le dos. Il fallait franchir des passages empierrés où le pied se dérobait, des clairières marécageuses où il s'enfonçait. Parfois, un marcheur tombait ou faiblissait ; les autres observaient une pause, se partageaient provisoirement son fardeau. Il y avait des moments plus difficiles, par exemple le matin lorsqu'il pleuvait des glaçons et qu'il fallait se remettre en route dans la boue.

En sa qualité d'aîné, Poness ouvrait la marche et dirigeait tout. Il expliquait à Méo :

— Dans un volier, c'est jamais l'oie de l'année qui fait la loi.

C'est lui qui fixait l'itinéraire du jour, rythmait les parcours, annonçait les haltes, décidait des emplacements pour manger ou camper, toujours à moins d'« un cri d'oiseau » d'un point d'eau. C'est lui aussi qui, matin et soir, récitait la prière et, au repas, veillait à répartir équitablement les mets entre hommes et femmes, entre jeunes et adultes. Poness... Il se faisait vieux, très vieux maintenant, le chef des Manigouche, et cette année-là, plusieurs parmi les siens se demandaient s'il n'en était pas à sa dernière chasse. Mais que de savoir accumulé, et que de respect, de vénération même il suscitait! Il avait été, de l'avis de tous, un très bon conseiller. Chacun conservait de lui le souvenir d'épisodes ou de circonstances dramatiques où il s'était illustré par sa générosité, sa sagesse, sa droiture; par ses exploits, sa force, son courage; par ses audaces et, tout autant, par ses prudences, car souvent chez le chef la retenue est plus utile, plus louable que la fougue.

Méo ne se lassait pas de l'observer à l'avant du convoi, se déplaçant lentement mais avec souplesse, presque furtivement, épousant les reliefs, les mouvements de la piste, se coulant littéralement dans le paysage comme pour mieux l'apprivoiser. Et toujours, sur son visage ridé, usé, contrastant avec sa voix fluette, avec sa silhouette fragile et ses tremblotements de vieillard : ses yeux perçants, sévères, constamment en alerte, pleins de feu et d'éclairs, comme si toute la vie qui lui restait s'y était concentrée. Le Grand l'interrogeait. Il apprit que, pour les Indiens, ce sont les humains qui appartiennent à la terre et non l'inverse, comme le veut la règle des Blancs; que les oiseaux migrent constamment d'un endroit à un autre de l'univers afin que nul peuple ne soit privé de leur aimable compagnie; que le retour hâtif des papillons jaunes au printemps annonce le bonheur, contrairement au chant de la pie la nuit; qu'un vulgaire rat musqué, par mégarde, avait fait rouler le petit grain de sable à l'origine de l'univers; que dans la forêt, ce sont les dieux qui pourvoient à tout : celui-ci est maître du vent, celui-là de la pluie et de la neige, selon la saison; un troisième commande le jour et la nuit, un autre le chaud et le froid, et cet autre le courant de la rivière. Il y avait aussi Papakassik, l'esprit maître du caribou, qui entrait dans de grandes colères lorsque des Indiens chassaient abusivement et gaspillaient la viande. Dans ces cas-là comme dans bien d'autres, les chasseurs s'en remettaient à Atachoacan, le dieu protecteur, plein de bonté et de douceur. Poness exposait tout cela en usant de paraboles empruntées à la vie des bois et des bêtes.

Il était un peu shamane et conversait avec les esprits. Sa connaissance des plantes, des gens et des animaux était prodigieuse. Celle du territoire aussi. Il se rappelait les détails d'un lieu qu'il n'avait pas revu depuis dix ans. Chaque matin, il pouvait décrire le parcours qu'ils allaient suivre durant la journée. Et il semblait avoir un nom pour tous les endroits : collines ou rochers, prairies et marais, cascades, ruisseaux, arrachis*. Le Grand écoutait la parole de Poness et apprenait que, pour les siens, les noms désignaient plus que des lieux ; ils maintenaient en vie tout un passé, rappelaient des gestes des Anciens. C'est leur voix qui se faisait entendre à travers ces appellations compliquées, étranges, qu'il essayait vainement de mémoriser ; des mots-phrases, des noms-fleuves qui racontaient ou décrivaient plus qu'ils ne désignaient : Kashipuatetauakau, Uatsinakaniskamau, Kaminishkuapishkut, Akupkanimashkueikan… Avant son départ, Méo s'était représenté des espaces inhabités, inconnus ; mais il voyait partout de la vie. Là où il avait attendu un grand vide, il découvrait une plénitude finement cadastrée de péripéties, de présences, de drames. Non pas d'infinies étendues froides et vierges, mais une forêt de traces et de cris, d'échos et de silences, une terre chaude peuplée de rêves et de souvenirs, de vivants et de morts.

Et justement, ils en rencontraient presque tous les jours sur leur chemin, de ces modestes sépultures de branchages et de pierres surmontées d'une petite croix qui marquaient le dernier habitat de chasseurs montagnais décédés parfois au bout de leur âge et parfois de mort violente : noyés dans un rapide, blessés à la chasse, frappés par la foudre, vaincus par l'inanition. À chacun de ces emplacements, les Manigouche s'agenouillaient et adressaient une prière dans leur langue. Ils redressaient ensuite la clôture qui encerclait la dépouille pour la soustraire aux incursions des bêtes. Ils y déposaient quelques feuilles de tabac et des provisions.

En cours de route, ils découvraient d'anciens campements qu'ils pouvaient encore reconnaître à la forme des arbres environnants. Les sapins ou les épinettes, dont des branches avaient été coupées pour recouvrir le plancher des tentes, avaient continué de pousser, mais en conservant des échancrures sur leurs flancs. Et lorsque, au milieu de la forêt, se trouvait une touffe de jeunes résineux, c'est qu'une grande quantité d'arbres y avaient été jadis abattus pour le chauffage ; le campement avait donc duré tout l'hiver. Ils passèrent un jour près d'une chapelle abandonnée dont le toit et une partie des murs s'étaient effondrés. Les plus âgés des Manigouche se souvenaient d'un père oblat qui avait voulu y fonder une mission. Les ornements et les vêtements du culte avaient été laissés à pourrir dans un coffre. La semaine suivante, ce fut un vieux poste de traite en ruine où se dressait encore le magasin avec, tracées en rouge au-dessus de la porte, les lettres HBC (pour : Hudson Bay Company). Des arbres avaient poussé à travers le toit.

Dans les portages, le groupe croisait aussi, de temps à autre, des mélèzes géants. Pour Méo, c'était un rappel des Eaux-Belles. Les Manigouche s'y arrêtaient pour se recueillir ; car le mélèze était l'arbre préféré des dieux et on lui prêtait toutes sortes de vertus. À deux occasions au cours de cet automne, Moïse signala à Méo l'emplacement de petites réserves, l'une dissimulée sur une île, l'autre dans l'anse d'une rivière sur laquelle ils naviguaient. Le Grand observait, enregistrait tout. Le jour, il conversait en français avec les Manigouche mais le soir, par respect pour eux, il poursuivait son apprentissage de leur langue avec l'aide de Senelle, toujours empressée, et de Moïse. Il éprouvait de grandes difficultés, notamment à cause de certains prénoms : Apitatshishikuapeu, Ashkuatshikunnu, et d'autres plus difficiles encore. Il dut finalement s'en remettre aux diminutifs : « Apit », « Ashkua »…

Le soir, sous la tente, les hommes lui racontaient des légendes de leur peuple. Tshakapesh en était souvent le héros ; c'était un fameux chasseur qui avait capturé la lune au collet, avait été avalé par un monstre marin et avait enfanté le soleil. Mais il y avait aussi Windigo et l'homme-caribou, et Carcajou lui-même, cet esprit insouciant, tantôt très méchant et tantôt facétieux, à qui il arrivait des choses étonnantes. Comme ce jour où, ayant mangé trop de lichen, il s'était mis à péter si fort qu'il lui devint impossible de chasser; le gibier le repérait de trop loin. Mi-diable, mi-homme, il commettait toutes les bêtises imaginables, en plus de tromper couramment ses épouses dont il avait pourtant un grand nombre. Des récits édifiants mettaient en scène le jeune cerf vaniteux, trop fier de ses cornes et justement puni, le jeune castor trop curieux finalement pris à son piège, les sirènes voleuses d'enfants, et aussi Kakuna, cette toute petite fille qui avait appris de son grand-père à faire danser et chanter les aurores boréales. Méo aimait bien converser avec Lunik, la femme de Poness. Elle portait les cheveux séparés au milieu, enroulés de chaque côté de la tête autour d'un petit morceau de bois. C'était une vieille dame rieuse et ratoureuse, toute ratatinée, qui avait eu une douzaine d'enfants, dont quelques-uns mort-nés. Le Grand l'avait prise en amitié; elle lui rappelait la grand-mère Berta. Son savoir l'impressionnait aussi; elle connaissait toutes les herbes, toutes les racines, pouvait nommer treize sortes d'écorce.

Méo était maintenant très proche de Moïse. Il lui parlait souvent des chevaux, surtout de Farouche, de Vaillant. Mais l'Indien ne montrait pas d'engouement pour ces grandes bêtes capricieuses et hautaines, aux pattes trop fines, qui ne donnaient ni viande ni graisse, ni peau ni fourrure, et dépendaient en tout de l'homme. Le Grand s'indignait, plaidait. L'autre lui opposait la noblesse, la ruse, l'orgueilleuse et infinie résistance du caribou dans ses grands déserts de neige et de froid, et son courage lorsque pris en chasse:

— Tu verras.

Ils devaient franchir pas moins de cent portages, parfois de quatre ou cinq milles, pour se rendre à destination. Voulant épargner du temps et du travail, ils cherchaient à en réduire le nombre en remontant des rapides en canot; ils se servaient alors de longues perches qu'ils enfonçaient au fond de l'eau. Mais cet exercice était ardu. Il fallait posséder la science des contre-courants ; il exigeait aussi beaucoup de force et d'adresse et certains hommes n'y arrivaient pas. Les longs rapides des Passes-Dangereuses (Katchiskataouakigs), qui s'étendaient sur une dizaine de milles, et ceux qui donnaient sur la Fourche Manouane étaient de vrais cauchemars, même pour les plus aguerris. Certains jours, lorsque les portages étaient en trop mauvais état, les rameurs devaient se contenter de franchir trois ou quatre milles sur la rivière, au prix de très gros efforts. Dans ces cas-là, les chiens suivaient sur la rive. Méo, curieux de tout, s'entraînait à manier la perche. Lorsque la famille campait près d'un rapide, il prenait un canot et écoulait la fin du jour à s'exercer, suivant les instructions de Janvier. Les autres le surveillaient, s'amusant au début de ses maladresses.

Chaque fois que le groupe s'arrêtait, les hommes en profitaient pour chasser avec les chiens. Là encore, le Grand observait et apprenait : les saules blancs, les charançons qui annonçaient la proximité de l'eau ; les branches d'arbres qui servaient de baromètre ; les anciens brûlés, refuges de porcs-épics. Et cette science des animaux que dispensait Poness : l'ours qu'on peut mettre en fuite en le regardant droit dans les yeux ; le lièvre attiré par les bouleaux abattus et qui attire lui-même le loup-cervier ; le lynx qui, pris au piège, reste froid, souverain, méprisant le chasseur et mourant à son heure ; le coyote qui recherche les savanes, le raton laveur qui fréquente les nids de corneilles. Cet automne-là, il n'y eut pas de lièvres, mais les Indiens s'y attendaient. L'année précédente, ils en avaient vu qui rongeaient l'écorce des gros résineux, ce qui chez eux était le signe d'une maladie dont un grand nombre périssaient. En ces périodes de rareté, les chasseurs devaient redoubler de ruse et d'adresse, se faire aussi alertes que leurs proies. Mais ne disait-on pas des meilleurs d'entre eux qu'ils pouvaient voir au creux de la nuit et entendre un papillon voler ?

La connaissance des animaux donc, mais aussi le respect,

beaucoup de respect, et de la crainte. Ils ne chassaient pas l'ours ou le caribou inutilement. Les esprits toléraient les prises pour la nourriture et aussi pour les peaux et fourrures qui permettraient d'acquérir les provisions nécessaires ; mais la recherche du profit était réprimée. Le porc-épic avait des pouvoirs secrets, redoutables. L'aigle était un animal fier et courageux, on ne devait surtout pas l'humilier. Les Indiens pouvaient chasser afin d'assurer leur survie, mais seulement dans ce but. S'ils tuaient pour d'autres raisons, par caprice, orgueil ou cupidité, l'esprit qui habitait chaque proie se vengerait, ordinairement en faisant disparaître le gibier, ce qui provoquerait une famine. Les chasseurs se montraient attentifs à ne pas offenser les esprits. Méo avait été très surpris le jour où, en traversant un lac, la bande avait aperçu près de la rive un gros orignal ensanglanté, affaibli, qui venait de livrer un combat meurtrier à une meute de loups. Lui seul parmi les siens avait survécu à l'attaque ; derrière, quatre ou cinq panaches émergeaient des fougères. À cette époque, l'orignal était encore rare dans ces latitudes, il commençait à peine à se répandre. La bête était là, épuisée, immobilisée dans l'eau jusqu'à mi-pattes, offrant une cible facile aux tireurs. Des plaques de peau et de poils pendaient sur ses flancs ravagés. Les rameurs avaient déposé les rames, l'avaient longuement examinée en silence. Aucun n'avait songé à tirer.

Un matin, en sortant des tentes, ils découvrirent les parages recouverts de neige et les canots figés dans une mince couche de glace. Ils naviguèrent encore pendant une quinzaine de jours dans des conditions difficiles, craignant de chavirer à cause de l'eau froide. Pendant une partie de la matinée, jusqu'à ce que la température se réchauffe, les femmes, penchées sur l'étrave des canots, brisaient la glace pour ouvrir la voie. Mais l'eau « s'épaississait » de plus en plus. Ils parvinrent enfin à l'endroit où ils avaient dissimulé leurs toboggans le printemps précédent. Ils en reprirent possession et rassemblèrent les canots dans une cache où ils les reprendraient au retour. Ils étaient parvenus à l'entrée de leur territoire. En accord avec la tradition, ses limites avaient été découpées de manière à épouser des frontières naturelles tracées par des rivières, des lacs, des montagnes, des rochers. Des usages familiaux plutôt que des droits de propriété fondaient le lien entre une famille et son lieu de chasse. Chacun s'efforçait d'observer la coutume, les infractions donnant lieu à des conflits qu'arbitraient les plus vieux. Ils bivouaquèrent là pendant trois ou quatre semaines, attendant que la glace et la neige aient recouvert les lacs et rivières. Puis ils chaussèrent les raquettes et se remirent en marche, cette fois à la poursuite du caribou, de l'ours, du castor, de la martre. Jusque-là, ils s'étaient livrés à la petite chasse (lièvre, perdrix, renard) et à la pêche surtout pour assurer leur nourriture; à partir de ce jour, ils allaient également chasser pour la fourrure, qui était leur principale source de revenu. C'est ce qui leur permettrait au printemps de refaire leurs provisions de farine, de thé, de cartouches; il leur fallait aussi, de temps à autre, remplacer les fusils, les toiles, les poêles.

Sur l'heure du midi, ils mangèrent une dernière fois tous ensemble puis ils se séparèrent en trois groupes, chacun prenant une direction, comme ils l'avaient fait l'hiver précédent. Un groupe, dirigé par Shann-Mass, obliqua vers l'ouest, un autre ayant à sa tête Mistakau continua vers le nord. Méo restait auprès de Poness et Lunik, Janvier et les siens ainsi que Pitane, un jeune frère d'Alishen, avec sa femme et ses deux enfants, soit une douzaine de personnes. Ils s'engagèrent vers l'est. Chacun portait maintenant ses vêtements d'hiver : casques de poil, épais manteaux de peau, mitasses et gros mocassins en forme de bottes.

Ils marchèrent quelques heures sur une rivière en se tenant près de la berge au cas où la glace, encore mince, céderait sous leurs pas. Ils s'arrêtèrent près d'un lac et dressèrent la tente. Pendant que les femmes et les enfants allaient couper des branches de résineux pour recouvrir le plancher, les hommes pénétrèrent dans la forêt pour tendre des collets et disposer des pièges. Senelle suivait partout Moïse et Méo. Ils percèrent ensuite des trous dans la glace et pêchèrent quelques truites. Ils les mangèrent au souper avec de la banique et de la viande séchée prélevée sur les provisions. Le lendemain, les hommes partirent très tôt et repérèrent un barrage de castors à la décharge du lac. Ils en tuèrent deux seulement; ils laissaient toujours des survivants pour l'année suivante, comme le voulait la règle. Ils revinrent au tentement vers midi. Les femmes étaient allées relever les pièges, avaient ramené un lièvre et une martre. Mais Poness, qui avait évalué l'état de la forêt et du lac, jugea qu'il n'y avait rien de prometteur à cet endroit. Le lendemain, il ordonna le départ pour la chasse aux caribous. Ils démontèrent la tente, disposèrent les bagages sur les toboggans et se mirent en marche en silence; ils parlaient peu en se déplaçant. Ils avançaient lentement à cause d'une grosse neige pesante tombée durant la nuit. Ils s'étaient maintenant éloignés du lac et se frayaient un chemin à travers bois, derrière le chef.

Tout à coup, le vieil homme s'arrêta et se frappa l'épaule gauche avec la main droite. C'était le signal qu'un ours était en vue. Bientôt, chacun put voir l'animal immobilisé à trois cents pieds. Pitane ajusta son fusil et tira mais trop vite. La balle toucha la cuisse de la bête qui prit la fuite en laissant une traînée de sang derrière elle. Aussitôt, Moïse et Méo se lancèrent à sa poursuite. La piste était facile à suivre. Ils coururent sur une distance de deux milles, enfonçant souvent jusqu'aux cuisses, s'épuisant rapidement. À bout de souffle, ils durent renoncer et attendirent les autres. Lorsqu'ils arrivèrent, Poness gronda durement Pitane pour son impatience ainsi que les deux jeunes pour leur étourderie; ils avaient décampé comme des écervelés alors qu'il suffisait d'aller au pas: l'ours blessé s'épuiserait lui aussi dans cette neige profonde, il était inutile d'en faire autant. Ils étirèrent la pause et reprirent la poursuite, en ménageant leurs efforts. Deux heures plus tard, comme le vieillard l'avait dit, ils aperçurent à nouveau leur proie qui avançait péniblement. Cette fois, c'est Janvier qui s'avança; il l'acheva d'une balle dans la tête.

Ce qui suivit étonna Méo. Poness alluma sa pipe et en glissa le tuyau entre les dents de l'ours en soufflant dans le fourneau de façon à remplir de fumée la gueule de l'animal. Il inséra aussi un peu de tabac dans ses narines. Il conjurait ainsi l'esprit de la bête de ne pas leur en vouloir, à lui et aux siens, pour ce qu'ils venaient de faire. Janvier s'avança ensuite, tira sur la langue de l'ours et en coupa le filet. Il le jetterait au feu dès qu'il le pourrait ; s'il brûlait, c'est que l'ours ne leur tenait pas rancune. Pitane, à son tour, s'approcha de la proie et lui coupa une oreille en signe de déférence, car l'ours était le roi de la forêt. Puis les femmes s'agenouillèrent devant l'animal et lui demandèrent pardon en tenant sa tête entre leurs mains. Après quoi tout le monde s'employa à recouvrir de neige le sang répandu et à effacer les traces de l'assaut. Méo avait du mal à concilier l'ardeur que ses compagnons avaient mise à chasser l'animal avec le remords qu'ils en éprouvaient. Plus tard, Moïse lui rappela l'entente immémoriale qui réglait les rapports entre les humains et les bêtes, entre chasseurs et gibier. L'ours abattu ne mourait pas vraiment, il reviendrait l'année suivante et, si on avait su ménager son âme, alors l'équilibre entre l'esprit et son corps, entre l'homme et la bête, était sauf. L'ours était immortel, quasiment un dieu : Poness ne disait-il pas que les humains eux-mêmes en descendaient ? La moelle de ses os et toute sa graisse étaient sources de vie.

Les Manigouche dressèrent la tente et le rituel du dépeçage se poursuivit. Ce soir-là, ils se partagèrent leur proie et en mangèrent jusqu'à s'en rendre malades, comme le voulait la coutume. Ils étaient gais ; ils parlaient de l'ours, commentaient son caractère espiègle mais ombrageux. Ils interprétèrent plusieurs chants (des « pekouakamiulnuatsh ») et dansèrent le mokouchan jusqu'à la nuit. Poness, le vieux chef, était au tambour ; il joua longtemps, jusqu'à épuisement. Plus tard encore, il récita des légendes de son peuple qui mettaient en scène Maskwa, l'être sacré de l'ours. Au moment où l'aube se levait, il veillait encore, enjoignait les siens à rester dans leur tradition, à suivre toujours les traces des ancêtres, à reproduire leurs gestes :

— Rappelez-vous, l'arbre pousse et fleurit à l'endroit de ses racines.

Tous écoutaient, méditaient gravement, mémorisaient la parole de Poness qui était celle des Anciens. Eux aussi, un jour, auraient à la transmettre à leurs descendants. Et ils savaient que leur chef arrivait au bout de son âge ; ils redoublaient d'attention.

Ils repartirent le jour suivant et marchèrent jusqu'au soir, mais sans trouver aucune trace de caribou. Ils dressèrent à nouveau la tente et mangèrent encore une fois de la graisse d'ours dont ils avaient fait provision. Le lendemain, avant la levée du jour, Poness et les autres hommes laissèrent le campement, emportant les toboggans et de la nourriture. Ils suivirent la voie qu'ouvrait le vieil homme, tantôt sur des rivières et des lacs, tantôt en plein bois. Le ciel était très clair, il faisait froid et le soleil semait sur la neige une poussière de cristaux qui grinçaient sous les raquettes des marcheurs. Ils se déplacèrent toute la journée, revenant souvent sur leurs pas et faisant des incursions à gauche ou à droite suivant l'intuition de Poness, mais sans apercevoir le moindre indice. La nuit tomba et, malgré le froid qui se faisait encore plus intense, ils couchèrent à la belle étoile. Ils avaient aménagé une barricade, sorte de tranchée creusée dans la neige et la glace, dans laquelle ils se recroquevillèrent les uns contre les autres. Ils y restèrent quelques heures pendant lesquelles Méo ne put trouver le sommeil. Un peu avant l'aurore, ils furent de nouveau sur pied. Le vent soufflait maintenant de l'ouest et une grosse neige s'était mise à tomber. Ils poursuivirent leur course jusqu'à midi, s'arrêtant à peine, mais durent convenir que leur effort était vain. La chute de neige effaçait les moindres traces du gibier et, quoi qu'il arrivât, le vent trahirait leur approche. En plus, tous constataient que Poness avait maintenant bien du mal à avancer et leur progression en souffrait. Ils rebroussèrent chemin.

Tout cela se passait en silence, avec un minimum de gestes. Ils regagnèrent le camp d'une traite, évitant cette fois les détours ; ils y arrivèrent à la fin de la nuit. Le chef était à bout de forces. Le lendemain, Méo n'y voyait plus clair. C'était la première fois qu'il s'exposait aussi intensément aux lumières de l'hiver ; il souffrait du « mal des neiges » qui frappait souvent les chasseurs inexpérimentés, surtout en début de saison. Le Grand fut immobilisé pendant trois jours. Lorsqu'il devait sortir de la tente, Senelle le conduisait par la main. Puis tout rentra dans l'ordre. Mais la première fois qu'il voulut s'éloigner un peu, une vive douleur lui envahit les mollets ; la longue équipée lui avait aussi infligé le « mal des raquettes ». Cette fois, tout le monde se moqua de lui, les femmes et les filles surtout. À cause de lui, ils durent demeurer sur place quelques jours de plus. Ils pêchèrent encore mais le petit gibier se faisait rare. Il leur faudrait bien vite débusquer le caribou.

Dès que Méo fut rétabli, les hommes rassemblèrent des provisions et équipèrent à nouveau les toboggans. Mais ils laissèrent Poness derrière, ainsi qu'il l'avait lui-même demandé. Janvier avait échangé un regard avec les autres ; chacun avait compris. Aucune parole ne fut prononcée. Les chasseurs reprirent la même direction, vers le nord, d'où un fort vent soufflait à nouveau. Si leur marche était fructueuse, le caribou ne découvrirait leur présence qu'au tout dernier moment. Mais ils souffraient terriblement du froid. Ils progressèrent pendant deux jours, passant encore une fois la nuit dans une barricade qui les abritait du vent et se nourrissant très légèrement de graisse d'ours et de viande séchée. Méo n'avait pas de mal à suivre la cadence mais l'avance était difficile à cause du vent qui lui fouettait le visage et le corps, et à cause aussi de la neige profonde qui le faisait parfois s'enfoncer jusqu'aux genoux malgré ses raquettes. Il comprenait pourquoi les chasseurs n'amenaient pas les chiens dans ces longues poursuites. En plus, à cause de la sous-alimentation, les corps étaient plus sensibles au froid et les efforts plus pénibles. Au cours du troisième jour, Janvier partit seul en reconnaissance. Au bas d'un vallon très enneigé, à proximité d'une petite rivière, il découvrit enfin des pistes ; nombreuses, bien découpées, récentes. Un troupeau d'une vingtaine de bêtes, peut-être plus.

Dès cet instant, le Grand nota un changement chez ses compagnons. Ils ne prononcèrent plus un mot, devinrent encore plus économes de leurs gestes. Une énergie contenue les envahissait tout à coup. Ils avançaient à pas mesurés, l'œil aux aguets. Ils savaient que la poursuite serait longue et dure. Jusqu'à la fin de cette journée, pendant toute la nuit et la plus grande partie du lendemain, ils suivirent les empreintes avec la même ardeur et la même patience. Elles s'effaçaient par moments à cause des chutes de neige intermittentes ou à cause du parcours qui empruntait çà et là des surfaces glacées, balayées par le vent. Mais même la nuit, à la faveur de la pleine lune, Janvier les retrouvait, reconnaissant ici des trous que les caribous avaient creusés dans la glace pour en extraire du lichen, là de petites branches cassées ou simplement repliées dans le sens de leur course.

Et vers la fin de ce quatrième jour, au fond d'une anse, ils les aperçurent. Ils étaient près de trente, stationnant paresseusement dans le crépuscule, dressant légèrement le museau pour humer le vent. La chaleur qui se dégageait de leur corps et la vapeur de leur respiration faisaient une petite brume au-dessus d'eux; c'était la « fumée » de caribou que tous les Indiens connaissaient bien. Janvier savait que la harde était là pour la nuit. Ils attaqueraient à l'aube.

Ils passèrent cette nuit-là aussi dans une barricade, ne dormant qu'à moitié, excités par l'imminence de l'action. Janvier attendit que les premières étoiles pâlissent et se leva. Les bêtes n'avaient pas bougé; le vent avait maintenu sa course. Méo et Pitane reçurent instruction de gagner chacun un côté du lac, de s'enfoncer légèrement dans la forêt et de progresser jusqu'à ce qu'ils parviennent à la hauteur des caribous. Leurs tirs se croiseraient, mais sans danger grâce à l'escarpement des deux rives. Pendant ce temps, Janvier et Moïse avanceraient sur le lac, à quelque distance l'un de l'autre. Lorsque Janvier donnerait le signal, Pitane et Méo tireraient les premiers, abattant le plus de bêtes possible et mettant le troupeau en fuite vers Janvier et Moïse. Les quatre hommes se mirent en marche. La harde ne bougeait toujours pas. Ils avancèrent encore, et c'est seulement lorsqu'ils furent à trois ou quatre cents pieds de leurs proies que Janvier donna le signal. Tout se passa comme prévu. Après quelques minutes, quatorze bêtes avaient été abattues et quelques-unes étaient parvenues à s'enfuir. Les autres, affolées, couraient d'une façon désordonnée entre les quatre chasseurs. Janvier jugea le butin suffisant et ordonna l'arrêt des tirs. Un à un, les caribous survivants s'en allèrent rejoindre les autres qui s'étaient regroupés plus loin sur le lac. Ils disparurent bientôt dans la forêt.

Les chasseurs se mirent aussitôt au travail pour prélever les peaux, la viande, les os dont ils tireraient la graisse, les vessies et les mollets dont ils feraient des sacs. Ils veillaient aussi à apaiser l'esprit des animaux abattus : il fallait apprêter la proie aussitôt après l'avoir tuée. Ils coupèrent d'abord les veines jugulaires puis prélevèrent dans le ventre des femelles les fœtus qu'ils glissèrent dans des sacs. Ils faisaient vite, pour devancer le gel. L'écorchement exigeait beaucoup de soin et de temps, puis venait le dépeçage. Les hommes étaient contents, ils avaient tué plusieurs femelles ; il y aurait davantage de graisse. Méo découvrait qu'il n'y a pas moins de seize os principaux dans le caribou, chacun portant un nom. Il apprenait aussi les douze termes servant à désigner l'animal lui-même selon son âge, son sexe et la saison. Janvier et les autres veillaient à ne rien gaspiller ; ils multiplièrent les rituels pour s'assurer de ne pas indisposer Papakassik, le grand maître du caribou. Lorsque le travail fut avancé, ils firent un gros repas de viande et de graisse, après quoi Pitane et Méo furent chargés de regagner le camp et d'en ramener le reste de la famille. Ils disposèrent une grande quantité de nourriture sur deux toboggans et se mirent en route. Moïse et Janvier restaient sur place. À la chasse, ils ne laissaient jamais un homme seul. De même, lorsqu'ils menaient des opérations dangereuses comme ce genre de poursuites, la famille se séparait toujours ; si le malheur frappait d'un côté, elle était assurée de ne pas s'éteindre.

Pour cette nuit-là, les deux hommes prirent le temps d'édifier un abri plus confortable soutenu par une structure de perches recouvertes de sapinages et de neige. Ils aménagèrent aussi un tapis de branchages et d'écorces de bouleau. Puis ils allumèrent un feu et, pour la première fois depuis trois jours, ils purent dormir pendant quelques heures d'affilée. C'est seulement à leur réveil qu'ils prirent conscience de leur grande fatigue. Ils parlèrent de Poness, ce grand seigneur de la piste, l'un des derniers peut-être, resté là-bas avec les femmes et les enfants. Ils songeaient aussi à leurs deux compagnons lourdement chargés qui en avaient encore pour plus de deux jours avant de rejoindre le tentement. Mais le temps était beau. Si tout allait bien, la bande serait à nouveau réunie dans moins d'une semaine. Entre temps, Janvier et Moïse allaient s'employer à finir le dépeçage, emballer la viande et constituer des caches à l'aide d'échafauds. Ils continueraient aussi à suivre les traces du caribou pour se tenir informés de ses mouvements car les vivres seraient vite épuisés. Pour réussir à la chasse, les Indiens travaillaient sans cesse, dormaient peu et s'imposaient de longs déplacements, quelle que soit la température. Là où le chasseur s'installe trop longtemps, disait Poness, le gibier s'éloigne ; il faut donc le prendre en chasse. Et là où le gibier abonde, il faut le ménager et se mettre en quête d'un autre troupeau. Ainsi le bon chasseur se déplaçait constamment, arpentait son territoire dans tous les sens. Mais c'était très éprouvant.

Ce fut justement l'une des découvertes de Méo. En plus des fatigues de la chasse qui exigeait des marches incessantes, il fallait consacrer beaucoup de temps à la préparation de la nourriture, à monter et démonter les campements, à redisposer les pièges, ouvrir le soir dans la neige le tracé que la famille suivrait le lendemain car les charges étaient énormes. Il y avait aussi l'inconfort de la tente, la promiscuité qu'elle imposait, les disputes qui éclataient de temps à autre, les tracas reliés aux soins des enfants et des malades, à l'entretien ou la réparation des outils, de l'équipement; et le poids de l'inaction lorsque s'élevait une tempête qui immobilisait toute la famille pendant deux ou trois jours, parfois plus. Sans oublier la présence toujours incertaine du gibier, source d'angoisse constante. Les femmes non plus ne connaissaient pas le repos. En plus de veiller aux enfants et à la tente, elles coupaient le bois de chauffage, pêchaient, faisaient la tournée des pièges et collets pendant que les hommes étaient partis au loin. Leur habileté à manier le grattoir et le couteau croche, dont elles ne se séparaient jamais, épatait Méo. En psalmodiant, elles passaient de longues heures à racler les peaux d'animaux, à faire fumer et sécher la viande, à préparer la babiche, à lacer les raquettes. Et lorsque les chasseurs décidaient de déplacer le camp, elles transportaient leur part d'équipement et de provisions ou bien tiraient des toboggans sur de longues distances. Ces marches, qui pouvaient durer trois ou quatre jours, étaient particulièrement pénibles. Il arrivait que des Indiens s'épuisent et se découragent. Alors, le pire était à craindre, à moins que d'autres familles leur viennent en aide.

Telle fut la vie de Méo pendant cet hiver-là. Lorsqu'il rentrait de longues randonnées avec les autres, il prenait un peu de repos, refaisait le plein de sommeil. Senelle veillait sur lui. Mais si la chasse n'avait pas été bonne, il repartait dès le lendemain, toujours avec Janvier, Moïse et Pitane. À force de le parcourir dans toutes les directions, il finit par bien connaître le territoire de chasse, les trajets empruntés par les hardes, les endroits où elles aimaient s'arrêter. À deux ou trois occasions, ils abattirent tant de bêtes qu'ils durent utiliser des peaux de caribou pour se confectionner des sacs qu'ils tiraient sur la neige en guise de toboggans. Dans ces cas-là, ils faisaient des réserves pour les temps de disette. À différents endroits, si possible les mêmes, ils aménageaient des caches de graisse et de viande séchée en creusant dans le sol ou en élevant des échafauds sur lesquels ils disposaient la nourriture. Parfois aussi, ils en constituaient des paquets qu'ils accrochaient simplement aux arbres; la viande séchée ou en poudre se conservait pendant deux ou trois ans. Ces endroits étaient connus de tous les Manigouche qui venaient s'y approvisionner au besoin. Et, à l'intention des autres Indiens se trouvant en péril, les caches étaient souvent indiquées par un arbre ébranché portant des marques. Cet hiver-là, la chasse avait été bonne partout dans le Nord et la plupart des réserves demeurèrent inutilisées.

Mais la gaieté ne régna jamais vraiment parmi les Manigouche, à cause de Poness. Il parlait de moins en moins et passait de longues heures dans la tente, en plein jour, étendu sur les sapinages. Tout le monde était soucieux.

L'année 1907 approchait. À Noël, les trois groupes se réunirent en un endroit convenu, comme le faisaient les Anciens qui, pour l'occasion, dressaient le shaputuan*. Le clan tint un festin qui dura trois jours, faisant alterner les danses, les cantiques, les prières. Les jeunes filles portaient autour de la tête le bandeau de vison qui était de mise en ces occasions. Senelle s'amusait à coiffer Méo du sien. Les hommes tiraient des coups de feu dans les airs. Shann-Mass était le plus exubérant, Moïse le plus recueilli ; il prolongeait les prières par de longues méditations qui le soustrayaient à son entourage. Le Grand avait appris, dans ces cas-là, à le laisser à sa solitude. Les adultes offrirent des présents aux enfants : des petits tambours, des sifflets, des poupées, même de jeunes bêtes apprivoisées. Ils se racontèrent leur chasse, fumèrent beaucoup, se manifestèrent le bonheur qu'ils avaient de se retrouver. Ils parlaient du caribou, du mâle qui avait besoin de sept femelles, tout comme le commis écossais du poste de Pointe-Bleue dont ils aimaient se moquer. Ils consommèrent d'énormes quantités de graisse au son du tambour. Ils en enroulaient aussi dans des écorces de bouleau qu'ils jetaient au feu pour rendre hommage au Manitou et le garder en amitié. Pour la même raison, ils veillaient à accrocher à une perche ou à un arbre les os des animaux abattus, hors de portée des chiens et des bêtes sauvages. Les trois familles retournèrent à leur chasse le lendemain du jour de l'An.

Deux semaines plus tard, Lunik, la femme de Poness, mourut subitement. Il y eut de nouveau des danses, des chants et des prières, cette fois dans une grande tristesse. Ils enveloppèrent le corps dans une toile et le juchèrent sur un échafaud ; ils le reprendraient au printemps.

Des mois qui suivirent, Méo allait surtout conserver le souvenir de marches incessantes, souvent contre le vent, parfois dans la neige mouilleuse, pourrie, tantôt pour traquer le caribou, tantôt pour déménager le tentement. Poness n'arrivait plus à suivre ; il fallait l'installer sur un toboggan. Un jour, dans une zone de collines, Méo dut même le porter sur son dos pendant quelques heures. Le vieux chef subissait en silence cette autre humiliation. Le groupe s'arrêtait sur les lacs pour tuer quelques castors. Ces traversées pouvaient être dangereuses à cause des trous chauds. Les chasseurs savaient les repérer par la distance à la rive, l'épaisseur et la couleur de la glace et de la neige, l'exposition au soleil et au vent. Par temps froid, il était périlleux de tomber à l'eau. Si par malheur quelqu'un marchait dans un de ces trous, il devait imiter le geste de la loutre : se rouler vivement dans la neige molle pour y déposer l'eau et l'humidité qui imprégnaient ses vêtements. Méo resta marqué par les paysages qu'ils traversaient : le soleil qui à certains jours embrasait la neige et dopait les marcheurs, la brume qui s'élevait lentement des plus grosses chutes comme des flammes blanches engourdies, et la poudrerie qui courait en tous sens sur la glace des rivières comme une écume aux abois. Il était sensible aux couleurs changeantes du ciel où se mêlaient les bleus saphir et les gris mauves, les blancs cassés, les roses cendrés. Et, du haut des collines, son regard s'évadait souvent vers le nord où s'étalaient à perte de vue d'innombrables constellations de lacs, de rivières et de plaines. Jusqu'où allaient donc toutes ces contrées ?

Ce fut le printemps. Les trois familles se regroupèrent à nouveau à l'endroit où elles avaient caché les canots l'automne précédent et installèrent les tentes à proximité d'une rivière. Il y eut d'autres prières auprès du corps de Lunik que la famille de Poness avait ramené. Betsée, la femme de Mistakau, présenta aux autres un bébé de six semaines. Au cours d'un long déplacement, les siens avaient fait halte le soir et elle avait accouché durant la nuit, à genoux dans la tente. Le père avait roulé le nouveau-né dans la neige pour le purifier ; ils avaient repris la route le surlendemain. Les Manigouche avaient l'habitude. En son temps, Lunik avait accouché six ou sept fois en territoire de chasse. Les familles rangèrent dans des caches les toboggans, les chaudières et autres outils dont elles n'auraient plus besoin. D'autres réserves de nourriture furent posées sur des échafauds. La neige collait aux raquettes, rendant la marche très difficile. La bande s'immobilisa pendant trois semaines, attendant le dégel de la rivière. Les hommes chassaient la loutre, le vison, le rat musqué et, comme toujours, le castor. Au retour des oiseaux migrateurs, ils abattirent des oies, des canards, des bernaches.

Un soir dans leur tente, alors qu'ils étaient allongés côte à côte, Janvier dressa à l'intention de son père le bilan de la saison. Ils avaient tué quatre-vingts caribous, plus de cent martres et presque autant de loutres, de visons, de lynx, de castors. Ils avaient eu de la chance, aucune cache ni aucun échafaud n'avait été pillé. Et s'ils avaient accumulé une bonne quantité de peaux et de fourrures pour la traite, ils s'étaient bien gardés d'abuser. Poness approuvait :

— C'est bien, Javik.

C'est ainsi qu'il appelait son fils lorsqu'il était enfant.

— C'est très bien ; tu seras un bon chef pour la famille.

— Tu m'as tout appris, père.

— Ton fils, Moïse, je pense qu'il sera shamane, lui aussi. Et l'autre, Mistapéo (c'est le nom qu'il avait donné à Méo : le grand, le géant), je l'aime bien ; essayez de le garder.

— Oui, père, nous essaierons de le garder.

— Et tes filles, veille bien sur tes filles.

— Tout va bien, c'est le temps de dormir maintenant.

Poness resta longtemps silencieux, le regard fixé au ciel de la tente.

— Oui, c'est vrai. Le temps est venu de me reposer maintenant.

Il venta et neigea toute cette nuit-là; une grosse neige pesante qui fit ployer les toiles des tentes. Quand les Manigouche se réveillèrent le lendemain, Poness avait disparu. Ils sortirent en hâte et aperçurent les traces de ses pas en direction de la forêt, là où se trouvait l'échafaud supportant le corps de Lunik. Ils les suivirent. Le vieil homme s'y était arrêté quelques instants. Les traces bifurquaient ensuite vers la rivière, s'avançaient jusqu'à la rive et débordaient sur la mince couche de glace qui donnait sur le courant rugissant, grossi de toutes les eaux du printemps, de tous les vestiges de l'hiver. Ensuite plus rien.

Ils s'attardèrent quelques jours encore, prièrent beaucoup et parcoururent cent fois les abords de la rivière à la recherche du corps; ils ne le retrouvèrent pas. Le soir, les conversations se prolongeaient dans les tentes; les hommes racontaient à leurs enfants les exploits, les paroles de Poness. Enfin, ils remirent les canots à l'eau, emportant la dépouille de Lunik. Le retour dura un mois. Ils allongèrent leur parcours, comme ils le faisaient toujours, pour se rendre au poste de traite de Mistassini, près du lac du même nom, où ils échangeaient leurs fourrures. Méo s'était réjoui de voir enfin le grand lac. Mais cette immensité d'eau morne, toute en longueur, ne lui fit guère d'impression. Il avait le cœur lourd, partageait le deuil des Manigouche. Le poste lui-même, entouré de deux ou trois magasins, d'une petite école et d'une chapelle, se dressait sur la rive est du lac. Plusieurs centaines d'Indiens, tout juste arrivés eux aussi de leurs territoires, campaient à proximité. Un missionnaire oblat, le père Guinard, faisait la tournée des tentes. Il s'y trouvait également quelques acheteurs de peaux et fourrures ainsi que des vendeurs venus du Saguenay et d'ailleurs qui avaient transporté jusque-là les marchandises les plus diverses. Un matin, les Manigouche allèrent négocier les produits de leur chasse. Ils voulurent réserver une part à Méo, qui déclina l'offre. Pendant que les hommes s'affairaient à transporter les ballots au poste, il resta parmi le village de tentes, accompagnant et interrogeant le missionnaire qui arrivait d'un très long périple entre le Labrador et la Baie d'Hudson. Plus tard, flânant le long de la rive, il fit aussi la rencontre d'un vieux chasseur indien qui affirmait n'être jamais descendu plus au sud, ne connaissant le Lac Saint-Jean que de nom. Et pour la première fois, Méo vit au large un rabaska, l'un de ces immenses canots qui servaient au transport des fourrures et des provisions entre les postes de traite.

Lorsqu'il revint vers les campements à la fin du jour, les cris des enfants et la clameur des chiens s'étaient tus. Il retrouva son chemin à travers la fumée qui s'échappait des tentes. Arrivé chez les Manigouche, il vit que les hommes étaient rentrés, sauf Janvier, Pitane et Shann-Mass. Moïse lui parla brièvement et ils partirent ensemble à leur recherche. Ils les retrouvèrent bientôt allongés dans un buisson, ivres morts. Janvier, les vêtements déchirés, délirait. Moïse resta de glace. De peine et de misère, ils ramenèrent les trois hommes aux tentes, les confièrent aux femmes et revinrent sur leurs pas. Ils apprirent qu'à un mille du poste, trois Blancs avaient dressé un comptoir en bordure du lac et vendaient du whisky aux Indiens. Moïse s'y dirigea. Le Grand ne disait mot, allongeait le pas. Parvenus devant la tente des trafiquants, ils attendirent que deux clients en sortent. Méo vit qu'il y avait une ouverture à l'arrière; il fit signe à Moïse d'aller s'y placer. Alors le Grand s'avança. Il assomma d'un coup de poing le premier homme qui se présenta à lui; il en empoigna un autre qu'il tira hors de la tente et projeta à vingt pieds dans une rocaille. Entre temps, le troisième avait voulu s'enfuir par l'arrière; Moïse s'en occupa. Rageusement, ils saccagèrent ensuite les caisses de whisky et mirent le feu à la tente. Les trafiquants, revenus à eux, s'éloignèrent à la hâte et ne reparurent pas. Le lendemain matin, les Manigouche levaient le camp.

L'incident avait encore assombri l'humeur de la bande. Le retour se fit en vitesse, personne n'ayant le goût de flâner. La descente des rapides était très risquée en cette saison. Mais les rameurs démontraient une grande adresse et beaucoup de cran. Méo apprenait vite et s'habituait à leurs cris dans les passages les plus difficiles :

— Kaïakoa ! Kaïakoa ! (Prenons garde ! Prenons garde !)

Lorsqu'ils s'arrêtaient pour installer leur bivouac, ils retrouvaient les odeurs de l'automne précédent, celles du feuillage pourri et des fougères rouillées, qui se mêlaient à celles de l'été naissant. Ils arrivèrent à la Rigane à la mi-juin, en même temps que les papillons jaunes qui annonçaient le retour de l'été et la reprise de la pêche. Ils inhumèrent Lunik et, peu à peu, la Petite Réserve reprit vie. Quelques jours passèrent puis Méo annonça qu'il rentrait aux Chicots. La bande au complet se réunit autour de lui au moment de la séparation. Senelle, attristée, se tenait à l'écart. Méo s'approcha d'elle, la salua :

— J'retourne chez les miens, Senelle.

— Tu vas revenir ?

— Oui. J'pense que oui.

— Quand ?

— J'sais pas…

— Je vais t'attendre, Mista.

Méo effleura du doigt la joue de la jeune fille puis s'éloigna. Il étreignit longuement Moïse et, tous en chœur, les Manigouche saluèrent Mistapéo, le grand, le géant.

Chapitre X

Méo revint vers les Chicots sans se hâter. Il se réjouissait de revoir ses ruisseaux, ses crans, ses repères ; il lui plaisait aussi de noter qu'auprès des Manigouche, il s'était parfois montré l'égal des meilleurs. Mais son esprit était ailleurs. Des visions le hantaient qu'il n'arrivait pas à chasser : le corps de Lunik gelé sur son échafaud, les dernières traces de Poness sur le bord de la rivière, Janvier, Pitane et Shann-Mass gisant dans le buisson. Et toutes ces attentions que lui prodiguait Senelle... D'autres pensées aussi, d'autres sensations le sollicitaient et le maintenaient dans un état d'excitation. Il s'attardait encore au sommet des collines enneigées d'où se découvraient les labyrinthes de rivières et de lacs parmi les clairières illuminées. Il refaisait les dures chevauchées dans les vastes sentiers de l'hiver, revivait l'agitation qui gagnait les hommes découvrant les pistes d'une harde, revoyait le regard du caribou avisant la présence du chasseur : un regard dur, presque défiant, qui affichait de l'orgueil, une sorte de noblesse, à l'opposé de la panique qui s'emparait du castor quand il se savait cerné dans sa cabane. Il se rappelait l'odeur du sang, le sang presque noir sur la neige, que rejetait par giclées le caribou mourant pendant que les hommes, exaltés, s'activaient autour de leur proie, la dépeçant avec des petits gestes saccadés, impatients, sachant qu'ils mangeraient tout à l'heure. Puis, la senteur de la peau encore chaude, tout juste arrachée du corps fumant de la bête. Et les bruits, tous ces bruits maintenant éteints : le crissement des raquettes sur la glace râpée par le vent, le souffle des marcheurs dans les montées abruptes, le gémissement de l'animal blessé s'affaissant dans la neige épaisse, les borborygmes qui s'échappaient encore de son ventre longtemps après sa mort, le grincement du grattoir courant sur l'os décharné. Voix de femmes aussi : chuchotements la nuit autour de l'enfant malade, éclats de joie quand les hommes, exubérants, rentraient d'une longue absence tirant les toboggans surchargés, conversations monocordes, jamais achevées, au rythme des menus travaux dans la grisaille des jours.

Maintenant le printemps avait effacé toutes les traces, redessiné les paysages, étouffé les sons, les voix de l'hiver ; mais, dans la tête de Méo, ils survivraient à jamais. Ils étaient les échos, les témoins d'une autre patrie, si proche et pourtant si distante, que les siens n'avaient pas encore rêvée. À partir de ce jour, il sut que s'il y avait des vieux pays devant, au-delà de l'océan, il y en avait aussi, et de plus anciens même, là-bas derrière, par-delà les montagnes. Mais étrangement, pour les siens, ils n'avaient pas de noms ni d'histoire. Et ce pays du Saguenay lui-même que ses ancêtres avaient ouvert, n'en recouvrait-il pas un autre, avec ses joies, ses souffrances, ses drames, ses échos enfouis ? Désormais, quand son regard se portait vers le Nord, il y voyait non plus de grandes étendues offertes aux défrichements, mais une autre contrée qui n'était pas la sienne.

* * *

L'exaltation dans laquelle il avait vécu pendant ces longs mois retomba brusquement. Des gens de Mistouk le trouvèrent « débiffé », d'autres très « ensauvagé », et tous se demandaient ce qui pouvait bien le pousser à « tant courir au large de la civilisâtion ». À la forge du grand-père, des vieux se moquaient de « cette folie des septentrions » qui lui avait pris soudainement. Il souriait, mais le cœur n'y était pas. C'est finalement l'affection, l'attention redoublée des siens qui le réconcilièrent avec son ancienne vie. Marie entourait de soins son « oiseau de passage ». Il raconta son expérience auprès des Manigouche, sans y mettre sa verve habituelle, comme s'il n'était pas certain de bien se faire comprendre. C'est de ce temps-là que, encore tout jeune, Raphaël commença à s'inquiéter de lui. Il trouvait chez son frère tant de grâce, tant de douceur, et tant d'agitation contenue aussi, tant d'impatience. Ses aventures, ses audaces lui faisaient peur. Il craignait que la vie ne le brise.

Méo se rendit à l'écurie, eut de la difficulté à se faire reconnaître des chevaux. Il marcha dans le Pré-du-Loup, dans la coulée de l'Ours-Malin, se rendit aux Eaux-Belles, comme pour se réapproprier ces lieux de son enfance. Et plus tard il revit Julie. C'était sur le chemin des Chicots, vers la fin du jour ; elle revenait du Lac :

— Ciboulette... J'sus content de t'revoir.

— Appelle-moué pus comme ça...

— Arc-en-ciel, d'abord.

— Grand malavenant !

Cette fois, c'est elle qui demeurait interdite, cherchant ses mots. Mais elle retrouva vite son aplomb. Se dressant tout à coup sur la pointe des pieds, elle l'embrassa sur la joue :

— Bonne fête, mon grand Sauvage.

Méo avait rougi ; c'était en effet la veille de ses vingt ans. Julie continuait :

— Tu sens l'caribou. Y te manque pus rien qu'le panache.

Il sourit, s'informa d'elle, tout en la parcourant du regard. Elle était vraiment belle, Julie. De plus en plus belle. Ils bavardèrent de choses et d'autres, comme si de rien n'était, essayant vainement d'accorder leurs mots avec leurs pensées, leurs pensées avec leurs sentiments. Quand parfois ils s'en approchaient, Méo se désistait. Julie le voyait bien :

— On peut pas dire que tu gaspilles tes mots.

— J'ai appris ça chez les Sauvages ; y ménagent su toutt.

— Niaiseux ! T'as fini ta ronne*, là ; tu peux dépenser un peu…

— Les secrets, c'est pas mauvais.

— Tu connais l'mien ?

— J'pense que oui. Mais j'aime autant que tu me l'dises pas…

— Ça t'fait peur, han ?

— Oui pis non. Peut-être que j'en ai un moué aussi ? Un jour, j'te l'dirai.

— Tu peux pas l'dire tu-suite, là ?

— Ban non ; c't'un secret…

— Grand simple !

Ils en restèrent là et, à cause de tous les événements qui suivirent, ils se reparlèrent peu durant cet été.

Deux ou trois jours plus tard, une nouvelle faisait sensation dans toute la région : un immense dirigeable piloté par deux Américains avait pris son envol aux États-Unis et venait de s'écraser en forêt à une quarantaine de milles de Péribonka. Oui, un dirigeable ! Et de vrais Américains… Un dirigeable ? Les Tremblay avaient dû se faire expliquer par l'oncle Almas : une sorte de machine volante sans moteur suspendue à un gigantesque ballon flottant dans les airs. Un ballon ? tombé du ciel à Péribonka ? Il y avait de quoi s'agiter ; trop peut-être. Mais les incrédules durent rendre raison lorsque le *Progrès du Saguenay* confirma le fait, ajoutant de nombreux détails. Les deux aéronautes, Post et Hawley, participaient à une course avec huit autres concurrents. Ils étaient partis de Saint-Louis au Missouri quinze jours auparavant dans leur ballon, l'*America-II*, qui s'était bel et bien écrasé en pleine forêt, contre le flanc d'une montagne, entre le lac Tchitogama et la rivière Péribonka. Deux trappeurs de La Pipe, qui chassaient par là, avaient repéré et secouru les aventuriers qui séjournaient maintenant à Chicoutimi, au Château Saguenay. Le public pouvait leur rendre visite avant qu'ils ne prennent le train pour regagner les États. Entre temps, les grands journaux américains inondaient de dépêches le bureau du *Progrès*. Le gérant du Château assurait sa clientèle qu'il recevrait des exemplaires de leurs prochaines éditions ; ils seraient offerts eux aussi à la vue des intéressés, dans le grand salon de l'hôtel. Quelle formidable réclame, concluait le journal, pour la jeune et belle ville en plein progrès !

Le Grand ne fut pas long à réagir. Sans révéler la nature de son projet, sauf à Félix, il informa Joseph et Marie qu'il s'absentait pour quelques jours, prétextant que Jeffrey Lamontagne l'attendait à Alma pour sa tournée annuelle autour du Lac. Il quitta les Chicots, prenant à nouveau la direction de la Rigane. Les retrouvailles furent très chaleureuses, chacun y allant de ses effusions. Puis le Grand informa Janvier et les siens de l'affaire du dirigeable et de l'idée qu'il avait conçue d'aller le récupérer. Mais il avait besoin de Moïse pour l'accompagner. Janvier se montra plutôt amusé par l'affaire. Senelle voulut être de la partie ; Alishen la retint. Après une courte nuit de sommeil, les deux amis se mirent en route. Méo avait pris soin de découper l'article du *Progrès* : le ballon gisait à une altitude de deux mille pieds, à huit milles environ au nord-est du lac Tchitogama. Ils firent un bon bout en canot, empruntant l'itinéraire qu'ils avaient parcouru l'automne précédent, puis allèrent à pied à travers bois. Moïse guidait avec sûreté, s'arrêtant à peine pour faire le point. Ces parages lui étaient bien connus. Ils s'amusèrent en chemin, traversèrent des lacs à la nage, pêchèrent à volonté, dormirent à la belle étoile sur des tapis de mousse, mangèrent à l'ombre de sorbiers en fleurs. Parlant peu comme à l'habitude, ils prenaient plaisir à être de nouveau ensemble. Méo retrouvait derrière son mutisme le compagnon auquel il s'était attaché. Trois jours après leur départ, ils se trouvèrent dans une vallée entre le Tchitogama et la Grande Péribonka. Ils identifièrent aisément la montagne, qui dominait toutes les autres. Après qu'ils eurent arpenté les alentours pendant quelques heures, montant au sommet d'un arbre puis d'un autre pour mieux ratisser le site, Moïse repéra une tache orange et bleu sur la face nord, près du sommet. Ils y furent avant la tombée de la nuit ; Méo grimpait devant, fébrile.

C'était un spectacle étrange. Le Grand était fasciné, essayait d'imaginer la course silencieuse de l'énorme engin dans le ciel puis sa descente et sa chute en ces lieux perdus. De leur perchoir, ils découvraient toute la vallée et le lit de la grande rivière qui louvoyait entre massifs et collines jusqu'aux territoires de chasse, là-bas vers le Nord. Méo s'étonna des dimensions énormes du ballon qui, visiblement, s'était déposé en douceur sur le flanc de la montagne. Moïse restait imperturbable, comme si tout cela lui était familier ; mais le ravissement de Méo le réjouissait. Presque tout était intact dans la nacelle et, comme le Grand l'avait espéré, la toile elle-même n'était pas déchiquetée, seulement dégonflée. Elle gisait sur la tête des arbres, auxquels elle était retenue par un enchevêtrement de cordages. Ils inspectèrent les lieux, trouvèrent des cartes géographiques, une lunette d'approche, une boussole, des papiers, tout un attirail d'outils et d'instruments mystérieux. Le soir tombait ; ils mangèrent en vitesse et s'installèrent pour la nuit, dans la nacelle justement. Méo rêva comme un enfant, eut le temps, avant que le soleil ne se lève, de survoler toute la terre, d'un bout à l'autre : son rêve lui confirma qu'elle était plate, comme il l'avait toujours cru. Le lendemain, ils prirent tout ce qu'ils purent parmi les objets que les Américains avaient abandonnés. Ils sectionnèrent plusieurs longueurs de corde et prélevèrent de grandes lanières de toile orangée, sacrifiant le reste à cause du poids. Ils firent deux énormes ballots qu'ils eurent peine à hisser sur leur dos et, après avoir jeté un dernier regard sur l'épave, ils redescendirent dans la vallée.

Ce fut long. Ils étaient lourdement chargés, constamment en déséquilibre, et ils éprouvèrent un grand soulagement lorsqu'ils retrouvèrent le canot. C'est par d'incessantes railleries qu'ils furent accueillis à la Petite Réserve. Méo s'amusait lui aussi de cette expédition des plus inusitées et de leur étrange butin ; mais il avait son idée. Ils partagèrent leurs prises en deux, le Grand héritant en plus des cartes et de la boussole. Il s'attarda une autre journée avec ses amis, s'informant des préparatifs de la prochaine saison. Un moment, Moïse tira Méo à part et l'informa de son projet de parcourir avec lui en canot l'ancienne route des fourrures à partir du Lac Saint-Jean jusqu'à Tadoussac, là où jadis ses ancêtres exploitaient un poste de traite. Il avait déjà fait le trajet avec ses parents, étant enfant ; il voulait le refaire. Le Grand fut séduit et promit de revenir bien vite. Il prit finalement congé avec son butin, mettant cette fois plus de cinq jours à gagner les Chicots où il arriva épuisé mais rayonnant, tout fier de son exploit.

Un énorme attroupement se forma devant la maison lorsqu'il eut fait voir son chargement et raconté son aventure ; les curieux accouraient de tous les rangs et des villages voisins, même de Roberval et de Chicoutimi. Les cordes avaient été déroulées, les toiles déployées et les autres objets mis en montre comme à l'exposition agricole. Marie était démontée :

— C't'enfant-là… mon Dieu ! Mon Dieu ! c't'enfant-là…

Joseph, lui, était assez content de son garçon. Ses frères et sœurs n'en finissaient plus de le questionner. Même des journalistes vinrent l'interroger. Quel émoi ! Lorsque le calme fut un peu revenu, il put enfin mettre son plan à exécution : se tailler un grand parachute à même la toile et les cordages. C'était une invention récente dont il avait lu une description dans un numéro de l'*Action catholique,* le quotidien de Québec auquel la famille était maintenant abonnée. Rien de plus simple, expliquait-il ; il suffisait de bien proportionner la surface de la toile avec la longueur des cordes. Le reste demandait un peu d'audace ;

il en faisait son affaire. Les habitants s'étonnaient d'une idée aussi étrange. Toutennâl, toujours aussi calme, les rassurait :

— Pauv'vous autres ! Aux States, j'ai moué-même connu plusieurs gars qui se servaient de ça, pour toutes sortes d'affaires…

— Ah oui ? Comme quoi ?

— Ban, écoutez, j'peux pas toutt vous expliquer comme ça d'un coup sec, moué là ; pis en français en plus ! Toutes sortes d'affaires, j'vous dis : par en haut, par en bas, à gauche pis à douett, pis même à l'envers des fois ; toutt and all, quoi ! Des Américains, ça a pas d'boutt, ça !

— Eille, chose, ça a l'air compliqué pas ordinaire…

Le Grand se mit au travail, découpant patiemment et recousant une à une les longues bandes de toile. Le cordage lui donna bien du mal, mais il persista. L'annonce de son projet avait fait des curieux et, tous les jours, des paroissiens, des étrangers venaient constater l'état du chantier. On lui demandait ce qu'il comptait faire avec son fameux parachute ; le Grand souriait, prenait un air entendu : on allait voir ce qu'on allait voir ! La rumeur se répandit qu'un autre exploit se préparait. Un jour, enfin, il fit savoir que, le dimanche suivant, il se lancerait du haut du Cran-Rouge. Tout le monde s'exclama ! Marie fit une vraie crise, s'en prenant encore à Joseph qui laissait faire. Mais le Grand fut inflexible. Le moment venu, des centaines de personnes convergèrent vers les Chicots et se massèrent sur le Cran. D'autres, pour bénéficier d'une meilleure vue, prirent place dans des embarcations à quelque distance du rivage. Au milieu de l'après-midi, ils purent voir le Grand, surchargé de câbles et de toiles enlacées, se hisser péniblement sur la crête du Cran-Rouge avec l'aide de Léon-Pierre, Blaise, Zébert et même Adhémar, gagné lui aussi par l'emportement général. Méo s'installa sur une sorte de promontoire aménagé juste au bord de la falaise. Très concentré, il vérifia une dernière fois la direction du vent, l'état de son attelage, le pli de la voilure. Puis il fit un signe de la main et subitement, au milieu des clameurs de la foule, il se précipita dans le vide.

Marie crut qu'elle allait mourir; plusieurs se voilèrent les yeux. L'émoi fut considérable en effet. Mais de courte durée. Une petite erreur dans les proportions peut-être? un caprice du vent? Allez donc savoir avec ces engins. Toujours est-il que le vol du héros, ou plus exactement sa chute, fut interrompue après une quinzaine de pieds, la toile et les cordes s'étant accrochées ici à des branches d'épinette, là à de vilaines roches en saillie. L'audacieux parachutiste se retrouva solidement ficelé contre la paroi, suspendu au-dessus des eaux. À ce moment, il ressemblait moins à un personnage de légende qu'à une grosse truite gigotant dans un filet. Alors, de la façon la plus inattendue, un immense éclat de rire s'éleva de la rive et se propagea dans les environs. Le Grand lui-même riait comme un fou, se tordant dans son harnais. Les quolibets fusaient, Méo en rajoutait. Tout le monde était plié en quatre; Mathilde et Julie se tenaient les côtes. Marie s'exclamait:

— Que c't'enfant-là m'fatigue… Mais y va m'faire mourir! Comme si j'en avais pas assez d'mes migraines!

Il fallut pas moins de trois heures à quelques dizaines de volontaires armés de force poulies et échelles pour ramener le parachutiste au sol. Puis chacun rentra chez soi, ravi de ce bel après-midi. Raphaël, mal remis de ses émotions, s'attarda en haut du Cran longtemps après que tout le monde se fut retiré. C'était comme cela avec Méo, à l'époque où il était heureux. Personne ne s'ennuyait jamais; il se passait toujours quelque chose.

Dans les jours qui suivirent, il prit Félix à part et lui remit la boussole prélevée dans la nacelle. Et il découpa à nouveau toiles et cordes pour en faire cette fois des cerfs-volants qu'il distribua aux enfants du rang. Ainsi le fier America II put voler encore pendant des années, mais en versions réduites, pour ainsi dire, permettant à de jeunes aéronautes de parcourir à volonté le ciel de Mistouk et du Lac. Le Grand, lui, fila de nouveau à la Rigane où il rejoignit Moïse.

* * *

Là, des enfants avaient aussi découpé la toile de l'America II, mais pour en faire une tente. Méo et Moïse ne s'attardèrent pas. Ils équipèrent un canot, rassemblèrent des vivres et refirent l'itinéraire qui menait à la rivière Péribonka. Mais cette fois ils prirent vers le sud et descendirent jusqu'au Lac, bivouaquant près de la Chute à Péribonka. De là, ils longèrent le rivage en direction de Mistouk et de Grandmont. Les Indiens ne traversaient jamais le lac directement en coupant par le milieu, à cause des risques de mauvais temps. Lorsque les deux voyageurs passèrent devant les Chicots vers le milieu de l'après-midi, Méo convainquit son compagnon de s'y arrêter pour la nuit. Avec son beau visage, son teint sombre, sa silhouette élancée et ses cheveux de soie qui lui tombaient sur les épaules, Moïse fit sensation quand il pénétra chez les Tremblay. Chacun aima sa manière tranquille et fut frappé de l'intensité de son regard. Il salua sobrement tous les membres de la famille puis se tint en retrait. À partir de ce moment, c'est Mathilde qui retint l'attention. Elle fut instantanément folle de l'Indien. Elle n'avait jamais paru aussi égarée. À aucun moment pendant le souper et jusqu'à la fin de la soirée elle ne le quitta des yeux. Moïse, troublé, baissait la tête ou se tournait vers Méo dont il ne s'éloignait pas. Mathilde disait n'importe quoi, riait toute seule, rougissait comme une enfant. C'était embarrassant pour tous les autres. Ils furent soulagés de gagner leurs lits après la prière.

Le lendemain, Méo et Moïse continuèrent leur périple autour du Lac. Ils doublèrent l'Île-de-la-Sorcière, aperçurent au passage un camp délabré d'où s'élevait un filet de fumée. Ils contournèrent les Îles de Grandmont, déposées délicatement sur leur lit de sable fin, et quelques milles plus loin ils s'engagèrent vers l'est, dans la Belle-Rivière, qui se prolongeait elle-même dans la Rivière-des-Aulnaies. Ils passèrent à Hébertville sans s'y arrêter, longèrent les montagnes du Lac Vert et accostèrent le soir à la tête du lac Kénogami, dans une grande île giboyeuse. À la surprise de Méo, Moïse connaissait tous les noms que ses ancêtres avaient donnés aux paysages qu'ils traversaient. Le lendemain, ramant sans se presser, ils franchirent plus de vingt milles, toujours vers l'est, et dressèrent leur tente, cette fois à la décharge du lac Kénogami, là où naissait la rivière Chicoutimi. Moïse était concentré, observait tout et, fidèle à son habitude, parlait très peu, même le soir près du feu. Méo n'en était pas gêné; il connaissait son compagnon et respectait son silence. Il aimait son recueillement, sa présence forte et tranquille. Ils s'accordaient parfaitement. Ils pêchèrent et mangèrent sans se presser; la soirée était chaude, le ciel dégagé. Ils virent au loin s'éteindre une à une les lumières des premières maisons de Grand-Brûlé. Méo songeait à la famille des Bergeron chez qui il s'était arrêté avec le blessé des chantiers l'année précédente, et aussi à cette autre maison où une grande fille au regard sombre lui avait donné des galettes. Le lendemain, ils furent dès le début de l'après-midi à Chicoutimi où ils s'arrêtèrent à l'emplacement de l'ancien poste de traite, à l'endroit où la petite rivière se jette dans le Saguenay. Ils s'y attardèrent, fouillèrent longuement à travers les arbustes et les ronces, trouvèrent de petits outils de pierre, des tessons, des pierres à fusil, des traces d'un ancien bâtiment. Ils dénichèrent aussi des perles de diverses couleurs taillées dans du verre, des os, des coquillages. Enfin, ils déterrèrent deux bagues, très vieilles mais en bon état, dont ils se firent chacun un pendentif.

Le quatrième jour, ils commencèrent leur navigation sur le Saguenay. Cette fois, en plus du courant, ils durent composer avec la marée; heureusement, elle n'était que d'une douzaine de pieds en cette saison. Ils passèrent devant le port de Chicoutimi où ils s'arrêtèrent, mais l'oncle Fabien ne s'y trouvait pas. Délaissant leur canot, ils marchèrent jusqu'à la rue Bossé et, pendant deux heures, ce fut la fête chez le vieux capitaine qui versa une larme en serrant Méo dans ses bras. Eugénie n'arrivait pas à parler, tant sa joie était grande. C'était toujours comme cela avec Méo. Moïse fut présenté, Fabien se rappela le récit de la Rigane et n'en finit plus de questionner l'Indien, étonné de l'intérêt qu'il suscitait. Il y eut d'autres effusions lorsqu'ils se séparèrent. Les deux voyageurs se hâtèrent vers le port et reprirent leur parcours. Ils doublèrent l'Anse-aux-Foins et parvinrent bientôt au Cap-à-l'Ouest d'où ils aperçurent les deux villages de Saint-Alexis et Bagotville au fond de la Baie des Ha! Ha!. Ils étaient entrés dans le Fjord.

Sur les deux rives s'élevaient, presque à la verticale, d'immenses falaises rocheuses reliées par des anses profondes que les rameurs exploraient sans se presser, dans la chaleur de juillet. Seuls les cris des oiseaux troublaient le silence de ces antres dont les parois chatoyaient sous l'effet du soleil et des nuages. Méo admirait le paysage imposant aux lignes douces, finement découpées. Il ne se lassait pas de contempler l'assemblage harmonieux et gigantesque de roc, de verdure et d'eau. Moïse indiquait au passage des lieux d'anciens tentements dont l'un, en face de la Descente-des-Femmes, avait été occupé déjà par le père de Poness. Ils y passèrent la nuit et, le cinquième jour, ils gagnèrent l'embouchure de la rivière Éternité où ils mirent pied à terre. Ils dressèrent à nouveau leur tente, mangèrent puis s'allongèrent sur un rocher d'où leur regard plongeait vers le nord. De chaque côté de l'anse s'élevaient les deux caps vertigineux, aux falaises noires, dont les cimes se perdaient dans les nuages : à gauche le Cap Trinité, avec ses trois célèbres « marches », et à droite le Cap Éternité. C'est ce soir-là que Moïse parla.

Sans que Méo l'ait interrogé, il s'engagea dans un long monologue entrecoupé de pauses. Il parlait lentement, d'une voix basse, presque inaudible par moments. Il raconta d'abord la création du Fjord et des deux caps. Il y avait longtemps, très longtemps, une tribu de mauvais géants Windigos, mangeurs de chair humaine, faisait de nombreuses victimes parmi les Montagnais. Un jour le grand chef des géants, aidé de ses trois frères, enleva Saghuéna, une jeune princesse, la plus douce et la plus jolie qu'on eût jamais vue dans ce coin-ci de l'univers. Si fine et si belle que, au lieu de la manger, le chef décida de l'épouser, cela bien sûr contre son gré. Ces géants lui répugnaient; elle était en outre promise à un grand prince de sa tribu. Usant d'un subterfuge, elle parvint à informer de toutes ces choses l'esprit des bons Windigos qui entra aussitôt dans une grande colère, faisant lever une terrible tempête en même temps qu'il commandait un violent tremblement de terre. En quelques minutes, toute cette partie de la région fut détruite ainsi que la société des mauvais géants. Quant à la belle et rusée Saghuéna, elle fut réunie à son prince et, pour souligner l'événement, les Montagnais donnèrent son nom à la rivière ainsi qu'à la région qu'ils habitaient. Mais, afin que la postérité se souvienne du châtiment infligé aux géants mangeurs d'enfants, l'esprit créa les deux caps, emprisonnant à jamais dans l'un (Éternité) le grand chef des méchants Windigos, et dans l'autre (Trinité) ses trois frères. Moïse tenait de la bouche de Poness que, certaines nuits, on pouvait encore entendre leur plainte lugubre s'élever dans le Fjord.

Là-dessus, il invita Méo à le suivre. Ils montèrent dans le canot et ramèrent vers le large. Quand ils s'arrêtèrent, Moïse pointa du doigt la falaise du Cap Trinité. Dans la lumière cuivrée de la fin du jour, il désigna à son compagnon quelques immenses figures qui se découpaient dans le roc: ici une tête de lynx, là deux orignaux, ailleurs un loup et, juste sous l'emplacement où des Blancs une vingtaine d'années auparavant avaient élevé une énorme statue à la Vierge, le profil intrigant d'un beau visage d'Indien. Méo mit un peu de temps à reconnaître les dessins, puis il fut sidéré par la netteté des lignes, par la puissance de ces évocations millénaires qui donnaient au Fjord une voix, une vie mystérieuse. Moïse commentait. Dans les premiers temps du monde, ses ancêtres étaient des géants, tout comme les Windigos, et c'est à mains nues qu'ils affrontaient leurs proies. La valeur des chasseurs se mesurait à l'adresse et au courage dont ils faisaient preuve dans ces affrontements où ils risquaient leur vie.

L'Indien dont l'image apparaissait sur la falaise du Cap Trinité était le plus valeureux de ces temps-là. Les Anciens avaient aussi tenu à immortaliser auprès de lui quelques-uns des adversaires les plus rusés, les plus méritants qu'il avait vaincus. Mais avec le temps, l'âme des chasseurs se ramollit et ils en vinrent à trafiquer les règles de l'affrontement en se donnant des armes : des pièges, des lances, des arcs et des flèches. Le combat était devenu inégal. Les esprits en furent très mécontents et voulurent rétablir l'équité en réduisant la taille et la force des humains.

Méo écoutait, ne sachant quoi penser de tout cela. Il faisait nuit maintenant et les immenses silhouettes du Fjord endormi se découpaient dans le clair de lune. Le canot avait dérivé doucement et se trouvait immobilisé face aux deux caps. La fraîcheur tardait à descendre, malgré l'heure tardive. Longtemps exposées au soleil, les falaises rocheuses continuaient à déverser sur la rivière la chaleur du jour. Moïse continuait. Il expliquait maintenant que le monde avait pris naissance très loin vers le Nord, en une contrée que fréquentaient jadis ses plus vieux ancêtres. Cet endroit était aujourd'hui le lieu d'une gigantesque chute dont les eaux tumultueuses plongeaient au cœur de la terre, là où séjournaient les esprits avant de se répandre sur la planète et dans le ciel. Poness toujours, le shamane qui savait tout, lui avait un jour indiqué le chemin qui menait à la Source Blanche, la source de la vie d'où jaillissaient aussi toutes les rivières et les fleuves.

La nuit était avancée ; ils regagnèrent lentement la rive et s'étendirent dans leur tente. Méo mit du temps à s'endormir. Il songeait à tout ce qu'il venait d'entendre. Derrière le récit que jadis les siens faisaient à la veillée et qui avait imprégné son enfance, il existait donc un autre récit, une autre présence dont il percevait à nouveau les échos, dont il découvrait les empreintes.

Le lendemain soir, ils couchèrent à Tadoussac, face au grand fleuve qui ressemble déjà à la mer à cet endroit. Ils visitèrent le site de l'ancien poste de traite et la vieille chapelle. Mais un grand hôtel avait été érigé à proximité et tout avait été reconstruit au goût des touristes. Moïse était retourné à son silence. Ils rebroussèrent chemin. Quand ils repassèrent le surlendemain devant le Cap Trinité, un petit navire de croisière y mouillait. Un officier, porte-voix à la main, expliquait aux passagers regroupés sur le pont les débuts héroïques de la navigation commerciale sur le Saguenay, soixante ans auparavant, l'arrivée des colons de Charlevoix fondateurs de la région, l'histoire de la construction de la statue, les pèlerinages qu'on y faisait, la présence solitaire de la Vierge qui gardait le fjord. Et les trois marches du Cap Trinité qui rappelaient Dieu le Père, le Fils et le Saint-Esprit... Méo échangea un regard avec Moïse ; ils reprirent leur navigation.

Deux jours plus tard, ils repassaient devant l'Anse-aux-Foins où mouillaient deux transatlantiques en train de faire le plein de ballots de pulpe. Des barges venues du Bassin s'affairaient autour d'eux. L'une d'elles passa à proximité des deux rameurs. Un jeune homme, posté à l'avant, gesticulait pour attirer leur attention ; Méo reconnut Pierre-Eugène, le fils de Jos.-D., et le salua de la main. Par signes toujours, ils se donnèrent rendez-vous sur le quai de Chicoutimi. Plus d'un an s'était écoulé depuis leur rencontre ; ils étaient heureux de se revoir. Méo présenta Moïse et ils furent invités à passer chez le maire. En route, Eugène expliqua qu'il poursuivait ses études au Séminaire et occupait ses vacances à l'emploi de la Compagnie de Pulpe. Son père quittait son domicile juste au moment où ils y arrivaient. Il s'intéressa à Moïse, se fit raconter brièvement le périple en canot et, sur-le-champ, offrit d'engager les deux rameurs pour servir de guides aux touristes américains attirés par le Lac Saint-Jean et la rivière Saguenay. Méo se rappela qu'il exploitait des clubs de pêche et offrait toutes sortes d'excursions en canot. Alléché, il insista auprès de Moïse qui réagissait froidement à la proposition. Finalement, ils convinrent de se retrouver un peu plus tard à Roberval. Les deux voyageurs prirent congé et couchèrent de nouveau à l'emplacement de l'ancien poste, à l'embouchure de la rivière Chicoutimi. Ils furent de retour aux Chicots quelques jours après.

Les Tremblay accueillirent avec joie Moïse qui partagea discrètement la vie de la maison pendant trois ou quatre jours. Mathilde ne se contenait pas ; depuis qu'elle avait vu l'Indien, elle rêvait de lui jour et nuit, ne connaissait plus de repos. C'est durant ce temps que Joseph, rentré précipitamment un après-midi, fit irruption presque en courant dans la maison, sans même enlever ses bottes, jetant Marie dans l'inquiétude :

— Mais t'es bin excité, Joseph, qu'est-ce qui t'arrive, pour l'amour ?

— Viens vouère.

Et il l'attira vers la porte arrière qui donnait sur les champs :

— Tu r'marques rien ? R'garde par là, r'garde comme il faut…

Il ne put en dire plus ; sa voix s'étranglait. Du geste, il montrait le nord. Et subitement, Marie comprit. Le trécarré ! À un mille de là, au bout du lot, une mince ouverture avait été pratiquée dans le dernier rideau d'épinettes et de sapins. Et, juste à cet instant, elle laissait apercevoir une voiture qui passait dans l'autre rang. Ses yeux se remplirent de larmes et ils tombèrent dans les bras l'un de l'autre. Ils restèrent ainsi un moment, songeant à la vingtaine d'années qui s'étaient écoulées depuis leur installation aux Chicots. Ils ne l'oublieraient jamais, ni les enfants non plus, ce jour du trécarré. Dans les années qui suivirent, à chaque fois que Joseph prenait place au bout de la grande table à manger, son regard s'attardait sur ce paysage qui lui était le plus cher au monde. Ils avaient bien eu raison de se dépenser, de persévérer tous les deux ; la vie ne les avait pas trahis.

Le soir, tout le monde se mit au lit à l'heure habituelle. Comme il l'avait fait à leur dernière visite, Méo installa Moïse dans la chambre de relais puis rejoignit Félix dans la sienne. Vers le milieu de la nuit, Mathilde se leva et, sans bruit, se dirigea vers la chambre de Moïse endormi. Il était à demi dévêtu ; un rayon de lune balayait son visage et sa poitrine. Elle s'arrêta, l'observa longuement puis referma doucement la porte derrière elle. Alors elle s'avança lentement vers le lit. Elle y montait lorsqu'elle fut subitement interpellée :

— Mathilde !

Marie se tenait à l'entrée de la pièce. Son cri était à moitié une sommation, à moitié un sanglot. Moïse, tiré de son sommeil, fut désemparé. Mathilde s'enfuit dans sa chambre, réveillant la maisonnée. Joseph voulut s'en mêler. Les autres n'y comprenaient rien ; ce fut tout un brouhaha. Plus personne ne dormit de la nuit. Quand le jour fut levé, Méo et Moïse étaient déjà repartis.

Ils reprirent leur navigation. Moïse se faisait plus retranché que jamais ; ils ne revinrent pas sur l'incident. Ils gagnèrent Roberval où, le lendemain avant-midi, ils retrouvèrent Jos.-D. flanqué de deux jeunes Allemands qui séjournaient au Château. Les deux étrangers désiraient descendre les terribles rapides de la rivière Saguenay entre la décharge du Lac et l'Île d'Alma, là où se trouvait le Club des Américains. Tous les étés, des hommes d'affaires de la Nouvelle-Angleterre et du Midwest venaient y pêcher. Méo et Moïse se montrèrent surpris d'une telle requête. Des voyageurs téméraires se noyaient chaque année dans ces longues cascades où les eaux du Lac se jetaient violemment dans le Saguenay à travers les rochers les plus sournois. Les Indiens eux-mêmes ne s'y engageaient que très rarement. Mais Jos.-D. insistait et les deux Allemands offraient une grosse prime. En plus, ils se montraient si calmes, si confiants, que Méo et Moïse furent piqués au vif. Ils embarquèrent les deux étrangers, chargèrent quelques vivres et se dirigèrent vers la décharge du Lac, à quelques milles à l'est des Chicots. Ils y parvinrent à la fin du jour, après avoir de nouveau contourné l'Île-de-la-Sorcière. Cette fois, la vieille Indienne se tenait devant son camp. Moïse lui envoya la main ; elle retourna le salut. Parvenus à l'embouchure de la rivière, ils installèrent leur campement sur un cran qui dominait le gouffre. Les jeunes Allemands prenaient plaisir à la randonnée, gesticulant et s'exclamant à tout instant dans leur langue. Les quatre voyageurs soupèrent du produit de leur pêche, puis Méo et Moïse allèrent à pied reconnaître l'entrée de la rivière qu'ils allaient attaquer le lendemain.

C'était une succession de trois rapides (les Cuisses, Carcajou, Vache-Caille) s'étendant sur deux milles. Dans le vacarme du torrent qui les forçait à crier pour communiquer, les deux hommes descendirent lentement le long de la rive jusqu'à la hauteur de Vache-Caille, ainsi nommé à cause du contraste violent des eaux sombres et des moutonnements. Ils y parvinrent complètement détrempés par les embruns qui les fouettaient. Le courant était très fort ; des trombes d'eau dévalaient parmi les immenses rocs et les pierres acérées dont plusieurs (les « pleureuses ») se laissaient à peine deviner sous la surface. Ils observèrent minutieusement la rivière, repérèrent les remous, les rouleaux, les reflux, les flambées d'écume, la trajectoire brisée de la veine d'eau. De retour à la tente, ils avaient fixé leur parcours et repéré les points les plus dangereux. Ils firent comprendre aux Allemands que tout irait bien, mais ils dormirent mal et furent debout bien avant l'aube. Deux heures plus tard, le canot se pointait dans les Cuisses. L'endroit, baptisé par les premiers colons du Lac, devait son nom à l'étroitesse du passage entre les deux parois rocheuses. Jusqu'à une vingtaine d'années auparavant, il était à peine franchissable à cause de la force extrême du courant, et la rivière avait dû être dynamitée (« pour lui ouvrir les cuisses », disaient les vieux).

Les quinze minutes qui suivirent furent un vrai calvaire pour les deux touristes pris de frayeur. Assis au fond du canot, agrippés chacun à un étrier, ils ne cessèrent pratiquement pas de hurler. Moïse, à l'arrière, dirigeait la manœuvre pendant que Méo, à l'avant, ramait avec force. Au début, les deux canotiers montrèrent de la nervosité et eurent quelques gestes saccadés qui auraient pu être fatals. Mais leurs réflexes, leur vigueur, leur tempérament compensèrent leur jeune maîtrise. Dans l'ensemble, tout se passa comme ils l'avaient prévu : les brusques freinages, les puissantes reprises, les violentes poussées sous la toile du canot sollicité à la limite, les virages au quart de seconde juste avant la collision, l'incessant mouvement de bascule dans l'enfilade des bosses et des trous avec la pince de l'esquif qui chaque fois piquait dangereusement dans les rouleaux et les seuils en avalant des paquets d'eau. De temps à autre, les deux rameurs échangeaient un cri pour se mettre en garde, modifier l'itinéraire. Et ils parvinrent sans incident à la première accalmie. Comme Moïse l'avait dit, il fallait s'appliquer à « suivre la manière, l'humeur de la rivière ». Surtout : ne pas essayer de l'affronter, ne pas la provoquer ; faire comme à la chasse où l'on épouse le mouvement du gibier en évitant de le narguer.

Les deux passagers reprenaient leurs sens et semblaient vouloir remettre en question la suite de l'opération, mais déjà le canot entrait dans Carcajou. La course folle se répéta dans les eaux déchaînées, suivant un même dédale de secousses, d'accélérations effrayantes, de revirements spectaculaires. Cette fois, Moïse et Méo furent impeccables d'aplomb, accordant instinctivement leurs pensées et leurs gestes. Comme dans les Cuisses, ils s'employaient à éviter les zones de bouillonnement et à suivre le cours des eaux sombres, signe de profondeur : la règle était de « chercher le noir et fuir le blanc ». Au sortir de Carcajou, les Allemands exultaient ; ils avaient finalement pris goût à cette étrange cavalcade. Il valait mieux car le pire était à venir. Vache-Caille était le plus redouté des trois rapides. Il ressemblait à un escalier très abrupt avec sa cascade d'affaissements donnant sur de méchants rochers, chacun provoquant une énorme convulsion de vapeur et d'eau. Une maladresse y était fatale. Moïse fit une pause, se concentrant sur l'enfilade de turbulences, de « cassés » qui s'étirait devant. Méo, lui, fixait sur la rive les croix de bois dressées à la mémoire de canotiers qui avaient chaviré et dont les cadavres avaient été rendus par la rivière. Des Blancs pour la plupart, mais des Indiens aussi. Comme tout le monde au Lac, il connaissait l'histoire des trois fils de Napoléon Gilbert qui s'y étaient noyés et dont les corps avaient été retrouvés l'année suivante sur une batture en face des Terres-Rompues, à une vingtaine de milles en aval; les hommes qui les avaient repêchés avaient eu du mal à séparer les trois frères, enlacés par des algues.

Ils s'engagèrent dans le rapide. Cette fois, les heurts furent si violents qu'ils eurent l'impression de chevaucher une avalanche de roches. Dès le premier obstacle, l'attirail de pêche et les sacs à dos des deux touristes volèrent par-dessus bord. À tout moment, le canot se cabrait dangereusement au-dessus des abîmes. Les rameurs eux-mêmes, à plusieurs reprises, faillirent être projetés dans le courant avec leurs passagers, mais la fureur ambiante les excitait et ils résistèrent à la crainte qui les envahissait. Ils franchirent plusieurs remous, à travers un amalgame de «pleureuses» sur lesquelles le canot risqua plusieurs fois de s'éventrer. Il restait encore le célèbre saut des Trois-Roches; c'était le plus à craindre. Tout se passa bien d'abord, grâce aux efforts prodigieux de Méo. Mais à la troisième Roche, le pire fut évité de justesse. Il y avait une seule manière de procéder dans ce passage: contourner un premier obstacle par la droite, obliquer vivement ensuite sur la gauche en suivant le mouvement des eaux, puis s'en arracher aussitôt en dégageant rapidement à nouveau vers la droite. Cette dernière manœuvre était la plus difficile; si elle échouait, le canot irait heurter de plein fouet un vilain pavé qui fendait le courant en son milieu. Intimidé peut-être par la violence du décor, le Grand eut un instant d'inattention et brisa le rythme de l'action. Tout sembla compromis. La pince du canot pointa dans la bonne direction mais l'embarcation ne suivit pas; elle se mit subitement en travers et dériva vers le rocher. Méo se reprit et rama rageusement dans l'écume. Mais c'est Moïse qui, réagissant sur-le-champ, rétablit brillamment la situation en précipitant carrément le mouvement giratoire du canot qui se présenta dès lors en marche arrière, à côté de l'obstacle. Il fut évité de justesse, la lisse de l'embarcation venant frotter contre la paroi sur une dizaine de pieds. Du jamais-vu! Lorsqu'ils mirent pied à terre quelques minutes plus tard, le Grand était confus et s'excusait auprès de son compagnon; il lui devait la vie sans doute.

Ils s'étaient arrêtés au Club des Américains à la pointe de l'Île d'Alma, où un groupe de pêcheurs les acclamèrent bruyamment. Les deux héros mangèrent et se reposèrent puis remontèrent la rivière en portageant jusqu'au Lac. À partir de ce jour, le dernier obstacle du saut des Trois-Roches fut baptisé la Roche-Moïse. Leur exploit fut vite connu. Dès le lendemain, d'autres clients de Jos.-D. et du Château Roberval se présentaient, transportés cette fois par un petit bateau motorisé, si bien que pendant les trois semaines qui suivirent, Moïse et Méo, gagnant de l'assurance, refirent la descente à plusieurs reprises. Des touristes prirent des photos qui parurent dans des journaux aux États. Le péril était grand ; mais les deux hommes se familiarisaient avec les caprices de la rivière, affinaient leur parcours et, finalement, ils prirent du plaisir à l'exercice qui s'avérait en même temps très lucratif. Le soir, ils s'arrêtaient au Club et profitaient de l'hospitalité des Américains qui y séjournaient. Méo n'entendait rien à leur conversation mais il se plaisait à les observer ; il les imaginait millionnaires, au sommet de leur gratte-ciel, régnant sur de vastes empires. Le dimanche, avec Moïse, il les accompagnait à la messe au village d'Alma. Le curé faisait disposer pour eux une rangée de chaises devant la nef. Avec leurs costumes de tweed et leurs longues bottines lacées, ces étrangers surprenaient les fidèles en restant debout quand c'était le moment de s'agenouiller et en faisant tout le reste à contretemps. Mais personne ne leur en tenait rigueur ; ils se montraient affables avec les habitants et généreux à la quête.

En trois semaines dans les rapides, Méo gagna beaucoup plus d'argent qu'en un hiver dans les chantiers et, plus tard, il allait déposer une somme rondelette sur la table des Tremblay. Vers le milieu du mois d'août, les deux rameurs décidèrent cependant de mettre fin à leur saison et regagnèrent Roberval. Il était temps pour Moïse de retourner à la Rigane où les Manigouche préparaient le prochain hiver. Mais Méo n'était pas rassasié. Il voulait encore plus d'action, plus de sensations, et il jugea que le moment était venu de mettre à exécution un vieux projet. Il s'en ouvrit à Moïse qui trouva l'idée insensée et voulut à tout prix en dissuader son compagnon. Ce fut peine perdue. Lorsqu'il eut tout tenté, il dut se résigner à se faire complice d'une bien étrange entreprise.

Deux jours plus tard, un peu avant le lever du jour, les deux hommes étaient réunis au bout du quai de Roberval. Moïse avait pris place dans son canot. Debout sur l'embarcadère, grelottant, Méo s'était dévêtu, ne portant qu'un grand « braillet » noir. Il fit signe qu'il était prêt et plongea dans les eaux froides. Selon son estimation, il allait devoir nager sur une distance de trente milles environ pour atteindre Mistouk, soit l'affaire d'une longue journée. Moïse allait le guider en canot et lui fournir de quoi se nourrir durant le trajet. Personne n'avait jamais réalisé cet exploit; nul n'y avait même songé avant lui. Il serait le premier. Il avait suffi d'oser, n'était-ce pas magnifique? Dès les premières brasses toutefois, il fut envahi par le doute. La température de l'eau, l'obscurité, l'immensité déserte du Lac, tout lui était hostile; et la seule pensée de ce qu'il avait à accomplir l'effrayait. Mais la présence de Moïse le rassurait. Il nagea avec vivacité et, peu à peu, il sentit son corps se réchauffer. Bientôt les lueurs de l'aube, chassant les fantômes de la nuit, le réconfortèrent. Il n'y avait pas de vent, le ciel était dégagé et, chaque fois qu'il relevait la tête, il pouvait entrevoir à l'horizon un trait sombre qui séparait l'eau du ciel. L'objectif était dans cette direction, en un point sur cette ligne; très lointain certes, mais l'effort et le temps en viendraient bien à bout.

Peu après leur départ, des préposés à l'exploitation du Colon vinrent prendre leur poste et, n'en croyant pas leurs yeux, aperçurent les deux hommes qui s'éloignaient vers le large. Cette image les rendit doublement perplexes. Il était inusité de s'engager ainsi en canot en plein milieu du Lac; et, surtout, qui était donc cet homme qui suivait à la nage? Leur étonnement s'accrut lorsque, une heure plus tard, ils constatèrent que les deux intrépides, au lieu de revenir vers la rive, disparaissaient au loin. Que se passait-il donc? La nouvelle fit le tour de la petite ville, semant partout l'incrédulité. Les clients du Château voulurent affréter des bateaux pour suivre l'affaire et plusieurs s'embarquèrent sur le Colon. Le navire appareillait pour Mistassini mais le capitaine résolut d'en avoir le cœur net et fonça plutôt dans la direction empruntée par le duo. Méo, qui pensait maintenant à ménager ses forces, avait relâché son rythme. Moïse, un peu en avant, assurait sans peine. Ils furent rejoints à quatre ou cinq milles au large de Roberval. Le Colon ralentit sa course et se porta à leur hauteur. Les passagers et les marins s'étaient regroupés à tribord. Le Grand ne leur accorda guère d'attention. Au capitaine qui l'interrogeait du haut du pont, il fit savoir en deux mots qu'il traversait le Lac à la nage, jusqu'à Mistouk, et que tout allait bien. Puis il retourna à son action. À bord du navire, les exclamations fusaient; quelle affaire! Le capitaine, médusé, s'attardait, mais à la fin il dut relancer la machine et mit le cap sur Mistassini. Tous les passagers, perplexes, se déplacèrent vers l'arrière du navire d'où ils suivirent encore longtemps les mouvements du nageur et du rameur dans l'immensité du Lac.

Le temps était toujours beau, une toute petite vague brouillait la surface de l'eau. Méo se sentait bien et maintenait son effort; tout allait pour le mieux. Il s'arrêta une première fois pour boire et manger légèrement, se reposa un instant en causant avec Moïse qui commençait à voir d'un autre œil ce qui lui avait d'abord paru une aventure des plus folles. Ils se remirent en mouvement. Ils apercevaient maintenant les îles ensablées de Grandmont sur leur droite. Le soleil était encore très haut dans le ciel; Méo progressait plus vite que prévu. L'eau du Lac s'était réchauffée. Deux grosses ouananiches les escortèrent un moment. De temps à autre, des mouettes venaient les survoler puis s'éloignaient. Un peu plus tard, Méo ressentit un premier coup de fatigue mais il maintint la cadence sans trop souffrir. Ses longs bras glissaient dans l'eau en souplesse. Hormis le clapotis créé par le battement de ses pieds, il n'entendait que le bruit de la vague qui se brisait à l'avant du canot. Moïse ramait en silence, surveillant de près son compagnon. Il s'inquiétait et en même temps s'étonnait de ce curieux homme qui se passionnait et se dépensait pour des choses aussi futiles et que rien ne semblait effrayer. Et il constatait à quel point il lui était lié ; il n'avait jamais éprouvé pareille amitié. Trois heures passèrent ainsi, puis trois autres, dans une langueur feutrée qui n'était pas loin du bonheur. Le Grand était dans son élément : au cœur de l'effort et de l'exploit, tout son corps tendu dans l'action, le cœur léger, et Moïse tout près de lui qui veillait. Vers le nord, la ligne d'horizon se précisait ; on y voyait maintenant se découper le clocher des églises de Péribonka, de La Pipe et de Mistouk. Tous les espoirs étaient permis.

Puis, imperceptiblement, le Lac changea d'humeur, comme il lui arrive si souvent. Là-bas, derrière les monts, le drame couvait. Même Moïse, distrait par la douceur du jour et l'action de Méo, avait abaissé sa garde et il mit quelque temps à reconnaître les signes de la tempête qui s'en venait. Ce furent d'abord de légers coups de vent en provenance du nord, là où l'horizon avait commencé à s'assombrir. Quelques nuages apparurent, pendant que le temps se refroidissait. Une heure plus tard, le vent s'était levé pour de bon et prenait rapidement de la vigueur. La vague s'enflait aussi et l'eau du Lac avait perdu ses teintes pastel, tournant subitement au noir. La masse sombre venue de Mistouk recouvrait maintenant la moitié du firmament et continuait d'avancer. Les deux hommes avaient brisé leur rythme ; l'angoisse s'était installée. Et soudain, ce fut l'explosion : de violentes bourrasques, des vagues de douze pieds qui se cassaient aussitôt dans un vacarme affolant, une visibilité presque nulle. Et la pluie, par torrents. Méo n'avançait plus. Entouré de murs d'eau, il ne savait plus s'orienter et luttait férocement pour se maintenir à la surface, à demi suffoqué par les lames qui s'abattaient sur lui. Tout à coup, il constata qu'il ne voyait plus Moïse. Alors il fut pris de panique et perdit encore de précieuses énergies en se débattant d'une façon désordonnée, fouettant l'eau dans tous les sens comme un forcené. Déjà beaucoup sollicitées depuis le départ de Roberval, ses forces l'abandonnaient rapidement. Il faiblissait, se sentait gagner par l'épuisement, n'y voyait plus du tout. Il combattit néanmoins encore longtemps, vaillamment, contre plus fort que lui. Peu à peu, ses muscles se détendirent, une sorte de bien-être l'envahit. Il essaya encore de secouer sa torpeur, sans résultat. Il se sentit couler.

Pas longtemps. Sa descente n'avait pas duré trois secondes qu'il prenait déjà pied sur un fond de sable doux. Il lui revint alors subitement que les Indiens avaient baptisé cette mer intérieure du nom de « Piékouagami » qui, en langue montagnaise, veut dire lac plat, ou lac à fond plat. Telle est en effet la nature enjouée de ce grand Lac : en son milieu, à certains endroits, cette onde infinie qui rappelle l'océan n'est autre qu'une espèce de lagon, une grande barboteuse, si l'on ose dire. Du coup, Méo reprit ses esprits puis quelques forces, parvint à se redresser et se trouva debout, titubant, au milieu de nulle part, un peu ridicule, toujours secoué par la tourmente. Sa position était très inconfortable certes, mais nullement périlleuse. Il eut presque envie de rire. Toutes les quinze ou vingt secondes, une grosse vague le renversait ; il reprenait pied, se redressait ; une autre vague le frappait aussitôt. Mais une inquiétude mortelle le tenaillait ; ses pensées allaient vers Moïse qui n'avait pas reparu. Il cria plusieurs fois son nom mais sa voix se perdait dans la fureur. Une heure passa ainsi, puis deux et davantage. Le vent et la vague faiblirent enfin et il lui fut plus facile de tenir en place. Il souffrait horriblement du froid mais il n'osait se remettre à la nage. La mer était encore très agitée et il craignait de s'éloigner de Moïse. Il appela encore plusieurs fois mais n'eut pas de réponse. Après que la nuit fut tombée, il dut se résigner à se remettre en mouvement.

Le Lac était plus calme et le temps se dégageait. Il vit bientôt les étoiles et put s'orienter, comme l'oncle Fabien le lui avait enseigné. Il avançait lentement, très lentement, le corps en souffrance et la mort dans l'âme. Toute la nuit il lutta, allant bien au-delà de la fatigue, dépassant les limites de l'épuisement. Ses efforts surhumains produisaient des élans dérisoires, mais il savait qu'il continuait à avancer. Il pensait au caribou qui poursuivait toujours le terme de sa course, il s'imprégnait de son esprit ; c'est cela : il devenait caribou lui-même, il lui empruntait sa noblesse, son courage, son entêtement. Et toujours il avançait, il avançait. Durant de longs moments, il s'interdisait de regarder devant lui pour mieux percevoir son avance d'une fois à l'autre. Car maintenant, une pâleur montait à l'horizon et découpait la côte toute proche. Il mit trois heures peut-être à franchir le dernier mille, celui qui le rendit enfin visible aux quelques milliers de personnes désespérées qui, toute la soirée et toute la nuit, n'avaient pas cessé de scruter les ténèbres depuis la rive. Plusieurs d'entre elles se tenaient prêtes à sauter dans des embarcations pour récupérer les deux hommes dès que le jour serait levé. Et c'est ainsi que le Grand leur apparut, plus mort que vif, inconscient en vérité, tel un corps à la dérive, et se propulsant encore néanmoins comme un automate.

La population avait été informée vers le milieu de l'après-midi de ce qui se passait sur le Lac, après que le Colon eut accosté à Mistassini. L'incroyable nouvelle s'était répandue d'une paroisse à l'autre. Chacun était conscient de l'ampleur de l'événement et, partout dans la région, les gens se regroupèrent autour des rares téléphones pour suivre la progression du drame. Vers la fin du jour, tandis que la tempête faisait rage, tout le rivage fut bondé de curieux aux abords de Mistouk. La foule ne cessa pas de grossir au cours de la nuit, les voitures arrivant d'aussi loin que Hébertville et Albanel. Il se trouvait là des hommes et des femmes de tous âges, et aussi des enfants. Les membres de la famille Tremblay qui étaient restés aux Chicots priaient au salon devant la statue du Sacré-Cœur. Incapables de mettre une chaloupe à l'eau, plusieurs hommes s'étaient avancés à pied dans le Lac. Un murmure tout à coup parcourut la plage et des pleurs se firent entendre lorsque, miraculeusement, des cris signalèrent l'apparition de Méo à l'horizon. Aussitôt, des hommes se précipitèrent dans de grandes verchères. Zébert avait pris place dans la première embarcation qui parvint à la hauteur du nageur. Les sauveteurs le hissèrent à bord en prenant mille précautions, puis vinrent le déposer sur la plage. Il avait passé près de trente heures dans les eaux du Lac. Chacun voulait s'approcher du rescapé. Dans le brouhaha, Joseph fut amené à travers les curieux et put voir Méo inconscient. Il lui saisit une main et ne la lâcha plus. Quel genre d'homme avait-il donc engendré, qui se lance dans des entreprises aussi désespérées? On hissa le Grand sur une charrette et la foule se fendit pour livrer passage au convoi qui se dirigea vers le presbytère. Se tenant à l'écart, Julie et Mathilde sanglotaient. Tout le monde se souviendrait de cet exploit de malheur; tous se souviendraient de Méo le téméraire qui avait osé affronter le grand Lac et avait vaincu même sa terrible colère; ils en feraient le récit à leurs enfants et aux enfants de leurs enfants. Méo le héros…

Au presbytère, le docteur Émile, mobilisant toute sa science, examina minutieusement le patient toujours inconscient, s'inquiétant des longs râles qui s'échappaient de sa poitrine. Les autres personnes présentes, le curé Renaud en tête, crurent y reconnaître de profonds ronflements, mais ils se gardèrent de troubler la méditation du savant. L'avenir devait cependant leur donner raison; le héros dormait comme douze marmottes. L'homme de l'art rendit finalement son diagnostic: Méo était « très, très fatiqué ».

Pendant ce temps, on était toujours sans nouvelle de Moïse. Là-bas sur la rive, plusieurs personnes continuaient à surveiller le large, guettant le moindre signe. Une cinquantaine d'embarcations s'apprêtaient à partir à sa recherche. Ce ne fut pas nécessaire. On le vit bientôt apparaître dans son canot. Assis très droit, il ramait à bonne allure. Il vint accoster et se trouva subitement au milieu d'un gros attroupement, assailli de questions qu'il ignora, demandant plutôt des nouvelles de Méo. Rassuré, il fit quelques pas sur la plage, un peu égarouillé* tout de même, ne parut pas voir à cent pieds Mathilde en pleurs qui le dévorait des yeux. Il fut escorté lui aussi jusqu'au presbytère. Le docteur Émile répéta son examen qu'il conclut de la même façon. Les deux hommes furent installés chacun dans une chambre où ils dormirent pendant vingt-quatre heures.

Au réveil, ils furent très soulagés de se retrouver sains et saufs et se racontèrent l'un à l'autre leur aventure. Moïse avait chaviré et s'était laissé dériver pendant deux ou trois heures, agrippé à son canot. Il avait finalement échoué sur un îlot où il avait attendu la fin de la tempête. Après quoi il avait longtemps tourné en rond à la recherche de Méo. Au cœur de la nuit, il s'était résigné à gagner la rive. Les deux hommes délaissèrent les pilules et potions que le médecin avait laissées à leur intention et s'en remirent plutôt à la médecine de Bérengère : quatre livres de tourtière, plusieurs pâtés à la viande assortis de force cretons et un énorme cipâte aux bleuets généreusement arrosé de sirop d'érable de Charlevoix. Ils passèrent encore quelques heures ensemble puis se séparèrent. Moïse rentrait à la Rigane et Méo aux Chicots où Marie l'accueillit avec les exclamations habituelles :

— Damné enfant… Qu'y m'fatique donc ! Mais qu'est-ce que j'ai donc pu faire au Bon Dieu ? Mais qu'est-ce que j'ai donc…

Chapitre XI

Toujours durant cet été 1907, tandis que Méo naviguait avec Moïse, c'est le jeune Gonzague qui était le centre d'attraction chez les Tremblay. Il faut dire qu'il était assez différent des enfants de son âge. À cause de sa myopie, il fut le premier à porter des lunettes à Mistouk. Apparemment insouciant des choses matérielles, il vivait dans son univers peuplé de personnages rocambolesques et inoffensifs. Sa distraction proverbiale en faisait le plus mauvais élève de l'école et il dut s'y reprendre à trois fois au catéchisme avant d'être admis à la communion. Au moins deux fois par année, il réunissait les menus objets qui lui appartenaient et en faisait « un beau trésor » qu'il enfouissait à quelque distance de la maison ou de l'étable. Puis il oubliait ses repères et, l'année suivante, il ne le retrouvait plus. Il passait à autre chose. Avec lui, les événements les plus banals acquéraient toujours quelque relief. La première fois qu'il alla se confesser, il s'agenouilla, comme on le lui avait dit, d'un côté du confessionnal pendant que le curé Renaud en finissait avec l'autre pénitent. Mais Gonzague, comme d'habitude, n'avait pas retenu tout le mode d'emploi et, sans plus attendre, avait récité tous ses péchés devant la grille fermée, manège qu'il avait ensuite répété plusieurs fois avant de constater sa méprise. Un jour, à table, il annonça avec soulagement qu'il venait de finir les dix chapelets que Renaud lui avait infligés en guise de pénitence. Prévenu contre ses inattentions, il en avait même ajouté un onzième, disait-il, de peur de s'être trompé en les récitant. L'épisode suscita l'incrédulité générale. Mais Gonzague assura que le curé lui avait bel et bien imposé « une dizaine » de chapelet… Marie, tout comme les autres, avait un faible pour lui. Elle disait qu'il était son meilleur ramasseur de framboises :

— Lui, y ramasse juste les belles grosses.

— C'est parce qu'y voit pas les autres, m'man, répliquaient ses frères et sœurs.

Il était très dévoué, redoutablement même. Pour faire plaisir à sa mère, il allait parfois à son insu sarcler dans le jardin. La myopie s'en mêlant, l'effet de surprise était toujours réussi. Quand il en avait terminé, il ne restait aucune mauvaise herbe en effet, mais guère autre chose non plus. C'était avant sa première paire de lunettes. Plus tard, il découvrit avec émerveillement tout un univers de petites choses qui lui avaient échappé jusqu'alors et il devint un ardent collectionneur de plantes et d'insectes.

C'était le milieu de l'été. Marie annonça un matin qu'elle se sentait fatiguée ; une promenade chez sa cousine Eugénie à Chicoutimi lui ferait le plus grand bien. Elle en profiterait pour se rendre à Sainte-Anne, de l'autre côté de la rivière, à l'occasion du pèlerinage annuel en l'honneur de la sainte thaumaturge, lequel avait lieu le 26 juillet. Elle écrivit à sa cousine et partit quinze jours plus tard. Joseph, un peu inquiet, entreprit une fois de plus le voyage à Hébertville et laissa sa femme devant la petite gare. Dès qu'elle le vit s'éloigner, Marie quitta le quai et s'engagea à pied sur le mauvais chemin qui menait à Grand-Brûlé et à Chicoutimi. Il était temps de régler le problème de Mathilde, même s'il fallait prendre les grands moyens : elle ferait comme les anciens pèlerins, elle irait à pied par les chemins porter humblement sa requête. Avec l'appui de la bonne sainte Anne, elle ne doutait pas que tout s'arrangerait.

Elle marcha pendant cinq jours, du matin jusqu'au soir, sous le soleil et sous la pluie, s'abreuvant à des ruisseaux comme les animaux, mangeant et couchant chez des habitants qui s'empressaient de l'accueillir lorsqu'ils la voyaient arriver à la fin du jour dans un état voisin de l'effondrement, le visage étiré, les vêtements couverts de poussière, les chaussures défoncées. À ses hôtes qui ne manquaient pas de l'interroger, elle faisait part de sa pieuse entreprise destinée à obtenir la guérison d'« une maladie du cœur » dont souffrait l'une de ses proches. Mais elle n'avait pas l'esprit à la conversation. Après avoir mangé, elle passait le reste de la soirée à traiter ses pieds amochés tout en récitant ses prières. Elle reprenait péniblement la route à l'aube, déclinant obstinément les offres des charretiers qui la doublaient et voulaient la prendre à bord. Chaque pas lui causait une douleur aiguë dont elle faisait une offrande. Elle allait lentement à travers les trous et les bosses, harcelée par les moustiques, multipliant les arrêts pour soulager ses maux, sa fatigue. Plusieurs voyageurs la surprirent, à différents moments du jour, affaissée sur une roche ou une souche, obstinée dans son sacrifice. D'un rang, d'un village à l'autre, le bruit se répandit que, cet été-là, une sainte traversait la région. Ce n'était pas loin de la vérité.

Elle se présenta dans un piteux état un soir chez Fabien et Eugénie. Ils durent la soigner pendant quelques jours avant qu'elle ne puisse achever son pèlerinage. Le premier répara ses chaussures, lui confectionna une canne ; l'autre pansa ses plaies, soigna son corps meurtri. Le matin du 26 juillet, ils purent se rendre tous les trois sur le quai de Chicoutimi où, au milieu d'une foule agitée, ils firent la queue pendant des heures avant de prendre place sur le petit traversier d'Épiphane Gagnon. Un homme dans la trentaine se tenait près d'eux portant un petit garçon de cinq ou six ans sur son dos. Il expliqua que son fils n'avait jamais marché; les médecins ne pouvaient rien pour lui. C'était son troisième pèlerinage. Lorsqu'ils débarquèrent sur l'autre rive, ils se mêlèrent à une foule encore plus grosse; trois goélettes chargées de pèlerins arrivaient de la Baie des Ha! Ha! et des villages d'en bas: Descente-des-Femmes, Anse-Saint-Jean, Petit-Saguenay. Les fidèles s'engagèrent dans la longue ascension vers l'église. L'oncle soutenait Marie, très souffrante. Parvenue aux trois quarts de la montée, elle se détacha de Fabien et se laissa glisser sur les genoux; elle termina ainsi le parcours, sous le regard perplexe des deux autres. Ils entendirent la messe, communièrent, vénérèrent la relique de sainte Anne et participèrent à la procession jusqu'à la grande croix du Cap Saint-Joseph qui surplombait le Saguenay à cinq cents pieds de l'église, là où monseigneur Racine avait miraculeusement arrêté le grand feu en 1870. Revenus sur la place de l'église, ils participèrent à la cérémonie durant laquelle chaque pèlerin adressait silencieusement sa requête à la sainte pendant qu'un chœur interprétait des chants sacrés. Il y avait beaucoup d'émotion dans la foule. La journée était ensoleillée mais fraîche; une petite brise montait de la rivière comme pour caresser les miséreux rassemblés autour de la statue de la thaumaturge. C'était peut-être sa manière de dire sa présence, de communier à leurs peines. Il y eut, a-t-on dit, quelques guérisons ce jour-là et, assurément, beaucoup de soulagement. Le retour se fit en silence. Sur le bateau, Marie aperçut à nouveau l'homme avec l'enfant toujours agrippé à ses épaules. L'infirme se tenait immobile, la tête posée contre le cou de son père qui ne disait mot, le regard errant sur le Saguenay, vers les Terres-Rompues. Il reviendrait l'année suivante sans doute. Marie prit le train le lendemain et fut de retour aux Chicots dans la soirée.

C'est l'état de ses pieds qui éveilla l'attention des siens. Bientôt la rumeur de sa marche forcée envahit Mistouk et des témoins la confirmèrent. Son secret fut éventé. L'épisode troubla profondément Joseph et les enfants, chacun réagissant à sa façon.

Raphaël, qui avait alors une quinzaine d'années, était monté à sa chambre. Les autres s'étaient réfugiés dans le silence. Tous éprouvaient du chagrin à la pensée de leur mère livrée à pareil sacrifice. Ils imaginaient sa silhouette fragile glissant le long des routes jusqu'à épuisement, vivant de la charité de l'un et de l'autre, les pieds en charpie, la peau ravagée par le soleil et les moustiques, tout cela pour le salut de Mathilde et la paix de son âme. Ils la découvraient telle qu'ils l'avaient toujours devinée : candide et indomptable, humble et forte, limpide et secrète.

* * *

Le retour de Méo et l'émoi causé par sa traversée du Lac firent diversion. On ne reparla plus chez les Tremblay du pèlerinage de Marie. C'était leur manière à eux de surmonter les peines, les revers de la vie : en les enfouissant au creux de la mémoire. Pendant plusieurs jours, des curieux, des journalistes, des photographes vinrent aux Chicots pour se faire raconter l'aventure de Méo et capter le visage du héros. Puis les choses se calmèrent. Mais pas pour longtemps ; le Grand rongeait son frein, la bougeotte ne le lâchait plus. À la fin du mois d'août, il annonça son départ pour les États-Unis. Marie gronda :

— Bon, v'là que même le pays est rendu trop p'tit pour lui asteure.

Joseph réagit très mal, s'opposa au projet, et un soir à table il s'emporta. Méo laissa passer l'orage et demeura longtemps silencieux, la tête dans son assiette. C'était la première fois qu'un différend les dressait l'un contre l'autre et tous comprenaient qu'entre le père et le fils, quelque chose se défaisait. Personne n'osait plus parler. Joseph revint à la charge. Alors, la mort dans l'âme, Méo laissa tomber :

— T'oublies qu't'as faitt la même chose à mon âge, p'pa.

Là-dessus, il se leva et gagna sa chambre. Marie sanglotait.

Joseph restait effondré au bout de la table; cet épisode douloureux de son ancienne vie n'en finirait donc pas de le hanter. Le lendemain Méo était parti.

À compter de ce jour, la vie a vraiment bifurqué aux Chicots. Le bonheur s'y est fait plus rare.

* * *

Depuis qu'il l'avait traversé à la nage, le Lac semblait à Méo plus petit, avait perdu de son mystère. Il avait parcouru les affluents, les grandes pistes du Royaume; il lui fallait aller plus loin maintenant, suivre le cours de ses rivières qui menaient à la mer. Le matin de son départ, il avait dû s'arracher des bras de Marie qui faisait un dernier effort pour le retenir. Il avait coupé à travers champs derrière les maisons, en direction de la Butte-à-Tancrède. Les chiens se relayaient pour aboyer sur son passage; ce fut le dernier écho qu'il emporta du pays. Il avait mis dans son sac ses économies ainsi que les cartes géographiques de l'America II. Dans le train qui l'amena le soir même vers Québec, il s'y replongea, comme il l'avait fait plusieurs fois au cours des semaines précédentes, laissant son esprit errer au gré des noms qui se bousculaient: Santa Fé, El Paso, Dakota, Missouri, Montana; et ce long fleuve, le Mississipi, qui fendait le grand pays par le milieu, et cette toute petite ville dont le nom sonnait comme un prénom de fille: Duluth. Ah oui! un jour il irait à Duluth. Il récitait aussi tous les mots qui avaient bercé son enfance: Lowell, Merrimac et Lewiston; Manchester, Fall River, Biddeford. Et Woonsocket, bien sûr; c'était sa destination.

Il y loua une chambre dans une maison de pension et se trouva immédiatement un emploi dans une bricade. Il mit les bouchées doubles et se fit vite remarquer par les contremaîtres qui lui donnèrent de l'avancement et augmentèrent ses gages. Au début, il occupa ses loisirs à explorer la ville, à refaire les itinéraires que Joseph et Marie avaient parcourus en leur temps, à retrouver les édifices, les lieux qu'ils avaient aimés, à visiter le quartier qu'ils avaient habité. Il observa beaucoup autour de lui, étudiant les gens, les manières, les parlers. Il s'appliqua à apprendre l'anglais, qu'il trouva beaucoup plus facile que le montagnais. Joseph avait donc raison : les Américains, c'était « de nos races »?… La plupart des Canadiens français qui habitaient la ville avaient l'habitude de se tenir entre eux. Quelques-uns seulement communiquaient avec les Américains ; ils traduisaient pour les autres. Au hasard de ses randonnées, il nota que la majorité des filles étaient maquillées, portaient les cheveux courts et des jupes qui ne descendaient guère plus bas que les genoux. Après le travail, les hommes, incluant des garçons de son âge, s'arrêtaient souvent dans des tavernes pour y boire de la bière. Il s'y mit aussi. Il se rendit également à quelques reprises à des bals populaires où il se fit cependant très discret, se croyant handicapé à cause de sa taille. De toute manière, il ne savait pas danser.

Il se sentait plus à l'aise aux spectacles de lutte donnés deux fois par mois dans un vieil entrepôt réaménagé. Les clameurs de la foule excitée le grisaient et il s'amusait follement, en finale, de la prestation d'un lutteur japonais qui, avant d'engager le combat, jetait du sel aux quatre coins de l'enceinte afin d'en chasser les mauvais esprits. Il se balançait ensuite sur une jambe puis sur l'autre en martelant chaque fois de son pied le plancher de l'arène. La foule se moquait de lui en scandant bruyamment son mouvement. L'autre belligérant, un grand Américain aux cheveux blonds, faisait alors une entrée triomphale. Puis les deux gladiateurs s'affrontaient suivant un rituel invariable mais toujours efficace. Après quelques minutes de *fair play,* le méchant Japonais puisait dans un sachet caché dans son maillot une pincée de sel qu'il enfonçait sous la paupière du bon Américain, en ayant soin de lui frotter vivement les yeux avec le pouce. Cela à l'insu de l'arbitre. La foule hurlait mais lui ne comprenait pas ce qu'on lui signifiait, à cause des hurlements justement. Le cruel

Asiatique en profitait pour réitérer son manège. Pendant ce temps, l'arbitre, gardant toujours le dos tourné à l'action, continuait vainement d'interroger la foule. Tout cela pouvait durer cinq minutes, jusqu'à ce que la victime entre dans une grande colère. Les spectateurs trépignaient, attendant ce moment debout sur leur siège. Et voilà que le grand blond déchaîné cernait l'Asiatique dans un coin et le frappait à la tête à coups redoublés. Misère! Les sévices infligés par le Japonais avaient rendu le bon Américain aveugle et, à son insu, croyant broyer son adversaire, il venait d'assommer l'arbitre, ce qui entraînait aussitôt sa disqualification. Il était vraiment désolé, le blond, mais cela n'y changeait rien. Et c'est l'autre, l'arrogant, avec son petit sourire en coin et son regard cauteleux, qui paradait dans l'arène en faisant de petites courbettes pour railler la foule en furie. Piteux, le bon Américain s'en voulait beaucoup, beaucoup, ne se pardonnait pas sa bévue, s'excusait encore auprès de l'arbitre, implorait la foule. Trop tard. Quelle injustice... Heureusement, il y aurait un combat revanche au prochain programme.

Méo écrivit à quelques reprises aux Chicots; des petites lettres maladroites qui s'en tenaient à l'essentiel. Il n'osait raconter toutes ses découvertes, toutes ses joies. Car il prenait plaisir à tout. Le dimanche, il déambulait parmi les « gratte-ciel » de Woonsocket, des édifices de quatre, cinq ou même six étages. Il allait marcher dans le quartier des patrons et des contremaîtres, y voyait pour la première fois de sa vie des maisons de riches : des terrasses de pierres roses sous de larges vérandas, des étangs parsemés de plantes exotiques, des fontaines, des pelouses en damier; et des gens heureux, très heureux. Il croisait des vieillards polis promenant de drôles de chiens en laisse. Il fréquentait le parc qui longeait la rivière Blackstone, s'arrêtait devant les monuments, flânait autour du grand bassin sur lequel des enfants faisaient naviguer de minuscules voiliers. Il revenait le long de la rivière, allant jusqu'aux dernières habitations, là où elle fait un coude. Une grande roche plate affleurait à cet endroit et quelqu'un y avait dessiné le visage de la Vierge. Tous les dimanches à la même heure, une vieille dame tenant par la main une petite fille venait y prier. Juste en face se dressait un manoir où des nouveaux mariés venaient se faire photographier. Méo faisait toutes ces sorties en solitaire; il aimait découvrir par lui-même les êtres et les choses, enregistrer les gestes, les traits, et imaginer le reste à sa convenance. Durant tout son séjour, il connut peu de gens en dehors de ses compagnons de travail. Il n'en souffrait pas, le temps passait si vite. Au début de décembre, il informa sa famille qu'il serait de retour entre Noël et le jour de l'An. Il craignait de prolonger sa demi-fugue. Bien vite, ce fut le temps de rentrer; en moins de quatre mois, il avait épargné près de quatre cents dollars.

Aux Chicots, l'automne avait été maussade et l'hiver avait tardé à s'installer. On était à la mi-décembre et les chemins, complètement gelés, n'étaient toujours pas recouverts de neige. La circulation était pénible et parfois impossible; les passagers se faisaient durement secouer sur leur banc, les chevaux se blessaient aux pattes, les roues se brisaient. La forge du vieux Wilbrod ne désemplissait pas. La première tempête, qui survint vers le vingt décembre, sema la joie; les chemins redevenaient enfin praticables. Elle fut suivie d'une autre, moins bien accueillie celle-là, une dizaine de jours plus tard. Dès le lendemain de Noël, Joseph et Marie s'étaient mis à la fenêtre, guettant l'arrivée du Grand.

— Y va quand même nous r'venir avant la fin des ajets*…

Mais les jours s'écoulaient et il n'arrivait toujours pas. Le trente, l'inquiétude commença à s'installer pour de bon. La tempête fit rage tout le jour et toute la nuit. Le lendemain, des éclaircies apparurent mais toujours rien ne venait du côté de chez Tancrède. Lorsque le soir tomba, toute la gaieté qui avait accompagné l'approche des Fêtes et le retour imminent de Méo avait fait place à une grande tristesse. C'était la veille du jour de l'An. Dix fois pendant la soirée, Joseph sortit pour scruter l'obscurité.

Il était près de minuit maintenant et, malheureux, les Tremblay se dirigèrent lentement vers leurs chambres. Pour la plupart d'entre eux, ce serait une nuit sans sommeil. Alors ils entendirent des pas sur la galerie… Dire le bonheur qui tout de suite envahit la maison ! Le Grand était revenu.

Il ne réussissait pas bien ses départs, Méo, mais il avait l'art des retours. Il manifesta sa joie de retrouver les Chicots, embrassa bruyamment tout son monde. Il prit Marie dans ses bras, la fit tournoyer, pressa Joseph contre lui puis sortit les cadeaux qu'il destinait aux siens. Sa fraîcheur les éclaboussait ; son entrain, sa pureté n'étaient guère résistibles. En quelques secondes, il avait conquis la place. Marie se laissait absorber par le bonheur retrouvé, pour un temps du moins. Joseph ne disait mot, comme toujours dans ces occasions. Le Grand avait déposé sur la table un énorme sac dont il entreprit de sortir tout un bric-à-brac. Pour les plus jeunes, il avait apporté des toupies, des loupes, des vire-vent, des croix de fer aimantées, des balles de caoutchouc, des oranges. Mathilde et Rosalie eurent droit à de petites bouteilles de « parfum d'odeur », à des « popormanes » roses, Adhémar à un gros cadenas, Félix à un lot de cartes postales (en couleurs) et Raphaël à un petit livre « tout en anglais ». Joseph reçut un briquet et une pipe aux couleurs du drapeau américain, ainsi qu'une montre. Marie se vit offrir quelques gâteries, pour elle-même et pour la cuisine : un écrin recouvert de velours, trois dés à coudre en bronze, une tablette de chocolat et un pot de moutarde… article qui fit sensation et dont Gonzague porta longtemps les stigmates. Méo revenait avec de grosses bottes cloutées qu'il porta désormais presque en toutes saisons. Plus tard dans la nuit, avant de gagner sa chambre, il tira Joseph à part et lui remit trois cent cinquante dollars. Des dollars américains.

Le lendemain et dans les jours qui suivirent, il continua d'afficher sa bonne humeur. Il se moquait de Blanche et de Gonzague. À la première, il racontait qu'aux États, lorsque les petites filles pleuraient et qu'elles arrivaient au bout de leur chagrin, il leur venait des arcs-en-ciel au fond des yeux. Il lui parlait d'un géant encore plus grand que lui qui, lorsqu'il était assoiffé, buvait la moitié d'un ruisseau. Il assurait aussi avoir vu à l'œuvre un dompteur de truites ; il allait lui-même s'y mettre l'été venu. D'abord émerveillée, Blanche découvrait la plaisanterie et se mettait en colère :

— J't'aime pus !

Au second, il parlait d'un vieux monsieur, son voisin de chambre à Woonsocket, qui ne dormait jamais mais qui, chose encore plus étonnante, n'en ronflait pas moins toute la nuit ; c'est ce qui l'empêchait de dormir, justement. Il enchaînait avec d'autres histoires du même genre. Gonzague ouvrait grand les yeux, faisait des « Ho ! » et des « Han ! », s'étonnait d'un pays si étrange et trouvait que la vie était bien plus simple « en Canada ». Avec Félix, c'était une autre affaire. Le jeune frère s'était vraiment mis en tête d'aller aux États et rappelait à Méo sa promesse. Le Grand se faisait évasif, l'autre insistait. Plus tard, il demanda à Méo d'apposer au mur de leur chambre sa grande carte des États-Unis. À partir de ce moment, il y passa tous les jours de longs moments et il en vint à connaître le pays par cœur : les grandes villes, les principaux itinéraires, les rivières, les ports.

* * *

C'était dans la deuxième semaine de janvier 1908. Deux ou trois fois, Méo avait vu Julie à l'église mais n'avait pu lui parler ; elle était entourée des membres de sa famille, dont le gros Bulldog qui semblait monter la garde auprès d'elle. Le Carnaval venait de commencer ; mais le Grand avait l'esprit ailleurs. Il commençait déjà à trouver le temps long. Quelques jours plus tard, il décida de retourner aux chantiers, cette fois comme charretier avec Vaillant, ce à quoi Joseph ne fit pas objection. Zébert serait également de la partie ; ils monteraient tous les deux à la tête de la rivière Shipshaw à une soixantaine de milles au nord de Jonquière, là où la Compagnie Price employait plusieurs hommes.

Du coup, Méo retrouva son entrain; même le cheval semblait prendre plaisir à cette équipée. Leur absence allait durer trois mois. Ils firent tout le trajet à pied avec Vaillant qui gambadait dans la neige; il n'avait rien à tirer pour le moment, la Compagnie fournissant les slés sur place. Une fois rendus, ils se présentèrent au bureau d'embauche, construit dans le bas d'une coupe, à la naissance d'une rivière qui se jetait dans la Shipshaw. Plusieurs hommes faisaient la queue. Les conditions de travail étaient particulièrement dures dans les chantiers de Price où des engagés étaient congédiés tous les jours. Le soir, lorsque les bûcherons rentraient au camp, chacun devait déclarer à voix haute le nombre de billots qu'il avait coupés durant la journée. Aux yeux des contremaîtres, ce procédé humiliant avait la double vertu de stimuler la compétition tout en éliminant rapidement les incapables, ces « robidous » dont l'aventure se terminait après une journée ou deux seulement et dont on se moquerait par la suite en disant qu'ils avaient fait « une ronne sans chier ».

Méo se présenta et fut embauché sur-le-champ; sa réputation l'avait précédé. Mais le préposé se montra très réticent lorsque Zébert s'avança à son tour. Il n'avait certes rien pour impressionner un contremaître forestier, surtout chez les Price, avec son allure chicotue, ses petites jambes arquées, son visage anguleux, boutonneux. Méo s'interposa :

— C'est mon équipier. Y en a pas l'air mais c'est un toffe.

L'homme ne fut pas convaincu :

— Y en a pas l'air, c'est sûr. Bon, toué l'grand ça va, mais pas l'écouèpeau*.

— On travaille toujours ensemble; c'est les deux ou personne. Pis y s'appelle pas l'écouèpeau mais Zébert.

Après un moment, l'autre céda et les deux recrues se virent assigner l'un des trois camps, d'une centaine d'hommes chacun, qui servaient à la fois de cuisine, de salle à manger et de dortoir pour les bûcherons et les charretiers. Ils apercevaient un peu plus loin les écuries, le logis des contremaîtres, la cabane des mesureurs, la forge ainsi que deux ou trois hangars. Ils installèrent Vaillant, le nourrirent et pénétrèrent dans leur camp.

Méo avait en mémoire sa première expérience avec l'oncle Ladislas; il découvrait cette fois une tout autre atmosphère. C'était un très gros chantier, ce que les hommes appelaient un « chantier de Compagnie ». Les engagés provenaient de diverses régions du Québec et même de l'extérieur. Certains ne parlaient qu'anglais, d'autres (des Ukrainiens, des Norvégiens) ni anglais ni français. Il reconnut toutefois quelques visages, des gens du Lac. Deux couchettes leur furent désignées dans un coin de la bâtisse et ils se joignirent aux autres. Très vite, la vie s'organisa. Vaillant était un bon cheval. Méo l'amena d'abord en pleine forêt, dans la grosse poudreuse, pour le dresser. Un cheval devait apprendre à vaincre sa peur, à « nager dans la neige », comme disaient les charretiers. Vaillant n'était pas très puissant, mais intelligent et courageux. Et discipliné en plus, très discipliné. Après une semaine ou deux, Méo n'avait même plus à toucher aux cordeaux; il le commandait à la voix seulement.

Il n'en faisait pas autant avec Zébert. Rebelle, fanfaron, ennemi de la ponctualité, toujours dans le pétrin, vaillant lui aussi mais malhabile, impuissant à manœuvrer les billots à cause de sa petite taille, il laissait à Méo le gros du travail. En dépit de quoi le duo enregistrait des rendements surprenants, ce qui en disait long sur la capacité du Grand car, en plus, il devait toujours garder son « équipier » à l'œil. Parmi d'autres traits, Zébert entretenait un étrange rapport avec les biens matériels — il ne se préoccupait guère des autres. Incurable gaspilleur, il paraissait insouciant du peu qu'il possédait et, tout comme au temps de son adolescence, il avait le don d'égarer constamment ses effets. Par grand froid, il lui arrivait de se présenter mains nues au travail et ne s'en serait pas alarmé si Méo n'y avait vu. Ils formaient une drôle de paire. Mais le Grand était comme cela ; ses amitiés étaient aussi imprévisibles que fidèles.

Les semaines passaient et tout allait plutôt bien. Méo se plaisait dans le métier de charretier même s'il devait se lever chaque nuit pour aller soigner Vaillant. Les hommes auraient pu alterner en désignant chaque soir deux ou trois d'entre eux pour s'occuper de tous les chevaux à la fois, mais c'était ainsi ; chacun tenait à nourrir, à traiter lui-même sa bête. La vie au camp était pénible, surtout à cause de la nourriture, les Price s'étant fait une réputation de « défonceurs d'estomac ». Dans ce chantier-là, point de pets-de-sœurs ni d'oreilles-de-Christ le dimanche ; chaque jour apportait ses rations de soupe aux pois et de binnes. Les fruits, les œufs, le lait, le beurre étaient inconnus. Le thé, la mélasse et le sucre étaient réservés aux contremaîtres ; les autres buvaient de l'eau.

Méo n'avait jamais vu pareille congrégation de blasphémateurs, habiles à « sacrer par chapitres », en alignant les séquences les plus inventives de jurons, souvent de leur cru. Les meilleurs ne « désacraient » pas d'une étoile à l'autre. À table, le Grand observait les grosses mains crevassées et les visages brûlés par le froid. Certains hommes, mal habillés, se protégeaient de l'hiver en « lambrissant » leur parka éculé à l'aide de vieux journaux ou des morceaux de pulpe. Des bagarres éclataient de temps à autre. L'année précédente, un train qui amenait au Saguenay des bûcherons de l'Ontario avait été la scène de violents affrontements entre Roberval et Jonquière. Le chauffeur avait dû détacher un wagon et le laisser sur une voie de desserte.

Mais, parmi tous ceux-là, se rencontraient également des êtres réservés, peu loquaces, marginaux de toutes sortes dont Méo appréciait la compagnie. Vers le début du mois de mars apparurent au camp une vingtaine d'hommes appelés à travailler comme gardiens d'écluse à partir du dégel. Ils étaient d'une espèce à part. Autant les charretiers et les coukes étaient hommes de parole, autant ceux-là étaient gens de silence.

C'étaient pourtant des puits de science en matière de billots, de courants et de flottage et, lorsqu'ils s'y mettaient en petits groupes, ils devenaient intarissables, expliquant comment dans un rapide le bois voyage plus vite que l'eau et les graves conséquences qui peuvent s'ensuivre ; à quel endroit installer une écluse, compte tenu de la pente et du cours de la rivière, de l'habitat des castors et des migrations des poissons ; dans quel délai surviennent les « coups d'eau » après une petite pluie, après une averse, après un orage. Ils racontaient aussi les mille et une circonstances qui conditionnent le mouvement et le vieillissement des écluses, par exemple la pression des eaux, la manœuvre et même l'humeur du gardien... Méo avait aussi fait la connaissance d'un vieux bûcheron célibataire, un vrai coureur de chantiers qui avait choisi d'en faire une profession par amour de l'hiver et du bois, alors que la plupart des forestiers se mariaient dans la vingtaine et abandonnaient peu après. Celui-là recherchait la « société des arbres », c'était son expression, et se plaisait à en parler. Il tenait que les arbres sont comme les humains : ils naissent d'une semence, se nourrissent de la terre, grandissent en s'éloignant de leurs racines, épuisent leur sève et meurent au bout de leur âge, après quoi ils retournent en poussière. En se couchant le soir, Méo pensait à tout cela : aux rivières, aux écluses, aux arbres, aux humains ; aux humains surtout, en particulier ceux qui, en cette saison même, plus haut, beaucoup plus haut que la Péribonka et la Shipshaw, arpentaient leurs mille arpents de neige à la poursuite du caribou pendant qu'à l'arrière, à deux, trois ou quatre jours de marche, des vieillards, des femmes, des enfants vivaient dans l'attente.

Dès avant l'aube, il était content de fuir le camp pour aller atteler Vaillant et reprendre l'ouvrage. Mais, à mesure que l'hiver avançait, le chemin de glace devenait de plus en plus impraticable. Les arrosages successifs faisaient durcir et gonfler le milieu de la voie tandis que les côtés avaient tendance à s'affaisser. Les charretiers et les chevaux redoublaient d'attention pour suivre la veine du tracé et éviter les pièges de cette vilaine «panse de vache». Si la slé dérapait le moindrement, tout le chargement risquait de se déverser, ce qui se produisait de temps à autre. Les charretiers, juchés sur leur «voyage» de billots, craignaient pardessus tout un virage très vicieux qu'ils devaient négocier, trois cent pieds avant d'arriver à la rivière. La pente du chemin s'y inclinait sans avertissement.

C'est là que l'accident survint. Il avait fait très beau ce jour-là; c'était vers la fin de l'après-midi, au moment où la glace, un instant ramollie par le soleil de midi, durcissait à nouveau, modifiant les conditions de l'approche. Au moment où il s'engageait dans la petite pente, l'équipage prit subitement de la vitesse. Méo sauta sur les cordeaux, Vaillant se mit d'abord à patiner furieusement pour freiner sa course, puis il essaya de planter ses fers dans la glace. Rien n'y fit. La voiture fit une soudaine embardée et, dans sa glissade, se plaça carrément en travers du chemin, repoussant la bête vers le bas-côté. L'instant d'après, la slé heurtait violemment la bordure de glace et se renversait. Méo et Zébert, du haut de leur perchoir, furent projetés à une trentaine de pieds dans la neige pendant que Vaillant était enseveli sous l'immense chargement. Seule sa tête émergeait de l'enchevêtrement de billots. L'animal avait les yeux exorbités et la gueule béante comme pour pousser un hennissement qui ne venait pas. Le Grand se releva aussitôt, envoya Zébert quérir du renfort et se porta au secours de son cheval. De la vapeur se dégageait encore de ses naseaux mais par jets de plus en plus faibles et espacés. Méo eut beau se démener, y aller de toutes ses forces, lorsqu'une douzaine d'hommes se présentèrent enfin, Vaillant était mort. Ils continuèrent néanmoins à le dégager. À la fin, il ne resta plus que lui, couché sur son flanc dans la neige, les pattes avant drôlement recourbées comme s'il allait s'envoler. Il neigea abondamment durant la nuit et lorsque, à l'aube, Méo revint sur les lieux de l'accident, il trouva le cadavre de Vaillant recouvert d'un épais linceul blanc. Il se tint longtemps devant lui, silencieux. Il pensa qu'après tout il y avait peut-être une sorte de paradis pour les animaux, ou du moins pour les chevaux? Plus tard, d'autres chutes de neige adoucirent les angles du profil mais il resta toujours à cet endroit un monticule que le Grand évitait du regard. Il était effondré. Il comprenait maintenant toute la peine que le Grand Duc avait éprouvée au décès de Boulette.

Après l'accident, les deux hommes furent affectés au bûchage mais le cœur n'y était plus. Les dernières semaines se passèrent tristement. Taciturne, Méo ne prenait plus plaisir aux conversations du camp et se tenait à l'écart. Il attendait avec impatience et appréhension la fin du chantier. Il redoutait son retour aux Chicots, le face à face avec Joseph. Le printemps arrivait et il devenait de plus en plus difficile de se déplacer en forêt. De sa couchette le matin, le Grand voyait à travers la fenêtre les glaçons qui se formaient et fondaient le long du larmier. Le chantier fermerait bientôt. La vie du camp allait toutefois donner lieu à un autre épisode vers le début d'avril. Cette fois, Zébert en fut la cause. Un soir après le repas, l'énergumène, qui n'avait peur de rien, était allé dire sa façon de penser à un gros tocson gueulard, à l'humeur exécrable, qui prétendait faire la loi dans le camp. Mal lui en avait pris. Le mastodonte, qui répondait au nom de Gros Max, avait perdu la carte et s'était lancé à sa poursuite à travers bancs et tables, bousculant tout ce qui se trouvait devant lui. Zébert avait détalé comme un lièvre et était venu se réfugier derrière Méo. La tension avait subitement grimpé dans la place. Les deux colosses étaient restés un moment face à face et l'affaire en était restée là. Mais la suite ne tarda pas.

Des hommes avaient appris à fabriquer de l'alcool en faisant fermenter de la mélasse volée aux cuisines et parfois le dimanche, ils étaient quelques-uns à se réunir près de la rivière pour prendre un coup à l'insu des contremaîtres. Gros Max en était toujours et, un dimanche soir qu'il était rentré saoul, il était allé chercher noise à Méo. Voyant l'état dans lequel l'autre se trouvait, le Grand était resté impassible et avait choisi d'essuyer sans réplique une pluie de sarcasmes qui ne s'arrêta qu'au moment où l'ivrogne tomba endormi sur sa couchette. Très tôt le lendemain, Méo se leva, se dirigea vers le coin de Gros Max et le tira rudement de son sommeil :

— T'es dessaoulé l'Gros ? J't'attends dehors.

Là-dessus, il sortit du camp. Les hommes s'étaient réveillés ; ils s'habillèrent en vitesse et sortirent également. Gros Max les rejoignit quelques minutes plus tard, sans enthousiasme. L'affrontement ne fut pas long. Le Grand s'aperçut que son adversaire n'était qu'un fort en gueule ; il eut tôt fait de le renverser et de le maîtriser. Mais à cet instant, un acolyte de Max voulut lui éviter un mauvais parti et s'empara d'un rondin. Surgissant derrière Méo, il le lui fracassa sur la tête. Et ce jour-là, enfin, le miracle se produisit, comme aux belles années du Grand Duc : la branche se rompit d'un coup sec, juste au point de l'impact. Méo se retourna, indemne, devant l'assistance éberluée : c'était donc un surhomme ?... Il s'empara de l'assaillant à bras-le-corps, le retourna sens dessus dessous et le plongea tête première dans un baril rempli d'eau glacée. Le geste fut salué à la ronde par un immense éclat de rire et les hommes rentrèrent dans le camp pendant que des volontaires se portaient rapidement au secours de l'infortuné !

Ils quittèrent le chantier quelques jours plus tard. En passant près de la rivière, Méo avait jeté un dernier coup d'œil à la sépulture de Vaillant. Ils marchèrent toute la journée. Le Grand restait silencieux. Il décida de passer la nuit à Jonquière où ils arrivèrent à la nuit tombante. Ils louèrent une chambre à l'Hôtel Casgrain, à proximité de la gare, et pénétrèrent ensuite dans la « buvette » où régnait un grand vacarme. Une cinquantaine d'hommes et quelques femmes y consommaient de la bière et du gros gin à travers une épaisse fumée de cigare et de cigarette. Méo et Zébert reconnurent quelques-uns de leurs compagnons de l'hiver. Le Grand s'enivra et regagna sa chambre de peine et de misère, laissant Zébert derrière lui. La nuit se passa et le soleil allait se lever lorsqu'il fut réveillé par des coups frappés à sa porte. Il ouvrit et s'avisa à cet instant que le lit de Zébert n'avait pas été défait. Un employé de l'hôtel était là :

— Tu f'rais mieux d'descendre vite ; ton tchomme a des problèmes.

Quand Méo pénétra dans le bar, il se trouva devant une vingtaine d'hommes éméchés, debout autour d'une table à cartes. Zébert était parmi eux, ivre mort, un filet de bave à la bouche, complètement nu, le « cinquième membre » dodelinant aux quatre vents. Derrière lui, un mastiff, les masses en l'air mais heureusement aussi saoul que les autres, voulait lui faire un mauvais parti ; deux hommes le retenaient. Zébert ne s'en souciait pas. Il venait de faire l'expérience du strip-poker, importé depuis peu des États et devenu très populaire dans les mauvais lieux saguenayens. Le tenancier expliqua que l'ivrogne avait perdu son argent, ses vêtements et qu'il était en dette. Méo comprit vite, à l'humeur et au nombre des buveurs, qu'il n'y avait guère à discuter ; il régla la note, racheta les vêtements et quitta la pièce en emmenant Zébert sous son bras. Une fois dégrisé, l'étourdi se confondit en excuses, fit mille promesses et, comme d'habitude, obtint son pardon. Le Grand, quant à lui, rentrait à la maison assez piteux, sans Vaillant et privé d'une partie de ses gages.

Marie fit une scène, Joseph voulut s'interposer. Les deux parents se querellèrent devant leurs enfants. Tous étaient attristés par la perte de Vaillant. Cette fois-là, Méo avait réussi son départ mais raté son retour.

* * *

Durant ce même hiver, la paroisse de Mistouk avait été secouée par un violent conflit. Tout avait commencé par une réunion houleuse du conseil municipal autour d'un projet de vaccination contre la picote. L'assemblée des contribuables s'était scindée en deux clans. Mais en réalité cette division en recouvrait une autre : ceux qui appuyaient le projet de construction d'une nouvelle église et ceux qui s'y opposaient. Le premier parti, celui du Rang, avait à sa tête Mondedou, Thériault et quelques gros cultivateurs, dont Blanchette. Ils proposaient de reconstruire l'église à l'ouest de la paroisse, à l'extérieur du village en fait, tout au bout du rang de la Ratière. Ils défendaient leur option en faisant valoir que d'importantes étendues de terre d'une grande qualité et non encore défrichées se trouvaient à proximité de l'emplacement visé. Le village était donc appelé à prendre une vigoureuse expansion dans cette direction, d'où le danger d'une décision à courte vue. À cela Symphorien Thériault, agent des terres, ajoutait qu'une directive gouvernementale lui interdisait pour le moment d'octroyer des lots ailleurs qu'à la Ratière. L'autre parti, celui du Village, regroupait le curé et la majorité des paroissiens ; ils invoquaient simplement l'état des lieux à ce moment. Même si le développement de la paroisse suivait le cours escompté, l'habitat déjà constitué conservait des droits. Ce parti proposait plutôt une restauration et un agrandissement de la vieille église, formule qui avait aussi l'avantage de l'économie. Aux Chicots, tous sauf les Blanchette favorisaient la seconde option qui les accommodait de plus d'une façon. D'autres éléments nourrissaient la controverse, mais telles en étaient les données principales. Il y eut plusieurs réunions des paroissiens, convoquées par les marguilliers et aussi par le conseil municipal. Elles donnèrent lieu à de vifs affrontements ponctués d'échanges tumultueux, souvent discourtois, et même de menaces et de coups.

L'une de ces assemblées, convoquée par le maire au printemps, fit beaucoup de bruit ; le conseil municipal devait y prendre officiellement position sur le dossier de l'église. C'était un lundi soir. Il y eut une telle affluence à la salle publique que plusieurs contribuables durent être refoulés par le constable — Bulldog Blanchette en l'occurrence. L'assistance occupait tous les bancs et s'entassait dans les allées jusqu'à la tribune. C'était juste après le souper et les hommes n'avaient pas eu le temps de faire leur toilette. Une odeur de foin, de vache et de cheval embaumait la salle en ébullition. Le secrétaire récita la prière habituelle. Il n'y avait qu'un point à l'ordre du jour : l'église. Les esprits étaient montés et les débats furent orageux. Les hommes avaient chaud et s'étaient dégreillés pour gesticuler à leur aise, découvrant de grosses chemises carreautées aux couleurs sombres, sanglées par d'amples bretelles. Les humeurs étaient exacerbées et la plupart des prises de parole étaient bruyamment accueillies de saillies peu amènes :

— Grosse face de beu d'innocent…

— Pis toué, tête de cochon !

— Maudit zarzais, tu raisonnes comme une botte de foin.

— Toué, tu démêlerais même pas un beu d'une vache.

— Pour dire des affaires de même, t'as dû passer l'hiver à paille, çartain !

— Espèce de bouché des deux boutts…

Le Grand Delisle, se souvenant de la conférence d'Asselin à Roberval, tint absolument à se faire entendre :

— J'pense que si on s'laisse fére, on va être spoliés ! Exactement. J'répète : spoliés ! Pis pas juste ça, chose : spoliés pis exorq… estorq… excortiqués en plus…

Mondedou essuya sa part d'offenses. L'une vint de Joseph lui-même :

— M'as vous l'dire en pleine face là, Mondedou pis Thériault, pis toué aussi Blanchette, pis toute la chibagne : la seule chose qui a du bon sens pis de vré dans vot'affaire de la Ratière, c'est l'nom !

Une partie de la salle avait vivement applaudi. Quelques paroissiens se montraient toutefois conciliants. C'était le cas de Clocher Fortin :

— Moué, du moment que j'verrai l'église à partir de chez nous…

D'autres, comme Oui-Oui Brassard, demeuraient froids :

— Toute c't'affaire-là, ça m'fait pas plus d'différence que La Tuque ou l'Rapide-Blanc. Mais j'ai pas peur de dire mon idée. J'tiens à déclarer devant tout'l monde icitt présent que chus d'accord avec les deux projets.

Des huées accueillirent son intervention. Il tint à préciser :

— Minute, minute ! Denarve ! J'approuve les deux projets mais séparément, pas les deux en même temps, quand même…

Des rires fusèrent, tout le monde voulut parler. Pipalong put se faire entendre :

— Écoute, Ti-Oui, c'est court pis pas long : on peut quand même pas être du Rang pis du Village, bonguienne…

Chacun s'empressa d'approuver et l'expression, jugée très heureuse, entra dans la langue de Mistouk. Le maire Thériault se leva pour la centième fois afin d'exprimer sa pensée, toujours la même, semant l'impatience dans l'auditoire. Ulcéré, l'oncle Adrien apostropha l'orateur :

— Toué le p'tit maire, on t'a assez entendu avec ta voix d'bezingue, okay là ? Tout l'monde l'a bin compris ta patente ; ça fait que, assis-toué donc, maudit Symphoirien.

Le mot avait évidemment échappé à l'oncle, suivant son habitude, et il se montra tout surpris de l'hilarité générale qui accueillit son intervention. Il fallut suspendre un moment la séance. L'affaire allait avoir des suites imprévues, le pauvre Thériault restant affublé du sobriquet, ainsi que ses descendants. À partir de ce jour en effet, les inscriptions fleurirent sur les murs de l'école et de la salle publique. Désormais, le marchand ne répondit plus qu'au nom de Cinq-Fois-Rien. Ses enfants en furent atteints, de même que leurs enfants ; il y eut longtemps dans les paroisses du Lac des Thériault-Cinq-Fois-Rien et des Thériault-Tout-Court.

L'assemblée reprit. L'oncle Almas s'y trouvait dans son élément et ne dérougissait pas. Se tenant aux premiers rangs, il multipliait les envolées, jouait de sa verve et de son geste, accablait le camp adverse de ses sarcasmes ; on le soupçonna d'avoir adapté à la circonstance quelques tirades d'Olivar Asselin ou d'Armand LaVergne. À un moment, un opposant qu'il venait d'apostropher malicieusement (il s'appelait Prudent Lévêque) avait voulu se ruer sur lui en criant :

— Ma p'tite face poignacée d'écrevisse de mi-carême ! Mon espèce de batte-feu ! J'vas t'serrer la mèche, moué…

L'oncle était demeuré imperturbable, se tenant prudemment derrière le bouclier que lui faisaient Bondieu Ladislas et quelques autres. Souverain, du haut de ses cinq pieds et un pouce, il avait fait crouler la salle en répliquant, le doigt en l'air :

— Attention, l'ami : tu t'apprêtes d'abord à faire mentir ton prénom, ensuite à déshonorer ton nom.

Finalement, les cinq conseillers, assis à l'avant de la salle, votèrent. Le parti du Rang l'emporta à trois contre deux. Le résultat ne surprit personne. Parmi les conseillers, le maire avait aisément rallié un de ses frères ainsi qu'un associé de Mondedou. Il y eut néanmoins une véritable révolte dans la salle. Des jurons, des exclamations, des bouts de diatribes jaillissaient de la mêlée :

— … tempête !

— Mais Bacaleau… mais Bacaleau !

— Mondedou… mondedou-dedou !

— Wô ! Wô ! Easy les boys, easy…

L'échauffourée dura longtemps ; Bulldog fut débordé, recevant lui-même quelques bonnes taloches. Le Grand Delisle y perdit ce qui restait de sa perruque des États.

Les choses en étaient là lorsque Sa Grandeur s'avisa d'intervenir. Elle en avait été vivement requise par le parti du Rang qui, à deux reprises, avait envoyé une délégation à l'évêché. Le notaire et le marchand s'étaient employés à démontrer qu'ils représentaient « l'élément dynamique de la paroisse », en butte à l'entêtement du curé Renaud, chef officieux du Village. Le premier geste de monseigneur fut d'écrire à Jean-Baptiste pour le rappeler au « devoir de réserve qui lui commandait la prudence dans les affaires temporelles ». Le curé s'étonna de la sensibilité nouvelle de l'évêque qui, au dire des gazettes, avait ferraillé dur lors de la dernière élection à Chicoutimi. Jean-Baptiste se voyait également reprocher d'avoir eu l'imprudence de se « mettre en cheville avec le tout-venant », au détriment des intérêts bien compris de la paroisse. Enfin, l'évêque invitait son subordonné à « s'en remettre en cette affaire à la Providence ainsi qu'au parti de l'avenir, ici facile à reconnaître, celui qui par sa nature finit par entraîner les autres ». Renaud, profondément blessé par la référence au « tout-venant », répondit sur-le-champ, soulignant que « si les corps sont souvent crochis en effet parmi les démunis, les âmes, elles, me semblent bien droites, ce qui vaut mieux que l'inverse ».

Le prélat revint à la charge avec une missive dont il ordonna cette fois la lecture en chaire à la messe dominicale. Il impartissait aux deux clans un délai d'un mois pour en venir à une entente, sinon il viendrait lui-même fixer « le nouvel emplacement de l'église ». La formule ne laissa guère de doute dans l'esprit de tous les fidèles sur le choix que ferait Sa Grandeur. Ce geste mit le feu aux poudres. Jean-Baptiste n'avait pas terminé sa lecture que les huées fusaient de toutes parts dans l'église. Il les réprima aussitôt et condamna sévèrement cette manifestation d'irrespect envers monseigneur. L'affaire s'envenimait.

Cependant, une donnée n'avait pas manqué d'intriguer le curé et les trois marguilliers. En dressant la liste des personnes admises à voter au scrutin de la fabrique, ils avaient découvert que plusieurs propriétaires de lots vacants à la Ratière résidaient en dehors de la région. En vertu de la loi, ces derniers devaient être informés de la tenue et de l'enjeu du scrutin pour qu'ils se prévalent de leur droit de vote ; mais il fut impossible de trouver leur adresse. L'affaire fut donc mise entre les mains d'un jeune avocat de Roberval, maître Pierre Bergeron ; les événements qui suivirent en détournèrent l'attention. Les paroissiens, les villageois surtout, continuaient de se quereller. L'évêque recevait des lettres anonymes, le curé de même. Les marguilliers firent parvenir une requête au Délégué apostolique. Les partisans du Village se rassemblaient à la boutique de Wilbrod, ceux du Rang au magasin général ; on ne pouvait plus être à la forge et au magasin. Un dimanche après la messe, il y eut même une échauffourée sur le parvis de l'église. La situation dégénérait et l'échéance approchait.

Le jour dit, monseigneur Labrecque se présenta au village avec son escorte habituelle. Il n'y eut cette fois-là ni arches ni salves d'honneur, et pas d'offrande de cadeaux. À sa descente de voiture, le prélat était d'humeur maussade, ne cessant de gesticuler, harcelé par les maringouins. Il se dirigea vers le presbytère où il s'entretint brièvement avec Renaud. En partant, il nota que son portrait était toujours en position inclinée sur le mur du salon. Il en fit sèchement la remarque au curé qui lui répondit :

— Monseigneur, je n'aurais pas osé redresser un évêque.

La réplique allait faire le tour du diocèse. Mais pour l'heure, le Célébrissime avait d'autres chats à fouetter. Il se rendit à l'église, pleine à craquer, et prit place dans le chœur, face à la foule. Sans préambule, il réprimanda durement les paroissiens pour leur conduite indisciplinée, les mit en garde contre toute volonté d'insoumission et rappela les pouvoirs redoutables que sa charge lui conférait. Puis il annonça que la nouvelle église serait érigée à la Ratière, exprimant son assurance que tous les fidèles se rallieraient à cette décision, suivant en cela l'exemple que leur curé ne manquerait pas de donner. Il ne put en dire plus. La moitié des paroissiens se dirigeaient déjà vers la sortie, certains faisant connaître à haute voix leur mécontentement. Anatole, dit le Blédinde, s'était dressé au milieu de la nef :

— Son Honneur, j'demande à être débaptisé drett-là !

Quelques rangées derrière, Saint-Hilaire, de la Concession des Chiens, enchaînait, le doigt en l'air :

— Moué, j'veux être barré d'la liste des catholiques. Pis tu-suite à part ça !

Le gros Ladislas, ulcéré, s'était, lui, juché sur son banc. Les masses en l'air, il en remettait :

— Parlez-moué pus, criait-il à la ronde en gesticulant, parlez-moué pus parsonne! Ou bin parlez-moué rien qu'en anglais, rapport qu'à partir d'asteure, chus viré protestant. Vous m'entendez? Protestant, oui monsieur!

Elvire, assise à côté, fut scandalisée; elle essaya vainement de le calmer, le tirant par la manche. Il se dégageait vivement, haussant le ton:

— Non, non, Elvire, j'te l'dis, j'parle pus français, c'est feni, ça. Asteure, j'sus viré protestant, un vré protestant!

La foule était subjuguée. Fort de son effet, l'apostat eut l'imprudence d'ajouter en mettant le doigt sous le nez de sa femme:

— Pis toué avec, Elvire, envoueille, tu vires aussi!

Alors, à la surprise générale, l'épouse se mit en colère. Elle se leva d'un bond et, empoignant le mastodonte par une bretelle, lui cria à la face des paroissiens, d'une voix qu'on ne lui connaissait pas:

— C't'assez, Dislas! Elvire, à virera pas, justement. T'as assez faitt le jars là; assis-toué asteure pis tais-toué! Déshonneur! Pis si tu veux pus parler français, tant mieux: comme ça on t'entendra pus pantoute! Mais moué, tu m'f'ras pas parler protestant, çartin! Pis à part de ça, j'vas te l'dire: tu sens pus l'Bon Dieu, tu pues l'diable…

Ladislas, désarçonné, s'était rassis. Des rires fusèrent de la nef. Mais pas du chœur. L'évêque était furieux et c'est le visage cramoisi qu'il se dirigea vers la sacristie. Encore là, Renaud ne manifesta aucune intention d'intervenir pour rétablir la situation. Quelques minutes plus tard, le prélat fut même la cible de quolibets lorsque son équipage traversa le village. Dans plusieurs maisons ce jour-là, la photo de Sa Grandeur fut décrochée du mur du salon.

Dans la semaine qui suivit, l'évêque écrivit à Renaud pour exiger sa démission. Grâce à l'indiscrétion d'un prêtre de l'évêché, la nouvelle filtra, attisant la colère du Village et en indisposant même plusieurs dans l'autre parti, qui n'appréciaient pas cette interférence dans leur chicane. Le dignitaire se retrouva bientôt avec beaucoup de monde à dos. Plusieurs fidèles cessèrent de fréquenter l'église de Mistouk; d'autres, tout comme Ladislas, menacèrent de «prendre le bord des Anglais». Des familles des paroisses voisines s'en mêlèrent, par solidarité. Enfin, ajoutant à la tension, Jean-Baptiste refusa de démissionner et reçut l'appui de plusieurs de ses confrères autour du Lac. Un peu partout, de vieilles animosités entretenues contre Sa Grandeur trouvaient l'occasion de s'exprimer. Le curé de Roberval, par ailleurs toujours très actif (à l'insu de monseigneur) dans son projet de scission du diocèse, fut l'un des seuls à témoigner sa fidélité à son supérieur; il le fit dans une lettre très touchante qui émut profondément le prélat.

Alors le scandale éclata. L'avocat Bergeron, qui avait terminé son enquête, vint rencontrer Renaud et les marguilliers au presbytère pour leur en transmettre les résultats. L'affaire s'avérait juteuse à souhait. Depuis quelques années, avec la complicité de Thériault et à l'encontre de la loi, le notaire avait acheté du gouvernement la plupart des lots de la Ratière au nom de personnes fictives dont il se déclarait fiduciaire. Il faisait couper le bois sur ces terres officiellement réservées à la colonisation et, toujours illégalement, le vendait à la scierie Scott de Roberval. Il vendait ensuite à des colons les lots dégarnis, au prix qu'il les avait payés. Le profit de toutes ces opérations était partagé avec Thériault et le secrétaire de la municipalité qui dressait le rôle d'évaluation foncière. En attirant la nouvelle église vers la Ratière, les comparses escomptaient des retombées encore plus substantielles. Mais l'enquête méticuleuse du jeune avocat avait permis d'éventer l'escroquerie. Sa divulgation eut l'effet d'une bombe. Le marchand dut démissionner de la mairie et de quelques autres fonctions publiques; son commerce périclita et il quitta la région. Le député, soupçonné de connivence, fut battu aux élections suivantes. Tous les colons s'étant portés acquéreurs de lots à la Ratière firent appel à maître Bergeron pour intenter des poursuites contre les

« Rats » — c'est ainsi qu'on les appela désormais. Mondedou se fit invisible pendant des semaines et il dut finalement s'exiler lui aussi après avoir été la cible de plusieurs charivaris. Quant à Renaud, il n'entendit plus parler de sa démission. Et l'église fut agrandie. Lorsque les travaux furent terminés, à la fin de l'automne 1908, les paroissiens vinrent en très grand nombre planter un Mai devant le presbytère en témoignage d'amitié. Pour la première fois, Sa Grandeur avait dû plier l'échine. Mais tous les soirs dans ses prières, Renaud demandait à Dieu pardon de sa conduite irrévérencieuse envers son évêque :

— Seigneur, je me suis mis à honte, faites-moi miséricorde…

* * *

La crise en était à ses dernières péripéties lorsque Méo revint au début d'avril. Il se fit très discret pendant tout le printemps et la plus grande partie de l'été. Il travaillait à la ferme avec les autres. Julie vivait maintenant à Trois-Rivières où elle avait été mise en pension chez des religieuses durant l'année scolaire. Elle passa presque tout l'été également en Mauricie, travaillant chez des parents, et ne fit qu'une brève apparition aux Chicots au cours du mois d'août. En mai de cette année-là, le couvent des Ursulines de Roberval fut détruit par un incendie. Mathilde profita de l'occasion pour revenir à Mistouk, ce qu'elle souhaitait faire depuis longtemps, étant incapable de se plier à la discipline du pensionnat. Personne ne s'en étonna : Mathilde au couvent, c'était comme un chat sauvage enfermé dans un four à pain. En plus, le souvenir de Moïse ne la quittait plus ; il la tourmentait jour et nuit. Elle vécut quelques semaines chez les Tremblay, mais comme ses rapports avec Marie se révélaient toujours difficiles, elle retourna vivre au village chez sa marraine, la tante Bernadette. Puis, vers le milieu d'août, juste au moment où Julie revenait de Trois-Rivières, le Grand fit de nouveau parler de lui.

C'était un samedi, juste avant le souper. Un vent très fort s'était levé et l'orage s'annonçait. Marie avait allumé des cierges et aspergé d'eau bénite toutes les fenêtres de la maison. Au moment où les Tremblay allaient se mettre à table, une voiture était arrivée et un homme en était descendu en toute hâte : Anna Bidoune, la simple d'esprit, était en péril ; il fallait que Méo vienne aussitôt. Tout l'été, des remorqueurs sillonnaient le Lac, tirant vers Roberval des trains de billots. Le vendredi, un bateau avait dévié de sa course et l'énorme radeau qu'il traînait s'était échoué sur un îlot sablonneux non loin de Mistouk. Le capitaine avait dû l'abandonner là provisoirement. Le lendemain, Anna avait eu l'idée de s'y rendre. Elle s'était emparée d'un canot et, à l'insu de tous, avait pris le large. Ayant atteint le radeau, elle y prit pied au moment où le vent et la vague se levaient. Après quelque temps, le canot fut emporté et l'estacade, violemment secouée, commença à se désagréger, libérant des centaines de billots.

Lorsque Méo arriva à l'Anse-du-Noyé d'où Anna était partie, une cinquantaine de personnes y étaient déjà rassemblées. L'infirme se trouvait à environ un mille au large où elle s'agrippait à un gros billot à la dérive. Le Grand se débarrassa en vitesse de ses vêtements et se précipita dans le Lac, mais une forte vague le rejeta aussitôt sur le rivage. Il s'élança à nouveau, plongeant cette fois au pied de la vague, et de cette façon, répétant son manège, il parvint péniblement à progresser. Joseph se présenta peu après avec des membres de sa famille. L'attroupement avait grossi et une grande inquiétude régnait à cause de la malheureuse et aussi de Méo dont la tête se dérobait de longs moments à la vue des curieux. Puis, durant quelques secondes, ils pouvaient de nouveau apercevoir ses longs bras qui fouettaient l'eau ; et il disparaissait à nouveau. La tempête prenait encore de l'ampleur ; sur la rive, il fallait crier pour se faire entendre. Joseph était partagé entre l'affaissement et la colère ; il en voulait à ceux qui avaient poussé Méo dans cette action déraisonnable ou n'avaient pas songé à l'en dissuader. Il y avait foule maintenant sur la plage et, depuis un bon moment, on ne voyait plus rien du tout au large. Le soir tomba.

Le Grand avait mal partout, avançait à peine, avalait, recrachait de l'eau, mais il maintenait son effort. Il luttait depuis plus de deux heures, au creux de la tourmente. Il avait de plus en plus de mal à s'orienter et fut soulagé d'apercevoir les premières billes de bois autour de lui. Bientôt, il eut le sentiment de se trouver au milieu du radeau, ou de ce qui en restait. Il commença alors à tourner en rond, en élargissant chaque fois son cercle. Après un long moment, malgré l'obscurité, il parvint à repérer le pin auquel Anna était toujours accrochée. À demi étouffée, vaincue par la peur et le froid, elle resserra encore son étreinte à l'approche de Méo. Son visage était bleui et son corps minuscule portait la trace de multiples contusions et coupures causées par le choc des billots. Prise de convulsions, elle dépensait ses dernières énergies, soudée à sa bouée. Incapable de manœuvrer à son aise dans la mer démontée, le Grand eut du mal à lui faire lâcher prise. Il s'en empara enfin, l'emprisonna sous son bras, essaya de la rassurer et se remit à nager, sur le côté, dans le sens de la vague et du vent cette fois. Il s'arrêtait de temps à autre pour s'assurer qu'Anna respirait toujours, pour la faire tousser, lui parler, puis il reprenait son mouvement. Il sentait que le corps de la rescapée se détendait, se faisait plus léger, et il allongeait les pauses, massait ses membres froids, son corps meurtri. Il s'écoula plus d'une heure encore avant qu'il ne reprenne pied sur la rive, tenant Anna dans ses bras devant une foule tout à coup silencieuse. Méo le héros… Mais c'est le cadavre d'une noyée qu'il déposa sur le sable. Sur le sable de ce qui s'appela, à partir de ce jour, l'Anse-des-Noyés.

Il y eut beaucoup de tristesse ce soir-là au bord du Lac, et aussi de nombreuses manifestations d'affection pour la simple d'esprit dont la dépouille si frêle gisait sur la grève, éclairée par les étoiles. Plus personne maintenant ne parlait de la Bidoune ; seulement d'Anna : Anna l'orpheline, Anna errante dans la vie comme dans sa tête, emmurée dans ses silences, évadée dans les paroles qu'elle jetait au vent ; Anna la bâtarde qui n'appartenait à personne et que tout le monde avait adoptée.

Une couverture sur les épaules, Méo retrouva les siens, se fraya lentement un chemin à travers la cohue et rentra aux Chicots. À distance en haut du talus, Julie, encore une fois, avait tout vu. Deux jours plus tard, sans explication, le Grand reprit le large ; il retournait à la Rigane pour passer un autre hiver avec les Manigouche.

Chapitre XII

— Mista ! Mista !

Le mot courut à travers la Petite Réserve : Mistapéo était de retour. Le Grand serra des mains, donna des accolades, embrassa avec joie Senelle qui s'était portée vers lui ; et il retrouva Moïse, toujours aussi retenu, secret, mais fidèle, discrètement présent, comme avant. La longue absence avait éprouvé leur amitié. La Rigane était en effervescence, comme toujours à ce moment de l'année. Méo renaissait, se laissait envahir par un sentiment familier : ce mélange d'exaltation et d'angoisse qui précédait l'aventure. Ainsi qu'il l'avait fait deux ans auparavant, il prêta son concours aux préparatifs et, dix jours plus tard, la communauté reprenait le chemin des territoires de chasse sous la direction de Janvier, successeur de Poness. Le Grand redécouvrait avec joie les parcours, les sites, les portages, s'abandonnait aux vastes espaces qui s'ouvraient à nouveau devant lui, se mêlait aux conversations du camp, se prêtait aux facéties des adultes, aux jeux des enfants. La fin du jour était particulièrement bienvenue, après des heures de marche harassante. Lorsque le campement était dressé près d'un lac, il aimait, après le souper, s'allonger sur la rive pour contempler le soleil qui éclaboussait l'horizon et se répandait en longues traînées dans l'eau, comme s'il avait brisé son écorce. Senelle le rejoignait, puis d'autres aussi qui s'exclamaient devant le panorama :

— Maskatas ! Maskatas !

Tout se passait bien ; les rameurs progressaient assez rapidement malgré de forts courants contraires. La pêche était abondante, la petite chasse aussi. La saison s'annonçait bonne, tout comme la précédente. Vers la fin du deuxième mois, la bande se divisa comme à l'accoutumée, à l'endroit convenu.

Senelle ne cachait plus son sentiment à l'endroit de Méo et se faisait de plus en plus pressante auprès de lui. La communauté approuvait tacitement ses façons. Le Grand lui-même, loin d'y être insensible, lui témoignait maintenant des signes d'amitié. Ce rapprochement, qui avait été souhaité par Poness la veille de sa mort, n'était-il pas dans l'ordre des choses ? La communauté y trouvait son compte, ainsi que les cœurs apparemment. À dix-huit ans, l'Indienne était belle, avenante ; elle avait le même regard résolu, la même noblesse que Moïse. Méo se remémorait une soirée dans la tente, au cours d'un séjour précédent, alors que Lunik récitait des contes aux enfants. L'un d'eux enseignait que les yeux des Indiennes conservaient jusqu'à leur mort l'empreinte de ce qu'elles avaient vu dans leur premier regard de nouveau-nées. Le Grand se disait que Senelle, lorsqu'elle avait ouvert les siens pour la première fois, devait se trouver devant un bien joli paysage. Un jour, il était parti à la chasse au petit gibier. Senelle avait décidé de passer à l'action. Elle le rattrapa, lui prit la main. Le Grand ne sut résister, et à vrai dire ne le voulut guère. Ils s'unirent dans les feuillages. Ce fut bref, intense, violent même. Le Grand avait été pris par surprise, mais il s'était livré entièrement. Toutes ces nuits passées près d'elle sous la tente l'avaient survolté. Mais il fut ensuite poursuivi par la pensée de Julie et éprouva du remords. Il resta très troublé par cet été indien qui n'avait pourtant duré que quelques minutes.

Pendant une ou deux semaines, la pêche et la chasse continuèrent, toujours aussi abondantes. Puis les choses se gâtèrent. Tout à coup le poisson se fit rare, le lièvre devint invisible, et on aurait dit que le castor et le raton avaient délaissé leur habitat. Quant au caribou, on n'en voyait de traces nulle part. Un autre mois s'écoula. Les réserves de vivres diminuaient rapidement. Bientôt le grand froid, qui retient les animaux dans leur tanière, se mit de la partie. En plus, il cessa de neiger, ce qui rendit les déplacements encore plus ardus. Tous les chasseurs le savaient : quand la neige ne porte pas, les vivres manquent. Les adultes avaient pris une mine sombre, plus personne ne conversait autour du feu. Qu'est-ce qui avait pu indisposer les esprits ?

Dans le groupe de Méo, tous se tournaient vers Janvier. Un jour, il réunit les hommes et les interrogea sur leurs songes. Plusieurs confièrent avoir fait récemment des rêves mauvais et y voyaient maintenant de funestes présages. Ils firent brûler du lard, de la farine et des feuilles de thé en offrande à l'esprit des animaux pour les ramener à de meilleurs sentiments. Dans les jours qui suivirent, ils abattirent un caribou très âgé, abandonné par sa harde qui demeura toutefois introuvable. Ils se le partagèrent, prenant soin de donner les plus grosses rations aux enfants. Puis ce fut à nouveau la disette. Tout le jour, les femmes perçaient des trous dans la glace des rivières ou des lacs, y pêchant du matin jusqu'au soir, avec de bien maigres résultats. La loutre ne fréquentait plus la décharge des rivières et la martre, qui affectionne les collines, ne s'y trouvait plus. Les hommes rentraient le soir avec les toboggans vides. Un jour, ils attrapèrent un castor et, apercevant trois petits qui tentaient de s'enfuir, ils les abattirent, ce qui était contraire à la règle. Cet animal était essentiel à la survie des chasseurs et ses petits devaient être préservés. Méo avait plusieurs fois entendu, de la bouche des vieux de Mistouk, que le castor était « le cochon des Sauvages ». Mais en temps de pénurie, personne ne pensait à l'avenir, seulement au plus pressé.

Un après-midi, le hasard réunit Senelle et Méo dans la tente ;

ils s'aimèrent à nouveau. Mais l'émotion de leur étreinte fut émoussée par l'inquiétude ambiante. La famine persistait. Il n'y eut bientôt plus de farine, donc plus de banique, et tout le monde commença à souffrir de « la faim du Blanc ». Sous-alimentés, les hommes résistaient mal au froid et chassaient de moins en moins. Les femmes attrapaient une hermine ou un écureuil de temps à autre. Méo était lui-même très diminué. Il observait que les Indiens ne se plaignaient pas mais se réfugiaient plutôt dans le silence, dans une sorte de recueillement. La disette leur était familière. De tout temps, les Anciens y revenaient dans leurs récits. Elle faisait partie de leur mémoire. Chacun savait qu'elle frappait à l'occasion ; il en avait toujours été ainsi. Le soir, les hommes se concertaient autour de Janvier pour aviser du lendemain. Ils se disputaient durement sur le parti à prendre, sur l'interprétation des signes : les sons du tambour, les formes prises par l'omoplate du caribou tendue au-dessus du feu. Ils se réconciliaient, se pénétraient de l'esprit de Poness. Chaque matin ils repartaient, pleins d'espoir, pour revenir le soir à nouveau bredouilles.

Un jour, Senelle annonça qu'elle était enceinte. Les Manigouche furent partagés entre la joie et l'inquiétude. Méo fut ébranlé. Il tâcha de n'en rien montrer, se montra très attentif auprès de son amie, mais le lien qui venait de se créer l'embarrassait. Il refusait de voir son destin se fixer de cette manière, aux dépens de Julie. À partir de ce moment, son humeur changea ; il n'éprouvait plus de plaisir à partager la vie du clan.

Les femmes et les enfants cueillaient de la gomme de sapin ou d'épinette et pratiquaient des entailles sur les bouleaux, essayant de retirer un peu de sève gelée sous l'écorce. Ils creusaient aussi dans la neige pour prélever sur les rochers une sorte de mousse qu'ils consommaient après l'avoir fait bouillir. Réunis sous la tente, les adultes cherchaient à savoir ce qui avait pu fâcher les dieux à ce point : une chasse excessive ? de la viande gaspillée ? des animaux humiliés l'hiver précédent ? une vengeance de Papakassik ? ou bien une autre de ces méchancetés gratuites de Carcajou ? Mais alors pourquoi Atachoacan ne le ramenait-il pas à l'ordre ? Les esprits étaient-ils donc à ce point irrités qu'ils veuillent châtier tous les humains, y compris les enfants ? À plusieurs reprises, Janvier eut recours à la suerie. Il s'enfermait seul dans la tente et versait des contenants de neige sur des pierres chauffées à blanc. Bientôt il était enveloppé de vapeur et entrait en contact avec les esprits. Il leur parlait longuement, sur un ton amical, essayait de les ramener à la raison, implorait leur clémence, plaidait humblement sa bonne foi. Mais les esprits ne se laissaient pas fléchir. Janvier en était venu à la conclusion que les Indiens étaient châtiés parce que, depuis plusieurs années, ils chassaient trop pour les Blancs.

L'année 1909 n'annonçait rien de bon. Senelle n'allait pas bien, sa grossesse retardait. Méo partageait sa ration avec elle, multipliait les sorties en forêt, mais sans résultat. Janvier et son groupe s'inquiétaient de Shann-Mass, de Bethsée et des autres. Il n'y eut pas, cet hiver-là, de réunion pour les fêtes de Noël, chacun voulant réduire les déplacements. D'autres Indiens, affamés comme eux, épuisés par de longues marches, croisèrent leurs pas. Certains descendaient des territoires de la Romaine, de Mingan, de Natashquan, et de plus loin encore : de Nishikun, de Kania et d'autres points de la taïga. Partout la famine régnait et, dans ces conditions, tous les chasseurs étaient autorisés à déborder les frontières de leur territoire. Un soir, trois hommes et deux femmes portant de jeunes enfants sur leur dos arrivèrent au tentement en quête de vivres. La famille partagea avec eux le peu qu'elle avait. Les étrangers repartirent le lendemain vers le sud avec l'intention de poursuivre leur marche forcée jusqu'au lac Mistassini. Des caches de nourriture avaient été aménagées dans cette direction le printemps précédent, mais les Manigouche les avaient déjà mises à profit. L'état de Senelle s'aggravait.

Il restait deux autres caches, beaucoup plus loin vers le nord. Les Manigouche avaient jusque-là renoncé à s'y rendre à cause de la distance. Le Grand n'était pas de leur avis, revenait tous les jours à la charge, insistait même pour s'y rendre seul s'ils lui indiquaient le chemin. La disette se prolongeant, ils s'y résolurent pourtant. Un matin, Janvier, Pitane, Moïse et Méo entreprirent le périlleux trajet qui y conduisait. Ils emportaient très peu de provisions, l'équivalent d'un repas peut-être. Ils marchèrent jusqu'à la nuit et s'arrêtèrent quelques heures dans une tranchée. Ils se trouvaient alors à égale distance des deux caches. Pour éviter des efforts inutiles, ils se séparèrent, Pitane allant avec le Grand, Janvier avec Moïse. Les deux parties durent encore marcher pendant deux jours. Les hommes, à bout de force, n'avançaient presque plus. Pitane et Méo arrivèrent à destination et purent récupérer une bonne quantité de thé, de farine et de viande séchée dont ils firent sur-le-champ un repas. Puis, comme il avait été convenu, ils revinrent directement au camp pour approvisionner les autres. Janvier et Moïse, de leur côté, furent moins heureux ; ils retrouvèrent l'échafaud mais la cache avait été vidée. Ils firent demi-tour dans un état d'extrême faiblesse.

Le père et le fils progressaient très lentement, s'arrêtant souvent pour se reposer. Ils marchèrent ainsi tout le jour, de plus en plus affaissés, vaincus par la faim. Ils bivouaquèrent et marchèrent encore toute la journée du lendemain. Comme ils approchaient de la colline devant laquelle ils avaient laissé Pitane et Méo quelques jours auparavant, ils durent affronter une forte tempête. Une petite neige commença d'abord à tomber, qui s'épaissit peu à peu. Le vent se leva quelques heures plus tard, balayant la surface des lacs et des rivières, effaçant les pistes, supprimant les repères. Avec la nuit, la température chuta brutalement. Les deux hommes, exténués, aveuglés et transis, s'étaient réfugiés derrière une butte qui les abritait du vent. Ils mirent des heures à y creuser un tunnel en forme d'igloo. Le moindre effort les laissait pantelants. Ils eurent encore l'énergie et la présence d'esprit de dresser à l'entrée de leur refuge une branche de bouleau à demi émondée pour signaler leur présence. Alors ils s'étendirent, serrés l'un contre l'autre pour conserver la chaleur de leur corps, et se laissèrent sombrer dans ce qui était à moitié un sommeil et à moitié un évanouissement.

Pendant ce temps, Méo et Pitane, revigorés, avaient regagné le campement. Ils apprirent en arrivant que Senelle avait perdu son bébé. Le fœtus avait été roulé dans une toile puis brûlé. Alishen et sa fille sanglotaient. Personne ne parlait. Méo s'était assis à l'écart, essayant de mettre de l'ordre en lui-même. Cette nouvelle lui causait du chagrin. Mais il était très perturbé par un autre sentiment qu'il sentait poindre et n'osait s'avouer tant il en éprouvait de honte : celui d'une délivrance, d'un grand soulagement. Il retrouvait sa liberté.

La famille avait pu s'alimenter avec les nouvelles provisions. Pitane, exténué, s'était immédiatement allongé en arrivant et ne s'était pas relevé. Le temps passait ; Janvier et Moïse n'arrivaient toujours pas. Le soir tomba, puis ce fut la nuit. La tempête faisait rage, projetant violemment des rafales de neige contre la toile de la tente qui menaçait d'éclater. Personne ne dormait, sauf Pitane qui délirait dans son état d'épuisement. Au matin, la tempête n'avait pas perdu de sa vigueur. Les deux hommes n'étaient toujours pas rentrés ; chacun avait compris qu'ils étaient en perdition. Durant la journée, Méo fit plusieurs tentatives pour se porter à leur secours ; mais chaque fois, tout près de se perdre et paralysé par le vent, il dut battre en retraite. À la fin, c'est Alishen elle-même qui, jugeant ces sorties trop périlleuses, le retint dans la tente. Ils attendirent encore jusqu'au lendemain. La pensée de Janvier et de Moïse exposés pour une deuxième nuit à ces intempéries leur était insupportable.

Au petit matin, les vents avaient un peu fléchi. Méo mit tout le linge qu'il possédait, s'empara de couvertures et d'autres vêtements de réserve puis se chargea de quelques vivres. Pitane annonça qu'il se joignait à lui. Méo le trouvait très diminué et voulut l'en dissuader. Mais l'autre insistait, assurant qu'il avait retrouvé ses forces. Ils partirent donc, tirant deux toboggans. Ils se dirigèrent vers le nord, s'exposant au vent de face. Ils se guidaient de cette façon, n'y voyant pas à trois longueurs de traîneau. Méo allait devant, avançait prudemment, essayait de trouver des repères. Il jetait parfois un coup d'œil derrière lui pour s'assurer que Pitane suivait. Après plusieurs heures de marche dans des conditions extrêmes, ils franchirent un lac encaissé, parsemés d'îlots, et Méo sut qu'ils allaient dans la bonne direction. Ils progressèrent ainsi toute la journée. La tempête prit fin au moment où la nuit tombait. Subitement, le temps se dégagea et la lune inonda le paysage. Ils décidèrent de continuer et maintinrent leur effort pendant toute la nuit, s'arrêtant brièvement de temps à autre lorsqu'ils étaient pris de vertiges. Méo repoussait la fatigue ; seule la pensée des deux hommes l'occupait. À l'aube, comme il se retournait une nouvelle fois pour s'enquérir de Pitane, il ne le vit plus. Il revint sur ses pas et le découvrit bientôt, affaissé dans la neige, exténué. Méo essaya de lui parler mais l'Indien divaguait. Il ne savait que faire. Il souffrait lui-même de la morsure du froid sur tout son corps et craignait de rester immobilisé plus longtemps. Il pouvait ramener Pitane au campement en le tirant sur un toboggan mais il s'éloignerait alors de Janvier et de Moïse qui se trouvaient peut-être à proximité. Après un moment d'hésitation, il porta son compagnon à l'écart, au milieu d'un petit boisé qui l'abritait du vent. Il lui aménagea une couche sommaire, l'enroula dans une couverture et reprit son chemin. Profitant du beau temps, il força l'allure et parvint rapidement à l'endroit de la bifurcation. Cette fois, il prit à gauche, en essayant de s'aligner sur le parcours emprunté par Janvier et Moïse.

Il les retrouva enfin. Au détour d'une rivière, son attention fut attirée par le signal que les deux hommes avaient déployé. Ils gisaient là, le père et le fils, soudés l'un à l'autre dans leur réduit, à demi ensevelis sous la neige. De la glace recouvrait leur visage. Pendant un moment, Méo craignit le pire, puis il vit le mince filet de vapeur qui se dégageait de leur bouche. Il les dégagea avec précaution, alluma un feu, fit couler du thé sur leurs lèvres, les recouvrit eux aussi d'une épaisse couverture et se mit à masser leurs membres engourdis. Il les vit lentement revenir à la vie, Moïse le premier. Il reconnut Méo, réalisa la situation et ferma les yeux. Sa main se resserra faiblement sur le bras du Grand. Peu après, Janvier reprit conscience. Méo leur servit encore du thé et, plus tard, les fit manger légèrement. Puis il les aida à prendre place sur un toboggan et revint sur ses pas, emmenant les deux rescapés. Il lui fallait maintenant se hâter pour secourir Pitane s'il en était encore temps. Il le retrouva quelques heures plus tard. Il était mort.

Méo lui-même était maintenant chancelant et le long trajet vers le campement fut douloureux. Sur les derniers milles, il tomba plusieurs fois mais se releva toujours ; la pensée de Moïse et Janvier gisant sur le toboggan le ranimait. L'arrivée ne fut pas moins pénible, le sauvetage des deux hommes rappelant durement la fin tragique du troisième. Dans la semaine qui suivit, le Grand refit encore le triste parcours, par beau temps cette fois, pour ramener le corps de Pitane. Il fut déposé sur un échafaud. Les Manigouche étaient en deuil encore une fois. Mais durant cet hiver-là, qui fut exceptionnellement tragique, la mort avait frappé partout dans la taïga, où même les chiens périrent. Au printemps, pas moins d'une centaine de corps furent inhumés çà et là, sans compter ceux qui furent ramenés vers le sud. Des sépultures improvisées vinrent s'ajouter à toutes les autres : dépouilles d'enfants, de femmes et de chasseurs morts de faim et reposant désormais à l'ombre d'un rocher, au sommet d'un talus, à l'entrée d'un portage, avec un peu de tabac et de viande pour témoigner de la vie qui ne meurt pas vraiment mais accède, après un long voyage, à la patrie paisible des dieux.

Janvier et Moïse se rétablirent. Et alors, miraculeusement, le gibier se manifesta à nouveau. D'abord sous la forme d'une dizaine de caribous surpris à quelques heures de marche du ten-tement ; puis la pêche reprit sous la glace. Chacun salua aussi le retour précoce des corneilles, qui annonçait un printemps hâtif. Les esprits s'étaient enfin raccordés avec les humains; la famille Manigouche survivrait. Mais d'autres mauvaises nouvelles attendaient Janvier et les siens. Lorsqu'ils firent leur jonction avec les groupes de Shann-Mass et de Mistakau, ils apprirent que deux enfants étaient décédés de ce côté-là. Les Indiens n'oublieraient jamais cet hiver terrible où tant des leurs avaient souffert et péri. Ils se souviendraient aussi des conflits qui les avaient divisés et de tous ces manquements commis à leurs traditions les plus sacrées : certains avaient refusé leur aide à des chasseurs en détresse, d'autres avaient volé des pièges et pillé des caches sans se soucier de partager, quelques-uns avaient abandonné à leur sort des vieillards et des enfants. Tout cela ne faisait-il pas redouter d'autres infortunes pour les années à venir ?

Les choses n'allaient guère mieux chez les Blancs. C'est durant le même hiver et dans les mêmes contrées que survint la tragédie des frères Vézina, ces deux jeunes garçons du Lac-Saint-Jean qui avaient été abandonnés par leur guide, très haut sur la rivière Péribonka. Les faits ont été mille fois rapportés et commentés en long et en large dans les paroisses. À court de vivres, les deux jeunes mangèrent d'abord leur chien. Puis, à force de privations, l'un des deux tomba gravement malade et périt. L'autre, âgé de quatorze ans, se voyant menacé du même sort, se nourrit de la chair de son frère. Il survécut mais en perdit la raison. Et il y eut cette autre histoire, non moins troublante, de deux touristes partis sur les territoires de chasse avec un guide de Mistassini, Claude Bélanger. Ils trouvèrent la mort tous les trois mais dans les circonstances les plus étranges. Des témoins qui ont retrouvé les corps ont affirmé que le guide avait été tué pour servir de nourriture aux deux autres.

Lorsque les Manigouche furent de retour à la Rigane, ils inhumèrent les deux enfants dans des troncs d'arbre aménagés en cercueils, et ensuite Pitane dans un abri de branchages creusé dans le sol. Ils l'ensevelirent assis sur les talons, la tête reposant sur ses genoux, dans une position qui rappelait celle d'un fœtus ; comme s'il allait naître à nouveau. Son couteau croche, son fusil, des cartouches furent disposés auprès de lui, ainsi que le cadavre de son chien qui devait toujours suivre son maître. On planta sur sa sépulture une perche à laquelle fut attaché un paquet d'écorces de bouleau qu'il pourrait fumer durant son dernier voyage. Enfin, on brûla les vêtements qu'il portait à sa mort. Au même moment, ce genre de cérémonie se répétait en plusieurs endroits dans les territoires, entre Nikabau et Nishikun. Plus tard, d'autres récits, tout aussi tragiques, circulèrent sur ce qui s'était passé cet hiver-là dans le Nord : des familles qui avaient survécu pendant des semaines en se nourrissant de bouillons de peaux de castor, de martre ou de loutre ; d'autres qui, à la dernière extrémité, avaient mangé leurs mocassins et même les courroies de peau qui servaient à attacher les fourrures.

Méo revint aux Chicots dans un drôle d'état. Il ramenait de sa deuxième saison avec les Manigouche des images tourmentées qu'il eut peine à surmonter. À cause de tous ces drames, de tous ces deuils, les territoires de chasse lui paraissaient maintenant comme un sanctuaire. Un sanctuaire qu'il avait profané, lui l'étranger en quête d'exotisme. Pendant quelques semaines, il s'enferma dans un mutisme qui lui était inhabituel et ne laissait pas d'inquiéter. Nul n'osait l'interroger, sauf Mathilde quand elle en trouvait l'occasion ; mais elle n'en avait que pour Moïse et recueillait des réponses évasives. Le Grand était pourchassé dans son sommeil par les visages confondus de Senelle et de Julie. Il n'arrivait plus à les démêler ; elles lui manquaient toutes les deux. Il ne quittait la ferme ou la maison que le dimanche pour accompagner les autres à la messe, à laquelle il assistait distraitement. Il n'avait plus le goût de flâner sur la place de l'église ou près du marché. Et on ne le voyait plus à la forge du grand-père. Il expédiait les politesses et rentrait dès qu'il le pouvait. Il fréquenta beaucoup les Eaux-Belles à cette époque. Il aimait à s'y retrouver seul et y faisait de longs séjours. C'est là qu'il refit la paix avec lui-même, en compagnie des mélèzes et des bêtes. Un jour enfin, il reprit vie ; les siens le retrouvèrent. Pas pour long-temps, bien sûr ; ils ne se faisaient plus d'illusion.

* * *

À ce moment, Mathilde vivait toujours chez sa marraine au village ; elle venait aux Chicots de temps à autre et sa famille la voyait tous les dimanches à la messe. Rosalie s'occupait de la maison avec Marie, employait ses temps libres à dévorer les petits feuilletons des journaux et recevait trop de cavaliers au goût de Joseph (« en veux-tu, en v'là »). Adhémar manifestait de plus en plus d'initiative et de talent sur la terre ; il s'affirmait comme l'éventuel successeur de son père, à la place du Grand. Félix aidait autant qu'il le pouvait, à l'étable surtout, ne pouvant guère fré-quenter les champs à cause de son infirmité. Il consacrait tou-jours une partie de son temps à parcourir les cartes géogra-phiques de Méo et à reclasser ses chères cartes postales. À dix-sept ans, Raphaël passait sa petite vie dans les livres ; il n'était pas « bon de la jeunesse » et allait partir en septembre pour Montréal où il entrerait comme pensionnaire dans une commu-nauté de frères. Il souffrait secrètement à l'idée de s'éloigner, non pas des Chicots mais de Méo. Béatrice, toujours aussi pieuse, continuait à édifier son entourage. Léon-Pierre, Blanche et Gon-zague étaient de grands enfants, encore à l'âge des jeux et de l'en-chantement. Mathilde et Méo les enviaient.

C'était maintenant la fin de juin 1909, Méo venait d'avoir vingt-deux ans. Depuis un an, des travaux étaient en cours à Péribonka où Collins, un capitaliste américain, faisait construire une manufacture de pulpe. Quelques cultivateurs des environs de Roberval avaient aussi investi leurs épargnes dans le projet. La construction venait d'être achevée et la Compagnie embauchait une centaine d'hommes. La nouvelle suscita quelques contro-verses parmi les aréopages du magasin général et de la forge.

Cette industrie n'allait-elle pas compromettre encore davantage la colonisation ? Finalement, la plupart réagirent favorablement : il était souhaitable que l'agriculture se prolonge dans la manufacture, tout comme aux États. Il y eut cependant, à la forge, un échange musclé entre le Grand Delisle et Blédinde. Le premier s'opposait carrément à l'industrie, invoquait l'autorité d'Olivar Asselin, apprêtait à sa façon des extraits de la conférence de Roberval. Anatole, s'appuyant lui aussi sur Asselin, marquait son désaccord :

— Tu d'vais avoir la perruque su les oreilles çartain, Delisle ; t'as compris tout d'travers, là.

— Toué, le Blédinde, on l'sé, t'as toujours hagui ça l'agriculture. Rien qu'à voir ton tas d'fumier tout sec pis tes clôtures croches, on voué bin. Ça fait au moins cinq ans q'tu y as pas touché à ton tas d'fumier ? Y sent même pus la marde, baptême ; tu sens plus fort que lui ! Pis tes vaches ? An, tes vaches ? M'a te l'dire, moué, tes vaches : y r'semblent à des veaux délabrés avec leu pis sec pis leu face de mi-carême. Tu l'sais bin, t'étais pas faitt pour la terre. Ça fait qu'arrête de maldire, chose !

— C'est ça, ris d'moué parce que j'ai des idées avancées...

— Eille, toué pis tes idées ! Vache comme on t'connaît, y a fallu qu'y avancent tou seules çartain ! Pas surprenant qu'y prennent le d'vant tes idées, à vitesse que tu vas.

— On sait bin q'toué, t'étais vraiment faitt pour l'agriculture avec ton gros nez en forme de petate, tes oreilles en portes de grange pis ta face de cochon...

Il fallut séparer les deux causeurs qui allaient en venir aux poings.

Méo décida d'aller s'embaucher. La nouvelle fut reçue assez froidement aux Chicots, mais on disait les gages élevés. Il partit donc avec quelques autres, dont l'inévitable Zébert, excité par la nouvelle aventure. Le matin du départ, l'écouèpeau se présenta chez les Tremblay avec son air fantasque, ses cheveux en fardoche qui commençaient déjà à se faire rares sur le front, son pantalon retenu à la taille par un bout de corde à moissonneuse, sa chemise à moitié déboutonnée, ses chaussures délacées, le reste à l'avenant. Par miracle, il réussit à se faire engager, ainsi que la plupart des autres. Certains, et ce fut le cas de Méo, furent affectés à la réception des trains de billots dont on faisait la pâte à papier, d'autres au chargement de la pulpe qui était ensuite transportée à Roberval sous forme de gros ballots, sur les barges de la Compagnie. L'usine, dont les machines étaient actionnées par l'eau de la rivière Péribonka, avait été construite au pied de la Chute. Presque tous les hommes logeaient au village, à quelques kilomètres, chez des familles ou dans des auberges qui venaient de s'ouvrir.

Le Grand s'installa à l'auberge Taillon. Quelques Madelinots y séjournaient aussi et c'est là qu'il fit la connaissance de Wellie Bourque. Plus tard, il se rappellerait avec plaisir ces longues soirées d'été où, assis sur la galerie dominant le Lac, il écoutait ses nouveaux compagnons évoquer inlassablement la vie aux Îles-de-la-Madeleine, surtout à Havre-Aubert et au Bassin d'où la plupart étaient originaires. Ils ne furent pas peu surpris d'apprendre que Méo connaissait bien le Grand Duc avec qui il s'était même entraîné déjà, et aussi Boulette, l'affectueuse Boulette, inhumée tout près, aux Chicots. En retour, Méo apprit que Jomphe et Vigneault étaient toujours vivants, quoique très vieux maintenant. Fils de pêcheurs, Bourque et les autres connaissaient tout des Îles et de la mer qu'ils racontaient longuement : les fonds, les courants et les vents, les récifs, les épaves, les bancs de homards et de morues dont ils commentaient avec passion et en termes savants les populations, les emplacements, les déplacements, pour se rappeler ensuite les pêches miraculeuses, les retours triomphants, les filles attendant au quai (« les belles filles des Îles », disaient-ils), tout comme les tempêtes, les nuits blanches au large, les fatigues et les découragements, la camaraderie, et l'espoir qui renaissait à l'aube, mais les pertes d'hommes aussi, surtout les pertes d'hommes, et tous ces accidents qu'on n'oublierait jamais, dont ce terrible naufrage survenu trente ans auparavant à deux heures du Havre, plein est, à l'endroit dit de la Petite-Eau, bien connue pour son haut-fond meurtrier, juste dans l'axe de la Butte-des-Demoiselles, un jour où un vent déchaîné se mêlant à une grosse marée d'automne avait arraché toutes les ancres et projeté les barques à la dérive, dispersant gréements et équipages dans la tourmente, faisant ce jour-là seulement une douzaine de veuves entre le Havre et le Bassin, sans parler des filles, des « belles filles des Îles », qui cette fois-là étaient restées au bout du quai jusqu'aux aurores à guetter l'heure, la vague et le vent au cas où, du fond des ténèbres, surgirait une barque, un cri, un corps agrippé à une épave. Mais rien ne vint.

Matin et soir, Méo faisait le trajet entre le village et la Chute en compagnie de ses amis des Chicots et des Îles. Il se tenait souvent avec Bourque qui travaillait à ses côtés au chargement de la pulpe. Le Grand s'était vite attaché à ce jeune homme généreux, très grave et très pudique, qui aimait à se dissimuler derrière une façade de plaisantin. Le travail était dur mais personne ne s'en plaignait ; pas au début du moins. Les hommes apprenaient à se connaître. Il y avait là, entre autres, une forte délégation de la Mauricie, des hommes de métier qui avaient déjà travaillé en usine à Trois-Rivières, à Shawinigan, à Grand-Mère. Toutes les deux ou trois semaines, Méo revenait aux Chicots et passait le dimanche avec les siens. Il apportait à Marie de grands sacs de pulpe dont elle faisait des couvertures, comme plusieurs femmes du rang et des autres paroisses. Méo rentrait à Péribonka le dimanche soir, souvent à pied, ce qui l'obligeait à marcher toute la nuit. Mais il ne s'en souciait pas ; il demeurait très attaché à la famille.

Il se trouvait parmi la main-d'œuvre de la pulperie un groupe de joyeux lurons que Zébert eut tôt fait de repérer. C'est parmi eux que se recrutait la clientèle des P'tits Ours, une « maison de mœurs » qui ouvrit son commerce durant cet été-là au fond d'un rang, à vingt minutes de marche de l'usine. Deux oursons empaillés en encadraient l'entrée. C'était officiellement un magasin mais on y trouvait surtout de l'alcool et des filles. Elles étaient trois à dispenser leurs charmes tarifés, dont la célèbre Cynthia, dite la Grande Ourse, une joyeuse luronne que la nature avait généreusement pourvue et qui ne se montrait pas avare en retour. Il y avait aussi Manon et Soso, deux petites ravageuses aux gros tétons, venues on ne sait d'où, qui ont consolé bien des âmes, pour ne pas parler du reste. De divers coins du Lac, jeunes et moins jeunes venaient épouser pour quelques heures l'une ou l'autre de ces demoiselles, moyennant un modeste préciput que l'on pouvait régler en nature, pour rester dans l'esprit de la transaction. Le bois de chauffage, les meules de foin et les toisons de laine s'entassaient dans la cour arrière. À partir du mois d'août, quelques clients réglaient leurs comptes avec des casseaux de bleuets, dont les trois ouvrières étaient gourmandes. Le curé Michaud avait tout fait pour éradiquer cette source de scandale. Hélas! le tenancier bénéficiait de protections qui, pour n'être pas divines, ne s'en avéraient pas moins efficaces. Zébert, pour un, fou comme un trèfle, prenait aussi souvent qu'il le pouvait le chemin des P'tits Ours où il avait ses habitudes. Il y étirait ses visites et risqua souvent le congédiement. Plus d'une fois, le Grand dut l'en ramener — après s'y être un peu attardé lui-même. Ces fréquentations faisaient aux ouvriers de la pulperie une vilaine réputation et créaient un malaise dans la paroisse.

À la même époque, une quinzaine de familles canadiennes-françaises, rapatriées du Maine, furent dirigées à Péribonka par la Société de Colonisation et de Rapatriement. On leur avait promis des terres déjà défrichées, de bons revenus, des chemins dans toutes les directions. Rien de tout cela n'existait. Les familles, flouées, ruinées, purent reprendre le bateau pour Roberval grâce à une souscription effectuée parmi les familles du village.

Cependant, le climat se détériorait à la Chute. Durant les trois premières semaines, les ouvriers ne reçurent aucun salaire et les premiers gages qu'ils touchèrent furent versés en pitons, comme il avait été longtemps d'usage chez les Price à Chicoutimi. Les hommes en furent très mécontents et le firent savoir à l'occasion d'une assemblée improvisée tenue dans l'entrepôt de l'usine, au cours de laquelle les « cibouère » et les « calvaire » fusèrent à travers les « tabarnac », les « câlisse » et autres « saint-chrême ». Méo lui-même, dont la réputation était grande parmi les travailleurs, fut amené à y prendre brièvement la parole, surtout pour rappeler ses compagnons au calme ; tout mouvement de sédition lui paraissait prématuré. Bourque intervint lui aussi dans le même sens. Mais les gens de la Mauricie, animés par l'un des leurs, un certain Hardy, voulaient en découdre. Un fils Saint-Hilaire, du rang des Chicots, était aussi parmi les meneurs. L'ordre revint néanmoins et l'autorité de Méo ne cessa de croître auprès des hommes, non seulement parce que sa stature et sa maturité en imposaient mais aussi à cause de la force physique et de la maîtrise dont il faisait preuve à l'ouvrage.

Du temps passa mais les choses ne s'arrangeaient pas, bien au contraire. Des fraudes commises par la Compagnie furent dévoilées, accentuant le mécontentement parmi les employés. Il fut également découvert que le conseil municipal de Péribonka avait accordé à Collins une exemption de taxes pour une période de vingt ans. Or le maire, Albéric Saint-Gelais, venait d'être promu chef-mécanicien à la manufacture, et c'est l'Américain qui avait « financé » son élection l'année précédente. Un autre manège fut bientôt mis au jour. Pour éviter de payer des droits de coupe forestière, la Compagnie s'assurait l'accès à un très grand nombre de lots de colonisation qu'elle faisait concéder à certains de ses employés. En retour d'une récompense, ils servaient de prête-noms. Le procédé rappelait l'arnaque des « rats » de Mistouk ; il était grossier mais à peu près généralisé dans les régions de peuplement, grâce à la complicité d'agents du gouvernement. S'ajoutant à cela, les fameux pitons continuaient de susciter la grogne. Certains contremaîtres étaient incompétents, d'autres maltraitaient les ouvriers. Une pétition fut présentée pour faire accéder Méo à ce poste ; elle fut rejetée.

Les accidents étaient le principal sujet de mécontentement. La direction de la pulperie surveillait de près les rendements qu'elle tentait de stimuler par des primes et d'autres moyens. Par exemple, si pendant une semaine la production de l'usine était maintenue à telle quantité de pâte par jour, les ouvriers avaient droit à un « smoker » le samedi. Pendant toute la soirée, la Compagnie distribuait alors tabac, cigarettes et boisson à volonté. Les demoiselles des P'tits Ours s'y montraient parfois, discrètement. En conséquence de tout cela, plusieurs hommes accéléraient le rythme au travail et le nombre d'accidents augmentait. Tous les jours ou presque, un ouvrier devait abandonner son travail, qui avec une entorse ou une luxation, qui avec un doigt amputé, une fracture ou un morfondage*. Chaque partie avait son explication : la direction accusait la maladresse des ouvriers ou leur imprudence, le curé leur impiété, qui était grande en effet, et les ouvriers la Compagnie. Des employés, dont Méo, furent envoyés par deux fois en délégation auprès des contremaîtres, mais en vain.

Et un jour, le drame survint. Alors qu'une équipe roulait un énorme ballot de pulpe hors de l'usine, il dévia de son axe et tomba de la passerelle, allant heurter de plein fouet une douzaine de travailleurs qui s'affairaient plus bas sur un quai flottant. Trois ou quatre d'entre eux furent projetés à l'eau ; les autres se trouvèrent coincés sous le fardeau. Aussitôt, quelques ouvriers se mirent à courir en tout sens pour appeler à l'aide :

— Des hommes ! Des hommes !

Bientôt, ils furent quinze puis vingt puis cinquante à se démener sur les lieux de l'accident. Et la panique s'installa, les efforts des uns annulant ceux des autres. Ce sont les Madelinots, avec Méo et Hardy, qui prirent la direction des opérations, évitant à coup sûr une vraie catastrophe. Le Grand se trouvait à cinq cents pieds lorsque l'accident arriva. Il se porta aussitôt à l'aide.

À la fin, on dénombra une dizaine de blessés, dont quatre grièvement, et un mort, le fils Saint-Hilaire, Marc de son prénom. Bourque se trouvait parmi les blessés ; il fut transporté avec les autres à la clinique de Roberval. Les dirigeants dénoncèrent la négligence des ouvriers et déclinèrent toute responsabilité. C'est ce qui précipita les hostilités. Les ouvriers déclenchèrent une grève qui s'étira ; la direction appela les policiers pour y mettre fin. Méo, qui s'était mis à la tête du mouvement, fut congédié. Des hommes furent malmenés. La majorité des grévistes se laissèrent finalement intimider et baissèrent les bras ; mais le Grand ne leur en voulut pas, le combat était inégal. Ce fut pour lui, une fois de plus, un retour peu glorieux aux Chicots. Plus tard, Bourque vint lui rendre visite. Il se remettait lentement de sa blessure ; lui aussi avait été renvoyé. Il resta quelques semaines chez les Tremblay. Rosalie lui témoigna de l'amitié, lui fit de la façon, mais il est retourné aux Îles, pour y retrouver une « belle fille » peut-être. Méo ne l'a plus revu.

Pendant quelques semaines, le Grand reprit le travail à la ferme où les défrichements avançaient toujours, sur le deuxième lot. Joseph, incorrigible, se reprenait à espérer. Il déchanta vite encore une fois. Vers la fin de septembre, le Grand refit son sac ; il retournait aux États. Comme s'ils sentaient que la cause pouvait être perdue à jamais, Marie et Joseph firent à nouveau un gros effort pour l'en dissuader, mais calmement cette fois, sans élever la voix.

— Qu'as-tu donc tant besoin, disait la première, de courir l'Afrique et l'Amérique ? Pourquoi'ce que t'as toujours le génie aux lointains, veux-tu m'dire ? Ce serait l'temps de prendre lot et rang, le Grand. T'as l'bonheur à ta porte, mon pauvre enfant.

Méo savait bien de quoi, de qui elle parlait.

— Tu vois pas encore, disait le second, que faire d'la terre, c'est la liberté ? Une fois que t'as enlevé les souches, tout ce qu'y a en dessour pis tout c'que tu bâtis dessus t'appartient, le Grand. T'as donc rien appris à la Chute ?

— Ce bonheur-là, ce s'ra toujours le temps, répondait-il à l'une. Ta liberté coûte trop cher, elle ressemble à une prison, opposait-il à l'autre. J'ai pas envie de m'installer comme colon au milieu d'la savane pis des crans pour r'commencer la vie d'misère. Y a tellement d'autres choses à faire pis à voir su'l continent.

La liberté. Bien sûr qu'il comprenait. C'est ce qui les animait tous, les gens des Chicots, de Mistouk et du Lac ; c'est ce qui les soutenait dans la poursuite de leurs trécarrés. Mais en ce moment, il pensait aussi aux Manigouche et aux autres familles dans les territoires de chasse. Il aurait voulu dire à son père que, pendant que sa liberté à lui avançait, une autre là-bas reculait sans cesse. Mais il n'osa pas.

— Voir du pays, bin sûr, c'est que'qu'chose, reprenait Joseph. En faire un peu, c'est pas une mauvaise idée non plus ? On pourrait fére ça d'associement, toué pis moué, comme avant ? En plus de ça, coloniser, c'est pas rien qu'faire d'la terre pis des villages ; à la longue, ça fait des villes aussi... Les États ! les États ! c'est bin comme ça qu'y ont dû commencer, eux autres aussi non ?

— Je veux pas t'faire de peine, p'pa, mais ta liberté, elle est trop loin. Trop loin pis trop tard.

— Tu parles tejours du continent, mais icitt, c'est l'continent aussi, maudit torguieu ?

— Oui, mais pour le moment, c'est pas ce boutt icitt qui m'intéresse.

Joseph insistait :

— Méo, on est libre sur nos terres...

Le Grand s'impatientait ; il éleva la voix :

— Oui, bin sûr on est libres : excepté devant les acheteurs de bleuets, les marchands de bois, les notaires, les agents des terres, l'évêque puis les Anglais.

Il s'était laissé emporter, s'en voulut aussitôt. Joseph décida de mettre fin à l'échange :

— Te v'là quasiment rendu révolté comme ton oncle Almas, mon p'tit gars.

Marie rectifia :

— Almas, ce s'rait pas encore trop pire. Moué, c'est plutôt à Zébert que j'pense. À Zébert pis à Barsalou…

Le propos se durcissait, ils se faisaient très mal. Ils en restèrent là. Mais le Grand n'en avait pas fini. Il dut encore affronter Félix qui tenait absolument à être du voyage cette fois.

— Tu l'as promis, Méo.

— Une autre fois, Félix. T'es pas prêt, moué non plus ; j'sais même pas encore où j'm'en vas.

— Moué, j'saurais ; j'ai tout appris su'a carte.

Le Grand était malheureux. À la fin, il dut s'arracher à l'étreinte de Félix qui braillait :

— Tu l'as promis, Méo, criait-il entre deux sanglots. Tu l'as promis…

Le Grand se fâcha :

— Félix, tu t'es pas r'gardé ? Tu veux tejours pas que j'te traîne à travers les États juste sur une patte ?

— T'es méchant, le Grand, t'es méchant… C'était juré entre toué pis moué…

Il partit bien piteux, escamotant les adieux. Raphaël courut derrière lui jusque sur la Butte-à-Tancrède :

— T'es trop dur, Méo. R'viens-t-en. T'es trop…

Les mots s'étranglèrent dans sa gorge. L'autre ne se retourna pas. S'il l'avait fait, il aurait vu voltiger les centaines de cartes postales que Félix venait de lancer par la fenêtre de sa chambre. Il avait quitté le chemin pour couper à travers bois, vers la route qui menait à la gare. Raphaël rentra lentement, s'arrêtant pour ramasser les cartes que le vent avait disséminées jusque dans la coulée de l'Ours-Malin. Il les rapporta à son frère. Il avait le cœur gros, Félix. Gros comme le Cran-Rouge.

Ce soir-là, Marie s'était mise au lit en sanglotant. Joseph s'approcha d'elle pour la consoler. Il lui passait la main dans les cheveux. Subitement, elle se retourna et lui lança :

— Tout ça, c'est d'ta faute, aussi !

— Voyons, Marie, t'es bin a pic! Cé qui t'prend là? Dis-moué pas d'affére de même.

— Oui, c'est d'ta faute…

— Marie! T'as bin vu, j'ai tout faitt pour le r'tenir, là.

— Oui, mais asteure, y est trop tard. Si tu lui avais serré les cordeaux quand c'était l'temps, y s'rait pas d'travers, c't'en-fant-là; y s'rait comme les autres. Y travaillerait, comme Adhé-mar.

— Marie, s'il te plaît; tu m'fais d'la peine.

— Tu l'as tejours laissé fére c'qu'y voulait, tu t'amusais d'ses extravagances, t'as tejours été à genoux d'vant lui, les yeux ronds. Ban v'là c'que ça a donné. Tu peux être fier de toué, t'as bin réussi avec ton Grand. Un oiseau de passage, un faiseux d'poussiére; c'est ça qu'y est dev'nu.

Elle avait peine à articuler. Elle fit une pause puis ajouta:

— Tu vas vouère, à un moment donné, on va l'pardre pour de bon…

Joseph ne se contenait plus:

— Marie, c'est terrible comme tu m'fais mal.

— Ban moué aussi j'ai mal, figure-toué.

Ils criaient tous les deux maintenant.

— Marie, c'est assez, là! Est-ce que j't'ai déjà faitt des r'proches au sujet d'Mathilde, moué?

— Joseph…

— Oui justement, Mathilde, que t'as pas arrêté d'achaler depuis des années avec ton histoire de vocation! Qui a feni par sacrer l'camp chez Bernadette parce qu'à en pouvait pus!

— Joseph, s'il te plaît…

— Tu penses pas qu'ça m'fait d'la peine à moué aussi d'avoir quasiment… d'avoir quasiment pardu Mathilde?

Marie, recroquevillée, implorait en gémissant:

— Joseph… Joseph… j't'en supplie!

— Tu l'sais bin, baptinse, que c't'enfant-là était pas faite pour ça, religieuse?

— Joseph! mon Dieu… Cé q'tu m'dis-là! Tu vas m'fére mourir… Doux Jésus…

Ils ne purent aller plus loin; ils braillaient tous les deux.

* * *

Cette fois, Méo entendait sortir des chemins battus, frapper un grand coup; il voulait explorer ailleurs que dans les factries, au-delà de la Nouvelle-Angleterre. Il travailla une grande partie de l'automne dans le nord du Massachusetts, tantôt à la récolte du maïs ou dans des vergers, tantôt dans des fonderies, des ateliers. Il fut à Fitchberg, à Gardner, à Templeton, puis à Athol, à Orange. Il était facile de trouver de l'emploi à la journée. Il restait dix jours ici, quinze jours là, étonnant chaque fois ses patrons et ses compagnons de travail par ses prouesses. Il se déplaçait à pied, souvent aussi en voiture. Les cochers, qui ne manquaient pas de le repérer, le faisaient monter. Ils l'interrogeaient mais le passager répondait par des questions; il voulait tout savoir. Il menait une vie itinérante au sein d'une confrérie de déracinés. Plusieurs venaient de très loin et le soir, dans les fermes ou les auberges où il couchait, il pouvait entendre une étrange rumeur de langages et d'accents. Néanmoins, dans toutes les petites villes et villages où il s'arrêtait, il découvrait une forte présence canadienne-française, sous la forme d'un quartier, d'une église, et il put vérifier l'adage de son enfance selon lequel un catholique pouvait faire tout le tour de la Nouvelle-Angleterre sans jamais manquer la messe du dimanche. Un jour, il se rendit à Deerfield où il fut ébloui par la richesse des lieux et la jeunesse insouciante qui déambulait dans les allées verdoyantes de l'Académie. Il trouva aussi du travail dans un village de Shakers près des Berkshire.

Durant les premières semaines, il écrivit assez souvent aux Chicots; puis ses envois s'espacèrent. Là-bas, chaque lettre attisait le profond malaise qui s'était installé entre Joseph et Marie.

Le Grand descendit vers le sud, s'arrêta à Holyoke, à Springfield. Il gagna ensuite le Connecticut où il travailla à la ferme d'une prison aménagée dans une ancienne mine de charbon. Un jour, le plus ancien prisonnier, un Noir, décéda et il fut appelé à faire le ménage de sa cellule. Le plancher de pierre portait la trace de ses pas entre la porte et le mur du fond ; de l'eau dégouttant partout du plafond avait aussi creusé des rigoles. Plus tard encore, il prit vers l'est, remonta vers le nord et séjourna à Lowell. Il résida de l'autre côté du canal, à l'écart de la ville, au milieu du ghetto canadien-français. Ils étaient plusieurs centaines, tous les matins, à faire le trajet à pied vers les filatures. Méo aimait ce moment de la journée ; il se mêlait aux conversations, s'amusait des blagues qui fusaient ici et là. Il notait que les hommes, ordinairement si moroses quand ils rentraient du travail le soir, étaient toujours gais en y retournant le matin. Puis, il se lassa de cette vie qu'il avait déjà observée à Woonsocket et fila vers la côte, s'arrêtant à Augusta, Lewiston puis Portland. C'est là que, pour la première fois, il vit la mer. Il fut à la fois émerveillé, incrédule et un peu déçu : c'était donc vrai, l'océan était bien plus grand que le Lac Saint-Jean… Cette fois-là, il resta des heures sur la plage à observer la vague, à se saouler des effluves qu'elle répandait sur le sable, à s'abandonner au vaste murmure qui semblait surgir de ses profondeurs et dans lequel il croyait entendre l'écho de tous ses secrets accumulés, la promesse de choses prodigieuses.

Plus tard, il se rendit à Boston, y flâna quelques jours, surtout vers le port. Il fut impressionné par les ponts, les gratte-ciel, les parcs, les foules, les boulevards illuminés. Et partout : du macadam du Bon Dieu ! Il assista à une soirée de boxe à poings nus qui mettait en vedette le grand champion américain John Sullivan ; il se mêla à la vie de la rue, se déplaça en streetcar. Il prit grand plaisir à tout cela mais passa le plus clair de son temps sur les quais à surveiller l'accostage des navires, à examiner ceux qui en descendaient : des Blancs surtout, mais aussi des Asiatiques ; des hommes et des femmes intimidés qui faisaient quelques pas hésitants sur la passerelle puis s'arrêtaient pour jeter un coup d'œil à leur nouvelle patrie ; et des enfants mal vêtus, faméliques, tout ébarouis*, la joue collée contre la cuisse de leur mère. Un matin, il prit un train pour le Midwest. Il gagna le Michigan et trouva à s'embaucher dans les grandes scieries de la vallée de la Saginaw, près du lac Huron. Plus tard, il travailla dans les mines de cuivre de la péninsule de Keweenaw sur le lac Supérieur. Partout, il retrouvait de nombreux Canadiens français. Vers le printemps, il poussa jusqu'au Minnesota, à Clam Lake, à Foxboro et finalement à Duluth, qui était alors une toute petite ville, où il passa tout l'été de 1910. Il demeurait et travaillait à proximité, sur une ferme céréalière, à une demi-heure de marche. Le propriétaire, un Johansson, était suédois. Tous les samedis et tous les dimanches, Méo allait passer ses soirées à la ville. Là aussi, il s'attardait longuement au port, mais il fréquentait également le centre et les nouveaux quartiers qui s'étendaient rapidement vers le sud.

Un soir, il assista à un combat de boxe. La scène se déroula dans un petit hangar dressé près d'une meunerie. Un vieux cowboy y organisait tous les samedis une soirée de boxe à poings nus qui opposait des belligérants venus des environs. Certains se présentaient comme professionnels, mais la majorité d'entre eux étaient des ouvriers qui rêvaient d'une petite gloire assortie d'un cachet symbolique. Deux ou trois cents amateurs s'entassaient autour d'un ring de fortune éclairé par trois grosses ampoules crasseuses. Les combats se succédaient jusqu'à la nuit et les paris s'engageaient à la diable dans le réduit enfumé. Il y régnait un train d'enfer et ce sont justement les clameurs qui s'en échappaient qui attirèrent l'attention du Grand. Il devint un régulier de la place. Un soir de juillet, un tout jeune boxeur fit son apparition, accompagné de son père agissant comme entraîneur. Il était très tard lorsque vint son tour. Son opposant était un gros courtaud à l'air méchant dont le parcours peu reluisant se lisait sur la carte des cicatrices qu'il arborait sur le visage. Le jeune boxeur fut présenté comme le Killer du Nebraska. Âgé de seize ou dix-sept ans, il était grand, très maigre. Ses longs bras fragiles descendaient jusqu'à ses genoux cagneux. On pouvait voir sous sa première barbe ses dernières traces d'acné. Il avait un grand visage naïf et des yeux doux qui s'égaraient dans la foule pendant que l'annonceur procédait au rituel d'avant-combat. Il n'y avait pas d'arbitre. Le dernier adversaire à rester debout était déclaré vainqueur par le cow-boy ; l'affrontement durait aussi longtemps qu'il le fallait. Le père du Killer, un homme bourru, d'allure sinistre, affichait une grande assurance. Mais le Killer lui-même n'en menait pas large et en imposait encore moins. Les parieurs avaient presque tous misé sur le petit gros.

Le combat fut un massacre et aurait dû être rapidement interrompu. Après trois rondes, le Killer s'était retrouvé cinq ou six fois au tapis. Son père le relevait chaque fois, essuyait le sang sur son visage, attendait qu'il retrouve ses sens puis le repoussait plus mort que vif dans la bataille. Le manège dura longtemps ; le buscaud* frappait au foie, dans les côtes, au visage, et toujours le jeune finissait par se relever. Le public était dégoûté, les gageurs avaient réglé leurs comptes et réclamaient le combat suivant. Le vieux cow-boy voulait mettre fin à la boucherie mais l'entraîneur s'entêtait. Enfin, le Killer ne se releva plus. Des hommes le portèrent hors du hangar et le déposèrent sur une charrette. Le père y monta et ils s'éloignèrent dans la nuit. Méo, qui avait quitté l'enceinte, les vit disparaître au bout d'une ruelle. Il ne revint plus à l'entrepôt.

La ferme offrait d'autres distractions. Johansson était veuf et vivait avec ses quatre enfants : trois garçons et une fille, Selma, qui s'amouracha du Grand. Le père voyait l'affaire d'un bon œil et se fit conciliant, permettant même à son employé de visiter de temps à autre la chambre de sa fille. Méo s'étonna de ces mœurs étranges ; un frère de Selma lui expliqua que telle était la coutume en son pays. Le Grand en fit son profit tout l'été, y mettant cependant plus de corps que de cœur. Vers la fin du mois d'août, il vit bien que l'idylle était à sens unique et fut pris de scrupules. De toute façon, il avait quitté Mistouk depuis près d'un an maintenant, il avait amassé pas mal d'argent et parlait anglais couramment. Il aurait voulu voyager plus loin vers l'Ouest, mais à ce moment, cette partie du pays était perturbée à cause d'un gigantesque incendie qui ravageait quelques États. Il décida de mettre fin à son séjour et prit congé des Johansson. Il promit à Selma de revenir.

Mais il y avait encore plein de chemins qui couraient dans sa tête. Dans le train qui le ramena, son esprit continuait à errer à travers le grand pays. Il se rappelait les récits des travailleurs itinérants qui avaient croisé sa route : ceux qui avaient remonté les grandes vallées désertiques de l'Utah et y avaient traversé d'immenses rivières asséchées ; ceux qui avaient voyagé au fin fond de l'Arizona et avaient aperçu dans l'accalmie de la fin du jour les derniers troupeaux de chevaux sauvages méditant dans l'ombre cuivrée des parois calcaires ; d'autres qui avaient vu à Nantucket les baleiniers géants qui appareillaient pour des navigations de deux ou trois ans et parfois davantage autour du monde ; et ceux-là encore qui étaient descendus vers le sud, jusqu'à la nouvelle ville de Saint-Louis, là où les eaux claires du Missouri se mêlaient aux flots boueux du Mississipi avant de poursuivre leur course tortueuse vers la Louisiane, ce grand pays français ; et tous les autres qui avaient parcouru les collines du Wyoming et du Montana, ou bien avaient suivi les traces du célèbre et mystérieux colonel Suter jusqu'à la baie de San Francisco où ils avaient pu voir, à l'aube, de grands vaisseaux sombres surgis de la nuit, arrivant des pays du Levant les cales gonflées ; tout cela, et bien d'autres choses aussi que les regards, les silences laissaient deviner, et qui chaque nuit visitaient Méo dans son sommeil, en chassant un moment le visage affolé du Killer, avec son regard désenchanté, ses pommettes béantes, son corps défait.

Et sur toutes ces étendues habitées ou sauvages, sur tous ces chemins, ces places, ces paysages, ne cessait de planer l'ombre de l'Indien conquis et courbé, refoulé au cœur de ses terres, retranché dans le maquis de la mémoire d'où il dressait des plans de reconquête, comme Méo avait pu le voir dans la région de Duluth, qui était une terre de Sioux et d'Ojibwés, et une autre fois aussi dans le nord-ouest du Connecticut, près de Kent, alors que, s'étant engagé dans un sentier dérobé à l'ouest du village, il s'était retrouvé après deux heures de marche devant un petit cimetière adossé à un talus où se dressaient quelques tentes. Des hommes étaient là, les derniers de leur tribu, de la grande nation des Mattabesic. Ils l'avaient aussitôt entouré et Méo avait pu voir dans leur regard impénétrable et froid, dans leur accueil ni hostile ni amical, l'immense continent qui les séparait.

*   *   *

Le train roulait au nord de Trois-Rivières, en direction de La Tuque et du Lac. Allongé au fond de la banquette, le front contre la vitre du wagon, le Grand reconnaissait les paysages rugueux, presque squelettiques des Laurentides le long du Saint-Maurice. Il y vit tout à coup défiler les visages de Joseph et Marie, de Mathilde et Félix, de Senelle et Moïse. Et de Julie. Julie qu'il n'avait pas revue depuis si longtemps, qui était devenue autre sans doute, tout comme lui.

Chapitre XIII

C'était l'été 1910. Il revenait aux Chicots encore chargé de cadeaux : de la musique en feuilles pour Marie, deux ou trois toupies pour Gonzague, une énorme quantité de gomme à mâcher pour Léon-Pierre qui allait y laisser quelques dents, et pour Félix d'autres cartes postales ; une tonne de cartes postales. À Raphaël, il offrit une photo de lui en médaillon, prise près d'un lac au Michigan. Il apportait aussi une grosse « médaille miraculeuse » pour Alexis. Enfin, il cachait dans son sac un cadeau-surprise dont il ne voulut rien dire à ce moment-là. Tous ces articles des États faisaient la plus grande impression ; les enfants Tremblay étaient comme ensorcelés. Dans la soirée, Marie se mit au piano et dirigea le chant jusqu'à la nuit. Mathilde se trouvait à la maison et elle chanta encore une fois sa *Sérénade*. Mais ce n'était pas comme autrefois. Chacun pouvait sentir la tension entre la fille et la mère, entre la mère et le père, entre les parents et le fils. La grande sœur n'était plus de la maisonnée et tous savaient que dans quelque temps Méo s'y trouverait à nouveau à l'étroit. Dès la semaine suivante, du reste, il fit un saut à la Rigane.

Il était impatient de se faire raconter la dernière saison de chasse. Les Manigouche le rassurèrent, l'hiver avait été bon cette fois. Il passa quelque temps avec Moïse et le trouva encore plus renfermé que d'habitude. Ses longs silences maintenant le troublaient. Méo apprit de Janvier que son fils conversait souvent avec les esprits, qu'il devenait plus ou moins shamane, comme son grand-père. Betsée avait encore accouché durant l'hiver ; le Grand s'amusa avec le bébé. Et il fut de nouveau avec Senelle.

La vie continuait à Mistouk, avec le même va-et-vient des familles, aussi bien au village que dans les rangs. Certaines gagnaient Chicoutimi ou Jonquière où les pulperies continuaient d'embaucher. D'autres suivaient des sentiers plus aventureux : Montréal, l'Ouest canadien, les États. Et toujours, elles étaient remplacées par d'autres arrivants en provenance de diverses régions du Québec. Méo se trouvait de plus en plus étranger chez lui. Cependant, les tantes, les oncles continuaient de fréquenter les Chicots. Almas apportait le dernier exemplaire du journal *Le Devoir*, fondé au début de cette année-là. Il n'en avait que pour le projet de flotte royale canadienne que le premier ministre Laurier voulait construire à prix d'or et mettre au service de l'Empire. Pris au jeu, l'oncle s'était passionné pour les bateaux dont il parlait en expert. Méo croyait par moment entendre Fabien.

L'Innocent aussi rendit visite aux Tremblay et Méo put lui remettre sa médaille. Au cours des ans, sa double réputation de coureur et de « foureur » n'avait cessé de grandir. Mais il vint un moment où l'un fit ombrage à l'autre. Le premier entreprenant trop, le second n'arrivait plus à finir. Entre la Côte-Nord et le Lac, on ne comptait plus les charpentes laissées en plan : des projets, des esquisses de four finalement converties en caveaux à légumes ou en cabanes à chien. Dans tout le Québec et même en Nouvelle-Angleterre, il se trouvait toujours quelque homme d'argent convaincu de pouvoir dompter l'Innocent dans l'espoir d'un bénéfice. Mais personne ne parvint jamais à lui passer le licou. Il était impossible de lui imposer un itinéraire. S'il se montrait assez ponctuel sur les lignes de départ, il restait imprévisible quant aux points d'arrivée. La recette en souffrait. Sur chaque parcours cependant, il ne manquait jamais d'établir un record; le problème était d'en reconstituer après coup le tracé, ordinairement des plus erratiques, afin de l'homologuer. Sans parler de la difficulté de retrouver le champion au terme de son exploit pour le couronner. De toute manière, il n'y avait plus de foule à ce moment; elle s'était égarée depuis longtemps dans la nature en tentant de suivre le trajet de l'athlète. Les récits de ces mésaventures, colportés par les journaux ou plus souvent par des voyageurs, amusaient beaucoup les gens du Lac qui connaissaient bien leur poulain. Le grand-père Wilbrod avait eu un jour une formule qui résumait tous les commentaires :

— Y court comme un ch'val mais y s'gouverne comme une vache.

Bref, ce grand coureur se dépensa toute sa vie sans profit; le marché, c'est bien le cas de le dire, n'était pas son affaire.

Ce jour-là donc, aux Chicots, Alexis sauta, gigua un peu, bégaya beaucoup et, après deux ou trois steppettes*, repartit tout heureux avec sa médaille des États autour du cou.

Il était venu pour bâtir des fours au nord du Lac mais il dut renoncer à son projet et rentrer à Charlevoix. Cette année-là, le printemps avait été très sec et de gros incendies de forêt s'étaient déclarés juste derrière Péribonka et Mistassini. Les habitants étaient inquiets, craignant que le vent ne tourne subitement vers le sud. Tous les soirs de l'autre côté du Lac, de Grandmont à Rivière-à-l'Ours, les familles sortaient de leur maison pour observer l'horizon en flammes. Le séditieux curé de Roberval, qui poursuivait toujours son rêve épiscopal, arpentait sa longue galerie en marmonnant :

— Que de pourpre! Mon Dieu, que de pourpre...

Un autre soir, à la même époque, comme les Tremblay sortaient de table, Berthilde Girard, de la Concession des Chiens, apparut à la porte. Elle avait le visage tuméfié, les vêtements déchirés; elle expliqua entre deux sanglots qu'elle avait encore été battue par Anatole, son Cabochon.

— Me faire ça à mon âge, madame! Quand j'étais jeune en tout cas, j'dis pas, j'étais capable; mais là... Le gros tabarnouche!

Marie la soigna et elle passa deux jours à la maison. Elle se confiait:

— C'est pas drôle de vieillir. Quand on est deux, on s'chicane; quand on est tout seul, on s'ennuie.

Et à un autre moment:

— J'cré que j'ai pus d'amitié pantoute pour Anatole. J'me demande même si j'en ai déjà eu. C'est terrible à dire, Marie, des afféres de même après tant d'années de vie commune.

Et puis aussi:

— J'ai essayé d'le changer, mais c'te race de monde-là, ça s'détricote pas, on dirait.

Sur quoi Marie fit remarquer:

— Tant qu'à ça, j'dirais qu't'es pas mal de la même race, ma pauvre Bertilde... Tu s'rais pas facile à détricoter non plus, comme tu dis.

— Ah oui? Tu penses?

Finalement, il est venu la chercher. Il affichait l'air dépité, repentant, de l'ivrogne dessaoulé. Elle s'adressa à lui sans hausser le ton, avec de l'émotion dans la voix:

— Tu m'as frappée partout, tu m'as fait des bleus à grandeur du corps; mais c'te fois-là, c'est au cœur que tu m'as fait mal, Anatole.

Il parut surpris. Il la regarda longuement en silence; puis, avec une certaine douceur:

— Viens-t'en Bertilde. Viens.

C'était la première fois que Marie l'entendait appeler sa femme par son prénom. Sans dire un mot, elle le rejoignit et ils partirent. Après cela, et à cause de cela peut-être? il ne la frappa plus jamais. Bertilde reprit sa routine. Plus tard, elle confia à Marie, en guise d'explication :

— Tu sais ce que c'est, ca doit bin être la même chose pour toué : on s'habitue à son cochon…

* * *

Tout cela se passait au milieu d'une campagne électorale et toute la région était en effervescence. Le candidat Elzéar Boivin, un commerçant très en vue, faisait la lutte au député sortant Joseph Girard, l'homme des Price. La boisson circulait abondamment, les esprits s'échauffaient, les assemblées se faisaient de plus en plus houleuses, les boulés des deux camps s'en donnaient à cœur joie. Jusque-là, les principaux rassemblements avaient eu lieu à Chicoutimi, Jonquière et la Baie des Ha! Ha!. Des trains spéciaux partaient le dimanche de Roberval pour conduire les partisans aux grandes manifestations. La population raffolait de ces joutes oratoires et des extravagances qui les accompagnaient. Pour un peu, certains cultivateurs se seraient résignés à laisser pourrir leur grain sur le champ plutôt que de manquer une assemblée contradictoire ou un appel nominal. Maintenant la campagne se déplaçait du Haut-Saguenay vers le Lac-Saint-Jean et un rassemblement monstre était annoncé pour le dernier dimanche du mois d'août après la messe, à Alma. Les boulés des Price étaient annoncés, le sinistre Canayen Corneau en tête, ceux de l'autre camp aussi. À Mistouk et partout autour du Lac, les habitants s'en promettaient.

Le jour dit, Joseph revint de la messe sur l'heure du midi avec sa famille. Au lieu d'aller dételer, comme il le faisait habituellement, il laissa Farouche devant la maison et annonça qu'il se rendrait à Alma après le repas. Méo, qui avait alors vingt-trois ans, n'avait jamais démontré beaucoup d'intérêt pour ce genre d'événement, surtout depuis l'incident survenu à Chicoutimi quelques années auparavant. Mais cette fois, il fit savoir qu'il serait de la partie. Adhémar et Raphaël se joignirent à eux. À la dernière minute, Mathilde insista pour prendre place elle aussi dans la voiture, ce qui était assez inusité. La politique n'était pas l'affaire des femmes, qui n'étaient même pas admises à voter : aurait-on imaginé une épouse « pourrissant » le vote de son mari ? Mais la sœur n'était pas du genre à demander la permission. Et sa dernière rencontre avec Moïse l'avait transformée ; elle portait une grande douleur et recherchait toutes les occasions de s'évader. Elle affichait alors une gaieté excessive que les siens savaient feinte.

C'était une belle journée et le trajet fut plaisant. Raphaël était assis à l'avant du quat'roues avec Adhémar ; Joseph tenait les guides. Méo se tenait en arrière, silencieux, avec Mathilde. Le cocher était en verve, racontait les premiers « parlements » auxquels il avait assisté dans sa jeunesse à Roberval, les désordres qui entouraient le jour de la « votation », les « triomphes » encore plus fous qui suivaient et se prolongeaient jusqu'au lendemain. Plus ils approchaient d'Alma, plus ils étaient excités, Mathilde encore plus que les autres. Il fallut beaucoup de temps pour entrer dans le village, des dizaines et des dizaines de voitures affluant de partout en même temps. Les habitants attachaient les chevaux là où ils le pouvaient. Les Tremblay, même Joseph, n'avaient jamais vu pareil attroupement. Les journaux rapportèrent plus tard que six ou sept mille personnes avaient convergé vers Alma ce jour-là. Elles étaient entassées sur la place de l'église, devant une grande estrade sur laquelle commençaient à prendre place des orateurs, des notables, des organisateurs. Les gens chantaient, s'interpellaient de gauche et de droite, lançaient des slogans. Et les voitures continuaient d'arriver. Tout le monde était énervé, criait en même temps, les Rouges d'un côté, les Bleus de l'autre. La fanfare de la Ligue du Sacré-Cœur était de la partie.

Postés assez loin, les Tremblay avaient néanmoins une bonne vue sur toute l'assemblée car, à partir de l'estrade, le terrain remontait en pente douce jusqu'à eux, formant un hémicycle. L'action allait commencer d'un moment à l'autre. Il se fit alors un mouvement dans la foule, à cent pieds sur la gauche. Une clameur s'éleva : « Canayen ! Canayen ! Hourrah Canayen ». C'était Corneau qui faisait son entrée avec d'autres malabars, ouvrant la voie à Jos. Girard. En une seconde, tous leurs partisans furent debout, applaudissant et vociférant leur appui à leur candidat qui avançait lentement vers la tribune parmi les supporteurs. Le boulé, particulièrement exalté, sacrait comme un forcené et repoussait sans ménagement tous ceux qui se trouvaient sur son chemin. Méo se tenait immobile derrière Joseph et les autres ; il observait la scène d'un air presque détaché. Il n'avait pas ouvert la bouche depuis Mistouk. Mathilde, elle, était déchaînée, reprenant les slogans des deux partis comme si elle n'y comprenait rien. Elle s'attirait des regards agacés ; Joseph essayait en vain de la contenir.

L'autre candidat, Elzéar Boivin, fit son apparition, entouré lui aussi de ses boulés. À ce moment même, une escarmouche éclata près de la tribune. Canayen, furieux, avait empoigné un petit homme, l'avait soulevé à bout de bras et littéralement projeté dans la foule. Il s'en prenait maintenant à un autre gêneur qu'il renversa d'un revers de la main. Les gens étaient ravis ; l'« assemblée » était ouverte. Alors Corneau, devenu fou, se hissa sur une chaise et, les masses en l'air, apostropha la foule, invitant ceux qui n'avaient pas froid aux yeux à venir l'affronter à l'avant. Le silence se fit. Habitué à souffler le chaud et le froid dans le Haut-Saguenay, le boulé avait décidé d'asseoir son autorité dans cette partie de la région. Aucun volontaire ne se signalait. Il se fit encore plus arrogant et renouvela bruyamment son défi à la ronde. À ce moment, une voix forte s'éleva de l'arrière :

— Chus ton homme, Canayen…

Les Tremblay sursautèrent ; c'était Méo.

Le silence se fit encore plus pesant. Des milliers de visages se tournèrent ; la plupart des assistants reconnurent le Grand. Alors la foule se fendit lentement, lui ouvrant un large passage jusqu'à l'estrade, jusqu'à Corneau qui attendait impassible, terrifiant, le menton relevé, les poings sur les hanches et soufflant comme un taureau. Joseph était pétrifié, s'accrochait des deux mains à Méo, le suppliait. Adhémar lui-même voulut s'interposer :

— T'es fou Méo ; fais pas ça, c'est l'boulé des Price !

Mathilde, elle, apparemment inconsciente de ce qui se préparait, ne désarmait pas :

— Envoueille, Méo, donne-z-y une leçon, sacre-z-y une bonne volée !

Le Grand paraissait de marbre, le regard fixé vers la balustrade. Il se dégagea, écartant doucement mais fermement la main de Joseph, et s'avança lentement. Il attendait ce moment depuis longtemps, depuis ce jour où, à Chicoutimi, Corneau s'en était pris à l'oncle Fabien. Cent fois il l'avait vécu, orchestré dans sa tête ; le temps était venu de redresser les comptes. Il continuait d'avancer d'un pas égal, les mâchoires crispées. Maintenant des cris fusaient de partout ; la folie s'était emparée de la foule. Derrière, Adhémar essayait de maîtriser Joseph qui était au désespoir. Quant à Raphaël, terrorisé par la furie ambiante, il aurait voulu tourner le dos à la scène, se boucher les yeux et les oreilles ; en même temps, il était fasciné par son frère qui semblait parfaitement maître de lui.

Toutefois, le masque dissimulait une grande appréhension. Méo n'était pas loin de regretter son geste téméraire ; Adhémar avait peut-être raison. Mais il était trop tard. Il s'approchait de l'estrade en serrant les dents, évitant le regard de Corneau. Parvenu à une quinzaine de pieds du boulé, il s'immobilisa. Le silence se fit à nouveau, pesant. Dans la foule, chacun évaluait les deux adversaires. Canayen était plus petit que son opposant mais plus massif, plus puissant, beaucoup plus expérimenté aussi, et plus méchant assurément. Méo avait l'avantage de la taille, il était plus athlétique et son courage était bien connu. Et puis on ne savait jamais à quoi s'attendre avec lui. Les deux hommes se mirent en garde, sous les yeux des dignitaires qui s'étaient réfugiés au fond de la tribune. Ils s'étudièrent en tournant lentement l'un devant l'autre. La foule formait un immense demi-cercle autour d'eux. Des cris, des clameurs s'élevaient, un terrible vacarme avait envahi la place. Maintenant le Grand se laissait soulever par l'ambiance surchauffée ; ses craintes se dissipaient à l'approche de l'action. Le fauve se réveillait.

Canayen voulut d'abord mettre à profit sa force brute en essayant d'attraper Méo par la taille, de l'obliger à se battre au corps à corps (« à l'intérieur », comme disait le Duc), mais le Grand se faisait très prudent ; à chaque tentative, il le repoussait, se dérobait, le déjouait avec une feinte, ou bien, tirant parti de sa longue portée, le maintenait à distance avec de petits jabs très secs au visage que Corneau avait du mal à éviter. Après dix minutes de ce manège, du sang apparut au coin de sa lèvre. Méo continuait de l'énerver avec ses directs, sa danse, ses feintes, ce qui était déconcertant pour un homme de sa taille. Vingt fois, trente fois, Canayen chargea lourdement, l'autre esquiva. La foule scandait de ses exclamations les mouvements du combat. Maintenant, rugissant comme une bête et brandissant ses pattes d'ours, Canayen fendait l'air avec des coups de massue de cent livres accompagnés chaque fois de terribles grognements qui faisaient reculer les spectateurs se trouvant à proximité de l'action. Mais Méo semblait se dérober encore plus facilement, prenait même peu à peu la maîtrise de la bataille. Il continuait à danser, à tournoyer, touchant son opposant au visage sans s'exposer, toujours avec ses petits coups lancés de loin. Canayen s'essuyait la bouche du revers de la main ; il avait en plus une arcade ouverte et commençait à saigner du nez. Plusieurs fois encore, il fonça, rageur, mais sans jamais atteindre la cible, dissipant ses énergies. À un moment où Corneau tournait le dos au soleil, Méo parut aveuglé une seconde et ne vit pas venir un méchant crochet qui l'atteignit durement sur le côté du visage. Le Grand était touché !

On le vit mettre un genou à terre ; il était ébranlé. La foule fut sur la pointe des pieds, les cris redoublèrent. Là-bas, à l'arrière, Raphaël faillit s'évanouir. Le boulé, les battoirs en l'air, en profita pour se ruer sur Méo. Mais, in extremis, il eut le réflexe de rouler sur sa gauche et les deux hommes se retrouvèrent au sol, Canayen allant choir plus loin, emporté par son élan. Le Grand parvint à se relever le premier, parut se rétablir un peu ; l'autre, voulant toujours exploiter son avantage, fonça à nouveau, manqua sa proie. Pendant quelques minutes, Méo se tint sur la réserve, se remit à tournoyer en dansant, tenant à nouveau son adversaire hors de portée afin de récupérer. Corneau était fatigué, furieux ; il crachait, jurait comme un forcené. Il avait maintenant le visage couvert de sang. Il n'avait jamais rencontré un opposant de ce genre. Tout à coup, sans avertissement, il y alla d'un grand coup de pied. Méo avait vu venir. Il pivota, attrapa la jambe de l'attaquant dans son mouvement et, d'une puissante ruade, l'envoya s'affaler dans une mare de boue (« toujours prolonger le mouvement de l'adversaire », disait le Duc). La foule hurlait, ne se contenait plus. Raphaël reprenait espoir et se hissait sur le dos d'Adhémar pour mieux suivre l'action. Mathilde était hors d'elle, criait à s'en rompre les cordes vocales :

— Envoueille ! Envoueille le Grand ! Vas-y, finis-lé. Finis-lé l'gros lett !

Le boulé se relevait lentement, humilié ; il avait l'œil furibond, la bave à la bouche. Il se passa la main sur le visage pour essuyer le sang, la sueur et la vase qui l'aveuglaient. Alors, il abaissa ses poings à la hauteur de sa ceinture qu'il commença à défaire. Une grosse ceinture piquée de têtes de clou, comme une sangle de cheval. Il prit tout son temps, l'enroula soigneusement autour de son poing puis s'avança vers Méo. À ce moment une rumeur s'éleva, des spectateurs voulurent intervenir, jugeant que l'affrontement dégénérait, devenait inégal, mais d'autres boulés les repoussèrent.

La foule se faisait tout à coup silencieuse. Le Grand s'était reculé, attendait, immobile, tous les muscles en alerte. Il se tenait légèrement courbé vers l'avant, les deux mains tendues comme un lutteur aux aguets. Il avait la mine féroce ; les Tremblay ne lui avaient jamais vu cette expression. Un vrai chat ; mais un chat sauvage, sur le point de bondir. Canayen voulut profiter de la diversion créée par les spectateurs et se rua subitement sur son opposant en laissant partir un violent coup de fouet à la hauteur du visage. Prévoyant que Méo reculerait pour se parer, le boulé s'apprêtait à doubler son élan en enchaînant avec un second coup. Mais le contraire se produisit. Au lieu de battre en retraite, le Grand eut l'instinct de s'accroupir, entendit la ceinture siffler dans ses cheveux puis, s'élançant comme un fauve, fonça brutalement au corps, administrant en même temps une puissante droite à l'abdomen de Canayen qui en perdit le souffle. Le coup fut aussitôt suivi de trois autres, au menton et à la mâchoire cette fois, courts et secs, terribles. À cent pas à la ronde, on entendit craquer les dents, les os de Canayen qui se retrouva instantanément sans moyens, les yeux dans le brouillard. Ses genoux fléchirent, il voulut se redresser, tituba, fit un immense effort pour faire face à nouveau.

C'est le moment que le Grand attendait. Étonnant tout le monde encore une fois, il recula de trois pas, se projeta puissamment dans les airs en se mettant à l'horizontale et, d'une formidable détente, lança ses deux pieds au visage de Corneau qui fit ainsi connaissance avec la grande savate Royale. Juste au moment où il s'exécutait, Méo avait avisé en un éclair ses grosses bottes cloutées des États et s'était rappelé que le Duc et lui prenaient toujours soin de se déchausser lorsqu'ils pratiquaient cette figure. Trop tard ; le coup était parti. Corneau ne vit même pas venir la ruade. Il fut foudroyé par l'impact et, effondré, ne se releva plus. Un grand désordre s'ensuivit. La foule était en délire, les hourras fusaient. Le Grand fut porté en triomphe sur la place. Méo le chat ! Méo le héros !

De mémoire d'homme, on n'avait jamais vu pareil affrontement. Çà et là dans l'assemblée, des escarmouches éclataient. Les orateurs furent incapables de prendre la parole. Ou, comme le dit le Grand Delisle le lendemain à la forge :

— Après, y a pas eu d'autres discours.

Mais personne ne s'en plaignit. Quel beau « parlement » ! Les gens du Lac allaient en parler pendant trente ans. Le candidat des Price fut battu et Corneau disparut à compter de ce jour des annales saguenayennes.

Le Grand put enfin retourner vers l'arrière où il retrouva les siens plus morts que vifs, sauf Mathilde, exaltée, qui lui sauta au cou. Joseph regardait son fils comme s'il avait été un étranger ; il ne l'aurait pas cru capable d'une telle action. Il ne songeait pas à s'en réjouir, au contraire ; quelque chose le troublait dans ce versant de Méo qu'il venait de découvrir, dans la force même, dans la férocité, la violence qu'il avait manifestée.

* * *

Le mois suivant, ce fut le vint-cinquième anniversaire de mariage de Marie et Joseph. Le curé Renaud en fit mention dans son sermon, prononçant quelques bons mots à l'endroit des jubilaires. Il y eut une autre grande veillée aux Chicots mettant en vedette les mêmes invités que d'habitude ou à peu près, les mêmes musiciens, les mêmes interprètes et danseurs, avec les mêmes chansons et, sauf pour quelques variantes dues à des mémoires défaillantes, les mêmes blagues. Et avec le même succès, bien sûr. Une attraction tout à fait inusitée s'ajouta toutefois : Méo avait rapporté de son dernier voyage une pièce pyrotechnique ; c'était le fameux cadeau-surprise. Il la mit à feu au milieu de la nuit dans l'éblouissement général, quelques étincelles retombant toutefois sur le beu des Blanchette. Le couple reçut un autre cadeau, somptueux celui-là, sous la forme d'une bourse qui lui permettrait d'effectuer un pèlerinage à Sainte-Anne-de-Beaupré.

Joseph et Marie prirent le train deux semaines plus tard à

Hébertville. Ils vécurent quatre journées remplies d'émotions. Marie put visiter toutes les chapelles, se recueillir devant tous les autels et assister à la plupart des cérémonies religieuses, du matin jusqu'au soir. Elle pria tout son saoul, surtout pour Méo atteint de « la maladie des lointains », pour Félix qui souffrait de son infirmité et dont l'humeur « se racornait », et pour Raphaël qui en grandissant n'était « pas comme les autres ». Elle adressa une autre prière à la thaumaturge :

— Bonne sainte Anne, on est des p'tites gens pis on s'en plaint pas. Vous savez bin qu'on n'a pas l'bonheur compliqué. Mais on y est bin attachés quand même…

Ensuite, elle déposa au pied de la statue sa bague de mariage en guise d'offrande pour obtenir le salut de Mathilde.

Le dernier jour, dans une petite chapelle latérale, ils assistèrent tous deux à la messe des affligés. Ils récitèrent toutes les prières ensemble, à voix basse. Au moment de l'élévation, ils se prirent la main ainsi qu'ils l'avaient fait le jour de leur mariage dans la chapelle de Mistouk. Ils renouvelèrent leurs vœux, demandant au Seigneur de leur pardonner leurs « embardées » et de bénir à nouveau leur union. À bord du train qui les ramenait au Lac le lendemain, ils revinrent sur le sujet :

— J'voudrais m'excuser. J'sais que j't'ai faitt du mal.

— Pas plus que j't'en ai faitt, voyons.

— J'ai bin cru un moment que, tous les deux, on tournerait comme Bertilde pis Blédinde…

Ils rirent, retrouvèrent leur sérieux :

— On devrait pas parler comme ça. Y s'sont rattrapés avant nous autres.

Elle mit la tête sur son épaule, comme aux temps de Woonsocket dans les marches du grand escalier d'où ils voyaient serpenter la Blackstone parmi les usines. Ils songèrent à leurs promenades du dimanche sur le Market Square, au verre de lait au miel qu'ils arrêtaient boire en silence, à l'ombre de la Glenark Mill. Ils revenaient pacifiés.

* * *

En décembre, le grand-père forgeron mourut, terrassé dans sa boutique par la ruade d'un cheval qu'il était en train de ferrer. Atteint à la poitrine, il succomba dans l'heure qui suivit, ce qui donna juste le temps de quérir le curé et le médecin. C'était un gros homme et son corps enfla beaucoup pendant qu'il était sur les planches. L'oncle Almas avait fabriqué le cercueil, comme il était d'usage. Le troisième soir, la vitre qui le fermait provisoirement éclata avec fracas, jetant une grande frayeur parmi les veilleux dont plusieurs se précipitèrent à l'extérieur de la maison. Les plus âgés n'avaient pas bougé; ce genre d'épisode ne leur était pas inconnu. Quelques-uns prirent même le parti de s'en amuser. Ils savaient que, peu après le décès, les corps gonflaient, surtout chez les personnes fortes. Les veilleux reprirent place prudemment autour du mort. Les conversations s'attardaient sur l'incident et sur d'autres dont l'un ou l'autre disait avoir été témoin. À Rivière-à-l'Ours, quelques années auparavant, les gaz qui s'échappaient d'un défunt avaient pris feu à cause des chandelles posées sur les deux extrémités du cercueil; l'incendie avait détruit la maison. Les Gagnon eux-mêmes avaient à Saint-Hilarion, dans la région de Charlevoix, un aïeul qui reposait sous une pierre tombale posée sens dessus dessous, gracieuseté d'un fossoyeur sur la brosse. Et un hiver aux Chicots, dans la Côte-à-Clovis, un mort de la Concession des Chiens avait brisé ses amarres et roulé en bas de la charrette qui le transportait. Quelques épisodes plus macabres, bien connus, furent aussi rappelés : histoires de revenants ou de personnes enterrées vivantes, comme cette femme de Jonquière frappée de « léthargie » et qui avait été enterrée alors qu'elle respirait encore. Entendant ses plaintes, des voisins du cimetière avaient convaincu le curé d'ordonner l'exhumation, mais il était trop tard. Cette fois, la morte était bien morte, mais ils la trouvèrent couchée sur le ventre, les yeux écarquillés.

Dans le cas du grand-père, il n'y eut pas d'autre incident. Le cercueil fut transporté à dos d'homme jusqu'à l'église, à cinq cents pieds de là. L'oncle Almas l'avait noirci à la suie et, sur le couvercle, avait tracé une croix blanche à la chaux. De vieux parents, prévenus par télégramme, vinrent d'aussi loin que du nord de l'Ontario, voyageant quarante heures en train pour saluer une dernière fois Wilbrod. Renaud les présenta et les remercia du haut de la chaire. Il faisait bien les choses dans ces cas-là, Jean-Baptiste, trouvant toujours les paroles qui touchaient les cœurs. Il invita la famille à se consoler ; le vieux forgeron avait vécu bien malheureux depuis le décès de Berta, il allait enfin la rejoindre. Il rappelait des bons mots du défunt, l'assistance réagissait. Même les hommes « à tout fer », ajoutait le curé, doivent un jour retourner à la terre. Ses proches pouvaient être rassurés : il avait toute sa vie, ici-bas, affronté bravement le feu et la braise ; il n'aurait pas à connaître ceux de l'enfer. Il fut enterré près de Berta, dans le lot familial. Des rangées de pins conféraient à l'endroit une sorte de solennité. Tranchant avec les autres, quelques emplacements étaient mal entretenus, littéralement enfouis sous les broussailles. C'étaient les sépultures de parents que des familles émigrées avaient laissées derrière elles. Des morts délaissés, comme décédés une seconde fois. Chacun remarqua aussi le petit tertre d'Anna, très propre, dont la dame Valois prenait grand soin.

Rosalie se maria en janvier. Elle avait fait une grosse jeunesse, ayant reçu puis éconduit nombre de cavaliers. Marie veillait au grain, et pas toujours discrètement, prenant elle-même l'initiative de quelques ruptures. Ou bien c'était Joseph qui, même s'il était encore très tôt dans la soirée, se levait ostensiblement pour aller mettre dans le poêle la « bûche de nuit » donnant son congé au prétendant. Rosalie s'en amusait ; elle n'en était pas à un amour près. La virginité d'une jeune fille au mariage était sacrée, c'était de loin ce qu'elle apportait de plus précieux en dot ; elle n'apportait souvent rien d'autre. Autrement, c'était la honte ; on disait alors de la mariée qu'elle était « du butin usagé ». Avec Marie, il n'y avait guère à craindre ; elle surveillait ses filles comme une lapine ses lapereaux, surtout Blanche et Rosalie, les seules destinées au mariage dans son esprit. Elle les mettait en garde contre les beaux parleurs qui lançaient des promesses « comme de la neige au vent », contre les aventuriers qu'on ne connaissait « ni d'Ève ni d'Adam », contre « les amours de pissenlit » qui ne duraient même pas l'été, contre les emballements du cœur, les engagements précipités :

— Encore des serments de bonhomme de neige, ma p'tite fille ! On en r'parlera au printemps.

Elle repoussait aussi les veufs, même jeunes, en particulier ceux-là qui, dès la première rencontre, offraient à la jeune fille de visiter leurs dépendances...

— Vous allez marier du butin neuf, pas du réchauffé !

Elle repoussait les projets d'alliance trop endogame :

— Marie de ta sorte à ta porte, j'veux bin, mais pas sur ton perron !

Elle condamnait aussi les unions de commodité, « ces mariages du bœuf et de la charrue ».

Mais le parti choisi par Rosalie lui était agréable sous tous les rapports. Jocelyn Côté vivait sur une terre neuve à La Pipe. C'était un jeune colon honnête et dévoué qui avait plu tout de suite à sa future belle-mère. Marie avait dit des deux promis :

— On voit qu'ils se conviennent.

Ils s'étaient fréquentés pendant une saison, ce qui suffisait car les longues fréquentations mettaient la chair à l'épreuve. La grande demande fut faite au jour de l'An et le mariage célébré trois semaines plus tard. Le matin de la noce, Rosalie avait revêtu sa robe du dimanche, mais elle avait gardé ses bottines de « beu ». Elle s'était cependant mis du rouge à lèvres ; Marie le lui avait fait enlever. Quant à Jocelyn, il avait travaillé, le matin même, à l'étable comme d'habitude avec son père, il s'était présenté à l'église de Mistouk l'avant-midi et, en fin de journée, il était de retour parmi les souches, toujours avec son père et la mariée en plus. C'était l'usage : pas de fioritures ni de « fanfarluches ». Les enfants avaient accroché des pompons au harnais de Farouche et, à la sortie de l'église, ils devaient lancer du riz ; à la dernière minute un porcelet qui séjournait dans la maison l'avait mangé. Jocelyn s'était endimanché mais il sentait encore la vache au pied de l'autel. Trop pauvre, il ne put que deux ans plus tard offrir un jonc à Rosalie. Elle reçut en cadeau, de sa famille, un long foulard blanc dont elle fit ensuite une robe de bébé. Elle paraissait très heureuse. C'était une fille courageuse, comme sa mère ; les petites années qui l'attendaient ne l'effrayaient pas.

C'est plutôt Mathilde qui broyait du noir ; elle vivait sa grande peine d'amour, ne pensait qu'à son Indien. Le repas de noce fut offert aux Chicots le midi. Joseph avait tué une moutonne et avait invité les parents et les voisins. Les convives venaient de se mettre à table lorsque Mathilde se leva brusquement et se réfugia dans sa chambre. Méo monta la voir ; il lui parla doucement :

— Essaille de t'contrôler, Mathilde. Pense à Rosalie !

Elle était étendue sur son lit, le visage enfoui dans un oreiller. Elle sanglotait. Méo continuait :

— Moïse est pas pour toué, Mathilde, y faut q'tu comprennes ça. Tu t'fais souffrir pour rien. Moïse est pour personne. Y é pas comme un autre.

Elle se redressa, s'essuya les yeux et les joues, appuya sa tête contre son frère debout au bord du lit :

— J'sus tellement malheureuse, le Grand ; tellement malheureuse. Ça a pas d'bon sens. J'ai beau m'épivarder, m'tirer à gauche pis à droite, j'ai mal partout en d'dans. J'ai mal en d'dans, si tu savais. Ça m'fait mal, Méo ! Ça m'fais mal tout l'temps ! J'pense rien qu'à lui. J'sais pas c'que je vas fére de moué. J'me rends bin compte que j'sus en train d'gaspiller ma vie, que j'rends tout l'monde malheureux autour de moué. J'sus pas fine avec m'man pis avec les autres, j'me rends compte de toutt ; mais c'est plus fort que moué. C'est comme si j'avais pardu l'génie. C't'Indien-là m'a rendue folle ; y m'a rendue complètement folle…

Elle s'abandonnait à ses pleurs, à ses spasmes, comme un enfant qui n'arrive plus à se consoler. Elle marqua une pause, releva la tête ; son visage était baigné de larmes :

— Comment ça va fenir tout ça, Méo ? Comment ça va fenir ?

Puis, de nouveau assaillie par les sanglots, entourant son frère de ses bras :

— J'ai peur, le Grand, j'ai peur de c'qui peut m'arriver, de c'que j'peux fére. Aide-moué, Méo, y faut q'tu m'aides…

Il restait là, étranglé par l'émotion. Il revoyait leur enfance à tous les deux, leur insouciance, leur soif de liberté, leur rage de vivre, leur bonheur qui s'était consumé bien vite. Il pensait à ses propres tourments, à ses impatiences, à l'étrange fièvre qui l'entraînait toujours au loin, qui le poussait à briser ses amarres, à se dérober toujours. Qui lui faisait trahir les siens et les autres. Il pensait à Julie, à Senelle. Comment la vie en était-elle venue là ? Était-ce donc cela l'âge adulte ? Et tous ces beaux rêves du Cran-Rouge jadis, ces promesses que murmurait le vent du soir, et cette musique, comme une caresse, qui s'échappait de l'Île Beemer… Il s'assit près de sa sœur sur le lit, lui posa une main sur la joue :

— Ma pauvre toué, j'vois pas comment j'pourrais t'aider ; j'en ai plein les bras avec ma parsonne. Y a tellement d'choses de travers dans ma tête, tu sais.

— C'était si plaisant avant, tu t'rappelles ? J'y r'pense souvent ces temps-citt : les jeux qu'on s'inventait, les tours terribles qu'on jouait aux Blanchette, Zébert qui m'lâchait pas, y était fou d'moué, y voulait m'marier, y disait qu'j'avais brisé sa vie… Qu'y était donc simple, ce Zébert-là ! Mais c'tait p't'être vrai finalement ; c'est p't'être à cause de ça qu'y est dev'nu copeurse* ? On s'moquait de p'pa pis d'son trécarré. Tu t'souviens ? on lui disait qu'y était situé su'a terre à Blanchette, qu'y bûchait pour rien… Y dev'nait blême à chaque fois ! Pauvre pepa… On riait d'nos oncles pis d'nos tantes, Raphaël imitait l'oncle Almas… Pis y avait Gonzague; mon Dieu, Gonzague! J'tais un peu méchante avec. C'pauvre lui, c'était pas d'sa faute, y voyait pas clair. Tu t'souviens quand y avait vidé un cruchon d'crottes de lapin dans not'scieau d'bleuets?

— Oui, pis d'la face à Bondieu Ladislas quand y était arrivé chez nous l'lendemain pis qu'y avait vidé l'grand plat comme y faisait tout l'temps...

— Tornon! On a bin cru qu'y allait en mourir, le gros!

— En tout cas, y a pus jamais r'touché à nos bleuets.

— M'man était pas mal moins fière de son p'tit Gonzague, c'te fois-là...

Ils riaient maintenant; presque un fou rire, comme avant. Mathilde essuyait ses larmes. Elle gardait la tête appuyée contre Méo:

— Pis quand on partait tous les deux l'hiver pour l'école... C'était bin facile dans ce temps-là, j'avais juste à mettre mes pas dans les tiens!

Un éclair traversa son regard:

— J'pourrais p't-être essayer encore pour vouère...

Il sourit:

— J'te l'conseille pas; j'sais pas trop où tu t'ramasserais.

Ils restaient songeurs. Il reprit:

— À propos de Zébert, c'est vrai qu'y était fou d'toué. Y m'en parlait tout l'temps; y voulait pas que j'te l'dise.

— J'l'ai tejours su. Y v'nait même me voir au village chez tante Bernadette. À voulait pas qu'y rentre dans la maison; moué non plus. Quand on jouait du piano le soir, on l'surprenait des fois à la fenêtre du salon, même l'hiver. Pauv'Zébert.

Ils demeurèrent un moment silencieux. Il lui passait la main dans les cheveux. Puis:

— On s'est pardus d'vue, la Grande; on s'est pardus d'vue. C'est chacun dans ses pas asteure.

— Au fond, même dans c'temps-là, on était pas ensemble si souvent; t'étais toujours dans l'bois pis quand tu rev'nais, tu passais la moitié d'ton temps avec les ch'vaux. J'pense que t'aimais mieux Farouche que moué… Pendant des années, j'ai été jalouse d'un cheval!

Ils sourirent. Elle continua:

— De toute façon, j'étais tejours jalouse de toué: quand p'pa t'amenait au village pour faire ses commissions, quand t'avais nagé jusqu'à l'Île Beemer, quand tu partais avec Jeffrey autour du Lac… Mon Dieu que j'aurais aimé ça embarquer avec vous autres! Pis les États; Seigneur, les États! Tous les soirs, quand j'me couchais, j'rêvais qu'j'avais du rouge à lèvres, que j'portais des robes courtes en lamé. J'parlais anglais, j'dansais, j'me mariais avec un Américain… Tout ça pour me ramasser pensionnaire su-é sœurs. Maudite marde!

Elle marqua une pause. Sa voix s'étranglait à nouveau, son sourire se figea; elle retournait à sa peine:

— J'pense toujours à lui, j'essaie de l'imaginer dans sa forêt, en été, en hiver, de deviner c'qu'y fait, j'voudrais l'protéger, m'serrer contre lui… C'est comme une maladie, Méo; une maladie qui fait pas mourir mais qui s'guérit pas. J'ai l'impression d'en avoir fini avec mes belles années; c'est terrible de dire une affaire de même à mon âge.

— Justement, dis-lé pas. L'bonheur, ça s'perd pas comme ça, voyons; y peut s'arrêter des boutt, mais y s'perd pas d'même, ça s'peut pas. Y va r'venir, çartain. Y va r'venir, la Grande. Faut bin qu'y r'vienne…

— Oui, mais j'ai peur de pus être là, moué.

— Mathilde, dis-pas d'affaire de même!

— J'me sens tellement toute seule, le Grand.

— Pauvre toué, y a pas mal juste les enfants qui sont pas tous seuls.

Il était perturbé, ne savait plus s'il parlait pour elle ou pour lui. Il se dégagea doucement, se porta un moment à la fenêtre, parcourut le Lac du regard, revint vers Mathilde:

— R'pose-toué, la grande sœur; r'pose-toué pis r'prends su toué. On s'en r'parlera, an? On s'en r'parlera.

Il regrettait de ne pas être retourné à la chasse avec les Manigouche ou même remonté dans les chantiers. Sa relation avec Julie était plus trouble que jamais et le rendait malheureux. Il se lança à corps perdu dans le carnaval qui commençait, étirant ses tournées jusqu'à La Pipe et Péribonka avec Zébert. En février, désœuvré, il accepta une étrange invitation du curé Renaud qui, donnant suite à une directive de l'évêque, avait résolu de mettre sur pied une troupe de théâtre paroissiale. L'idée de monseigneur était d'« encourager les loisirs sains sous l'œil vigilant du prêtre », et ainsi de contrer « l'offensive malsaine des petits journaux et des spectacles dégradants » offerts par les troupes itinérantes des grandes villes. Aucune de ces troupes ne s'était jamais produite au Lac mais Sa Grandeur agissait sans doute à titre préventif. À Mistouk, Jean-Baptiste était invité à réunir une vingtaine de jeunes gens qui, le jour de Pâques, joueraient le drame de la Passion dans la salle publique ; les répétitions auraient lieu durant le carême. Le curé accueillit l'initiative avec peu d'enthousiasme ; néanmoins, il se mit au travail. Le recrutement se fit rondement, plusieurs des amis de Méo, dont Zébert, ayant répondu à l'appel.

Les premières difficultés apparurent dès la distribution des rôles. Augustin, un fils de Ladislas, faisait un solide saint Jean-Baptiste, Zébert apparut en saint Luc, un fils de Pipalong en Samaritain. Mais personne ne s'offrit pour tenir le rôle de Judas. Renaud eut beau expliquer qu'il ne s'agissait que d'une fiction, d'un jeu, rien n'y fit. Les services de Raphaël avait été requis pour retranscrire les textes et il assistait à toutes les réunions ; il suggéra Bulldog Blanchette mais l'idée ne fut pas retenue… Finalement, le rôle fut éliminé. À l'inverse, tout le monde voulait être Ponce Pilate. Renaud dut imposer son choix. On passa ensuite à Jésus. Encore là, le curé écarta d'emblée quelques volontaires trop improbables. Il sembla tout naturel de proposer le rôle à Jésus Maltais qui faisait partie de la troupe. Mais l'intéressé, intimidé par le personnage et effrayé par le dénouement de la pièce, déclina. C'est Blaise, un fils d'Arrache-Clous, qui hérita du rôle. Méo se retrouva en saint Pierre. Et Renaud entreprit de mettre en scène cette drôle de Passion qui allait réunir deux Jésus mais pas de Judas. L'affaire était plus que hasardeuse. Les répétitions donnèrent lieu à des fous rires auxquels le curé, peu convaincu lui-même, se laissait entraîner. En plus, harassé par la surveillance nocturne de la patinoire municipale en cette saison, il éprouvait des ennuis de santé. Après trois semaines, ils n'en étaient même pas encore à la mise en croix, qui posait un gros problème de logistique, et les répétitions allaient être suspendues pendant une semaine pour les célébrations de la mi-carême.

Ces quatre ou cinq jours de relâche dans la règle sévère du jeûne étaient très attendus chez les paroissiens. C'était une période mouvementée. Une veillée n'attendait pas l'autre, les gens se rendaient visite, prenaient un coup, chantaient et dansaient. Le clergé avait tout essayé pour supprimer ces célébrations à cause des débordements auxquels elles donnaient lieu, mais sans succès. Des bûcherons prenaient congé des chantiers et marchaient des dizaines de milles pour venir se mêler aux festivités. L'activité principale incombait aux garçons qui se déguisaient et se maquillaient puis pénétraient dans les maisons en y faisant les pires chahuts. Les jeunes préparaient longtemps à l'avance leurs déguisements. Ils incarnaient des fantômes, des « nègres », des diseuses de bonne aventure, des « grands nains », ou encore le géant Beaupré (incarné par on sait qui), mais aussi des agents des terres aveugles, des notaires bien gras, des députés avec de grandes poches cousues autour de la taille, répartissant l'argent du patronage. Les participants s'enduisaient le visage de suie, ou le plus souvent de farine, pour évoquer les rigueurs du jeûne : d'où l'expression « faces de mi-carême ». Selon le rituel, les jeunes filles étaient mises au défi de reconnaître les visiteurs malgré leur travesti, auquel cas elles avaient droit à un baiser.

Dans le cas contraire, c'est le garçon qui y avait droit, ce qui ne changeait pas grand-chose mais faisait l'affaire de tout le monde. Sans surprise, le Grand était toujours le premier à être démasqué. Au sein du clergé, le curé Renaud était, comme souvent, du parti des indulgents. Il avait même été vu certaines années ouvrant lui-même la danse (une gigue, tout de même) en quelque maison.

Cet hiver-là, le Grand eut une idée. Un soir, les douze apôtres et leurs acolytes s'introduisirent en cachette dans la salle paroissiale et revêtirent leurs costumes et leurs masques. Ils parcoururent ainsi le village et les rangs de la paroisse. Dans la fièvre de la fête, ils firent sensation et, partout, leurs hôtes manifestèrent leur approbation en offrant d'amples libations. En fin de compte, les artistes livrèrent ici et là une version des plus personnelles de la Passion qui, comme de juste, s'étira sur trois jours et deux nuits, étant ponctuée de quelques chutes et reniements. Ils durent même se déplacer à La Pipe pour y porter la bonne parole. Quelques-uns, dont Zébert, poussèrent l'esprit missionnaire jusqu'aux P'tits Ours où, il est vrai, il y avait beaucoup à faire en matière d'évangélisation.

En chaire le dimanche suivant, Renaud, furieux, ne se contenait plus, ne montrant aucune miséricorde pour ces apôtres égarés dans les vignes du Seigneur. Devant des paroissiens qui n'affichaient pas tous une grande contrition, il semonça durement les coupables qu'il accusa de sacrilège et convoqua derechef au confessionnal. Il s'en prit aux apôtres qui avaient prêché, raillait-il, dans une langue incompréhensible même pour des chrétiens. Il foudroya ceux qui, au retour de leur « tournée missionnaire », avaient popularisé un refrain bientôt en vogue dans toutes les paroisses du Lac (« Un p'tit tour/aux P'tits Ours/ au p'tit jour »). Il s'en prit aux Corinthiens et aux « Marie-Madeleine » de Péribonka qui avaient accueilli les apôtres à bras ouverts, « dans tous les sens du mot ». Pilate lui-même passa un vilain quart d'heure et, pour cette fois, ne put s'en laver les mains. Chacun eut droit à son lot de remontrances. Quant à l'apôtre Pierre, « sur lequel on n'aurait pas bâti grand-chose », il vivrait plus tard un vrai calvaire au presbytère où Renaud, chagriné, allait lui exprimer sa très grande déception. Celle de Joseph et Marie fut plus grande encore. Méo les avait blessés et leur avait fait honte : on ne se conduisait pas ainsi avec les choses du Bon Dieu. Ce fut la fin de cette Passion ; là s'arrêtèrent également les annales du théâtre à Mistouk. Mais l'événement resta longtemps dans les mémoires.

Chaque année au printemps, Marie éprouvait une vive nostalgie de Charlevoix où c'était « le temps des sucres ». Sans doute pour atténuer la tension créée par le scandale de la mi-carême, le Grand eut l'idée d'entailler les érables qui bordaient la coulée de l'Ours-Malin. Il y mit beaucoup d'efforts, mais le résultat fut catastrophique. Quelques vieillards des Chicots avaient prédit l'échec de l'opération, arguant qu'il ne fallait pas confondre cette essence d'érables chicotus (des « bâtards ») avec le noble érable à sucre de Charlevoix. Ils ne croyaient pas si bien dire. Après avoir fait honneur à une espèce de soupe jaunâtre qui leur fut un jour présentée, tous les Tremblay furent atteints de violents dérangements de corps qui ne s'apaisèrent qu'après une semaine. Le Grand opina que le produit n'était pas tout à fait au point, ce dont chacun convint, et l'affaire en resta là.

Quelque temps plus tard, ce fut l'affrontement annuel entre le club de hockey d'Alma et celui de Mistouk. En toute civilité, Méo s'avisa d'inviter l'équipe adverse à une petite réception aux Chicots, la veille du match. Pour une dégustation de sirop d'érable. Les visiteurs manifestèrent une grande politesse et se servirent copieusement ; leurs hôtes choisirent de s'abstenir pour mieux les accommoder. L'ambiance était très gaie. Le lendemain, Mistouk remporta une éclatante victoire devant des adversaires étrangement agités. La foule qui s'était massée autour de la patinoire nota le jeu erratique et le teint verdâtre des porte-couleurs d'Alma. Manifestement honteux de leur performance, ces derniers abandonnèrent la partie bien avant son terme pour aller se dissimuler, qui à gauche, qui à droite, derrière les bancs de neige. Quelques-uns s'esquivèrent même en toute hâte, sans saluer. Le Grand marqua bien une dizaine de buts.

* * *

Vers le début de juin 1912, un petit bateau, le Nord, fut pris dans un coup de vent et, après avoir brisé son gouvernail, vint s'échouer près des Chicots. Les passagers ramassèrent leurs effets et amorcèrent la longue marche vers le village. Mais plusieurs, lourdement chargés, s'arrêtaient aux maisons pour demander de l'aide. L'un d'eux, un jeune homme, vint frapper chez les Tremblay. Joseph l'accueillit, s'enquit de son nom :

— Hémon, Louis Hémon.

— C'est pas un nom d'icitt, ça ?

— C'est possible ; je suis français.

Le dîner allait être servi. Le visiteur fut invité à passer à table. On le trouva peu jasant pour un passant ; il ne répondait que par des monosyllabes aux questions, comme si les paroles lui étaient comptées. Marie le fit rire un peu :

— J'm'étais faitt une autre idée des Français. J'pensais que vous parliez tout l'temps pis rien qu'avec des grandes phrases, vous autres là-bas.

Il prit un air modeste :

— Je suppose que cela va avec le génie de chacun, très chère madame.

Très chère madame… Du coup, Marie, enjôlée, minaudait :

— R'marquez que les vôtres sont pas longues mais elles sont bin placées… cher monsieur !

Hémon s'amusa de la répartie ; l'atmosphère se réchauffa. Les enfants se moquèrent de Marie qui n'avait pas résisté longtemps à « la belle dent » de l'étranger, à qui il fallut tout expliquer. Elle voulut le retenir lorsqu'il se leva pour prendre congé :

— Restez donc encore un peu ; vot'temps est précieux, pas ordinaire !

Il était en effet pressé de se rendre à Péribonka pour y trouver un gîte et du travail. Méo s'offrit à le conduire. Ils s'arrêtèrent plusieurs fois en route ; le Grand voulait tout lui montrer. Parvenus à Péribonka, ils se rendirent jusqu'à la manufacture de pulpe, à laquelle Hémon ne prêta guère attention, puis ils revinrent au village. Ils s'arrêtèrent à l'auberge Taillon où le voyageur prit une chambre. Les Madelinots l'accueillirent chaleureusement ; ils lui parlèrent des Îles, de la pêche, des « belles filles » des Îles… Méo promit de revenir le voir.

Le Français — c'est ainsi qu'on le désigna dans la paroisse et aux alentours — s'engagea peu après comme journalier chez un habitant, un dénommé Bédard. Il se fit vite remarquer dans la petite communauté. Il allait à la messe le dimanche mais se tenait debout près du bénitier à l'arrière de l'église et ne semblait pas prier. Durant la semaine, on le voyait parfois se promener dans les rangs ou au village en prenant des notes. Il ne s'intéressait pas à l'industrie ni au commerce, n'en avait que pour les colons et les défrichements. Il était plutôt solitaire. Lorsqu'il était contrarié, il étonnait les gens de la place en s'exclamant :

— Nom de Dieu de nom de Dieu !

Et tout semblait avoir été dit. Il attrapait des grenouilles et en mangeait les cuisses. Les enfants s'étaient donné le mot et lui en apportaient ; il leur donnait quelques sous. Il ne manquait pas une veillée, s'intéressait aux conversations, bien que ne s'y mêlant guère. Il parut captivé par un épisode qui faisait beaucoup parler autour du Lac depuis quelques mois. Un jeune chasseur parti de Métabetchouane l'automne précédent avait passé l'hiver dans le bois et avait péri, selon toute apparence, dans une violente tempête en voulant revenir au village où l'attendait sa fiancée. Son corps n'avait été retrouvé qu'au printemps.

Méo rendit visite à quelques reprises à son nouvel ami. Il le retrouvait souvent chez un voisin, Joseph Larouche, un pur colon celui-là, qui travaillait pieds nus du printemps jusqu'à l'automne, déménageait constamment d'une paroisse à une autre, revendant son lot dès qu'il l'avait un peu défriché ; la femme et les enfants suivaient, résignés. À la fin de l'été, Hémon s'absenta quelque temps pour aller travailler avec un groupe d'arpenteurs qui établissaient vers le nord-ouest du Lac-Saint-Jean le tracé d'un chemin de fer — qui ne devait jamais être construit ; un autre ! Il fut de retour au Lac au début de l'hiver, mais pour quelques jours seulement, et passa aux Chicots pour saluer les Tremblay. Cette fois-là, il se fit beaucoup plus loquace, raconta des anecdotes, blagua avec les enfants et avec Marie. Elle ne manqua pas de s'en amuser :

— Y m'semblait bin aussi... Vous v'là jasant tout d'un coup, monsieur, comme si on avait prié au même chapelet !

Par contre, il était devenu dur d'oreille ; il avait pris froid en forêt où il avait commis l'imprudence de travailler nu-tête. Cette fois, c'est Joseph qui sauta sur l'occasion :

— Cout'donc, vous autres les Français, c'est pas aisé d'vous parler ! Quand ça s'replace dans un sens, ça marche pus dans l'autre...

L'étranger riait, s'amusait en retour de l'accent des Saguenayens qu'il imitait assez, se moquait de leur maladie « des États », de leur goût des « parlements », des égards extravagants qu'ils avaient pour leurs chevaux. Puis il fit ses politesses. Méo l'amena jusqu'à la gare à Hébertville et, avant de le quitter, lui remit en souvenir une carte du continent recueillie jadis dans la nacelle du dirigeable.

*　*　*

Joseph ne renonçait pas facilement à ses projets. Il avait toujours dans l'idée d'établir ses garçons sur une terre. Dans cet esprit, il s'était porté acquéreur d'un lot non défriché et non patenté qui jouxtait sa terre vers le nord-est. Son propriétaire, qui l'avait dûment acquis en remboursement d'une dette, l'avait cédé pour un montant modeste. Quelques semaines plus tard, Joseph reçut de Chicoutimi une lettre d'avocat l'informant que le contribuable Johnny Blanchette détenait déjà des droits sur ce lot. La manigance était cousue de fil blanc. Joseph demanda que l'autre produise un document établissant ses droits. Tout ce qu'il reçut, ce fut la copie d'un contrat notarié faisant référence à un lot non cadastré dont la description était dite correspondre à la terre en litige. L'affaire fut bientôt connue dans toute la paroisse où elle fit scandale, les habitants y voyant un autre coup de Blanchette. Faisant mine de battre en retraite, ce dernier mit au point un « compromis » en obtenant de la cour que le lot, partie du domaine public, fût mis aux enchères à Mistouk ; le produit de la vente serait versé au gouvernement — Joseph traduisait : à quelque agent de connivence… Encore une fois, il se laissa intimider par la perspective d'un recours judiciaire qui l'aurait opposé à son voisin. L'atmosphère était devenue pénible chez les Tremblay ; tous les soirs, ils discutaient longuement de l'affaire sans la faire avancer d'un pouce. Méo, qui s'était fait discret depuis le début, finit par s'en mêler. Un soir, il recommanda fermement à Joseph de s'en remettre au « compromis ». Pour ce qui était de la vente publique, il ajoutait simplement :

— Laisse-moi m'occuper d'ça, p'pa.

La date de la vente, qui aurait lieu sur la place de l'église après la messe, fut fixée au milieu de juillet. Le jour dit, trois cents personnes environ se présentèrent. L'encanteur, un gros rougeaud comme tous les encanteurs au Saguenay, venait de Roberval. Il commença en rappelant la procédure, que tout le monde connaissait. Pendant ce temps, Zébert, obéissant à la consigne de Méo, se déplaça sur la droite pour aller rejoindre le groupe des Blanchette, à cinquante pas. Mine de rien, il se glissa entre Bulldog et son père, tout à coup très perplexes. L'encan commença mais prit aussitôt une tournure étrange. La foule demeurait silencieuse, aucune offre ne venait. Jusqu'à ce que Joseph annonce :

— Une piastre !

Le gros rougeaud enchaînait aussitôt :

— Une fois…

À cet instant même, ceux qui regardaient du côté des Blanchette purent voir Zébert glisser quelques mots à l'oreille de Johnny. Blanchette pâlit d'un coup sec et resta comme paralysé. Pendant ce temps, l'encanteur poursuivait :

— Deux fois. Trois fois. Adjugé !

La vente était terminée ; elle n'avait pas duré deux minutes. Chacun s'interrogeait, Joseph surtout. La place mit du temps à se vider. Que s'était-il passé ?

Durant la nuit précédant la vente, Méo, Zébert et quelques « apôtres » avaient pénétré dans l'écurie des Blanchette, en avaient retiré le superbe Coal Black et l'avait conduit aux Eaux-Belles où ils l'avaient attaché à un mélèze près du ruisseau. Au moment de la vente devant l'église, les Blanchette étaient déjà consternés depuis l'aube par la disparition mystérieuse du pur-sang. Zébert s'était déplacé pour les informer du choix qui s'offrait à eux : le cheval ou le lot. Johnny n'avait pas hésité. Pour le reste, c'était la communauté elle-même qui, à l'instigation des anciens et donnant suite à la requête de Méo, avait résolu de ne pas enchérir aux dépens de Joseph. Deux jours plus tard, Blanchette retrouva Coal Black sain et sauf, errant sur ses terres. Mais l'affaire eut un rebondissement le dimanche suivant, encore sur la place de l'église, après la messe. Bulldog attendait Méo au pied du parvis pour venger l'affront à sa famille. Cette fois-là, l'affrontement fut évité de justesse par l'intervention du curé, encore vêtu de l'aube et de la chasuble, qui renvoya tous les paroissiens chez eux. Mais il était clair que, entre ces deux-là, rendez-vous était pris. Méo fut heureux que Julie, toujours en Mauricie, n'ait pas été témoin de la scène.

Après cette affaire, les relations s'envenimèrent encore entre les deux familles, mais elles s'améliorèrent considérablement entre Joseph et Méo. Pour un temps du moins. La vie reprit son cours, l'été avançait. Et Julie revint. Elle avait obtenu un brevet d'enseignement à Trois-Rivières et elle allait prendre charge en septembre de la petite école des Chicots. Dès son arrivée, elle s'y rendit à quelques reprises pour préparer ses classes ; le Grand ne manquait pas de l'apercevoir, elle passait chaque fois devant la maison des Tremblay. Un jour, il l'accompagna. Ils furent heureux de se retrouver et se le dirent à leur manière, toujours retenue, maladroite. Mais cette fois Julie voulut aller plus loin. Comme ils arrivaient à l'école, elle devint tout à coup très sérieuse :

— Arrêtons de tourner autour du pot, le Grand. Ça fait longtemps qu'on n'a plus nos sacs d'école, toi puis moi. Tu le sais bien que je t'attends.

Méo ne sut quoi dire. Il observait la femme qui se tenait devant lui, saine, résolue, intense. Elle était belle et douce, mais de la douceur qui naît d'une force tranquille plutôt que de la fragilité. Il finit par bredouiller :

— Oui, j'm'en doute. Mais je r'tarde, tu vois bin. J'te r'tarde aussi, je l'voué bin. Tu pourrais r'garder ailleurs si tu voulais.

— Fais pas simple ! Y a personne d'autre qui m'intéresse, tu le sais. J'ai décidé de t'attendre, le temps qu'il faudra. Je serai toujours là, Méo ; je serai toujours là. Seulement…

Son regard se rembrunit :

— Mais fais-le pas exprès, par exemple ; c'est tout ce que je te demande.

— J'sais pas quoi t'dire, franchement ; j'sais pas comment l'dire. J'sus pas prêt ; j'sais pus…

Tout à coup, Julie perdit contenance. Elle hésitait :

— … Y a quelqu'un d'autre, Méo ? Tu peux me le dire, tu parles pas à une petite fille.

— Non, non, c'est pas ça, mais non. Bin non, j'te l'dirais. Y a seulement toué, voyons ; tu sais bin qu'y a personne d'autre. C'est juste que… tu m'connais, j'me branche pas facilement.

— Prends ton temps, j'suis patiente. Seulement quand tu seras prêt, t'oublies pas de me le dire, an ?

— J'te l'promets, Julie. J'te l'promets. J'vas être avec toué, ce s'ra pus long. J'vas arrêter d'tourner un moment donné…

— Je te demande rien, t'es bien libre. Le reste, c'est de mes affaires.

— Attends-moué, Julie ; j'ai besoin que tu m'attendes…

Elle hésita un moment et lui prit la main. Puis, les larmes roulant sur ses joues, mais la tête bien droite et les yeux dans ceux de Méo, elle ajouta :

— Je t'aime, grand niaiseux ! Je t'aime d'amour.

Elle se retourna vivement et pénétra dans l'école.

Le lendemain au petit jour, le Grand reprenait la route.

* * *

Il était parti à l'épouvante, poussé par la honte, le remords. Il n'avait pas su dire la vérité à Julie ; c'était tellement plus facile de s'installer dans le mensonge. Il se sentait indigne d'elle, indigne d'elles. Julie et Senelle. Il était incapable de renoncer à l'une ou à l'autre. Est-ce qu'elles ne pourraient pas alterner comme le font la lune et le soleil ? l'hiver et l'été ?

Cette fois, il s'absenta pendant près de deux ans. Il était donc absent lorsque Mathilde eut sa crise. Elle mûrissait son plan depuis longtemps, la Grande, et en avait parlé seulement à Julie qui n'avait pas su l'en dissuader. Elle était venue coucher aux Chicots un soir. Au petit matin, avant même que Marie ne se lève, elle était sortie portant un gros balluchon et avait pris la direction des champs. Elle s'en allait retrouver Moïse. Plus tard, chacun se demanda comment une personne aussi sensée en était venue à concevoir un dessein aussi déraisonnable. D'un autre côté, convenait-on, cela lui ressemblait, une pareille embardée : Mathilde l'exaltée, l'enfiévrée ; Mathilde la Sauvage, envoûtée par son Indien, malheureuse à cœur fendre. Sur le coup, la famille crut qu'elle était retournée chez tante Bernadette ; et elle-même pensa que sa nièce étirait son séjour aux Chicots. C'est seulement après quatre jours que, prise d'inquiétude, Julie se résolut à trahir son secret. Une battue fut aussitôt organisée. Joseph voulut en être mais on l'en retint. Comme ils regrettèrent tous que le Grand ne fût pas là! Une centaine d'hommes partirent un matin avec des vivres et des chiens. Zébert, bouleversé, se tenait aux premiers rangs, comme il le ferait jusqu'à la fin de cette longue battue. Tous les chasseurs du village et des environs en étaient. Ils avaient fait venir aussi quelques Indiens de Pointe-Bleue. Les chasseurs rapportèrent ensuite qu'ils s'étaient montrés encore plus habiles et plus résistants que les chiens dans la forêt. C'est grâce à eux du reste que Mathilde fut retrouvée. Mais seulement après trois jours.

La Grande préparait son coup depuis longtemps. Au hasard des conversations à la maison et ailleurs, elle avait réuni quelques indices à l'aide desquels elle comptait rejoindre la Rigane. Elle ignorait dans quoi elle s'engageait. Le premier jour, elle marcha dans la bonne direction mais il n'existait pas de sentier ni même d'itinéraire plaqué; les colons de Mistouk ne fréquentaient guère ces parages et Méo, qui les connaissait bien, s'y orientait à sa façon. Elle passa une première nuit misérable en forêt et, le deuxième jour, son itinéraire se désunit. Elle se mit à zigzaguer, revint parfois sur ses pas à son insu puis s'égara pour de bon. Pendant près d'une semaine, elle erra ainsi. Lorsqu'elle eut épuisé ses provisions, elle mangea des fruits, des feuillages, des racines. Elle connut de longs moments de panique; elle se croyait poursuivie par des fantômes, des revenants. Elle restait des heures immobile, paralysée, ou bien elle courait comme une déchaînée à travers les arbres, se lacérant les chairs. Elle était dévorée par les moustiques, surtout la nuit. Et elle finit par se croire punie pour sa passion insensée. Cependant, les Indiens purent suivre sa marche en découvrant ici des empreintes qu'elle avait laissées, là de petites branches cassées ou recourbées sur son passage, ou bien des herbes retournées qui avaient changé de couleur. Ils reconnaissaient instinctivement les endroits où elle avait pu bifurquer et répartissaient hommes et chiens en conséquence. C'est un miracle qu'ils aient pu la trouver dans ces étendues. Mais il était temps, et peut-être même trop tard.

Aux Chicots, Adhémar, Félix et Raphaël arpentaient les champs d'une nuit à l'autre à la lisière de la forêt et ils se précipitèrent dès qu'ils virent revenir les premiers hommes. C'est une personne dans une condition effroyable qu'ils découvrirent, à vrai dire plus morte que vive et un peu chavirée. Les Indiens avaient fabriqué un brancard que des chasseurs portaient en se relayant. Mathilde délirait. Lorsqu'ils arrivèrent finalement à la maison, le docteur Simard interdit à Joseph et à Marie de la voir tout de suite. Elle était secouée par de violentes convulsions ; des hommes la retenaient constamment. Il ne restait plus de ses vêtements que des lambeaux qui émergeaient des couvertures sous lesquelles elle gisait. Elle ressemblait à une folle, la Grande, avec son beau visage défait, tout égratigné, ses cheveux en broussaille, ses yeux exorbités. On la déposa sur le grand sofa du salon. Émile, lui-même au bord des larmes, lava et pansa ses plaies en lui parlant doucement. Pendant toute une journée et toute une nuit, il resta à ses côtés et, enfin, il parvint à la faire reposer en lui administrant force calmants. Les parents et les voisins qui avaient tenu compagnie à la famille durant l'épreuve s'étaient retirés un à un. Le docteur lui-même prit congé. Les Tremblay restèrent seuls. Moïse ne sut jamais rien du drame qui s'était joué à proximité de la Rigane. De toute manière, il était promis lui aussi, à sa façon. Et Mathilde ne s'en remettrait jamais.

Au cours des semaines qui suivirent, elle parut prendre un peu de mieux et, au moment des fêtes de Noël, le docteur annonça qu'elle était rétablie. Mais dans la famille, tous savaient que ce n'était pas vrai. Son épreuve l'avait transformée. Le calme qu'elle afficha désormais était le fait d'une profonde cassure. La fille incandescente, tant aimée et redoutée, s'était éteinte. C'en était fini de ses fulgurances, de ses excès, de ses brûlures, de ses folies qui tenaient ses proches en alerte et mettaient du sel dans leur vie. Elle s'était remise du mal d'amour, mais comme un mourant se libère de sa maladie, en se refroidissant. Une folie en avait chassé une autre. Elle vivait le plus souvent dans sa chambre et, lorsqu'elle en sortait, se faisait avare de gestes et de paroles. Elle ne porta plus attention à ses chapeaux et à ses robes, à ses rubans, à ses dentelles. Ses longs cheveux rebelles, toujours en action, étaient maintenant retenus dans un gros chignon. On ne la vit plus, le soir après la vaisselle, s'asseoir au banc du piano pour fredonner sa chère *Sérénade* dont elle avait modifié les mots pour les adapter aux êtres et aux choses des Chicots. Elle se désintéressa de toutes ces petites fantaisies qui amusaient tant Raphaël. Elle cessa de l'appeler « Raphelle » ; c'est ce qui l'attrista le plus.

Il pleurait le sort de la sœur aînée invivable et adorée, la grande fille de son enfance qui incarnait à ses yeux toutes les lumières et toutes les ombres, toute la séduction, tous les mystères au féminin, et tous les caprices aussi, avec ses grands yeux sombres qui étaient faits pour voir autre chose que des souches et des trécarrés, ses longs doigts caressants qui auraient dû accueillir les bijoux les plus fins, et jusqu'à sa taille, son port de tête, son rire, sa manière de se déplacer, tout ce qui la destinait au Château Roberval plutôt qu'aux Chicots. Il y a peu de temps encore, Raphaël la faisait étriver :

— T'es née du mauvais côté du Lac, la Grande.

Elle lui répondait d'un drôle d'air :

— Inquiète-toué pas, j'vas faire comme Méo : j'finirai bin par le travarser.

Il souffrait de lui voir la mine défaite, le regard éteint. Il se disait qu'elle avait fait naufrage avant de prendre la mer.

Sans le dire, ils éprouvèrent tous du soulagement lorsqu'elle décida, quelques mois plus tard, de retourner vivre chez la tante Bernadette. Le spectacle quotidien de sa détresse était trop douloureux. C'est à cette époque aussi que Béatrice, âgée de quinze ans, quitta les Chicots pour entrer en religion. Mère du Divin-

Cœur, supérieure des Antoniennes-de-Marie de Chicoutimi, vint un jour la chercher en même temps que Rosida, une fille de Tancrède et d'Éliosa. La séparation ne fut pas brutale; la novice paraissait si heureuse, elle avait toujours rêvé de cette vocation. Elle ne risquait pas de sombrer, celle-là; il y avait longtemps qu'elle avait renoncé à la mer. Et à la terre aussi d'ailleurs. Elle n'en avait que pour le ciel, Béatrice.

Chapitre XIV

Méo était soulagé de fuir la vie maintenant trop compliquée de Mistouk, avec tous ces nœuds qu'il lui faudrait un jour trancher. Le souvenir de son entretien avec Julie le hantait. Il essayait de le chasser en s'évadant. Il avait rencontré aux États de nombreux Canadiens français provenant du Bas-Saint-Laurent, de la Côte-Nord, des îles du Saint-Laurent. Chacun décrivait avec nostalgie sa terre natale et avait une histoire à raconter sur ses gens, sa place. Il se rappelait aussi les conversations de son enfance chez le marchand général et à la forge du grand-père où des vieillards pensifs n'en finissaient pas, jour après jour, d'évoquer les paysages, les personnages, les anecdotes de ces lieux où ils étaient nés. Méo avait résolu de parcourir ces petites patries du fleuve et du golfe, à la fois si proches et si lointaines. Il voulut mettre des traits, des visages sous ces mots qui voyageaient dans sa tête.

Il gagna le Bas-Saint-Laurent et se fixa à l'Île-Verte. En débarquant, il avait frappé à quelques portes et des insulaires l'avaient dirigé vers la maison des Fraser. Trois personnes âgées y habitaient, un homme, sa femme et sa sœur. Les enfants avaient migré vers le « continent » depuis plusieurs années. Méo s'y était rendu, se présentant comme un voyageur désireux de rencontrer des gens de la place. L'homme lui avait répliqué :

— Mon pauvre monsieur, comment voulez-vous qu'on ait de quoi à s'dire ? On s'connaît pas ni d'Ève ni d'Adam...

Le Grand s'était amusé de la répartie, rétorquant que, justement, ils avaient donc tout à se raconter. La conversation s'était engagée et n'avait pas dérougi jusqu'au soir. Les Fraser se mouraient d'ennui ; ils l'invitèrent à passer la nuit. Très vite, Méo s'intégra à la maisonnée où il devint l'homme à tout faire. Il avait trouvé le refuge qu'il cherchait. Julie attendrait encore. Senelle aussi.

Il pêchait à la fascine et s'occupait du fumoir où il faisait boucaner des harengs, des saumons, des esturgeons. Il ramassait de la mousse de mer, qui servait au calfeutrage des maisons et des barques, et il prenait soin du bétail qui se composait de deux vaches, quelques moutons et un cheval à bout d'âge. Il faisait les courses au quai du Bout-d'en-Haut et parfois au village, sur la côte. Tout cela n'occupait pas la moitié de son temps. Il pouvait donc flâner à son goût dans cette petite île peu peuplée, parsemée de massifs d'églantiers roses et blancs, et dont il connut bientôt presque tous les habitants. Au nord, il apercevait la région de Charlevoix et, plus à l'est, Tadoussac et l'embouchure du Saguenay. Dans cette direction, le fleuve se partageait entre, d'un côté, les eaux noires jaillies de la rivière et, de l'autre, les eaux vertes et lourdes de la mer. De forts courants longeaient la rive nord de l'île et dessinaient à la surface du fleuve des chenaux sinueux que le vent repoussait vers le large. Méo aimait fréquenter la Pointe-à-la-Loupe, site d'un ancien village indien où il put recueillir plusieurs perles et grattoirs. Ou bien il se rendait chez Lindsay, le gardien du phare, qui accueillait le passant dans sa grande maison érigée au sommet d'un talus. De ce promontoire, le Grand se plaisait à observer le mouvement paresseux des phoques et des bélugas, le va-et-vient des voiliers et des vapeurs.

Les Fraser eux-mêmes, surtout Cyrille et Antoinette, étaient une autre source d'attraction. Leur réserve de souvenirs semblait inépuisable. Souvent, le soir après le souper, Méo prenait place à la cuisine avec ses trois hôtes, dans de grandes chaises berçantes, face au sud. Laura, la belle-sœur, était plus ou moins « troublée » et parlait peu. Sa conversation évoquait invariablement le temps de sa première jeunesse, à l'époque où le blé poussait « à pleine terre » dans l'île. C'est elle qui, à cette époque lointaine, dressait la table et préparait la collation au milieu de l'après-midi pour les hommes qui travaillaient aux champs. Parvenue dans sa vieillesse, elle s'était remise à cette ancienne habitude. Tous les jours vers quatre heures, elle se dirigeait vers les armoires et, si personne ne l'arrêtait, elle mettait la table « pour les hommes qui allaient bientôt rentrer ».

— Veux-tu arrêter, Laura !
— Y vont r'venir, là.
— Mais qui ça ?
— Bin eux autres, c't'affaire… eux autres !

Il fallait parfois l'attacher à sa chaise car elle voulait toujours déménager. Un jour, Méo l'avait rattrapée dans la neige ; elle s'en allait nu-pieds, tout droit vers la frasie.

Mais Cyrille et Antoinette avaient tous leurs esprits et c'est eux qui assuraient le gros de la conversation. Ils expliquaient lentement, à leur manière, les pêcheurs et les poissons, la mer et le vent, les saisons et les années, et la météo, surtout la météo, qu'ils prédisaient maintenant non plus en lisant le firmament comme jadis mais en écoutant le bruit du train, celui de l'Intercolonial, qui passait près de la côte : temps sec lorsqu'on l'entendait mal, pluies et brouillard s'il sonnait la ferraille, vents et nuages quand il crachait mal sa fumée. Ils parlaient beaucoup du passé eux aussi : du temps où les loups pourchassaient les hirondelles dans les champs d'avoine derrière la maison, des grandes familles de l'île qui avaient fourni tant de marins, de cette année miraculeuse où, par trois fois durant le même été, ils avaient pu avec Laura traverser à gué de l'île vers le continent tant la marée était basse, ce qui ne s'était pas revu depuis. Suivaient, innombrables, les récits de contrebande, de navires et de chargements confisqués dans l'île du Brandy Pot, de malfrats mystérieusement disparus. Méo se laissait bercer par les ruses du conteur, par la poésie des noms et des voix, par le jeu des lumières désertant peu à peu le grand fleuve sur lequel ne veillaient bientôt que les étoiles. Antoinette était la première à gagner sa chambre. Puis la parole de Cyrille faiblissait et souvent il s'endormait au milieu de son récit. Il le reprendrait le lendemain, celui-là ou un autre, personne n'y ferait attention. C'était la musique qui importait. La musique, et toute cette vie apparemment infinie qui jaillissait à rebours.

Le Grand s'était aussi lié avec quelques familles de pêcheurs et il prenait parfois le large avec eux. D'autres fois, il s'embarquait pour quelques jours ou quelques semaines sur une goélette. C'est ainsi qu'il visita plusieurs îles du Saint-Laurent : l'Île-aux-Basques, l'Île-aux-Pommes, les Pèlerins, les Razades et le Brandy Pot, ce havre de contrebandiers. Il navigua le long de la Côte-Nord entre les Escoumins et Havre-Saint-Pierre. Il explora la Baie du Bon-Désir dont les eaux ne gelaient jamais et où, au printemps, des baleines bleues venaient de temps à autre « jeter l'ancre », comme disaient les gens de là-bas. Il connut les Îles-de-Mai et s'arrêta quelques fois à la Pointe-des-Monts, chez les célèbres Fafard, gardiens de phare justement, de père en fils. Marius était alors le quatrième de la lignée. Il rencontra le légendaire Johan Beetz, le riche aristocrate « belgiquois » (un « Belgiquois de France », précisait-on) qui avait déserté le château familial pour venir fonder une colonie au bout du monde. Méo débarqua aussi sur l'Île-au-Cercueil que plusieurs ne disaient accessible qu'aux âmes des noyés. Et il put séjourner brièvement chez les Indiens de Mingan, de Natashquan, de la Romaine. Entre chaque excursion, il revenait chez les Fraser, qu'il avait plaisir à retrouver après ses longues absences. Il mêlait ses récits à ceux de Cyrille.

Un jour, vers la fin de l'été, il navigua à nouveau dans le golfe avec un pêcheur, un Fraser lui aussi. Ils se rendirent à proximité de l'Île d'Anticosti où ils virent plusieurs baleines bleues. Méo fut intimidé par ces masses sombres. Mais son compagnon le rassura :

— La baleine est l'amie du pêcheur, Méo ; le plus gros ami de l'homme, en fait. On n'a jamais vu une baleine faire du mal à un pêcheur. Le taquiner, oui, parce qu'elle est ratoureuse, mais jamais lui faire de mal.

Le mois d'août était la saison des amours ; les baleines étaient à leur affaire et délaissaient provisoirement leurs amis. Elles naviguaient deux à deux, langoureuses, roucoulantes. Elles folâtraient entre les vagues, faisaient le gros dos, entremêlaient leurs jets d'eau, jouaient à la claire fontaine. Elles s'échangeaient des tonnes de tendresse. Enfin, elles plongeaient dans les bas-fonds pour y faire, on s'en doutait, des choses énormes.

Au retour de l'un de ces voyages, le Grand veilla avec les Fraser, comme d'habitude. Mais le lendemain, Cyrille ne se releva pas ; il était mort dans son sommeil. Gertrude et Laura fermèrent la vieille maison et s'en allèrent vivre chez des parents. Méo regagna les Chicots. C'était en juillet 1913.

* * *

Cherchant à éviter une autre rencontre avec Julie, il ne resta que quelques jours à la maison. Il fila dès qu'il le put à la Rigane pour retrouver ses Manigouche. Ils n'étaient plus là. Le campement était démonté, il ne subsistait qu'une tente devant laquelle un feu achevait de mourir. Méo attendit et, au bout de quelques heures, vit Moïse sortir de la forêt. Ils se donnèrent l'accolade. L'Indien demeurait silencieux, Méo n'osait l'interroger. Il n'apprit que le lendemain ce qui était arrivé. Janvier était mort au printemps en revenant des territoires de chasse. Il naviguait derrière tous les autres dans un canot chargé de fourrures, avec

Alishen, Aurore et Senelle, sur un cours d'eau gonflé par le dégel. L'accident était survenu dans un rapide où la rivière s'emballait en prenant un mauvais tournant. L'embarcation avait été projetée contre un rocher au milieu du courant et les passagers s'étaient retrouvés à l'eau. Alishen avait pu gagner tout de suite la rive avec Aurore, mais pas Senelle. Janvier s'était laissé glisser dans le rapide et était parvenu à la rattraper. C'était un bon nageur. Ils avaient pris pied dans une anse puis remonté la rivière en marchant sur la rive. Janvier s'était rendu compte que l'épave du canot était restée accrochée contre le récif, avec les fourrures à bord. Il avait voulu les récupérer. Trois fois, il avait pris position en amont, s'était lancé dans le courant, avait rejoint le canot et pu y prélever au passage une partie du chargement qu'il déposait plus bas sur le rivage. L'effort suivant lui avait été fatal. Cette fois, il n'avait pu retenir sa course et avait été projeté culbutant dans le courant. Cent pieds plus bas, un rouleau l'avait retenu prisonnier. Il avait lutté un long moment pour en sortir, vainement. Longtemps après qu'il fut mort, son corps avait continué de tournoyer sur lui-même dans le rouleau. Tout cela se passait à la hauteur d'Alishen et des deux filles, figées sur la rive. Les décès rapprochés de Lunik et Poness d'abord, de Pitane et Janvier ensuite, avaient durement frappé les Manigouche qui s'étaient finalement résignés à rejoindre les leurs à Pointe-Bleue. Mais pas Moïse.

La nuit était tombée. Les deux hommes prirent place dans la dernière tente de la Petite Réserve et, le lendemain matin, l'Indien s'ouvrit à Méo. Il avait résolu de faire un long voyage durant le prochain hiver, beaucoup plus loin que leur territoire de chasse, plus loin encore que le pays des Naskapis et les derniers postes de la Baie d'Hudson, jusqu'à cette région désertée d'où ses plus lointains ancêtres, d'où les Anciens eux-mêmes étaient venus, presque au début du monde. Il voulait que Méo l'y accompagne. Il le prévenait que ce serait très dur, que peut-être même il n'en reviendrait pas. Le Grand fut très intrigué, mais il savait qu'il n'en apprendrait pas davantage ce jour-là. Il donna sa parole à Moïse et rentra aux Chicots, emportant avec lui l'image du campement abandonné, autrefois si vivant.

* * *

Pendant ce temps, un autre événement se préparait dans la famille. Mathilde semblait retrouver un semblant d'équilibre au village, auprès de la fidèle Bernadette qui entourait sa filleule de mille soins. Elles passaient toutes les deux de longs moments ensemble au piano, à jouer et chanter. C'est surtout dans ces occasions que la malade reprenait vie. Elles apprenaient de nouveaux morceaux que Bernadette commandait à la maison Archambault à Montréal. La tante était enceinte depuis décembre et s'apprêtait à accoucher. Elle n'avait pas désiré cette grossesse, sa neuvième, mais au cours de la retraite annuelle l'automne précédent, le père Barnabé lui avait parlé si durement au confessionnal qu'elle s'y était résignée. Les eaux crevèrent prématurément. Honorius, son mari, séjournait alors à Roberval pour ses affaires. On le fit prévenir par téléphone. Lorsque les contractions commencèrent pour de bon, la sage-femme, une voisine, vint à la maison, puis le docteur Émile; c'était au début de la soirée. Tous deux notèrent immédiatement quelque chose d'anormal. Les contractions se faisaient de plus en plus violentes et, cependant, le travail n'avançait pas. Bernadette souffrait, sans se plaindre. Elle était de plus en plus pâle. Mathilde, atterrée, se tenait auprès d'elle, comme elle l'avait fait durant toute sa grossesse. Elle essayait de se rendre utile en changeant les compresses, en replaçant les oreillers, en caressant le front de la tante. Les enfants avaient été dispersés chez les voisins et les parents. Vers minuit, il devint évident que c'était un siège. Bernadette le sentait déjà et ne se faisait pas d'illusion. Elle fit appeler le curé Renaud qui vint aussitôt. Il prit la main de Bernadette, ne feignit pas d'ignorer la gravité du moment, évita aussi de dramatiser, offrit de prier avec elle. Il l'invita à se montrer courageuse et lui rappela qu'elle n'était pas seule, que tous les siens, et le Bon Dieu aussi, le Bon Dieu surtout, l'accompagnaient. Puis il se retira et rentra à son presbytère où il se mit au lit sans se déshabiller ; il savait qu'il aurait à y retourner.

Chez les Gagné, la situation continua de se dégrader. Les douleurs étaient devenues atroces et Bernadette s'était mise à gémir. Le docteur n'osait risquer une césarienne et il était hors de question de transporter la malade à l'Hôpital de Chicoutimi, trop éloigné. Il n'eut pas à réfléchir longtemps au parti à prendre. Ignorant la règle de l'Église comme il le faisait parfois, il décida de sacrifier l'enfant. Ses années de pratique l'avaient souvent placé dans des situations très pénibles, mais aucune davantage que celle-là. C'était le quatrième ou cinquième siège auquel il était confronté depuis son arrivée au Lac. À chaque fois, il en avait été traumatisé pendant des semaines et des mois. Il se mit au travail avec les forceps, tenta de s'assurer une prise dans la chair, y parvint mais ne réussit pas à dégager le bébé. Il déposa dans un bassin un petit morceau de membrane ensanglanté. Il attendit un long moment, laissa Bernadette reprendre conscience et répéta la manœuvre ; sans plus de succès. La sage-femme épongeait, Mathilde préparait d'autres serviettes chaudes. Pendant des heures, ils s'affairèrent ainsi tous les trois dans la chair de l'enfant déchiqueté et dans le sang de la mère qui, maintenant, faisait entendre de longs hurlements. Les pensionnaires de l'hôtel, regroupés à l'étage, ne pouvaient supporter ces cris ; quelques-uns s'habillèrent et sortirent pour arpenter la place de l'église. Plus tard, des voisins racontèrent avoir été tenus en éveil pendant toute la nuit. Plusieurs s'étaient regroupés dans l'église elle-même où Renaud avait allumé quelques cierges et improvisé une cérémonie de prières.

Le matin, lorsque finalement Honorius fut de retour, tout était terminé. Il trouva le corps de sa femme, inerte, sur le grand lit maculé, figé dans sa dernière contorsion. Jean-Baptiste, recueilli, résigné, récitait à voix basse la prière des morts. Émile et la sage-femme étaient épuisés, effondrés. Mathilde, en proie à une violente crise nerveuse, s'était réfugiée dans sa chambre. Mais elle avait été là toute la nuit, avait tout vu, tout entendu jusqu'au dernier moment : le visage de Bernadette qui se défaisait peu à peu, sa main qui se crispait sur la sienne pendant que son corps égrenait la mort, son sang qui la quittait, souillant la couche, ses cris, ses supplications, ses impulsions rageuses pour se libérer de cette chose, ses jambes qui s'agitaient à tout rompre dans les sangles, ses dents qui s'entrechoquaient, les spasmes violents, son ventre brûlant, son regard affolé, et vers la fin de cette longue nuit d'épouvante dont le dénouement lui était connu, après des heures qui n'en finissaient plus, son esprit qui sombrait, puis le délire entrecoupé de convulsions, des cris étranglés, des râlements presque inaudibles, quelques sursauts encore, l'ultime crispation, le regard éteint, le masque ravagé, figé. Enfin le silence. Mais toujours cette main moite et froide, rigide maintenant, soudée à celle de Mathilde, comme la mort continuant de s'agripper à la vie. L'enfant, fille ou garçon, devait s'appeler Céleste.

Tous ceux qui virent Mathilde dans les heures qui suivirent l'événement purent mesurer son égarement. La veille même, elle jouait encore du piano avec sa marraine. Elle revint aux Chicots, méconnaissable encore une fois. Souvent elle passait quatre ou cinq jours d'affilée dans sa chambre. Elle se mit à prier. Pour Bernadette, toujours. Pendant des mois, elle vécut comme une captive, coupée de la vie de la maison. Ses proches essayèrent tout pour lui venir en aide ; mais ils ne pouvaient rien pour elle. Elle s'était emmurée dans son silence, y couvait sa douleur. Le spectacle de la belle grande fille déchue leur faisait mal.

* * *

Le Grand partit à la fin de septembre pour aller rejoindre Moïse qui l'attendait à la Rigane, ou ce qui en restait. Ils se mirent en route, se dirigeant d'abord vers le lac Mistassini. L'Indien était devenu shamane. Il avait recueilli le tambour de Poness et, à plusieurs reprises durant le trajet, il se livra à des rituels compliqués. Il pratiquait la suerie. Comme il l'avait appris du grand-père et de Janvier, il se retirait dans la tente qu'il surchauffait à l'aide de pierres brûlantes. Il y déversait de l'eau et transpirait abondamment. Puis il parlait avec les esprits. À quelques reprises aussi, dans le même but, il fit des jeûnes prolongés. Il obtint ainsi la confirmation qu'il devait accomplir ce long voyage jusqu'à son terme, tel qu'il l'avait conçu. Mais il aurait à se montrer courageux, tout comme le héros Tshakapesh. En cours de route, il parla abondamment. Surtout des Anciens, de Poness, de Lunik.

Méo apprit que, à la mort de Janvier, Alishen était enceinte d'un fils. L'enfant naîtrait à Pointe-Bleue, tout comme Janvier et sa femme qui y avaient grandi et s'y étaient mariés. Lunik, la grand-mère, avait donné naissance à douze enfants, dont quatre en hiver sur le territoire de chasse. Moïse lui-même y était né. Sa famille se trouvait alors en déplacement, à la poursuite du caribou qui se faisait rare cette année-là. Ils s'étaient arrêtés moins de vingt-quatre heures. Alishen avait accouché pendant la nuit, au milieu d'une tempête. Juste au moment où l'enfant s'était libéré du ventre de la mère, une violente bourrasque avait déchiré la toile de la tente. Tous y avaient vu un signe et Moïse s'en était toujours senti marqué :

— Il vente encore dans ma tête, Mista. Il n'a jamais cessé de venter dans ma tête. C'est le vent qui me dit tout et me conduit.

L'Indien reparlait de la Source Blanche, cet emplacement sacré, très loin dans le Nord, que personne ne fréquentait plus, alors même que les âmes des Anciens continuaient de s'y réunir à chaque saison. Ils devisaient sur le mauvais sort jeté à leur postérité et avisaient des moyens de le conjurer. Les humains, les animaux des rivières et des forêts, les arbres et les plantes, tous les êtres vivants aspiraient à retourner à ce lieu qui était à la fois la source et le terme de la vie. C'est là qu'ils se rendaient tous les deux, à ce sanctuaire que les anciens shamanes avaient baptisé la Source Blanche. Moïse en avait parlé déjà lorsqu'il avait navigué avec Méo sur le Saguenay. Il lui rappelait que, quelques années auparavant sur les territoires de chasse, la rivière n'avait pas rendu le corps de Poness. Parce que le vieux chef était shamane, elle l'avait gardé pour le ramener directement à la Source. C'est pour cela que la mort n'effrayait pas les Indiens; elle était un retour à la vraie vie, la vie d'avant la vie.

Moïse ne se faisait pas une très haute idée de l'existence terrestre. Selon lui, tout ce qui naissait, tout ce qui s'éloignait de la Source déclinait. Il en allait ainsi avec les humains, les bêtes, les arbres et les rivières, et tout l'univers dans son errance à travers les siècles. Il tenait que toute existence se dégrade et s'épuise en suivant son cours : ne dit-on pas de la vie qu'elle s'écoule et s'étiole? et des humains qu'ils descendent de leurs ancêtres? L'adulte ne se résigne pas à son sort et tout en lui aspire à l'enfant, au ventre chaud dont il est issu. Sa vie est une vaine poursuite de son premier gîte, une illusoire remontée vers son premier cri. Ainsi les humains cherchent à imiter le saumon et l'anguille qui reviennent à l'endroit de leur naissance pour y semer à nouveau la vie. Mais à la fin, tout reviendra à la Source, à l'idée mère des êtres et des choses : les nuages et le vent, les nuées et les saisons, l'ours et le hanneton, l'arbre et la rosée. C'est à l'égarement d'un dieu étourdi et oisif, d'un énergumène comme Carcajou sans doute, que l'on devait l'amorce de cette dérive que des Windigos perfides et tout-puissants s'étaient plu ensuite à relancer depuis des siècles et des siècles.

Le Grand écoutait et songeait qu'il était bien mal engagé; tous ses rêves le poussaient au contraire vers l'avant. Il se disait, lui, que chaque aube est une promesse, même si le jour ne la tient pas.

Ils firent un premier arrêt au lac Mistassini où ils croisèrent à nouveau le père Guinard, le vieil oblat missionnaire, provisoirement affecté à la Réserve des Mistassins. Ils passèrent une soirée avec lui ; Moïse n'ouvrit pas la bouche. Le lendemain, ils parcoururent le court trajet qui les mena à l'endroit dit de la Colline Chauve, au sommet de laquelle se trouvait une grotte appelée l'Antre de Marbre. C'était un autre lieu sacré où venaient se recueillir un grand nombre de chasseurs en route vers leur territoire. Ils y accédaient par la rivière Témiscamie. L'entrée de l'Antre se trouvait à cinq cents pieds au-dessus de l'eau sur le flanc de la Colline, au fond d'une baie. On y pénétrait par une ouverture de la hauteur de Méo et qui en faisait le double en sa largeur. Elle donnait sur une grande chambre creusée dans le roc, qui se prolongeait dans une alcôve. C'était la Maison du Grand Génie. Moïse y pria longtemps, comme l'avaient fait avant lui ses ancêtres depuis des milliers d'années. Les plus anciens d'entre eux, ainsi que l'assuraient les Mistassins, avaient vu un jour l'arche de Noé s'échouer contre le flanc de cette colline, au terme d'un très long voyage. Moïse scrutait minutieusement le sol de la caverne. Il expliquait à Méo que, jadis, un gouffre s'y enfonçait jusqu'au cœur de la terre, là où demeuraient les Esprits. La nuit, en écoutant bien, on pouvait les entendre s'interpeller et causer des choses de l'univers. C'est ce que Poness lui avait dit. Ils grimpèrent ensuite au sommet de la Colline Chauve, qui était lui aussi tout de marbre, et ils y passèrent la nuit. Ils reprirent leur route au matin.

Ils remontèrent la Témiscamie puis gagnèrent la Péribonka qu'ils parcoururent jusqu'à sa source. Parvenus à ce point, les premières grosses neiges étaient tombées ; ils abandonnèrent le canot et continuèrent en raquettes, après s'être lourdement chargés de vivres, de peaux de caribou, d'une petite tente et d'autres accessoires. Ils marchèrent très longtemps, quelques mois en fait. Ils rencontraient des chasseurs, croisaient des campements, mais ne s'arrêtaient pas. Ils obliquèrent vers l'est, en direction du lac Opocopa, d'où ils atteignirent le lac Ashuanipi et enfin la rivière du même nom. Ils y visitèrent un très vieux cimetière indien entretenu par les chasseurs et les missionnaires. De là, il leur fallut près de trois semaines pour arriver à Matimekosh où ils se reposèrent. Puis ils sortirent du territoire des Naskapis, entrèrent dans celui des Inuits, le pays des banquises et des aurores boréales, des falaises géantes et des saules nains. Moïse ouvrait la voie avec sûreté, semblait connaître tous les tracés. Ils voyaient sur leur passage des renards blancs, des bœufs musqués, des loups et, bien sûr, des caribous ; des centaines, des milliers de caribous qui se déplaçaient en troupeaux énormes, avançant en aveugles sur leurs chemins invisibles. Ils progressèrent encore quelques semaines en direction du fjord Nachvak. Ils étaient dans la toundra maintenant, au nord du Labrador. Méo était saoulé de vallées, de forêts, de blizzards. De plus en plus perplexe, il continuait à marcher sur les pas de Moïse. Le gibier se faisait plus rare, les deux hommes mangeaient de moins en moins. Ils avaient beaucoup maigri et le froid les pénétrait. Un jour enfin, Moïse s'immobilisa. Se tournant vers Méo, il montra du doigt un étrange brouillard qui montait à l'horizon. Ils étaient arrivés.

Ils bivouaquèrent une dernière fois. L'Indien, à nouveau retranché dans son univers, pria toute la nuit. Au matin, ils se remirent en marche et s'approchèrent du nuage en longeant le lit escarpé d'une large rivière. Ils se retrouvèrent bientôt au bord d'un véritable précipice où se déversait une immense chute de plus de mille pieds que le froid n'arrivait pas à figer. Le courant dévalait à travers les énormes glaçons nimbés de vapeur d'eau et, au terme de sa longue course, heurtait avec fracas la surface d'un bassin en ébullition, à demi dissimulé sous une forêt d'embruns. Moïse s'était approché à deux pas du rebord. Il s'y tenait immobile, le regard plongeant vers le gouffre :

— C'est la Source Blanche.

Méo se tenait à ses côtés sur l'arête, subjugué par la gravité du lieu et de l'instant. Moïse posa les deux mains dans les siennes, le regarda longuement. Puis il lui dit simplement :

— Tu viens, Mista ?

En même temps, il se dégageait, prenait son élan et se précipitait dans le vide en tournoyant. Le Grand avait finalement compris mais trop tard. Il esquissa un geste pour retenir son compagnon qui disparaissait déjà dans le crachin. Une fraction de seconde, il revit son visage. Il crut y reconnaître un apaisement, et même un sourire.

Méo demeura longtemps sur la lisière rocheuse, incrédule, sourd à la furie qui montait du bassin, insensible au vent, au froid qui le paralysaient. Il se rendit compte qu'il pleurait, comme lorsqu'il était enfant. Il pleurait la mort de Moïse, dont l'absence lui faisait mal. Il pleurait aussi de dépit. Il se sentait coupable de ne pas avoir imité son geste, y voyait une trahison. Une autre. Il ne s'était pas montré à la hauteur de l'amitié que l'Indien lui avait donnée ; il n'avait même pas soupçonné l'intensité, l'intransigeance de son sentiment. Grisé par l'aventure, il n'avait rien compris, avait tout gâché. Il tourna enfin le dos au torrent et, la mort dans l'âme, amorça le long trajet du retour. Et il se trouva tout à coup démuni dans cet environnement des plus hostiles. Il réalisa que Moïse n'avait pas prévu ce dénouement qui le plaçait maintenant dans une situation aussi précaire. Le Grand ressentit encore plus vivement la fraternité que l'Indien avait éprouvée pour lui mais qu'il n'avait su lui rendre.

Les premières semaines furent horribles. Il revivait en cauchemar la scène du plongeon, les vivres manquaient, une tempête succédait à une autre, il suivait des parcours incertains. Il se retournait de temps à autre, croyait voir les pas de Moïse derrière lui dans la neige. Cent fois, de lassitude, de désespoir, de révolte aussi, il faillit renoncer et s'abandonner à la mort ; mais toujours il se relevait, reprenait sa marche. Le souvenir de l'Indien, de sa fin tragique, de son immolation, devait vivre. À plusieurs reprises, il dut se réfugier et séjourner longtemps sous des tunnels qu'il creusait sous la neige à flanc de colline, comme il l'avait appris de Poness et de Janvier. Il avait depuis longtemps perdu ses repères, avançait au hasard. Puis un jour, il croisa la piste d'une harde de caribous qui effectuait sa migration vers le sud. Il connaissait leur itinéraire, savait qu'ils gagneraient la vallée de l'Ashuanipi et la longeraient jusqu'au bout. Il parvint à les suivre, ce qui l'obligea souvent à marcher vingt-quatre heures d'affilée. Il comprit encore mieux le respect que les Indiens portaient à cet animal courageux qui, pendant de longs mois, se nourrissait presque uniquement des herbes qu'il arrivait à déterrer en grattant le sol avec les dents de son panache. Méo apprit à se nourrir d'herbes lui aussi. Puis un jour, vers la fin du printemps, il rencontra des Naskapis. Il était sauvé. Il avançait, hagard, désorienté, décharné, souffrant de graves engelures. Les chasseurs, étonnés de cette rencontre, le recueillirent et le soignèrent pendant plusieurs semaines. Il avait les yeux et le visage enflés, les joues et les lèvres noircies ; il n'éprouvait presque plus de sensations aux pieds. Il était devenu un vrai Indien ; sinon inmourable, du moins très sauvage.

Il se remit lentement. Mais la nuit, il était accablé par les cauchemars ; le regard de Moïse tournoyant au-dessus du gouffre le poursuivait.

* * *

C'était l'été lorsqu'il repassa à la Rigane. Il était à bout de forces et souffrait terriblement des pieds. La tente de Moïse avait été déchirée et renversée par le vent et la neige. Quelques pièces d'équipement, des accessoires de cuisine étaient dispersés tout autour. Il ne restait rien d'autre. En partant l'automne précédent, l'Indien savait qu'il ne reviendrait pas. Méo passa la nuit près du lac, entendit plusieurs fois le cri de la pie. Le lendemain, il s'attarda parmi ce qui avait été pendant deux générations le lieu vivant d'une fidélité, d'une résistance, en même temps qu'un acte de protestation voué à l'échec, un geste de bravoure sans lendemain, une dernière signature de la fierté restée intacte. Tous les Manigouche s'en doutaient : l'aventure ne durerait plus très longtemps. Méo comprenait maintenant que le suicide de Poness en avait signalé la fin. Mais, égaré par la nouveauté de la vie sauvage, livré aux attraits de l'aventure, il n'avait pas saisi le sens de ce rituel pourtant très pur. Il n'avait pas perçu, même dans sa relation avec Moïse, la tragédie silencieuse qui se jouait sous ses yeux.

Son regard erra encore sur l'emplacement désert, s'arrêta sur le bord du lac où pourrissait un canot crevé, puis sur l'enclos où Lunik reposait aux côtés de Pitane et des autres. Ceux-là seraient les derniers témoins, les derniers gardiens de la Rigane. Jusqu'à ce que les friches les ensevelissent à nouveau, pour toujours. Il remit de l'ordre dans les sépultures, redressa la clôture, disposa quelques vivres et se recueillit longuement. Puis il ramassa son sac et contempla une dernière fois l'horizon.

Juste avant de se retourner, il crut voir un vol de papillons jaunes qui s'éloignaient.

* * *

Enfin, en juillet 1914, il parvint aux Chicots. Comme la gangrène menaçait, le docteur Émile se résigna à lui amputer quelques orteils. Ses yeux, longtemps exposés à la lumière du soleil sur la neige, étaient atteints aussi et il mit du temps à en recouvrer l'usage. Marie s'était gardée de le réprimander, prenant maintenant son mal en patience. Elle avait surtout compris la profondeur du mal dont il souffrait. Elle proférait encore ses incantations usuelles, mais seulement pour elle-même, et sans conviction. Elle continuait de prier.

Bientôt, l'attention fut mobilisée par d'autres événements. Le *Colon* rapporta la déclaration de la guerre en Europe. Au début, l'affaire suscita une grande curiosité. Mais lorsqu'il fut question que le Canada s'y engage lui aussi au service de l'Empire, ce fut autre chose. L'inquiétude s'installa. Les gens du Lac avaient leur idée sur le sujet. L'Anglais, celui du Canada ou de l'Angleterre, c'était, comme le rappelait vigoureusement l'oncle Almas, celui qui avait déporté les Acadiens, s'était emparé de la Nouvelle-

France, avait brutalement réprimé en 1837-1838 la volonté d'émancipation des « nôtres », avait essayé de les assimiler de diverses façons, les avait trompés avec la Confédération, avait exécuté Louis Riel, avait ensuite sacrifié le français dans les autres provinces. Lorsque la Grande-Bretagne, pour servir ses intérêts mercantiles, pour consolider ou étendre son Empire, s'avisait de mener la guerre dans quelque partie du monde, le Canada, sans avoir été consulté, avait le devoir d'y participer. Les Canadiens français aussi, bien sûr. Et cependant, au moment même où cette nouvelle guerre débutait et alors que leur participation était requise, l'acharnement contre leur langue se poursuivait de plus belle en Ontario. L'oncle connaissait ce refrain sur le bout des doigts et pouvait le réciter aussi bien à l'envers qu'à l'endroit, en y ajoutant chaque fois quelques variantes qui tenaient son public en haleine.

Les plus vieux de Mistouk et du Lac se souvenaient. Ils relataient des faits de leur enfance et d'autres qu'ils tenaient de leurs parents. Comme la fois où, dans les années 1850, le curé de la Baie des Ha! Ha! avait reçu instruction de l'archevêque de Québec de célébrer une grand-messe pour le succès des troupes britanniques engagées dans la guerre des Indes. L'église avait été décorée comme pour le jour de Pâques, mais quand le prêtre avait expliqué de quoi il s'agissait, elle s'était aussitôt vidée. Le curé n'avait pas insisté, avait récité une messe ordinaire, comme tous les dimanches; les habitants avaient repris leur place. On rappelait l'« odieuse » participation canadienne à la guerre du Soudan dans les années 1880. Et nul n'avait oublié les réprimandes que les Canadiens français avaient subies au tournant du siècle pour s'être montrés réticents à aller se battre en Afrique du Sud, toujours au service des Anglais, pour écraser une poignée de colons qui défendaient leurs terres. En cette année 1914, cependant, les choses n'allèrent pas plus loin. Il fut annoncé très tôt que l'enrôlement se ferait sur une base volontaire et, en octobre, le Canada put envoyer un premier détachement. Au

Lac, pendant quelque temps encore, la vie continua comme avant. L'oncle Almas, le Cassandre de Mistouk, prophétisa que tout cela tournerait mal, mais c'était assez dans sa manière et peu de gens s'y arrêtèrent.

Le père Guinard fut de passage dans la paroisse à Noël, quêtant pour ses missions, et il vint passer deux jours chez les Tremblay. Méo lui raconta la fin de Moïse. On vit aussi deux ou trois fois le missionnaire s'entretenir longuement avec Mathilde. Elle avait appris la mort de l'Indien, sans manifester de sentiment. Rien ne pouvait la sortir de sa léthargie et rien ne semblait pouvoir l'y enfoncer davantage. Le vieux missionnaire s'émut de cette âme en détresse. Il lui parla du Bon Dieu, le père compatissant qui guérit tout, qui ramène les âmes blessées du pays des songes et des fièvres où elles se sont égarées. Elle se laissa bénir. Puis il repartit vers ses chemins du Nord. Méo, toujours hanté par la mort tragique de Moïse, ne se portait guère mieux que Mathilde. Il était toujours partagé entre Julie et Senelle, comme entre deux contrées, comme entre la fleur et le fruit. Deux semaines plus tard, c'est lui qui partait à son tour. Il s'était à peu près rétabli de ses blessures et chaussait à nouveau ses grosses bottes cloutées.

Il quitta les Chicots un matin, par un temps venteux. Réveillée, Marie avait jeté un coup d'œil à sa fenêtre, juste à temps pour apercevoir dans le demi-jour, là-bas sur le coteau, la longue silhouette qui se hâtait courbée dans le vent, une main levée à la hauteur du visage pour repousser la neige qui poudrait. Elle se désolait pour la millième fois du mal étrange qui dévorait son fils. Méo amorçait son troisième voyage aux États-Unis. Ce serait son dernier.

* * *

Dans la semaine qui suivit le jour de Pâques, Adhémar épousa Jessée Fortin, une fille du village. Il faisait beau et il vint beaucoup de monde à l'église, les deux familles étant largement représentées. Avant la cérémonie, les invités flânaient sur le parvis. On attendait la mariée. Adhémar étrennait des chaussures qu'il n'avait enfilées qu'au dernier moment, à l'entrée de l'église. Il arpentait maladroitement la place. Ses amis le regardaient se déplacer à pas prudents dans ses bottines neuves, incertain comme un draveur sur son billot. Quelqu'un lui glissa :

— Tu peux t'lâcher, Dhémar ; on dirait que tu marches su les saintes espèces.

Renaud apparut, invitant les fidèles à prendre place. Juste à ce moment, le Colon accostait. Une quinzaine de parents venus de Couchepagane en descendirent et se présentèrent bientôt avec leurs cadeaux sur le parvis, devant Joseph. Il en fut si bouleversé qu'il ne put leur adresser un mot. Mais il pressa chacun d'entre eux dans ses bras. Il monta au jubé, comme à l'habitude où, après l'échange des vœux, il devait interpréter un *Agnus Dei*. Il eut bien du mal à s'exécuter. Son regard ne se détachait pas de Renaud, du jeune couple à la balustrade et, juste derrière, des parents de Couchepagane. Sa pensée revenait sans cesse à son propre mariage célébré au même endroit, par le même officiant, une trentaine d'années auparavant. Comme c'était loin tout cela, et en même temps si près.

En se mariant, Adhémar prenait officiellement la succession de Joseph sur la terre et c'est lui qui allait prendre à sa charge ses parents dans leur vieillesse. Il veillerait aussi sur Félix qui s'abandonnait de plus en plus à sa condition et dont le destin solitaire se refermait lentement sur les Chicots. Jessée venait du village ; elle entrait chez les Tremblay en bru, comme on disait. Sa mère l'avait bien mise en garde :

— T'as voulu t'établir dans un rang, dis-toi bin qu't'as fini d'manger ton pain blanc, ma p'tite fille. À partir du jour d'aujourd'hui, tu vas manger ton pain nouèr.

Cette union n'était pas non plus du goût de Marie. Les filles du village, avait-elle prévenu plusieurs fois, étaient devenues chétives, pincées et pâlottes, juste bonnes à dépenser :

— Des filles à catalogues!

Et « pas très bonnes de l'ouvrage » en plus, par quoi il fallait entendre : levées tout juste avec le soleil. Marie résumait à sa façon :

— Elles usent plus de draps que de bas…

Dès le lendemain des noces, le père de la mariée emmena le couple en promenade sur le Lac dans sa chaloupe « à gazoline », ce qui confirmait toutes les appréhensions de la belle-mère. Elle s'inquiétait de glisser sous la dépendance de la frêle jeune fille jusqu'à la fin de sa vie. Dès son installation aux Chicots, la bru vanta les vertus de l'électricité, dont les maisons du village étaient maintenant pourvues. Elle se plaignit de la mauvaise qualité de l'eau, que les Tremblay avaient toujours tirée du puits. Elle lui trouvait un goût de soufre. Joseph avait toujours soutenu :

— Ça fait tousser mais ça tue les jarmes.

L'hiver suivant, la bru se confectionna un tablier avec le tissu d'un sac de sucre. Marie lui interdit de le porter avant Pâques ; elle restait fidèle à sa règle : pas de blanc durant le carême. Jessée dit un jour à Adhémar :

— Ta mère est donc bin dure avec moué!

— C'est parce qu'elle est pas heureuse.

Jessée s'avéra néanmoins une fille vaillante et généreuse envers Joseph et Marie, surtout quand le malheur frappa pour de bon aux Chicots.

En mai de l'année 1915, le naufrage de l'Empress of Ireland près de Rimouski fit grand bruit. Les gens du Lac apprirent plus tard que, parmi le millier de morts se trouvait le quêteux Carpette de Saint-Irénée. C'est celui qui jadis se vantait, avec raison semble-t-il, d'être le plus gros quêteux de sa paroisse. Puis, vers le début de l'été, un dimanche soir, Mathilde annonça en trois mots qu'elle entrait chez les religieuses, elle aussi. Mais chez les cloîtrées, à Québec. Elle allait partir à la fin de juin. Chacun demeura interdit. Encore une fois, Méo était absent, se trouvant on ne savait où aux États. Un grand malaise régna dans la maison durant les semaines qui suivirent. La veille de son départ, des voisins, des parents vinrent la saluer. Il y eut un peu de musique. Quelques-uns voulurent que Mathilde chante une dernière fois avec Marie. Elles prirent place toutes les deux, sans enthousiasme, et entonnèrent le premier couplet de la *Sérénade*. Mais elles n'eurent pas le cœur d'aller plus loin. Le lendemain matin, la Grande faisait ses adieux. À peu près tout le monde pleurait dans la maison, sauf elle. À tour de rôle, les frères et sœurs, tout comme Joseph et Marie, essayaient de se donner une contenance, offraient un mot d'encouragement. Raphaël fut le dernier à l'embrasser. Il s'affaissa plutôt dans ses bras et c'est elle qui l'a consolé. Elle le serrait contre elle et passait doucement sa main dans ses cheveux en lui disant « Raphelle », comme autrefois. Elle a souri puis elle l'a repoussé délicatement. Une voiture était venue d'Alma pour la conduire à la gare. Elle y est montée avec sa petite valise, a esquissé un geste de la main. Ils l'ont suivie du regard jusqu'à la Butte-à-Tancrède où elle est disparue sans se retourner.

Personne ne fut davantage troublé par ce départ que Marie. Enfin, son vœu était exaucé. Mais à quel prix! Elle s'estimait coupable des malheurs, de la chute de Mathilde, et ne se méprenait pas sur ses dispositions, sur le ressort de sa « vocation ». Mais dans son esprit, il n'y avait rien à y faire; ce départ était inscrit dans l'ordre des choses. Des choses d'ici-bas tout au moins; dans l'Au-delà, tout serait différent. Elle mesurait bien l'ampleur de son sacrifice; elle avait donné la chair de sa chair, immolé sa grande fille, sa préférée. Comme elle avait souffert aussi depuis tant d'années de ne pouvoir lui montrer toute son affection, à cause du conflit qui les opposait! Mais elle se disait que ses propres émotions, ses tourments avaient peu d'importance; c'étaient ceux d'une personne de rien, ils ne devaient pas interférer avec une volonté ô combien supérieure à la sienne: Marie Gagnon de Mistouk, en quoi cela pouvait-il compter dans l'ordonnancement compliqué de l'univers, dans le cours de la vie tel que fixé de toute éternité par la Providence? Avec le temps, elle trouva un peu de réconfort dans l'idée que, de toute manière, promise ou non, Mathilde, sa Grande, était vouée à un déchirement : n'eût-il pas été miraculeux que sa vie n'entrât pas en collision avec celle de Mistouk et du Lac?

*   *   *

Pendant ce temps, Méo était repassé à Duluth. Mais les Johansson chez qui il avait travaillé avaient migré ; ils étaient allés s'établir plus à l'ouest. Il pensa avec un peu de tristesse à Selma, la grande jeune fille naïve qui s'était donnée à lui. Il voulut retourner au hangar où se tenaient les matches de boxe, là où le Killer avait fait ses débuts. Il n'existait plus ; la bâtisse avait été rasée pour faire place à une scierie. Il ne resta pas longtemps à Duluth dont il s'éloigna sans regret. Il était maintenant dans les Illinois ; il allait, désœuvré, d'une ville à l'autre, vivant de petits emplois qui ne l'intéressaient guère. Qu'est-ce qui l'attirait donc dans ce pays si étrange, si différent du sien, et qui lui était néanmoins bizarrement familier? Il croyait marcher sur les traces de pionniers qui auraient pu être ses ancêtres ; il éprouvait la nostalgie d'une patrie qui n'avait jamais été la sienne, qui n'avait été que rêvée. Guérirait-il jamais de la maladie des États?

Il les découvrait sous un jour nouveau justement. Avaient-ils changé? Les avait-il mal observés? De plus en plus d'immigrants encombraient les villes et les routes. Il rencontrait des voyageurs solitaires, miséreux, et aussi des familles en grand nombre, qui faisaient entendre leurs chants et leur musique là où elles s'arrêtaient le soir. Il lui arrivait d'y découvrir des mélodies, des rythmes qui lui rappelaient ceux du Lac ; il tentait d'engager la conversation mais il ne comprenait pas ces langages. Il apprit à voyager comme un hobo, sautant à bord de trains de marchandises en marche. Il passait jusqu'à trois ou quatre jours dans des wagons puants à se nourrir de pain et de raisins secs. Il se rendit ainsi en Californie et, enfin, découvrit l'océan Pacifique. Mais comme ailleurs, une faune humaine affluait et là où il cherchait de la fraternité, il ne découvrait que promiscuité. La lutte pour les emplois donnait lieu à des affrontements violents. Les patrons étaient très durs et maltraitaient les engagés sans protection. Il assista, et participa aussi parfois, à des arrêts de travail spontanés, brutalement réprimés. Il vit dans des quartiers pourris de San Francisco des policiers blancs infliger des raclées à des Chinois et à des Noirs. Il travailla dans une cannerie à Monterey, mais pour quelque temps seulement. Il fut bouleversé par la misère du lieu : les petites constructions délabrées, la puanteur qui y régnait, les Mexicains démunis qui affluaient de plus en plus nombreux.

Plus tard, il trouva de l'embauche dans des mines au Nebraska ; il crut à tout moment y apercevoir le visage du Killer. Un jour, il découvrit, dans un petit cimetière poussiéreux, la sépulture d'un Canadien français, un dénommé Paul Leduc, décédé quelques années auparavant dans un accident à la mine. Plus tard encore, il fut au Kentucky, dans des mines toujours, où il vit mourir à mille pieds sous terre des chevaux qui n'avaient pas vu le jour depuis vingt ans. Il visita quelques réserves indiennes, mais la magie ne jouait pas. Pour lui, l'Inmourable n'était plus le même sans l'hiver, hors des grands territoires du Nord, sans le face à face avec le froid et le caribou dont dépendait la survie. Aucun visage ne lui rappelait celui de Moïse. Ni de Senelle. À Milwaukee, il œuvra dans un cirque comme préposé aux soins des animaux. Dans un numéro, un petit lutteur japonais démontrait son art de l'arène aux dépens d'un Noir qui décampa un bon matin et qu'il fallut remplacer au pied levé. Méo fut pressenti et se prêta au jeu. L'expérience prit fin après trois jours. Le Grand estima que le Nippon, soulevé par la foule, y allait un peu fort avec les coups de manchette « asiatique ». Un soir, il se fâcha et assomma le maître en pleine prestation, avec une grande claque très « saguenayenne ». Il s'engagea sur une barge qui naviguait sur les Grands Lacs. Là, il dut se battre souvent pour qu'à la fin on lui fiche la paix. Il attrapa les fièvres. On le descendit lors d'une escale, à Duluth encore une fois.

C'était dans les chaleurs de juillet. Il se traîna dans une maison de pension sur le port, fréquentée par des vagabonds comme lui, et y demeura plus d'un mois, alité, fiévreux. Il ne connaissait personne qui aurait pu l'aider, il se nourrissait mal ; on lui vola une partie de son argent et le médecin espaça ses visites. Un soir, un immense yacht était venu accoster à deux cents pieds de sa fenêtre située au deuxième étage. La fête avait aussitôt commencé et n'avait pas ralenti pendant trois jours. Méo entendait la musique et, quand il se levait, il apercevait les grandes filles minces, indolentes, qui dansaient sur le pont en faisant voler leur robe. Il naviguait d'un cauchemar à l'autre, de brefs moments de veille engourdie alternant avec des sommeils hallucinés qui lui arrachaient de longs gémissements. Et à l'aube, encore, toujours cette musique et ces filles ondulant comme des aurores boréales, pendant que des hommes au visage sombre, nonchalants et très chics, buvaient en silence, appuyés au bastingage d'où ils regardaient distraitement la mer. Méo se rendormait, retombait dans ses tourments, se réveillait en sursaut et se surprenait à respirer au rythme de la musique, toujours la même, lui semblait-il.

Il n'arrivait pas à la fuir. C'était comme un duo, ou plutôt un affrontement plaintif, presque un corps à corps, entre une flûte et un violoncelle. La voie fluette, craintive, alternait avec les puissantes strophes qui semaient dans l'air de longues vibrures. Par moments, ils reprenaient ensemble, non pas accordés comme dans une partition, mais férocement enlacés dans une étreinte rageuse dont la flûte cherchait à se libérer. Puis ils se réconciliaient un instant et avançaient en cadence, le mastodonte ouvrant la voie ; mais la flûte fragile, trébuchante, n'arrivait pas à suivre et ils se désaccordaient à nouveau. Les filles continuaient à se déhancher, glissant comme des ombres, et dessinaient dans leur mouvement une étrange chorégraphie d'où émergeaient toutes sortes de figures. Une seconde, Méo, de sa fenêtre, crut y reconnaître les traits de Julie. Puis une nuit, en se réveillant, il n'entendit plus la musique et ne vit rien à sa fenêtre. La fête était finie, le bateau avait déserté le quai. La fièvre était tombée. Il se leva, s'habilla, sortit sur la place et marcha, chancelant, dans la ville endormie.

Pendant plusieurs mois encore, il se laissa dériver d'une ville à l'autre, au hasard des rencontres et des emplois. Sa passion des États se refroidissait. Au printemps, il fut de nouveau en Nouvelle-Angleterre, cette fois à Manchester, New Hampshire. Un dimanche, comme il déambulait dans un parc le long de la rivière Merrimack, il s'était arrêté sur un banc d'où il regardait des enfants pourchassant des oiseaux. Un tout jeune homme en guenilles, les chaussures trouées, le visage creusé, était venu le rejoindre. Méo l'avait observé longuement puis avait voulu engager la conversation ; mais l'autre ne parlait ni français ni anglais. À un moment, l'inconnu sortit de sa poche une pomme dont il offrit spontanément une moitié à Méo. Il déclina spontanément, par scrupule, par pudeur ; et tout de suite sa réaction le gêna. Il se sentait tout à coup étranger à cet univers dont il avait maintenant fait le tour, qui s'était vidé de son merveilleux. Ce sentiment ne le laissa plus.

Il séjourna encore à Manchester, demeurant quelque temps avec un gars du Lac, un certain Lorenzo Surprenant qui avait amassé un peu d'argent dans les factries et s'apprêtait à rentrer. Il avait acheté à Péribonka la terre d'Eutrope Gagnon et Maria Chapdelaine qui, eux, venaient tenter leur chance aux États. Méo les avait connus l'un et l'autre du temps de Louis Hémon. Mais il arrivait de moins en moins de Canadiens français dans la ville, et ils étaient nombreux à retourner au pays. Le Grand avait pris un emploi à l'Amoskeag, une filature qui employait des milliers de personnes. Les conditions de travail avaient empiré. Les nouvelles machines étaient bruyantes, les ouvriers n'arrivaient plus à se parler. Le midi, ils avaient trois quarts d'heure pour prendre leur repas ; ceux qui ne mangeaient pas sur place quittaient l'usine en courant jusqu'à leur domicile et en revenaient aussi à la course. Méo y fit la connaissance de Marcel Tremblay, un cousin éloigné, originaire de la Baie des Ha! Ha!. Avec sa femme Claire, ils étaient venus du Saguenay douze ans auparavant avec l'intention d'y retourner dès que possible, mais leur rêve n'avait pu se réaliser. Ils vivaient depuis à Manchester, dans une grande pauvreté. Au moment de leur arrivée, les patrons s'étaient donné le mot et avaient réduit les salaires pour rivaliser avec les filatures des États du Sud. Il y avait eu des grèves sauvages qui laissaient les familles sans revenu et sans aide. La famille de Marcel comptait maintenant douze enfants dont aucun ne travaillait en manufacture : Claire y était fermement opposée ; elle tenait à les faire instruire tous, filles ou garçons.

Ils habitaient, près de l'église Saint-Augustin, une petite maison louée par la compagnie. Marcel et Claire firent comprendre à Méo qu'ils aimeraient bien le prendre en pension ; les quelques dollars qu'ils en retireraient leur seraient précieux. Le Grand emménagea avec les douze enfants et leurs parents. Il souffrit aussitôt de la promiscuité et, un peu malgré lui, en vint à partager la pauvreté de ses hôtes. En plus de payer pour le gîte, une partie de son salaire passait en cadeaux qu'il faisait discrètement aux enfants. Il était sensible aux privations qu'ils enduraient et à la vaillance qu'ils montraient pour gagner quelques sous en dehors des heures de classe. Tous les jours, les filles aînées préparaient des lots de sandwiches que Marcel vendait à ses compagnons de travail. Les plus jeunes marchaient plusieurs milles, jusqu'à Shirley Hill et au-delà, pour aller cueillir des bleuets ou des noisettes qu'ils vendaient eux-mêmes aux portes de la manufacture. Ils passaient par les maisons pour récupérer les vieux journaux que rachetait une compagnie de pâtes et papiers.

Puis il y eut une grève qui dura trois mois. Partout en Nouvelle-Angleterre, l'industrie allait mal et des conflits de travail éclataient. La vie devenait encore plus dure. Les patrons de l'Amoskeag avaient annoncé que leur entreprise était menacée de faillite ; ils voulaient encore réduire les gages. Le syndicat disposa des piquets de grève. Cependant, la direction réadmettait au travail les ouvriers consentant aux baisses salariales. De nombreux Canadiens français, dont Marcel, rentrèrent. Un grand nombre parmi eux étaient, comme le cousin, des cultivateurs ruinés venus à Manchester pour quelques mois ou quelques années seulement. La lutte syndicale n'avait guère de sens pour eux. Plusieurs escarmouches éclatèrent sur les lignes de piquetage où la plupart des militants étaient des Irlandais. Marcel et plusieurs autres furent bousculés, traités de « scabs », de « damned Chinese ». Dans les premières semaines, le Grand observa la consigne du syndicat. Il se rendit à quelques assemblées où il vit des Canadiens français silencieux, regroupés à l'arrière de la salle, et les Irlandais à l'avant qui menaient les débats. Sa situation chez les Tremblay devenait intenable ; à cause de la grève, il était maintenant à la charge de son cousin. Il retourna lui aussi au travail.

Dès lors, Marcel put franchir les piquets plus facilement sous sa protection. Mais Méo était tous les jours la cible de quolibets et de menaces de la part des grévistes les plus militants. Il dut aussi, en rentrant du travail le soir, se sortir de quelques échauffourées qui auraient pu mal tourner. Le conflit tournait en « lutte de races », comme l'écrivit un journal local. Les Canadiens français craignaient de parler leur langue à bord des tramways ou dans les magasins. Enfin, la grève prit fin ; la compagnie avait eu raison du syndicat. La vie reprit son cours chez les Tremblay qui s'étaient attachés à Méo. Ils s'étaient un peu habitués aussi à ses largesses, en plus du revenu régulier que leur apportait sa pension. Mais l'expérience des derniers mois l'avait déprimé. Il était en outre très ennuyé par les tensions de toutes sortes qui divisaient maintenant la ville. Elle lui semblait de plus en plus inhospitalière. Et puis ce nouveau rôle de soutien de famille lui pesait. Sa liberté en souffrait. Un matin, sans préavis, il ramassa ses effets et fit ses adieux au couple et aux enfants consternés.

Il n'était pas fier de lui mais tant pis, c'était ainsi ; ce remords s'ajouterait aux autres. Il fut de retour au Lac en juin 1916. En descendant du train à Roberval, il se dirigea vers le quai et croisa le chemin menant à Pointe-Bleue. Il s'arrêta, hésita, puis s'y engagea. Il voulut revoir Senelle ; une dernière fois. Elle le combla d'attentions ; ils s'aimèrent à nouveau. Mais le plaisir n'y était pas vraiment ; le visage de Julie s'interposait. Et le reste l'attrista. La famille Manigouche s'était démembrée : Mistakau et Betsée vivaient maintenant à Mistassini, Shann-Mass et les siens à Nikabau. La Réserve elle-même offrait un tableau désolant avec ses enclos, ses tentes défraîchies, ses résidants dispersés, sa torpeur. Tout cela accentuait la nostalgie de la Rigane, l'absence de Moïse et des autres. Il salua Alishen en partant, crut voir un reproche dans son regard. Revenu aux Chicots, il fut heureux de ne pas voir Julie ; il aurait été incapable de l'affronter.

On l'informa du départ de Mathilde pour le cloître. Il accueillit cette mauvaise nouvelle avec une sorte de résignation mêlée d'angoisse : sa vie continuait de se défaire. Moïse avait donc raison ? Il eut vingt-neuf ans. Ceux qui le côtoyèrent à ce moment gardèrent le souvenir d'un géant taciturne, renfrogné même, mal à l'aise parmi les siens, qui allait et venait au hasard portant toujours en bandoulière un petit appareil-photo rapporté des États. Il en était revenu sans cadeaux, cette fois.

Alors la famille apprit que l'oncle Fabien, qui vivait toujours à Chicoutimi, était de nouveau malade. Il réclamait son neveu. Le Grand reprit la route.

Chapitre XV

Les événements qui survinrent au cours des années suivantes prirent tout le monde par surprise, et pourtant ce ne sont pas les présages qui avaient manqué. Des pêcheurs, au printemps 1916, avaient bien vu le Tourniquet entrer en mouvement sur le Saguenay, près de Bourget. Dès le mois de juillet aussi, les oiseaux avaient commencé à émigrer. Au mois d'août, il y eut de la neige sur les bleuets et des cultivateurs abattirent un ours blanc qui s'était avancé jusqu'à Péribonka. En fait, toute la nature était dérangée. Les abeilles ne sortaient plus de leurs ruches et refusaient de faire du miel. Les humains aussi étaient déréglés. L'oncle Almas en prévenait les siens depuis longtemps : ils devaient se préparer au pire.

* * *

Méo fut heureux de revoir Chicoutimi après toutes ces années. La ville s'était beaucoup agrandie, de nombreuses manufactures s'y étaient installées et les établissements de la Compagnie de Pulpe n'avaient cessé de s'étendre. Au cours de la décennie, le groupe Dubuc avait gagné beaucoup de terrain sur l'empire Price. La Compagnie possédait maintenant des usines à Val-Jalbert près de Roberval, à la Baie des Ha! Ha! et en Gaspésie. Dubuc lui-même se trouvait à la tête de nombreuses entreprises. Plusieurs Canadiens français de Chicoutimi montraient des signes de richesse. Ils habitaient des maisons cossues, donnaient de grandes soirées, fréquentaient les salles de spectacle de Québec, Montréal et New York, voyageaient en Europe et ailleurs. Des artistes célèbres venaient se produire dans la ville. Un charcutier parisien, Maxime Le Grain, y avait établi son commerce. Des familles distinguées étaient apparues, qui cultivaient leur nom et leur renom, dont les fils fréquentaient le Séminaire et les filles le Collège Bellevue à Québec, où des religieuses en faisaient des personnes de l'élite. « Une belle classe de gens », lisait-on dans les journaux locaux qui s'employaient à rapporter leurs hauts faits et gestes, en particulier leurs réceptions, toujours « très réussies » : joli pique-nique dans les jardins du gérant de banque, magnifique « Seven Hundred Euchre party » offert par monsieur le protonotaire, opérette très relevée dans les salons de madame une telle, charmant goûter assaisonné de chants et de déclamations chez une autre. Ailleurs, des enfants avaient dansé des menuets et récité des adresses.

Des journalistes spéculaient sur les entreprises galantes et en tout point irréprochables d'une « jeunesse dorée ». Les lecteurs avaient droit à des descriptions minutieuses des tenues féminines : les robes de mousseline ou d'organdi semées de paillettes, les chapeaux de tulle enrubannés de taffetas, les manteaux de cachemire, de vison, de mouton de Perse et autres pelleteries fines. La plupart des dames s'habillaient chez une modiste de la rue Racine, la demoiselle Deschênes, qui se rendait deux ou trois fois par an à Montréal et à New York d'où elle ramenait les dernières nouveautés pour « sa très distinguée clientèle ». Quelques élégantes se rendaient elles-mêmes à Montréal où elles fréquentaient le célèbre atelier de couture des sœurs Bazinet, rue Drolet. De leur côté, les messieurs s'habillaient chez le sieur Jobin. Lui aussi faisait le voyage à New York pour se tenir informé des coupes les plus « fashionables ». Les journaux s'intéressaient aux intérieurs domestiques, aux chevaux et voitures, à l'architecture des résidences, aux mâts qui se dressaient devant leur façade, affichant les prétentions bourgeoises du propriétaire. Les pavillons y volaient dans les grandes occasions : le drapeau de Carillon, l'enseigne du Sacré-Cœur et parfois aussi l'Union Jack. Dans la plupart de ces maisons œuvraient de nombreuses servantes et mêmes des gouvernantes. Chez le docteur Arthur Tremblay, la maîtresse de maison, par souci de commodité, avait pris l'habitude d'appeler Germaine toutes ses domestiques.

Mais cette victoire et l'aisance qui l'attestait avaient été acquises à prix fort. Les affrontements entre les clans Price et Dubuc avaient fait des victimes : réputations ternies, familles divisées, fidélités compromises, carrières sacrifiées. Monseigneur Labrecque avait été de toutes les escarmouches, ayant maille à partir même devant les tribunaux. Prenant le parti de Dubuc, il avait ferraillé dur contre tous ceux qui ne se pliaient pas à ses desseins. Ces derniers en couvraient large. Monseigneur combattait l'arrogance des Price mais aussi la démocratie, l'instruction obligatoire, les syndicats neutres, le travail dominical, l'ouverture de bibliothèques publiques, le cinéma, les danses, les débits de boisson, les fêtes païennes, la diffusion de la Bible dans les familles, la négligence vestimentaire et les jurons, sans parler des libéraux, des Juifs, des protestants et autres francs-maçons. Il s'en prenait aux journalistes, les semonçait en chaire. Il convoquait aussi à l'évêché les conseillers municipaux, les députés, leur imposait des lignes de conduite dans telle ou telle affaire et les enjoignait de s'y tenir sous peine de se voir privés des sacrements et déshonorés auprès de leurs électeurs. Plusieurs obtempéraient ; pas tous. L'avocat Louis-de-Gonzague Belley, notamment, fut excommunié par l'évêque et devint, pour cette raison, une personne scandaleuse ; il dut quitter la région avec sa famille et alla s'établir dans l'Ouest canadien. Sa Grandeur s'était irritée de ce que Belley ait osé lui intenter un procès ; elle s'en était ainsi vengée. Et, pour ne pas être en reste, elle avait sévi également contre le Grand-Vicaire de la cathédrale, frère de Louise-de-Gonzague et, de ce fait, jugé très coupable lui aussi. Monseigneur l'avait déchu de son titre et exilé dans une paroisse de colonisation au fin fond de la région ; il en était mort peu après, d'aigreur et d'ennui.

Jos-D. ne s'en était guère mieux tiré. Bon chrétien assurément, il était lui aussi du clan Dubuc ; c'est lui qui avait fondé la Compagnie de Pulpe et en avait été le premier président. Mais il avait son idée sur l'étendue et les limites des pouvoirs de l'évêque en matière temporelle. Il avait dirigé la mairie, son journal et toutes ses affaires en conséquence, ce qui l'avait amené souvent à tenir tête au prélat, à défier ses injonctions. Il lui en avait coûté cher. Jos.-D. était maintenant un homme abattu qui avait été évincé de son journal et n'exerçait plus aucune fonction auprès de la Compagnie de Pulpe. Il avait aussi été vaincu à la dernière élection, ses affaires avaient décliné et sa santé était défaillante. Il était devenu l'ombre de Jos. le « Beu ».

Aussitôt descendu du train, le Grand s'était rendu chez Fabien. L'oncle avait beaucoup vieilli et affichait une très mauvaise mine. Sa maladie le retenait à la maison depuis plusieurs semaines ; ses promenades au port lui manquaient. Eugénie, par contre, avait toujours bon visage. Méo la trouva même embellie et le lui dit ; elle fit mine de ne pas le croire. Il vécut parmi eux pendant deux ou trois semaines. Peu à peu, l'oncle prit du mieux, son moral tout au moins, et le Grand également, dont l'abattement n'avait pas échappé à Fabien :

— J'te trouve la voilure bin basse, Méo…

Ils se remirent à leurs longues conversations. Cette fois, c'est le neveu qui racontait ses aventures au vieil homme : les belles, les insolites et les autres ; presque toutes les autres. Mais Fabien comprenait tout et devinait le reste. Il respectait les silences, les omissions du Grand; leur amitié était intacte. Bientôt, ils purent faire de courtes promenades, à petits pas, le neveu soutenant l'oncle. Le quartier avait changé. L'atelier était fermé; un commerçant l'avait loué et s'en servait comme entrepôt. Les deux sœurs n'étaient plus là, leur famille ayant déménagé à Jonquière. Un matin, Méo retint les services d'un cocher et amena Fabien au port. Ils en revinrent très tard, excités comme avant, et racontèrent tout ce qu'ils avaient vu à Eugénie qui ne comprenait rien : ils parlaient tous les deux en même temps.

Ensuite, Méo rendit visite aux Guay. Il revit Jos.-D., sa femme et Pierre-Eugène. C'était bientôt l'ouverture de la saison de chasse et Jos. embauchait encore quelques guides pour des clients américains; c'était la seule entreprise qui lui restait. Le Grand voyagea donc tout l'automne avec Pierre-Eugène dans la région du lac Kénogami et de la rivière Pikauba d'où ils ne revinrent qu'à l'hiver 1917. Ils repartirent aussitôt avec le médecin de la Compagnie de Pulpe qui avait besoin de cochers pour faire la tournée des chantiers de Dubuc. Ils s'arrêtaient dans chaque camp pour faire soigner les malades et les blessés. Souvent un prêtre montait avec eux et faisait la mission auprès des forestiers. Ils repassaient régulièrement à Chicoutimi. Méo descendait tantôt chez Fabien, tantôt chez Jos.-D., s'amusant à faire courir son cheval, Lancelot, sur la glace du Saguenay. Il se trouva en ville au moment du carnaval et assista à la grande « masquarade » sur la patinoire de la Place d'armes, toute décorée de lanternes chinoises. La fanfare municipale accompagnait les patineurs travestis en Bohémiens, en Allemands, en cow-boys, en Iroquois, en « Parti conservateur » : un clown vêtu de bleu patinait sur les bottines et avançait tout croche en s'enfargeant dans la ligne rouge au centre de la patinoire. Un autre clown, déguisé en « Parti libéral », faisait le contraire, s'empêtrant dans les lignes bleues. Des bourgeoises, des notables faisaient partie des protagonistes. Il y avait ensuite affluence au Château Saguenay. C'est là qu'une dame de petite vertu répondant au prénom d'Armance — ou la Gourgane, pour les plus intimes — avait établi ses quartiers d'hiver. La dévouée «pensionnaire» occupait une mansarde où, selon des horaires variables mais à prix fixe, elle dispensait discrètement ses charmes. Pierre-Eugène et Méo montaient la voir à l'occasion. Armance les avait pris en amitié et, de temps à autre, leur prêtait un peu de sa personne.

Dans un autre registre, Méo voyait aussi Béatrice au parloir des Sœurs Antoniennes. Elle priait constamment pour obtenir enfin la grâce de partir en mission. Il ne quittait jamais le couvent sans saluer Rosida, la fille de Tancrède. C'était une manuelle, Rosida. La direction de la communauté la destinait à la cuisine et elle travaillait déjà très dur aux fourneaux. Elle se distinguait grâce à ses galettes au sirop dont elle avait emprunté la recette à sa mère Éliosa. La mère supérieure en envoyait chaque année une provision à l'évêque pour son anniversaire.

À Pâques, Méo vint passer quelques jours aux Chicots. Il prit connaissance d'une lettre du père Guinard l'invitant à lui servir de guide dans sa prochaine mission chez les Cris au cours de l'été. Il apprit aussi que Mathilde venait d'être transférée dans un autre cloître, dans l'État de New York. Il fut de retour à Chicoutimi dès la mi-avril. C'est le moment que le jeune Guay avait choisi pour annoncer à sa famille qu'il allait s'enrôler et partir au front. Il invitait Méo à l'accompagner.

Le Grand fut désemparé. Certes, il avait plusieurs fois envisagé cette éventualité. Comment ignorer les messages insistants du gouvernement fédéral dont les affiches s'étalaient sur les édifices publics, les poteaux de téléphone, les wagons de chemin de fer? En particulier ceux qui invitaient les jeunes Canadiens français à se montrer généreux et courageux en se portant «au secours de la France et de la liberté». Cet aspect des choses le troublait. Mais il y avait aussi la rumeur non moins pressante des familles et des paroisses à laquelle s'ajoutait le discours des journaux: les Anglais avaient fait bien assez de mal aux Canadiens français, c'était leur guerre après tout ; ils les courtisaient seulement parce qu'en ce moment ils avaient besoin d'eux :

— Ils nous montrent leur belle dent, disait Joseph.

Les « nôtres », disait-on au Saguenay, étaient invités à se sacrifier pour une patrie qui n'était pas la leur, pour un Empire arrogant qui, en d'autres temps, se fichait pas mal de ses anciennes colonies.

Comment réconcilier tout cela ? Méo enviait son ami qui voyait l'affaire beaucoup plus simplement. Pierre-Eugène voulait partir à l'aventure, s'illustrer par des hauts faits, braver le danger et même la mort, devenir un héros. Pour l'heure, Méo choisit de s'abstenir. Il en fit part au jeune Guay, lui fit ses adieux et revint à Mistouk.

* * *

Il n'y était question que de la guerre et du projet de conscription qui était dans l'air.

— Mon Dieu qu'y a donc pas d'entente ! déplorait Marie. C'est bin terrible comme y a pas d'entente…

À la forge, Toutennâl expliquait :

— Trompez-vous pas là, les boys ; c'est d'la business, tout ça… Des grosses piastres, c'est toutt. Vous pouvez m'crouère : c'est les Américains qui sont en dessour de tout ça : les invasions, les Allemands, les armées, toutt and all !

D'autres commentaient les articles des journaux, s'arrêtaient aux nombreuses dépêches de propagande faisant état, jour après jour, des grosses pertes subies par les Allemands : cinquante morts ici, trente autres là, une vingtaine ailleurs, sans parler des blessés. Un jour, Arrache-Clous s'était exclamé :

— Mais cout'donc, y en a bin d'ces Allemands-là !

Clocher Fortin avait son idée sur la cause de la guerre :

— C'est simple, y a trop de races. Plus ça va, j'ai r'marqué, plus y en a. C'est rendu qu'y en a partout. Ça peut pas marcher ; rapport que les races, ça va pas ensemble pantoute.

Blédinde renchérissait :

— C'est vré, ça. R'gardez juste icitt au Saguenay, les villes de Jonquière pis Chicoutimi, c'est tejours en chicane. Maudites races de monde !

Le Grand Delisle veillait :

— Tu voué, Blédinde, t'es-t-encore tout d'travers là. Les gens de Jonquière pis Chicoutimi, bin crère que c'est pas des races, voyons donc. Y-z-ont la même couleur de peau, en tout cas à peu près, y ont l'même évêque, y parlent la même langue, tout ça. En seulement que, y s'accordent su aucun sujet, c'est ça l'affére. Comme on pourrait dire, y parlent la même langue mais y disent pas la même chose. Seulement, c'est pas des races, là ! Ce s'rait plutôt comme des coqs, moué j'dirais. Des coqueries, si tu veux.

— Pauv'innocent à Delisle, t'apprendras jamais ! On est là à discuter d'choses sérieuses icitt-là entre adultes, des sujets graves comme la guerre, les races, tout ça ; toué, te v'là dans l'poulailler ! Déjà qu'tu comprenais pas grand-chose quand t'avais ta perruque, depuis qu't'as la fesse à l'air, tu comprends pus r'guian toutt.

Blanche se maria au mois de mai de cette année-là avec un journalier de Jonquière, Antoine Gagné. Elle l'avait connu au village où il prenait pension chez Honorius avec des arpenteurs de Montréal. Le groupe, dirigé par un dénommé Lamarre, travaillait depuis un an derrière Mistouk. Il était vaguement question de gisements miniers et, encore une fois, de chemin de fer. Blanche n'avait que dix-neuf ans mais elle était très amoureuse. Pendant quelques semaines, les nouveaux mariés demeurèrent aux Chicots, puis Antoine en eut fini avec le travail d'arpentage et ils allèrent s'établir à Jonquière. Joseph leur avait prêté Farouche, alors très âgé, ainsi qu'une voiture qu'ils devaient retourner quand ils le pourraient. La voiture fut rendue en effet mais tirée par un autre cheval, Farouche étant mort entre temps. Blanche était partie en emportant des vêtements, quelques effets ménagers, trois poules et cinquante dollars. C'était sa dot. Ceux qui s'éloignaient de la famille et de la terre n'avaient pas droit à grand-chose.

*　*　*

Durant la dernière semaine de mai 1917, peu après le départ de Blanche, Méo alla rejoindre le père Guinard à Trois-Rivières. Le vieil Oblat en était à sa dernière visite auprès des Indiens. Il tenait à l'effectuer durant l'été car c'était la saison où les familles rentraient des territoires de chasse et se regroupaient autour des postes ou dans les Réserves. Le voyage vers la Baie James fut très long. Ils remontèrent le Saint-Maurice jusqu'à Kikendash, navi-guèrent ensuite sur la Mékiskan et enfin sur la Nottaway. De là, ils longèrent la rive sud de la Baie et s'arrêtèrent finalement à Moose Factory, qui était la première étape de leur périple. Ils avaient eu à surmonter bien des peines pour se rendre jusque-là. Souvent le matin, la glace recouvrait les rivières et, des heures durant, Méo se tenait à l'avant du canot, penché sur l'étrave, pour ouvrir la voie à coups d'aviron pendant que le prêtre ramait à l'arrière. Le missionnaire était perclus de rhumatismes, ce qui le rendait bougon. Le soir, il était épuisé ; Méo s'occupait de la tente et de la nourriture. Il pêchait et chassait la perdrix blanche qui abondait. Elle était facile à repérer à cause de ses pattes rouges et des larges pistes qu'elle laissait sur la neige. Ils affrontèrent beaucoup de mauvais temps : du vent, de la grêle, de la pluie. Lorsque le soleil reparaissait, la tente était si mouillée qu'ils pré-féraient coucher à la belle étoile malgré le froid. Au petit matin, ils se hâtaient de repartir pour se réchauffer. C'est à ce moment que le père souffrait le plus. Méo l'observait et s'étonnait de son entêtement à poursuivre la route malgré tout.

Ils restèrent peu de temps à Moose Factory qui était un petit centre de services pour l'ensemble de la Baie James et dont la population était protestante. La Compagnie de la Baie d'Hudson y tenait des entrepôts près d'un quai où étaient amarrés quelques bateaux. Le missionnaire n'aimait pas cet endroit. En passant devant le poste de traite, il montra à Méo une affiche qui ornait depuis plusieurs années la façade du bâtiment principal; elle représentait un prêtre catholique caressant les seins d'une femme.

Ils reprirent leur navigation vers le nord, en longeant cette fois la côte ouest de la Baie James, désertique et marécageuse. D'énormes blocs de glace à la dérive les accompagnaient et il neigeait parfois à plein ciel même si le mois de juin touchait à sa fin. Des bosquets de peupliers et d'épinettes, perdus dans la toundra, marquaient l'embouchure des rivières. Un vent glacial courait sur la Baie. Mais le paysage était saisissant. Méo se laissait distraire par cette mer tumultueuse et rugissante qui déversait ses eaux noires dans le pays des banquises. Parfois une brume épaisse se répandait subitement, comme si l'eau s'était mise à bouillir à travers les glaces. Ils doublaient des îlots rocheux qu'ils apercevaient au dernier moment, masses sombres, tourmentées, gisant au creux des vagues, comme des épaves flottantes. La marée baissante entraînait le canot vers le large et le déposait sur la boue. Les deux hommes en descendaient, attendaient de longues heures dans le froid et la glaise le retour de la mer. Une nuit, le feu détruisit une partie de leur tente. Aussitôt réveillé, Méo fila en vitesse vers le rivage. Le père l'aperçut et crut qu'il s'enfuyait. Le Grand avait eu le réflexe de se précipiter pour mettre le canot en sûreté : incapables de naviguer, ils n'auraient pas survécu en cet endroit; c'était l'une des choses qu'il avait apprises chez les Montagnais.

Ils parvinrent à Albany, qui était la deuxième étape de leur voyage. Il s'y trouvait un poste de la maison Revillon Frères, concurrent de la Compagnie de la Baie d'Hudson. Là, le père put rencontrer des fidèles pour la première fois. Il les recevait dans une petite chapelle de bois délabrée qui servait aux offices; il leur parlait dans leur langue. Méo constatait avec surprise que le vieil homme n'aimait pas beaucoup les Indiens qu'il jugeait très sévèrement. À son goût, les Sauvages jouissaient d'un traitement de faveur de la part du gouvernement. Ils étaient servis comme des «princes», disait-il, et cependant n'arrêtaient pas de se plaindre. Il condamnait leur ingratitude. Néanmoins, il se montrait toujours affable et très dévoué à leur endroit. Il était d'une grande générosité, partageant vivres, vêtements et accessoires. Sa patience était sans limite aussi. Mais chez lui, c'était un effet de la raison plus que du cœur. La grande pauvreté des familles était pourtant manifeste; Méo jugeait leur condition encore plus précaire que celle des Montagnais. Ils échangeaient les produits de leur chasse, le renard argenté surtout, contre des articles dérisoires, sans rapport avec leur valeur marchande.

Un soir dans la tente, le Grand interrogea le missionnaire:

— Vous aimez pas beaucoup les Indiens, pourquoi faites-vous tout ça?

— Le Seigneur est venu sur la terre pour tout le monde, Méo, même ceux qui le méritaient moins.

— Vous avez des mots durs pour les Sauvages. Y sont pourtant pas pires que les autres?

— Les gens ne sont pas égaux, c'est dans la nature. Quand on fait un jardin, on met la même semence partout, mais on sait bien que des plantes lèveront moins que d'autres; c'est pas la faute du jardinier.

— C'est pas la faute des plantes non plus.

— C'est pour ça qu'il faut s'en occuper, comme on fait avec les autres. C'est pour ça que j'ai passé ma vie chez les Indiens.

En arrivant chez les Cris, Méo s'était cru au bout du monde. Il comprit qu'il se trouvait seulement aux portes d'une autre contrée, sans fin celle-là, recouverte de glace presque toute l'année, livrée aux loups géants, aux phoques, aux bœufs musqués et à d'autres animaux improbables dont il n'avait jamais entendu parler. Le père Guinard avait parcouru ce territoire en tout sens ; il décrivait à Méo les mœurs des humains et des bêtes, la manière dont les premiers survivaient, la plupart du temps grâce aux autres. Le Grand s'émouvait du sort réservé aux vieillards, sacrifiés au profit des plus jeunes. Il se prenait d'admiration pour les bœufs musqués qui, lorsqu'ils étaient attaqués au fusil, formaient un demi-cercle pour protéger les femelles et leurs petits ; quand un mâle tombait, un autre s'avançait pour le remplacer. Le missionnaire racontait comment, en dépit des distances, les rares habitants de ce continent arrivaient à se fréquenter, à créer des liens, des amitiés. Au terme d'une saison de chasse, une famille donnait rendez-vous à une autre pour l'année suivante, aux environs d'un lac ou dans le voisinage d'une colline. Le moment venu, les premiers arrivés dressaient la tente ou l'iglou et attendaient. Les autres arrivaient quelques jours ou quelques semaines plus tard ; la jonction se faisait toujours. Le Grand découvrait que là où il y a beaucoup d'espace, il y a aussi beaucoup de temps.

Les deux hommes continuèrent leur route plus loin encore vers le nord, atteignirent la Baie d'Hudson et prirent vers l'ouest encore une fois, jusqu'à l'embouchure de la rivière Winisk. C'était le terme de leur parcours ; jamais un missionnaire ne s'était rendu aussi loin dans cette direction. Sur leur chemin, ils aperçurent plusieurs campements et s'arrêtèrent à chaque fois. Le père administrait des baptêmes, prenait la parole. Il ne prêchait jamais longtemps, cette année-là surtout. La saison de chasse avait été désastreuse aussi bien chez les Inuits que chez les Cris. Durant le catéchisme, des enfants sous-alimentés s'évanouissaient. Guinard et Méo partageaient leurs provisions et, à la fin, se nourrirent d'herbages tout comme les Indiens. Un jour, tandis qu'ils naviguaient, ils virent des branches d'arbre plantées sur la rive, ce qui était un signe de détresse. Ils débarquèrent mais ils arrivaient trop tard : ils découvrirent les cadavres d'une femme et de deux enfants dans une tente. À Winisk, ils rencontrèrent d'autres familles décimées par les tragédies du dernier hiver.

Un jour, le Père acheta des provisions et loua deux traîneaux à chiens; il voulait se rendre encore plus loin, chez les Inuits. Ils partirent et cheminèrent pendant quelques jours à travers les glaces, dans un paysage qui rappela à Méo sa tragique chevauchée avec Moïse. Ils s'arrêtaient lorsqu'ils voyaient des campements; le missionnaire bénissait les enfants, laissait de la nourriture aux adultes. Un jour, ils parvinrent à un grand lac près duquel se dressaient quelques iglous. Dix-sept indigènes s'y trouvaient, affamés. Les hardes de caribous n'étaient pas passées, obligeant les membres du clan à pêcher sous la glace. Mais le poisson se faisait rare lui aussi. Le chef expliqua qu'ils arrivaient à retirer du lac quelques prises seulement chaque jour, ce qui ne suffisait pas à nourrir tous les siens. Plusieurs personnes étaient mortes déjà au cours des semaines précédentes. Les survivants avaient mangé les chiens, puis ils avaient tué les bébés nourris au sein afin de sauver les mères, et enfin ils avaient sacrifié les vieillards pour avoir moins de bouches à nourrir. C'était encore trop peu. Guinard et Méo étalèrent sur la neige les provisions qui leur restaient, tout en craignant que les Inuits ne s'en emparent; mais ils n'en firent rien, demandant seulement s'ils pouvaient disposer de quelques excédents. Si ses gens pouvaient reprendre des forces, disait le chef, ils entreprendraient la migration vers un lac qu'ils connaissaient, à douze jours de marche vers l'ouest, dans un territoire où il y avait toujours du gibier. Méo calcula au plus juste ce qu'il leur fallait à eux-mêmes et aux chiens pour rentrer à Winisk. Le chef s'empara du reste et, remplis de remords, les deux hommes rebroussèrent chemin.

Pendant quelque temps après leur retour à Winisk, Guinard reprit ses missions, avec l'aide de Méo. Mais chaque jour, ils s'interrogeaient tous deux sur le sort du clan qu'ils avaient secouru. Lorsque le Père en eut terminé avec les Cris, ils voulurent en avoir le cœur net. Ils réapprovisionnèrent deux immenses traîneaux et refirent le long trajet qui menait aux iglous. Ils les retrouvèrent, mais déserts. Les deux hommes décidèrent de prendre la direction de l'autre lac, dont le chef avait parlé. Ils s'engagèrent à pied dans une vallée désertique, très encaissée. Et alors, au fur et à mesure de leur progression, ils trouvèrent les cadavres des membres du clan, tombés un à un le long du parcours, au bout de leurs forces; de jeunes enfants d'abord, des jeunes gens ensuite, puis des adultes. Ils marchèrent pendant trois jours et les découvrirent tous, dix-sept au total. Ils s'arrêtèrent chaque fois pour procéder à une inhumation sommaire. Guinard récitait les prières. À leur grande surprise, le dernier corps était celui d'une jeune fille d'une douzaine d'années; ses parents lui avaient donné leurs dernières réserves sans doute. Elle était tombée à cinq heures de marche plus loin que l'avant-dernier survivant, qui était le chef du clan lui-même. Elle s'était emparée de son fusil et de ses cartouches et avait continué sa route jusqu'à épuisement. C'est Méo qui la trouva. Elle était allongée sur une petite butte, comme si elle sommeillait. L'arme et les munitions étaient rangées le long de son corps. Elle s'était arrêtée un moment pour se reposer. Le Grand resta longtemps près d'elle avant de rebrousser chemin.

Ils revinrent à Winisk sans échanger un mot. Là, d'autres récits du même genre leur parvinrent dans les jours qui suivirent. Presque toutes les populations du Nord avaient été frappées, peut-être à cause des caprices du caribou qui avait modifié ses routes, mais plus sûrement à cause des dieux qui sévissaient encore une fois. En petits groupes, à l'écart, les Indiens se transmettaient les mauvaises nouvelles à voix basse, avec des mots sobres et de petits gestes, comme font ceux qui ont l'habitude et le respect de la mort, pour en avoir vu souvent le visage de près.

En septembre, les deux voyageurs amorcèrent le long trajet qui les ramènerait chez eux. Le Père était épuisé et marchait difficilement. Il ne se plaignait pas mais souffrait de tous ses maux. Il savait aussi qu'il en était à son dernier voyage, qu'il ne reverrait plus les Indiens. Il disait maintenant « mes Indiens ».

Un soir, comme il disposait ses effets pour ses prières et sa messe du lendemain, il sortit de son sac son précieux calice. C'était un petit vase d'argent marqué d'une croix qui l'avait accompagné dans toutes ses missions depuis plus de quarante ans. En voulant le déposer sur une pierre, il l'échappa et l'objet se brisa. Le vieux prêtre en éprouva un grand chagrin. Toutes ses peines subitement se conjuguèrent. Longtemps, Méo le vit pleurer en silence, la tête entre les mains. Pour la première fois, il le surprenait à s'abandonner. Un moment, oubliant son compagnon, l'Oblat s'agenouilla, leva les bras au ciel :

— Seigneur, pourquoi avez-vous permis cela ? Pourquoi avez-vous permis cela ?…

Cédant à sa douleur, il continuait en demandant quelle faute il avait donc commise. Comment allait-il maintenant pouvoir dire la messe et faire communier ses Indiens ? Le lendemain matin, le Grand s'empara du vase et lui rendit un peu de sa forme en le tenant au-dessus du feu ; il imitait le geste du grand-père Wilbrod. Puis il redressa la tige et y assujettit la coupe. Le résultat fut approximatif mais le missionnaire en fut heureux. Il avait surmonté sa défaillance. Il se disait cependant que cette brisure annonçait sans doute l'autre, l'ultime, celle qui mettrait fin à ses pérégrinations et dont il sentait les griffes se resserrer sur son cœur. Il mourut quelques mois après son retour à Trois-Rivières.

* * *

Quand Méo retrouva les siens en octobre 1917, une lettre de Béatrice venait d'arriver. Elle avait obtenu son assignation pour les missions, elle partirait pour l'Afrique dans quelques semaines. C'était pour elle un vrai cadeau du ciel ; elle ne croyait pas, écrivait-elle, mériter une telle faveur. De Mathilde par contre, aucune nouvelle. Personne n'en attendait cependant ; tous connaissaient la règle du cloître. Marie continuait de prier pour sa grande fille ; le lampion brûlait toujours dans la petite niche au mur du salon.

À Mistouk et dans la région, les esprits s'inquiétaient des rumeurs de conscription. Et un jour, les journaux propagèrent la nouvelle : en dépit des promesses réitérées au cours des années précédentes, le gouvernement canadien, cédant aux pressions de l'Angleterre, venait de décréter l'enrôlement obligatoire. Tous les célibataires de vingt à trente-quatre ans devaient se présenter. Seuls les jeunes cultivateurs et les fils de cultivateurs travaillant sur les fermes étaient exemptés ; mais tout le monde se demandait pour combien de temps. L'atmosphère était déprimante aux Chicots et dans la paroisse. Chacun était affecté à sa façon. L'oncle Médée ne construisait plus de cabanes d'oiseaux, les conversations languissaient à la forge et au magasin, Félix avait délaissé ses cartes. Les mères s'inquiétaient pour leurs fils. Il n'y avait plus de veillée après les corvées.

Méo ne voulut pas céder à l'abattement des siens. Un matin, il prit le bateau, se rendit à Roberval et s'enrôla. Tout le monde fut sidéré. Joseph et Marie faillirent s'évanouir. Quant à l'oncle Almas, il venait d'apprendre par les journaux qu'Olivar Asselin lui-même allait s'engager aux côtés des Anglais. Du coup, il se déclara dépassé par le cours des choses et se réfugia dans le silence, ce qui inquiéta fort son entourage. Une semaine plus tard, le Grand était parti. Il avait résolu de rejoindre son ami Pierre-Eugène qui venait de rejoindre l'Angleterre.

Julie et Senelle attendraient encore.

* * *

Mais rien ne se déroula comme il avait souhaité. À son arrivée au camp de Val-Cartier près de Québec, il dut insister pour être admis ; le service médical voulait le renvoyer à cause de ses amputations. Puis survint un incident un peu ridicule qui faillit avoir des conséquences très fâcheuses. Les recrues, pour la première fois en uniforme, se présentaient dans un grand bâtiment administratif où elles faisaient la queue devant un bureau. Trois militaires y siégeaient pour faire signer leur engagement. Méo y arriva vêtu comme un clown : la garnison n'avait pas de costume à sa taille et ses vêtements trop courts faisaient un drôle d'effet ; un effet irrésistible apparemment car, bientôt, des rires secouèrent toute la file d'attente. Le Grand s'en amusa lui aussi. Il changea d'humeur lorsque les gradés eux-mêmes se mirent de la partie. Ils n'auraient pas dû. Méo fit une vraie colère et les officiers se seraient retrouvés fort mal en point si des soldats n'étaient intervenus. Il fut mis aux arrêts pour plusieurs semaines, ce qui le priva de passer Noël à Mistouk. Quand il fut remis en liberté, les choses ne s'arrangèrent pas. Il découvrit que la vie du camp était dominée par les Anglais parmi lesquels se recrutaient presque tous les gradés. L'entraînement se faisait dans leur langue et les Canadiens français étaient leur cible favorite, subissant toute sorte d'avanies. Méo réagissait aux quolibets, aux injures qui lui étaient adressées ; il fut impliqué dans plusieurs bagarres, ce qui au cours de l'hiver lui valut d'autres incarcérations. Les incidents se multipliant dans le camp, les dirigeants firent enquête, constatèrent les faits et ordonnèrent des correctifs. À compter du printemps, le Grand put être soumis à un entraînement intensif et ses supérieurs découvrirent enfin de quoi il était capable. Et, juste comme tout semblait s'arranger, il subit une blessure assez sérieuse à une jambe dans un accident de camion. Il fut soigné en clinique pendant une quinzaine de jours puis envoyé en convalescence aux Chicots.

Chez les civils, les choses n'allaient pas mieux. À la fin d'avril 1918, le gouvernement annula les exemptions en faveur des agriculteurs ; les habitants ne s'étaient donc pas inquiétés pour rien. Cette mesure provoqua une grande colère dans toutes les provinces du Canada, mais plus encore au Québec. Plusieurs villes y furent le théâtre de manifestations. La grande majorité des nouveaux conscrits défiaient la loi en refusant de se rapporter ; il y eut des émeutes à Montréal et surtout à Québec où l'armée tira sur la foule. Au Saguenay aussi, le mécontentement était grand. Les files de conscrits s'étiraient devant les bureaux d'exemption. Les juges Casgrain et Lagacé, chargés d'examiner les demandes, se faisaient indulgents, sinon complices. Des rumeurs plus ou moins fondées de résistance et même d'insurrection coururent bientôt. Des informateurs les transmirent aux autorités militaires à Québec et à Ottawa, qui les prirent au sérieux. Il fut décidé de faire un exemple.

Dans la soirée du 19 septembre 1918, des citoyens de Chicoutimi virent entrer en gare un convoi de dix-sept wagons en provenance de l'Ontario ; il transportait trois cents soldats avec fusils et mitrailleuses, et presque autant de chevaux. Quelques Canadiens français les accompagnaient. Ils descendirent sous les yeux des passants éberlués et prirent position sur les hauteurs de la ville. Des détachements furent ensuite dépêchés à Roberval et à Rivière-à-l'Ours. De ces trois endroits allaient partir la plupart des opérations de ratissage au cours des semaines suivantes.

À partir de ce moment, de nombreux insoumis s'armèrent et se retranchèrent dans une soixantaine de repaires qu'ils aménagèrent à travers la région. La plupart étaient situés en forêt au sommet de collines, ou en lisière des champs, parfois aussi dans des grottes, des granges ou des bâtiments abandonnés. Pour plusieurs, les fusils servaient seulement à chasser le gibier. Pour d'autres, c'était différent ; ils étaient résolus à se défendre si l'armée attaquait. Des résidants les approvisionnaient durant la nuit. Les militaires faisaient des sorties par petits groupes, se déplaçant à cheval ou en automobile. Ils surveillaient les quais, les gares et autres lieux publics. Ils parcoururent les rangs de Mistouk, vinrent quelques fois aux Chicots, jusqu'à la Concession des Chiens. Par groupe de huit ou dix, baïonnette au canon, ils faisaient irruption la nuit dans des résidences, semant la panique parmi les occupants. Ou bien ils encerclaient des maisons en tirant des coups de semonce. Des vieillards, réveillés en sursaut, croyaient la fin du monde arrivée. Les enfants ne trouvaient plus le sommeil. Les habitants voyaient pour la première fois des soldats en armes. C'était pire que dans la chanson de l'oncle Almas.

Durant la première semaine, plusieurs insoumis furent capturés au Lac. Les colons découvrirent bientôt que les militaires s'assuraient la collaboration de délateurs à qui ils versaient une prime pour chaque conscrit dénoncé et capturé. Alors la population s'organisa. À Mistouk, le curé Renaud donna instruction au bedeau de faire le guet tout le jour du haut de l'église et de faire sonner les cloches lorsqu'il voyait venir un détachement. Des codes, des subterfuges furent mis au point par les habitants pour déjouer les militaires : accrocher un linge de telle couleur aux fenêtres ; transmettre des signaux d'une maison à une autre à l'aide de mouvements de lampe ; faire courir de faux insoumis à travers champs pour créer une diversion pendant que les vrais regagnaient leur cachette. Les officiers menaient aussi des expéditions à travers la forêt, de préférence la nuit, avec des soldats à cheval, accompagnés de deux ou trois indicateurs qui connaissaient bien le terrain. Pour se protéger, les conscrits disposaient des guetteurs à distance des camps et, lorsque les cavaliers y arrivaient, ils les trouvaient vides.

Après un mois, les patrouilles étaient devenues infructueuses et les officiers s'impatientèrent. Ils voulurent obtenir la collaboration de monseigneur Labrecque. Contre toute attente, le prélat opposa un refus, prenant le parti des insoumis ; ce faisant, il rompait les rangs avec la majorité des évêques du Québec ; mais il rejoignait la position de la plupart des Saguenayens. Les journaux locaux, les syndicats, les conseils municipaux, les cercles agricoles, les hommes d'affaires, tous dénonçaient l'intervention armée. Partout, les fenêtres, les clôtures, les voitures étaient placardées d'affiches hostiles : « Engeance d'Empire », « Gouvernement d'hypocrites », « Maudits délateurs »…

La paroisse de Mistouk était ressoudée ; l'intervention militaire avait réconcilié le Village et le Rang. Trois repaires avaient été aménagés dans les environs de la paroisse. Aux Chicots, une vingtaine de conscrits, dont Léon-Pierre, s'étaient retranchés aux Eaux-Belles où ils avaient agrandi le camp et aménagé des postes de surveillance parmi les mélèzes géants. La plupart des cousins et amis de Méo s'y trouvaient, y compris Zébert qui, du coup, était devenu sobre. Gonzague était l'un de ceux qui les approvisionnaient. Le docteur Simard leur rendait discrètement visite de temps à autre à cause de la grippe espagnole qui menaçait. Jean-Baptiste s'y rendit deux ou trois fois pour donner la communion et dire la messe. Méo restait aux Chicots ; sa blessure guérissait rapidement et il pouvait maintenant se déplacer autour de la maison. Il était informé de ce qui se passait, souffrait de l'inaction, et plus encore de son indécision. Il devrait bientôt trancher : marcher sur les pas de Pierre-Eugène ou rejoindre les insoumis. Il ne pouvait pas être à la fois du Rang et du Village. Tous les anciens apôtres étaient regroupés au camp des Eaux-Belles ; il n'y manquait que lui. Plusieurs condamnaient son absence, sa défection. Pour quelques-uns, les apôtres avaient peut-être trouvé leur Judas…

Le Grand n'allait pas bien, il devint taciturne. Il visitait les P'tits Ours, rentrait au matin ou ne rentrait pas du tout. Félix avait été exempté de la conscription à cause de son infirmité, de même que Raphaël en raison de sa faible constitution. Néanmoins, Félix décida un jour d'aller rejoindre le groupe des Eaux-Belles. Méo s'emporta :

— Sans-génie, t'es même pas conscrit, qu'est-ce que tu vas faire là ?

— T'as pas d'leçon à m'donner, Méo. Y m'manque un pied, c'est vrai, mais moué j'ai encore toute ma fierté.

Et il avait pris en claudiquant la direction du camp. Peu après, l'oncle Almas fut arrêté et emprisonné à Roberval. Il cachait des conscrits dans un appentis près de sa grange ; on l'avait dénoncé. Ladislas, le Grand Delisle, Blédinde, Saint-Hilaire et plusieurs autres eurent maille à partir avec les autorités militaires, pour la même raison. L'oncle Albert aussi fut arrêté. Il voulut résister et il y eut une empoignade au cours de laquelle il brisa son râtelier et perdit sa dent en or. À compter de ce jour, il cessa de sourire. Chacun se tenait sur le qui-vive. Des rumeurs d'attaque contre le camp des Eaux-Belles et d'autres repaires d'insoumis circulaient.

À la même époque fut annoncée la mort de Pierre-Eugène au front, atteint par un éclat d'obus. Comme il l'avait souhaité, il s'était illustré dans les batailles de Lens et de Vimy, ce qui lui avait valu d'être décoré. Quelques jours avant son décès, il annonçait dans une lettre à Jos.-D. la fin prochaine des hostilités et son retour triomphal à la maison. Le Grand fut très affecté. Marie essayait de le consoler :

— T'es pas donc d'équerre, mon pauv'garçon. T'es là, tout débiscaillé, tout dégrafé. Mais r'prends su toué, le Grand; r'prends su toué, pour l'amour!

Il s'approchait d'elle, souriait malgré tout, lui passait un bras autour du cou.

— J'me sens comme un canot vide dans les rapides de Shipshaw. J'déborde de partout, m'man.

— Tant qu'à ça, t'as pas mal toujours débordé. Déjà dans ton berceau… Plus tard, ç'a été pareil. Elle eut un geste résigné :

— T'étais trop grand, t'as tejours été trop grand, mon p'tit garçon.

Quelques jours plus tard, il se rendait au village à pied. Le curé revenait de la Concession des Chiens et le fit monter :

— Embarque, le Grand, mais fais pas attention à mon cheval, j'suis pas bien bien greillé. Je viens juste de l'acheter; j'ai l'impression que le maquignon m'a déshabillé pour vrai. Regarde-le aller tout de travers… Allez, vas-y mon Tire-croche.

— Comment l'appelez-vous?

— Tire-croche. Tu vois bien qu'il tire tout croche. Plus que ça, on s'en irait dans l'autre sens!

Ils s'étaient rarement trouvés seul à seul, le curé et lui. Sauf au confessionnal… et encore! la dernière fois remontait à bien longtemps. Ils parlèrent d'abord de choses et d'autres, comme de vieux voisins appuyés à leur clôture. Sur leur passage, ils commentaient l'état des fermes, l'allure des troupeaux. Parvenus chez

Gaston Ouellet, ils s'arrêtèrent. Le maître des lieux s'était placé dans le chemin et faisait de grands signes :

— Venez par icitt, monsieur l'curé ; vous en avez seulement pour une minute.

Renaud déposa les cordeaux :

— Tu m'excuses, Méo ; je vais régler ça vite.

Il enjamba vivement la clôture, y laissant un bout de soutane, puis s'avança dans le champ, bénit les planches de grain d'un grand geste du bras et revint à la voiture. Ouellet n'en finissait pas de remercier. Le curé lui envoya la main, échangea un regard avec Méo :

— Sacré Gaston ; il changera pas. Tu vois à quoi je sers, le Grand ? Ici, il suffirait de vingt poches d'engrais pour me remplacer, ailleurs un bon ramancheur ou un bon sirop. J'ai résisté longtemps à ces affaires-là, puis je me suis dit : pourquoi pas après tout, du moment que ça soulage ?

Il resta silencieux un moment, comme s'il était surpris par le tour de la conversation. Il reprit :

— Quand je suis sorti du Grand Séminaire, c'est moi qui ai demandé à être nommé à Mistouk ; je voulais être prêtre-colonisateur. Pour moi, c'était une vocation, une mission si tu veux. Je me suis vite aperçu que la mission, c'était surtout de faire des commissions… En plus, c'est pas ça qui empêche les familles de partir. Des fois, j'me demande si j'ai pas un peu manqué mon coup, tu vois.

Il y avait de la fatigue, de la tristesse dans la voix du curé.

— Ça m'surprend c'que vous dites là.

— C'est parce que t'es encore jeune. Tu t'imagines que… tu vois la vie comme la traversée du Lac ; tu pars d'ici, t'avances, t'arrives là. Mais c'est pas comme ça. Souvent, ça ressemble plus au remous du Tourniquet, ça vire en rond.

Renaud s'était tu. Méo ne voulut pas en rester là :

— J'm'attendais pas à ça d'un homme comme vous ! Vot'vie r'semble plutôt à une ligne douette.

— Ouais, je comprends qu'avec les années, en regardant derrière, on peut voir ça de même, malgré tous les bouts de travers. Mais dis-toi bien que, par-devant, y a jamais rien de tracé ; ça se fait au jour le jour. À la petite pelle, Méo. À la petite pelle.

— Moué, ce s'rait plutôt l'contraire. Des lignes, j'en ai pas assez derrière pis trop devant !

— C'est pas bien vargeux, ça ; tu vas frapper un mur si tu continues !

— Peut-être que ça me r'placerait…

Ils rirent. Tout en conversant, le Grand observait la manœuvre du jeune cheval qui donnait de la tête, tirait par secousses brutales qui ballottaient les deux passagers. Il s'impatienta :

— Arrêtez-vous. Vot'cheval, là, c'est pas normal, ça ! Y va nous sacrer en bas si ça continue.

— Ah oui ?

Le Grand descendit, se porta à l'avant, s'affaira quelques instants à réajuster le mors de la bête, à défaire et replacer les sangles, le harnais, redresser le collier, aligner les manoires*. Il revint s'asseoir et la voiture repartit, tout droit :

— Vous avez dû atteler pis partir à l'épouvante comme d'habitude, j'suppose ?

— Veux-tu me dire ce que tu lui as fait ? Je reconnais pas mon cheval.

— Mais moué, je r'connais bin son cocher !

— Il tire pus croche…

— Vous allez devoir le r'baptiser… Un cheval, ça va comme c'est attelé, monsieur l'curé.

— Ah ça, pour atteler, y a pas de soin, tout le monde connaît tes capacités. Pour atteler puis pour décoller, là t'es pas battable. Pour ce qui est de mener, disons que c'est une autre affaire. Là, je dirais que j'me r'prends un peu.

Méo sourit, regarda le curé du coin de l'œil :

— Vous seriez pas en train de faire une autre commission, là ?

— … Ça se pourrait !

Ils se regardèrent, rirent encore.

— C'est vrai, le Grand, que ça fait longtemps que je veux te parler. Mais c'est pas facile, je te vois moins souvent qu'avant, surtout depuis quelque temps. T'as l'air bien occupé le dimanche !

Méo comprit l'allusion :

— Si vous voulez qu'on s'parle, disputez-moi pas, là !

— Bien non, bien non ; t'es trop grand pour ça. Puis, en vieillissant, j'en perds le goût ; je deviens moins bougon, il me semble.

— Disons que ça, c't'une rumeur qui est pas encore bin bin répandue… C'est correct, vous pouvez m'parler. Mais, j'vous avertis, c'est pas vraiment nécessaire ; j'sais pas mal c'que vous allez m'dire.

— Bon, c'est bien de même. Tout est pas mal dit, au fond ; je vois pas grand-chose à ajouter.

Ils étaient entrés dans le village. La voiture s'était arrêtée devant le magasin général. Des enfants en sortaient, suivis de leurs parents ; ils parlaient tous en même temps.

— Regarde comme c'est beau une famille, le Grand.

— Vous arrêtez jamais d'travailler, vous…

Renaud était redevenu très sérieux :

— Méo, ménage-toi, c'est ça que je veux t'dire. Une vie, c'est pas long ; ça laisse pas beaucoup de temps pour être heureux. Essaie pas de suivre trop de lignes, tu vas t'enfarger. Une, c'est bien assez. Puis prends-la pas trop compliquée pour rien ; moins c'est entortillé ces affaires-là, plus c'est droit…

— Moins c'est entortillé, plus c'est douett ! Ouais… j'pense que j'ai tout compris là, monsieur l'curé.

— Salut, grand énarvant !

*   *   *

Peu après, Méo fit un autre voyage à la Pointe-Bleue. Il rejoignit Senelle sur le bord du Lac, à l'écart des tentements. Il venait lui déclarer qu'il ne reviendrait plus. Elle fut heureuse de le revoir. Elle accourut vers lui, se pressa vivement contre sa poitrine, voulut l'attirer derrière un bosquet :

— Non, Senelle, non…

Elle insista ; il ne sut résister. Il mit beaucoup de douceur, de tendresse dans ce qui était pour lui un geste d'adieu. Elle y vit un aveu, une promesse. Quand ils se furent relevés, il lui fut encore plus douloureux de lui avouer le but de sa visite. Il s'attendait à une réaction très vive. Elle resta devant lui, immobile, silencieuse, la tête inclinée vers le sol. Elle avait les cheveux séparés au milieu, comme autrefois Lunik, sa grand-mère. Deux longues tresses lui tombaient sur les épaules. Le Grand pensa à la princesse Saghuéna dont Moïse lui avait raconté l'histoire devant le Cap Trinité. Il regarda la jeune fille. Non, il ne serait pas son prince. En ce moment, il se voyait plutôt comme le mauvais Windigo. Senelle avait fermé les yeux. Deux larmes coulaient sur ses joues. Elle ne bougeait toujours pas, ne disait mot. Le Grand attendait une réaction qui ne venait pas. Il lui passa doucement la main dans les cheveux, essuya ses larmes. Elle ne le regardait pas, gardait les yeux clos, la tête inclinée.

— J'm'en vas, Senelle…

Il attendit encore un instant, lui tourna le dos et s'éloigna lentement. Trois fois il se retourna ; elle n'avait toujours pas bougé, n'avait pas ouvert les yeux. Puis il ne se retourna plus.

Sur le bateau qui le ramenait à Mistouk, il repensait à l'Indienne, résignée, sacrifiée, consentante. Il se disait qu'il avait peut-être enfin compris quelque chose de l'esprit des Manigouche, de leur façon d'aborder, de surmonter la vie et ses revers : s'abandonner au courant, aux méandres de la rivière, la suivre jusqu'au bout de sa course, et là en retrouver la source. Il en allait ainsi peut-être avec le bonheur et la peine, la naissance et la mort ; tous ces fils finissaient par se souder, se prolonger, comme dans un cercle. Méo se sentait aussi le cœur plus léger ; c'était peut-être parce qu'il en avait laissé un gros morceau là-bas sur la rive ? Les larmes de Senelle lui restaient entre les doigts. Il savait que la patrie des Indiens n'était pas la sienne et ne pourrait jamais l'être. Trop de temps, trop de vie, trop de morts l'en séparaient. Ainsi que Julie.

* * *

Les événements se précipitèrent. Tout commença dans la soirée du 15 octobre 1918 à Roberval. Le mauvais temps avait fait rage toute la nuit précédente et jusque dans l'après-midi. Les chemins étaient devenus impraticables, les lignes téléphoniques avaient été coupées et la petite ville était complètement isolée. Les habitants s'étaient réfugiés dans leur maison et ne songeaient guère à en sortir. Alexis-le-Trotteur, apparemment insouciant de tout ce qui se tramait, séjournait dans la ville depuis deux ou trois semaines, invité par des cousins qui lui avaient commandé un four. Il avait été l'un des premiers à être exempté de l'armée. À quelques reprises au cours des dernières années, il avait annoncé qu'enfin, il ferait sa fameuse course contre le Colon, mais il n'avait pas donné suite. Les gens de la région avaient fini par l'oublier. Ce jour-là, il n'avait pas cessé de rôder dans la ville. Comme il lui arrivait souvent à cette heure qui précède la nuit, il flânait maintenant aux abords du quai, guettant le mouvement des embarcations qui s'agitaient au bout de leurs amarres. Il y avait là plusieurs barges, immobilisées depuis vingt-quatre heures. Et le Colon. Le Lac se calmait peu à peu, le ciel se dégageait, la lune apparaissait. Alexis s'attardait près du gros bateau.

L'obscurité était tombée lorsque, subitement, une soixantaine de cavaliers armés apparurent sur la rue principale et s'engagèrent sur le chemin du quai. Au même moment, des pilotes prenaient place sur les barges et à bord du Colon. Ils démarrèrent les moteurs. L'embarquement se fit rapidement et les bateaux se mirent aussitôt en marche en direction du nord. Toute l'opération avait duré moins de dix minutes. À la faveur de la nuit, elle était passée pratiquement inaperçue des résidants. Mais l'Innocent, à qui personne n'avait prêté attention, avait tout vu.

Il courut aussitôt chez ses cousins pour les en informer. L'un d'eux partit en vitesse et fut de retour vingt minutes plus tard, affolé : les embarcations se dirigeaient vers Mistouk ; la troupe allait prendre d'assaut le camp des Eaux-Belles. C'était l'occasion que les militaires attendaient : l'obscurité et l'absence de communications les assuraient d'un effet de surprise, personne ne pourrait prévenir les insoumis. Les cousins discutèrent, cherchant un moyen de venir en aide aux conscrits ; ils n'en trouvaient aucun. Alexis s'interposa. Il avait compris que Méo et les siens étaient en danger, que les soldats allaient les attaquer ; il irait lui-même les avertir : à la course. Il avait toujours voulu se mesurer au Colon ; le moment n'était-il pas venu ? Les autres se tournèrent vers lui, le trouvèrent étrangement calme.

Les cousins hésitaient ; ils auraient préféré un autre expédient. Ils voulurent s'assurer qu'Alexis comprenait bien de quoi il s'agissait, ce qui l'attendait. Les chemins étaient défoncés, parsemés de fondrières ; la distance était très longue et il aurait à faire tout le trajet de nuit, sans aucun secours. Parvenu à la rivière Saguenay, il lui faudrait faire un détour jusqu'au pont Taché, à la hauteur de l'Île-Maligne, pour gagner l'autre rive. L'Innocent écoutait, ne semblait pas s'inquiéter. Il répétait les instructions, ne bégayait plus. Depuis toutes ces années, il avait pu reconnaître plusieurs fois son parcours ; il avait tout vu, tout prévu. Ils sortirent, descendirent dans la rue principale, à la hauteur du quai. Les embarcations étaient hors de vue, dans la nuit. Les cousins signifièrent à Alexis qu'il devrait faire très vite, lui rappelèrent l'emplacement des Eaux-Belles, l'itinéraire probable de la troupe. Ils lui recommandèrent de se méfier des mouchards : au cas où il devrait s'arrêter, bien se garder de divulguer sa destination, la raison de sa course, et le reste. Ils lui parlaient doucement maintenant, s'inquiétaient de le voir s'engager dans cette équipée. Ils s'y résignèrent néanmoins, à demi rassurés par la détermination tranquille de l'Innocent. Et puis c'était le seul parti qui s'offrait. Ils embrassèrent Alexis qui démarra en silence sur le chemin boueux. Il n'emportait pas de harts ; cette fois, il n'en aurait pas besoin.

Jusqu'à Métabetchouane, il emprunta alternativement la route principale et des sentiers ou des clairières qu'il connaissait. La lune projetait assez de clarté pour qu'il s'y retrouve. Il atteignit Chambord puis Métabetchouane, après quoi il courut un long moment sur la voie ferrée longeant le Lac. Tout se déroulait comme prévu. Peu avant Grandmont, il passa devant une maison où des jeunes gens veillaient un mort. Ils étaient sortis un instant ; ils le virent passer tout à coup, surgissant de nulle part. Très surpris de le voir aussi tard dans la nuit, il leur sembla qu'Alexis n'était pas dans son état habituel : pas de fouet, pas de simagrées, pas de hennissements ni de facéties. Il avait l'air grave et ne leur accorda pas un regard. Eux-mêmes ne songèrent pas à lui lancer les quolibets habituels.

Le temps était clair et il progressait rapidement. Mais quand il délaissait la route pour suivre des sentiers de chasseurs, il trébuchait, tombait, se relevait. À quelques reprises, le paysage s'ouvrit sur sa gauche et il put apercevoir au loin sur le Lac, à peu près à sa hauteur, le profil sombre du Colon et des barges. Après des heures d'effort, il traversa Alma dont les rues étaient désertes puis se présenta enfin à l'entrée du pont Taché pour franchir la rivière Saguenay. Il découvrit avec stupeur qu'il ne pourrait l'emprunter. Le courant, déjà très fort habituellement à cet endroit, avait été grossi par les orages récents et avait déplacé la travée centrale. Alexis se vit obligé de rebrousser chemin. Il suivit la rive vers l'est et s'arrêta à la première maison, celle de l'ancien passeur, Hector Baril. Ces gens furent eux aussi très surpris de voir surgir l'Innocent à une heure aussi insolite ; il était plus de quatre heures du matin à ce moment. Ils se montrèrent plus étonnés encore de la condition dans laquelle ils le trouvaient. Haletant, hébété, il arrivait mal à se faire comprendre, ses vêtements déchirés étaient trempés de sueur et de boue ; il semblait plus confus que jamais. Mais il pointait désespérément le doigt vers la rivière en poussant de petits cris. Comprenant qu'il désirait absolument traverser, ils lui désignèrent le pont, mais il signifia par des gestes précipités qu'il était cassé. L'affaire parut tellement insolite que, finalement, en dépit de l'état des eaux et de l'heure tardive, Baril ordonna à l'un de ses fils de conduire Alexis de l'autre côté de la rive. Ils s'aventurèrent tous deux, le rameur et son passager, dans le très fort courant, en face de la Pointe-aux-Américains. Ils furent aussitôt déportés d'environ un demi-mille en aval. Le jeune Baril, qui était bâti solide, manœuvra aussi vigoureusement qu'il le put, mais ils dérivèrent encore longtemps avant de pouvoir accoster en un point très escarpé. Alexis sauta en vitesse du canot, sans dire un mot. Baril, plus perplexe que jamais, le regarda s'éloigner, grimpant fébrilement parmi les arbustes.

Alexis se savait dégradé et il essaya de forcer l'allure sur un territoire qu'il ne connaissait pas. Il s'arrêtait à tout moment pour s'y retrouver. Il paniqua, s'épuisa puis s'égara pour de bon. Jean-Pierre Langevin, un cultivateur de Saint-Nazaire qui faisait des abattis à deux milles au sud du village, aperçut lui aussi l'Innocent, à l'aube. Il le vit passer au bout d'une clairière, à cinq cents pieds du bûché où il travaillait. Alexis ressemblait à un fantôme. Sorti du bois subitement, il marchait en zigzaguant, les deux mains pendantes le long du corps. Il trébuchait tous les dix pas, la tête rejetée en arrière, comme pour retrouver son souffle. Langevin déposa sa hache et se hâta dans sa direction pendant que l'autre pénétrait à nouveau dans la forêt. Lorsque l'habitant y parvint à son tour, il ne le vit plus. Il essaya de le retrouver mais n'y parvint pas, ne sachant de quel côté se porter. Alexis divaguait ; il avait parcouru cinq ou six milles inutilement en plein bois. Il continuait néanmoins à avancer.

Des chasseurs de Mistouk furent les derniers à le voir vivant.

Ils se trouvaient alors dans un camp au milieu de la forêt, à deux milles au sud-est des Eaux-Belles. Ils purent l'apercevoir à un jet de pierre, titubant, à la dérive. C'est là qu'il s'est effondré pour la dernière fois. Ils s'en approchèrent, voulurent le secourir, mais il ne respirait plus. Il avait les yeux exorbités, le visage tuméfié. Ses pieds et ses jambes étaient ensanglantés. Ses vêtements en désordre laissaient entrevoir son corps lacéré par les branches, meurtri par les nombreuses chutes. Se rappelant tous ses exploits, les chasseurs découvraient avec étonnement ses membres squelettiques, sa poitrine d'enfant. Dans sa chute, sa tête était venue se poser contre une mousse sur laquelle reposait sa joue encore brûlante. Il tenait dans une main la grosse médaille qu'il avait reçue en cadeau de Méo. Les chasseurs n'osèrent le toucher. Chacun d'entre eux devait rapporter plus tard :

— Il avait l'air d'un saint.

Ils s'écartèrent et dirent une prière. Il était parvenu au bout de sa course, enfin.

Ainsi mourut Alexis-le-Trotteur, coureur par vocation, foureur de son métier. Alexis-le-Trotteur dit l'Innocent.

* * *

Il était tard ce soir-là lorsque Méo se mit au lit. Il avait enfin pris sa décision : il irait au front. Pour reprendre là où Pierre-Eugène avait laissé, pour achever son rêve. Mais il ne trouvait pas le sommeil ; il songeait à l'effet que provoquerait le lendemain l'annonce de son départ. Et il ne se résignait toujours pas à l'absence de Félix. Leur échange avant qu'il ne parte pour les Eaux-Belles lui revenait constamment à l'esprit.

Il s'était finalement assoupi. Quelques heures passèrent. Ce fut d'abord, presque imperceptible, comme un froissement dans l'aube naissante. Inconsciemment, le Grand enregistra le bruit et s'agita dans son lit. Plus tard, il crut entendre, mais comme dans un rêve, un hennissement. Et aussitôt après, un grincement.

Cette fois il se réveilla. Il se leva et alla à sa fenêtre. Il voyait poindre vers le nord-est les premières lueurs du jour; un épais brouillard recouvrait les champs. Il entendait maintenant des sabots qui martelaient le sol. Regardant vers la gauche, du côté des Blanchette, il aperçut les chevaux et les soldats. Il lâcha un juron, s'habilla en toute hâte et se précipita comme un fou hors de sa chambre. Il sortit de la maison et courut jusqu'à la grange d'où il vit, sur sa gauche, la colonne de cavaliers avançant dans le champ en direction des Eaux-Belles. Ils arrivaient de chez les Blanchette; une ouverture avait été pratiquée dans la clôture. Un civil était devant eux qui les guidait: Bulldog. Méo ne voyait aucun moyen de prévenir les siens. Il lui aurait fallu doubler la troupe ou faire un long détour sur la droite par le bois chez Tancrède.

*   *   *

Aux Eaux-Belles, le brouillard tardait à se dissiper, comme si le jour répugnait à se lever; et comme il avait raison! Le vent qui dévalait des collines prenait d'assaut les grands mélèzes qui se tordaient en grondant dans le brouillard. Il faisait froid. Tous les hommes dormaient, sauf Zébert qui faisait le guet à trois cents pieds du camp. Mais cette nuit-là Zébert avait lâché et s'était saoulé; il n'entendit pas les soldats venir. Lorsqu'il se réveilla, il put les entrevoir tout près sur sa gauche en train de prendre position, à quelque distance du camp. Il était trop tard. Il poussa un grand cri et la panique se répandit instantanément des deux côtés. Des coups de feu éclatèrent de part et d'autre, chacun tirant à l'aveuglette dans la brume. Un échange bref mais intense, qui fit des dégâts dans les deux camps. Le silence revint; les cavaliers semblèrent hésiter.

C'est le moment que choisit Zébert pour intervenir. Il descendit en courant du rocher où il était perché et, hurlant comme un fou, se précipita vers les cavaliers. Des tirs secs le fauchèrent aussitôt, l'envoyant rouler dans un buisson. Puis un ordre fut lancé et les soldats se retirèrent, gênés sans doute par l'épais brouillard qui continuait d'envelopper les Eaux-Belles. Mais peut-être aussi, ayant sous-estimé la détermination des insoumis, voulaient-ils éviter un bain de sang dont les conséquences étaient imprévisibles. Méo avait marché derrière la troupe, avait entendu la fusillade suivie d'autres coups de feu et s'était embusqué en entendant revenir les chevaux. Il aperçut les soldats de près. C'étaient de tout jeunes gens au teint hâlé ; peut-être des fils de cultivateurs eux-mêmes. Leurs officiers semblaient à peine plus âgés qu'eux. Des hommes transportaient quelques blessés. Bulldog avait disparu.

Le Grand s'était encore une fois retrouvé en marge de l'action. Il se sentait penaud, coupable. Il courut jusqu'au camp, y pénétra et vit que trois ou quatre conscrits avaient été touchés légèrement. Des compagnons leur portaient secours. Les autres faisaient cercle autour d'un homme étendu. Il s'approcha ; c'était Félix. Il respirait encore et restait conscient mais semblait sévèrement touché à la poitrine. Méo le cueillit doucement dans ses bras et prit la direction des Chicots :

— Félix, chus avec toué, asteure. Chus avec toué.

D'autres derrière lui se chargèrent de Zébert, décédé sur le coup. Le copeurse avait pris congé de sa vie comme il l'avait vécue : en crachant dessus.

Félix balbutiait des phrases incohérentes, par saccades. Puis il eut un moment de lucidité. Il jeta sur Méo un regard intense, désespéré. Et, ainsi qu'il l'avait fait tant de fois auparavant, il lui demanda de lui reparler des États, de lui décrire des fleuves, des villes dont il prononçait une dernière fois les noms ; il savait maintenant qu'il ne les verrait jamais. Alors, durant tout le trajet, les deux frères s'engagèrent dans un étrange dialogue. Dominant le chagrin qui l'oppressait et faisant fi des circonstances, Méo se prêta au jeu et se mit à raconter à nouveau les vallées, les montagnes, les arbres géants dans des forêts qui s'étiraient à perte de

vue, les grandes rivières qui les arrosaient, les bêtes qui s'y tra-
quaient. Il redisait les troupeaux de buffles dans les vastes prairies, les ponts surélevés enjambant des crevasses profondes…

— Les trains, Méo, les trains…

— Les trains, oui, les trains. Pis les autos, par milliers, plus
grosses encore que la Buick du Sirop Gauvin.

— Des éléphants aussi…

— Oui, des éléphants. Tout plein d'éléphants dans les
savanes, pis à travers la brousse.

Félix commençait à divaguer. Méo le tenait toujours dans ses
bras. Il pleurait maintenant, aurait voulu s'essuyer les yeux, n'y
voyait plus clair, avançait en trébuchant, en zigzaguant. Perplexes, ceux qui les accompagnaient derrière marchaient en lou-
voyant eux aussi. Et devant, ceux qui accouraient à l'aide s'étonnaient de cet étrange cortège. Félix reprenait :

— T'oublies les lions, Méo, les lions, les tigres !

— Oui, Félix, les lions, les tigres ; pis les girafes, grandes
comme des mélèzes, qui regardent par-dessus les nuages.

— Y a aussi des gazelles… pis des chevaliers, des princesses.

— Des avions aussi, Félix, des avions.

— Non, pas des avions, Méo, des cerfs-volants. Rien que des
cerfs-volants ; jaune orange les cerfs-volants…

— Jaune orange, oui. Jaune orange et bleus, comme l'America II.

— Oui, oui, pis des papillons, partout des papillons.

— Tant que tu veux, Félix, tant que tu veux, des papillons ;
partout dans le ciel.

Il le regardait, voyait que sa voix faiblissait.

— D'autres choses, Félix ? D'autres choses ?… Félix ? Félix ?

Le frère ne répondait plus. Il s'était mis à délirer, à tout
mélanger : le Montana et l'Ours-Malin, Woonsockett et les Eaux-
Belles, Duluth et le Pré-du-Loup, tout ce que, pendant des
années, il avait vu, entrevu, rêvé de la fenêtre de sa chambre là-
haut où il se réfugiait si souvent. C'est seulement au moment

d'arriver à la maison qu'il se tut. Il était à l'agonie. Mais jusqu'à ce que Méo l'ait étendu sur la table de la salle à manger, son regard vitreux ne le quitta pas une seconde.

La suite fut assez désordonnée. Des femmes s'affairaient autour du blessé ; beaucoup de gens pénétraient dans la pièce et se pressaient pour prendre des nouvelles. Enfin, le docteur Simard arriva et mit un peu d'ordre. Il constata que le blessé n'en avait plus pour longtemps et le fit savoir. Tout le monde était très énervé. Joseph fut saisi de violents spasmes. Marie, penchée sur la table, caressait le front du mourant. Renaud fit irruption ; des prières se firent entendre. Raphaël s'était réfugié dans un coin du salon, avait peine à réaliser ce qui se passait ; tout allait trop vite. Il entendait des pas, des pleurs, des cris. Puis subitement, les voix se turent, tout s'immobilisa. Félix venait de mourir.

On chercha Méo. Il n'était déjà plus là.

Chapitre XVI

Le lendemain de l'attaque, on découvrit le cadavre de Bull-dog au bord du Lac, près des Chicots. Il gisait sur le ventre, à moitié sur le sable, à moitié dans l'eau. La vague le soulevait légèrement puis le redéposait. L'endroit était isolé du chemin par un épais bosquet de noisetiers. Les premiers curieux arrivés sur les lieux virent tout de suite qu'un long et furieux combat y avait été livré. La plage était recouverte de nombreuses empreintes sur une cinquantaine de pieds et partout les joncs avaient été écrasés. Les vêtements de Bulldog étaient déchirés, il affichait plusieurs plaies au visage et sa tête était bizarrement inclinée sur son épaule. Il avait le cou cassé ; c'est de cela qu'il était mort. Des frères de Méo purent voir le corps. Horrifiés, ils comprirent tout de suite la signature : la prise de l'Ours. Le Grand s'était enfui. Des policiers vinrent, inspectèrent les lieux et y trouvèrent une grosse montre portant l'inscription : Woonsocket 1874. L'exclamation du curé Renaud, mis au courant des événements, résumait le sentiment de chacun :

— Quel gâchis…

Dans les jours qui suivirent, une rumeur circula voulant que Méo ait été vu près des lieux du meurtre, après l'attaque des Eaux-Belles. Un avis de recherche fut émis par la police canadienne. Plusieurs insoumis se rendirent. La plupart des délateurs, bien connus de la population, durent quitter la région. Et les familles enterrèrent leurs morts. Félix, Zébert et Bulldog à Mistouk, Alexis à la Malbaie, d'où il venait. Les hommes qui avaient retrouvé l'Innocent et ramené son corps retournèrent à l'endroit de sa chute pour y planter une petite croix de fer. À Mistouk, les familles s'employèrent tant bien que mal à enfouir le souvenir des événements tragiques. Un moment de soulagement survint en novembre lorsque l'armée se retira. Pendant quelques jours, il y eut dans chaque ville et village des discours, des manifestations, des chants. Puis la vie quotidienne reprit son cours. Mais les oiseaux ne vinrent plus aux Eaux-Belles.

* * *

Méo se cacha d'abord dans les bois derrière les Chicots puis il gagna, vers l'est, le lac Sébastien où il séjourna sur l'Île Gauthier. Il vécut aussi quelque temps sur l'îlot du lac des Canots, derrière l'Anse-aux-Foins. Il fut également à l'Anse-Saint-Jean, sur la ferme des Boudreault, face au Fjord. À l'approche de l'hiver, il descendit vers le sud, s'arrêta en Mauricie. Il voyageait à la fortune du passant ou sautait dans des trains en marche comme il avait appris à le faire aux États. Il s'engageait sous de faux noms chez des habitants qui ne posaient pas trop de questions. Il envoyait de temps à autre des nouvelles aux siens. Il gagna ensuite les Îles de Sorel où il demeura à nouveau chez un cultivateur, un dénommé Didace Beauchemin auquel il s'attacha. Ce séjour dura toute une année et le marqua beaucoup. Un jour, il aperçut des policiers dans les environs et s'inquiéta. Invoquant un prétexte quelconque, il quitta les Beauchemin et retourna à l'Île-Verte, dans le Bas-Saint-Laurent, où il fut accueilli chaleureusement. Il trouva du travail dans une famille, à nouveau des Fraser. De là, il envoya encore quelques lettres aux Chicots mais la police retrouva bientôt sa trace ; il put lui échapper de justesse grâce à la complicité des gens de l'île qui le firent prévenir dès que l'embarcation des gardecôtes accosta au quai principal. Un pêcheur le conduisit de nuit au Brandy-Pot où il se cacha deux ou trois semaines, puis un contrebandier le fit traverser jusqu'à Havre-Saint-Pierre. Aux Chicots, les Tremblay pouvaient suivre sa trace grâce aux lettres qu'il continuait d'envoyer parfois et dans lesquelles il ne manquait pas de saluer Julie. Il vécut quelques mois à Havre-Saint-Pierre puis les policiers le repérèrent une autre fois.

Il put s'enfuir à Mingan chez les Montagnais, qui le recueillirent. Ils connaissaient depuis longtemps sa légende et le traitèrent comme l'un des leurs. À partir de ce moment, il se douta que ses lettres mettaient les policiers sur sa piste et il cessa d'écrire. En effet, à Mistouk, le subterfuge allait être bientôt découvert. Une sœur de Bulldog tenait la poste au village. Quand une lettre de Méo arrivait, elle relevait le lieu d'expédition et le signalait aux policiers.

Il séjourna quelques années chez ces Indiens, vivant comme eux, hiver comme été. Il demeurait avec la famille Mestokosho, un peu comme il l'avait fait jadis avec les Manigouche. Mais il craignait toujours d'être repéré. Un jour, les Montagnais l'évacuèrent vers Natashquane. Cette fois, il fut adopté par la famille Monoloy. Elle comptait plusieurs fils ; le Grand se tenait surtout avec Jack, un jeune chasseur taciturne et intense qui raviva chez lui le souvenir douloureux de Moïse. Plus tard, il gagna la Romaine et ensuite, plus au nord encore, la petite réserve de Pakua Shipi.

Il resta longtemps encore chez les Montagnais, se rendant jusqu'à Nishikun, très loin dans le nord. Il séjournait quelque temps avec une bande ou une autre puis s'éloignait, errant seul sur les territoires pendant des semaines, parfois des mois. Sa silhouette était devenue familière aux chasseurs qui lui permettaient de tuer leur gibier, de se nourrir à même leurs caches. Ils le surprenaient parfois à son tentement près d'un lac ou d'un cours d'eau. À d'autres occasions, ils le rencontraient au détour d'un talus, d'un boisé, tirant un ou deux toboggans lourdement chargés. Parfois aussi, ils l'apercevaient de loin au fond d'une anse ou dans une vallée. Ils le saluaient de la main, il retournait le geste. Certains s'approchaient pour prendre de ses nouvelles, offrir de l'aide ; il se montrait toujours courtois mais n'étirait pas la conversation. D'un groupe à l'autre, les Indiens se relayaient les informations en sorte que tous savaient à peu près dans quels parages il se trouvait. Sa réputation avait encore grandi ; il était devenu presque légendaire. Car il n'était pas habituel qu'un homme vive ainsi en solitaire, hiver comme été, dans ces étendues.

Puis l'ennui eut raison de lui. L'ennui de Julie. Un jour, il disparut des territoires ; les chasseurs ne croisèrent plus sa piste. Il était redescendu vers le sud, avait regagné l'Île-Verte.

* * *

Après l'attaque des Eaux-Belles en 1918, la santé de Joseph donna de l'inquiétude à ses proches. Il entra dans une profonde dépression, ne fréquenta plus les champs. Adhémar, Léon-Pierre et Gonzague s'occupaient de tout. Pendant plusieurs mois, il fut révolté et bouleversa les siens en cessant toute religion. Renaud, patiemment, l'y ramena. Il se montra aussi très impatient avec Marie ; cette fois, ce furent Tancrède et Clovis qui le raisonnèrent. Elle-même souffrait en silence et tenait bon, mais elle ne visitait plus guère son jardin ; elle avait perdu le goût des fleurs.

Un jour, Joseph eut une attaque qui le laissa à demi paralysé, incapable de parler. Désormais, il passa le plus clair de son temps dans sa grande chaise, près de la fenêtre qui donnait sur la route et sur le Lac, dans la direction opposée au trécarré. Résigné, il guettait, sans attendre vraiment. Il retrouva peu à peu la parole mais non le goût de s'en servir. Marie eut l'idée de le distraire en faisant installer le téléphone qui se diffusait alors dans les rangs, en même temps que l'électricité. Mais pas une seule fois il ne décrocha l'appareil. Il s'abandonnait aux tourments de la mémoire, aux feux de l'absence. Marie lui disait doucement :

— Arrête donc de croquer marmotte*. Tu t'fais encore plus mal.

Il parlait d'une voix faiblarde :

— J'aurais jamais cru qu'not'famille tournerait d'même, Marie ; jamais. Not'vie non plus. Pourtant, j'vois pas qu'on eille si mal gouverné nos affaires. On est pas du mauvais monde, après toutt ; en tout cas pas toué !

Elle souriait :

— Qu'est-ce que t'en sais ; j't'ai p't'être pas tout dit…

Il ignorait la boutade :

— L'Bon Dieu nous traite comme des malfaiteurs.

Elle lui caressait l'épaule :

— Doucement, Joseph ; doucement. Dis pas d'choses de même. Tu vas pas r'commencer ta crise. Si tu t'en vas chez l'diable à la fin d'ton règne, compte pas su moué pour aller t'y r'trouver…

— Peut-être qu'on a eu un garçon d'trop, après toutt ? Tu l'as tejours dit, y était pas comme les autres, c't'enfant-là. Des fois, je pense qu'y était peut-être trop grand pour nous autres.

— Joseph, mais arrête donc ! Tu vas encore me faire pleurer là…

Elle se mouchait, chassait le sanglot qui l'étouffait et reprenait, le cœur gros :

— Bin sûr qu'y était trop grand, il l'a tejours été ; mais c'est pas nous autres qui étaient trop p'tits, voyons. On a tejours bin assez faitt not'possible, tou'c'qu'on en était. Y était à l'étrouette partout, qu'est-ce que tu veux !

Ils étaient toujours sans nouvelle de Mathilde. Et le Grand, en effet, ne se laissait pas oublier aisément. À tant brasser au proche et au loin pendant toutes ces années, il avait laissé des traces partout : ses cerfs-volants, ses traîneaux, ses canots, ses cadeaux des États, ses anecdotes qui revenaient toujours dans les conversations, ses prouesses colportées à gauche et à droite. Et son visage, ses mots, ses gestes qui assiégeaient les mémoires.

* * *

Les années avaient passé. On était en juillet 1925. Un matin, Joseph dit à Marie :

— Me sens pas bin ; j'cré que j'm'en vas ; tranquillement pas vite.

— Discours simple !

Il eut sa seconde attaque quelques semaines plus tard ; une violente cette fois, qui le laissa alité en permanence. Émile venait le voir plusieurs fois par semaine. Un jour, il annonça à Marie que son malade ne s'en relèverait pas. À partir de ce moment, la famille lança des messages un peu partout, comme des bouteilles à la mer, pour faire prévenir Méo. Tous ceux qui bougeaient furent mis à profit : les quêteux, les colporteurs, les maquignons, les Indiens, les gens de bateaux, les voyageurs de commerce ; et Jeffrey Lamontagne. L'état de Joseph se maintint pendant quatre ou cinq semaines encore, puis il se détériora rapidement. Un matin de septembre, toute la famille et la parenté proche furent convoquées ; le malade entrait dans l'agonie. Comme si la journée n'était pas assez triste, le vent se leva, le temps se couvrit ; une tempête se préparait. Vers midi, Joseph entra dans un état comateux dont il sortait par instants pour y retomber aussitôt. L'après-midi et la soirée se passèrent ainsi. À trois reprises, reprenant brièvement conscience, il prononça le nom de Méo, comme un appel ; ou comme un adieu.

La pluie tombait très fort, il faisait froid ; c'était le milieu de la nuit. Depuis une heure, il n'avait plus bougé. Sa respiration se brisait, ses doigts desséchés qui avaient si souvent tenu le grain chaud s'étaient crispés sur son gros chapelet noir. Tout à coup, le visage se contracta, la tête se souleva sur le traversin puis retomba, inerte, pendant que la vie se retirait de la poitrine affaissée.

— C'est fini maintenant.

Vaincu par la veille et le chagrin, le docteur Émile avait murmuré d'une voix rauque. Il passa une dernière fois sa main grêle sur le visage du mort dont les paupières laiteuses se refermèrent sur un regard déjà durci. Le curé Renaud s'était approché pour réciter les dernières prières. Les autres se tenaient un peu en retrait, agenouillés en silence. Sous l'immense Croix de la Tempérance qui dominait la scène, deux gros cierges achevaient de se consumer aux extrémités du petit lit dressé depuis la veille dans le salon. Dehors, les fortes averses du soir s'étaient transformées en orage violent ponctué d'éclairs qui fendaient le Lac jusqu'à Roberval et même au-delà, jusqu'aux Laurentides dont les masses sombres se découpaient par intermittence dans le lointain. Une explosion, toute proche, rompit les circuits électriques, plongeant la pièce dans une demi-obscurité. Entre les longs roulements du tonnerre, on entendait les vagues immenses, chargées de débris, de branches, de vase, qui se projetaient furieusement contre le Cran-Rouge. De gros paquets de pluie charriés par le vent s'abattaient contre les fenêtres qui avaient été aspergées d'eau bénite. De temps à autre, un jet de lumière blafarde giclait dans la grande pièce, révélant un instant les mines affaissées des fils et des filles, des parents, des voisins venus en chrétiens accompagner le cher homme dans ses derniers moments. Il n'y avait que trois absents. Mathilde et Béatrice, qui n'étaient pas attendues. Et Méo, qu'on n'attendait plus.

Plus tard, juste avant l'aurore, alors que les femmes procédaient à la toilette du défunt et que les conversations avaient un peu repris, une automobile fit irruption dans la cour avant et vint s'immobiliser bruyamment près de la galerie. Un géant en descendit à la course et, en longues enjambées, se précipita vers la porte qui s'ouvrit aussitôt. Et là, l'homme s'immobilisa. Dans la maison aussi la vie s'arrêta. Chacun, interdit, incrédule, contemplait la longue silhouette surgie de la nuit.

Le Grand. Il était là, un sac sur l'épaule, les longs cheveux noirs en broussaille, immense, souverain comme avant, de retour enfin. Il portait, attaché à la taille, son grand couteau de chasse et, au cou, le pendentif rapporté jadis d'une excursion avec Moïse. Parmi le groupe, des enfants élevés dans la légende de l'oncle, qui avaient entendu mille fois le récit de ses aventures, de ses exploits, de ses drames, le voyaient pour la première fois, ébahis. Il fit un pas, hésitant, promenant rapidement son regard de l'un à l'autre, puis avisant le mort à moitié dénudé. Il s'arrêta de nouveau, interrogeant du regard, comprenant que tout était terminé. Encore une fois, il arrivait trop tard. Toujours sans mot dire, il s'éloigna vers le fond de la cuisine, là où prenait naissance l'escalier tournant qui menait aux chambres ; il se laissa choir sur les premières marches et s'abandonna, le visage enfoui dans sa vareuse. Bientôt son corps fut secoué de spasmes violents, comme s'il voulait rejeter toute la souffrance accumulée pendant ces années d'exil. L'assistance restait figée devant le spectacle inattendu, insoutenable, du géant défait, abattu.

C'est Marie qui bougea la première. Elle s'approcha lentement, s'assit auprès de son fils, lui prit doucement la tête qu'elle posa contre sa poitrine et lui caressa longuement les cheveux. Elle avait le même geste que jadis lorsque, réveillé dans un cauchemar, l'enfant venait se réfugier dans le lit conjugal. C'était avant, bien avant que le cours de leur vie ne s'égare.

* * *

Vers le milieu de l'après-midi, au lendemain de son arrivée, Méo sortit pour prendre l'air. Il s'était un peu remis du choc de la nuit. Mais sa famille le trouvait changé. Quelque chose en lui s'était relâché ; le feu qui l'habitait s'était calmé. Il jeta un coup d'œil sur sa gauche vers l'école, puis marcha vers l'arrière de la maison. Il aperçut des vestiges de cordages suspendus aux hautes branches d'un peuplier ; vieux bouts de rêves qui flottaient encore au vent, échappés à son adolescence. Il franchit le chemin de la coulée qui menait aux dépendances, traversa le Pré-du-Loup et se laissa dériver distraitement à travers les planches fraîchement moissonnées, encore jonchées de paille. Sur son passage, il reconnut le fossé où, bien des années auparavant, il avait œuvré jusqu'à l'aube avec Joseph et, juste à côté dans la clôture, le passage que Bulldog Blanchette avait ouvert aux soldats le jour de l'attaque. Sa pensée erra en direction des Eaux-Belles puis se porta au-delà, vers ce point de l'horizon où il devinait l'emplacement de la Rigane. Il fut incapable d'aller plus loin.

Il revint sur ses pas et marcha jusqu'au chemin. Le vent avait chassé les vestiges de l'orage et il faisait bon maintenant. Les feuilles étaient à leur plus beau, juste avant qu'elles ne tombent. C'était une période de l'année qu'il aimait bien : deux ou trois semaines volées à la mauvaise saison. Il s'attarda près du Lac, fit quelques pas sur la rive. Il lança deux ou trois galets vers le large, les vit ricocher sur la vague avant de couler. Son regard balaya l'Île Beemer et, tout là-bas sur l'autre rive, les hauteurs de Couchepagane. Puis il avisa, sur sa droite, le bosquet de noisetiers près de la plage. Partout des morceaux de son ancienne vie remuaient encore. Il remonta sur la route et vit que les enfants revenaient de l'école. Il s'y dirigea.

Julie était seule ; elle s'affairait à son bureau où s'empilaient des livres, des cartes, des cahiers. Au tableau, des extraits de textes à la calligraphie minutieuse parlaient des fleurs des champs, des oiseaux migrateurs, des couleurs du ciel et du Lac. Sur un mur s'étalait une collection de dessins d'enfants : la Buick du Sirop Gauvin, un dirigeable « américain », un boomerang. Et sur un autre, une série de cartes postales des États que Méo reconnut. Julie releva la tête et l'aperçut. Elle savait qu'il était arrivé la nuit précédente, elle l'attendait. Elle s'avança pour le saluer, l'embrassa tendrement sur la joue. Un instant s'écoula, puis :

— Bonjour, Méo. Ça a été bien long, tu sais.

Malgré la violente émotion qui l'étreignait, sa voix restait calme. Il lui posa les deux mains sur les épaules, la regarda droit dans les yeux. Les mots lui venaient aisément maintenant :

— Tu m'as manqué, Julie, tu m'as terriblement manqué. Je t'ai fait pardre du temps mais, à partir d'aujourd'hui, j'sus avec toué ; j'sus avec toué pour toujours.

Là, plus de Musaraigne ni d'Arc-en-ciel, plus de Ciboulette ni de Coccinelle. Rien que Julie désormais, Julie sans masque, sans diversion, sans mensonge. Comme il la voyait bien maintenant, en pleine lumière ! Tendre Julie qui l'attendait depuis si longtemps, subissant en silence toutes ses dérobades, toutes ses trahisons. Julie si tendre, si douce, et cependant plus robuste que le vent.

— Pardon Julie, pardon mon amour. J't'aime, j't'aime depuis tout l'temps, je l'sais asteure…

Tout lui revenait, pêle-mêle ; des images fugaces qui se bousculaient et enfin s'ordonnaient, trouvant leur clarté. Les matins d'hiver sur le chemin de l'école, lorsqu'il comptait les pas qui le séparaient d'elle ; il la revoyait à travers son foulard, se rappelait sa légèreté, ses fantaisies, sa façon de humer le vent en relevant la tête, et même les flocons de neige qui perlaient à ses paupières. Les journées de printemps où, insouciants, ils marchaient tous les deux dans les rigoles en suçant des glaçons. N'était-ce pas elle aussi qu'il découvrait tous les jours en courant dans la forêt, au détour de ses sentiers, derrière les bosquets qu'il explorait, sous les pierres qu'il retournait ? Et, quand il se mirait dans l'eau d'un ruisseau, c'est encore son visage qui lui apparaissait. Plus tard, son image l'avait accompagné à Pikauba, à la Romaine, à Duluth, à Lewiston, et dans toute la Nouvelle-Angleterre. Partout, c'est bien sa voix qu'il entendait, rythmée par le mouvement des trains de nuit entre le Maine et les Illinois, ou glissant dans le courant des rivières profondes au pays des Manigouche. Il la reconnaissait bien maintenant. C'est sa voix aussi qui parfois empruntait le cri de la tourterelle ou se dissimulait dans le froissement des feuilles. Mille fois à son insu, ses pas n'avaient-ils pas tracé son nom en lettres géantes sur la neige au cours de ses chevauchées entre Nikabau et la Baie James, entre Havre-Saint-

Pierre et Nishikun? Mais il y avait trop de voix dans sa tête, trop de mirages dans ses yeux. Maintenant, il voulait l'étreindre, ne plus voyager qu'en elle, immobile, pour toujours.

— Julie, mon amour…

Elle ne le quittait pas du regard, son visage s'était rapproché du sien. Elle devinait toutes ses émotions, épelait elle-même les pensées en silence à mesure qu'elles défilaient dans sa tête; elle le suivait de proche et de loin, comme toujours, et le guidait peut-être. Cette fois, il était bien revenu, il l'avait enfin trouvée, retrouvée. Alors, dans un murmure :

— Je sais tout ça, le Grand; je l'ai toujours su. Je t'attendais, je te l'ai dit. Je t'ai suivi partout. Je m'disais que tu finirais bien par me rejoindre, au bout de tes chemins. Moi, je l'ai toujours cru que la terre est ronde.

— Faut qu'tu saches aussi qu'en cours de route, j'me sus rallongé, sans te l'dire. J't'ai menti, Julie.

— J'ai bien pensé que tu faisais des détours. Des détours pis des boucles…

— Disons des nœuds…

Il la regardait, comme jamais auparavant.

— C'est fini tout ça.

Et ils furent dans les bras l'un de l'autre.

Ils sortirent par l'arrière de l'école et gagnèrent le champ. Aux premiers rochers qui montaient en pente douce en direction des Eaux-Belles, ils s'arrêtèrent et regardèrent vers le sud. Le Lac avait pris la couleur du ciel; ils pouvaient voir toute la côte découpée sur l'autre rive. Vers le nord, ils devinaient, comme une tache sur l'horizon, le bosquet de mélèzes géants dont la tête oscillait doucement. Plus loin, la vue plongeait jusqu'aux montagnes lointaines, jusqu'à la Rigane et au-delà. Le regard de Méo s'y attarda un instant. Mais Julie était là, si vivante, si entière, qui se pressait contre lui. À compter de ce jour, il ne pourrait y avoir d'autres voies, d'autres vies. Un faible vent du sud s'était levé, celui qui apportait les bruits de la mer; le vent qui venait de Charlevoix peut-être. Le talus chauffé par le soleil sentait l'écorce de cyprès, la gomme de sapin et le bran de scie frais. Ils s'assirent sur la mousse près d'un bouquet de cormiers, se laissèrent un instant caresser par le jour, puis ils s'étendirent. Ils ne parlaient plus. Ils songeaient à toutes ces heures, à toutes ces années dont ils s'étaient privés.

Julie, lentement, se dévêtit, puis s'offrit à lui. Surpris, troublé par son abandon, il se laissa un instant éblouir par sa nudité. Puis le désir l'envahit. Il laissa glisser sa main sur son cou, ses seins, son ventre ; il descendit lentement entre ses hanches, pendant que de ses doigts brûlants, elle parcourait sur son corps les chemins qui apaisent et qui affolent. Ils se rapprochèrent encore et bientôt il fut en elle. Leurs corps et leurs pensées se confondirent. Et, en ces lieux mêmes où la mort avait si durement frappé, dans la fraîcheur de la mousse et du feuillage, ils célébrèrent la vie.

Ils étaient devenus mari et femme, ainsi que Julie l'avait toujours dit.

Ils restèrent longtemps ainsi, ni l'un ni l'autre ne voulant rompre leur étreinte. Ils s'assoupirent. Lorsqu'ils se réveillèrent, le temps avait fraîchi. Julie s'était blottie contre lui, inondant sa poitrine de ses longs cheveux noirs. Méo avait retrouvé le goût du bonheur. Ses chemins l'avaient promené partout mais ne l'avaient mené nulle part. Lui, le fils trop grand, se faisait maintenant tout petit. Il s'accordait enfin avec l'univers ; il ne débordait plus. Il avait trouvé sa patrie ; au cœur de Julie. C'est là qu'il avait désormais le goût de commencer, de recommencer. Pour elle, avec elle. C'est là qu'il planterait ses racines.

Ils parlèrent, se dirent ces mots que l'on murmure tout bas dans le plus grand secret, comme à l'insu des choses et du temps. Ils revinrent vers les Chicots en se tenant par la main, comme ils auraient pu le faire jadis. Mais en ce jour, la candeur de l'adolescence avait cédé la place à une autre quiétude, trempée dans vingt ans d'attente. Ils songeaient à la provision de tendresse qu'ils avaient accumulée au cours de tout ce temps et se demandaient si le reste de leur vie suffirait pour en disposer. Le soir tombait lentement sur Mistouk et sur le Lac. Mais le jour se levait sur l'autre versant de leur âge. Avec quelques années de retard, ils s'embrassèrent derrière l'école. Puis ils se laissèrent.

*   *   *

Le Grand était monté s'allonger après le souper et était redescendu lorsque les visiteurs commençaient à affluer. Presque toute la parenté de Joseph était venue, ainsi que de nombreux paroissiens. Certains durent passer une grande partie de la soirée dehors, sur les galeries ou autour de la maison. Heureusement le temps était doux. Les gens continuaient d'arriver. En entrant, ils se frayaient un chemin jusqu'au salon, venaient s'agenouiller près des planches, aspergeaient le défunt, offraient une prière, embrassaient Marie. Puis ils se mettaient en quête de Méo.

Depuis le matin, la nouvelle avait fait le tour du Lac et il n'était question que de lui dans les paroisses. Il s'était retiré dans un coin de la salle à manger d'où il dominait l'assemblée. Il souriait, réservé, un peu mal à l'aise aussi. Il serrait des mains, recevait des accolades, se penchait pour dire quelques mots à celui-ci, à celui-là, se redressait, pensif ou souriant. Ceux qui l'avaient bien connu retrouvaient sa silhouette imposante, ses yeux sombres, sa parole et son geste sobres qui donnaient tant d'autorité à sa personne. Il leur semblait aussi que toutes ces années d'absence avaient déposé une ombre dans son regard. Lui se réjouissait de revoir tous ces visages familiers, tous ceux et celles qu'il avait aimés et que les années avaient changés, emportés vers d'autres chemins, d'autres attaches. Mais ce soir-là, la vie faisait marche arrière. Pour un moment, les Chicots revivaient à l'heure du manoir Beemer et de l'Ours-Malin, de la petite école et du Sirop Gauvin, à l'âge de la camaraderie et des jeux, au temps de Mathilde et d'Alexis, à la lointaine et bienheureuse époque du Cran-Rouge et des Eaux-Belles.

Julie était passée. À cause de la cohue, ils n'avaient pu se parler mais ils ne s'étaient pas quittés des yeux. Quand elle est repartie, ils ont échangé de loin un signe de la main. La visite du docteur Simard, accompagné du curé Renaud, fut un moment douloureux. Émile se tenait bizarrement crispé devant le corps, comme prostré, paralysé par l'émotion ; il fallut l'entraîner malgré lui vers la sortie. Plusieurs autres amis de Joseph, certains très vieux et malades, tinrent à se déplacer pour l'occasion. Pendant ce temps, le va-et-vient ne cessait pas dans la maison, entre Joseph et Méo, entre le mort et le revenant. La nuit était très avancée lorsque le calme revint. Il ne resta bientôt plus que la famille, quelques proches parents et voisins, dont Clovis et Tancrède. Jessée et Rosalie servirent à manger. Toutes les demi-heures, Marie récitait une prière que les autres répétaient. L'électricité avait été rétablie ; ils avaient réduit l'éclairage. Maintenant, c'était une nuit de veille comme tant d'autres, parsemée de propos anodins à voix basse et de longs silences lourds de fatigue et de chagrin. Chacun s'abandonnait à ses réminiscences. Raphaël s'était assis tout contre Méo, comme il le faisait jadis.

Au milieu de la nuit, le téléphone sonna, interrompant les conversations. Adhémar prit l'appel en provenance d'Alma. Quelqu'un, un inconnu, prévenait que des policiers étaient en route vers les Chicots ; ils venaient chercher Méo. Ce fut la consternation. Tout le monde se regardait, stupéfié ; Marie fut en défaillance ; on dut la soutenir. Le Grand était déjà dans l'escalier, courant vers sa chambre. Il récupéra son balluchon et redescendit aussi vite, vêtu de sa vareuse. Léon-Pierre avait eu le réflexe de rassembler quelques vivres qu'il glissa dans son sac. Ils avaient peine à réaliser ce qui se passait. Déjà Méo les embrassait à la hâte, enlaçait Marie en pleurs. Il semblait étrangement résigné, comme s'il avait entrevu ce dénouement si précipité, si brutal. Il s'arrêta devant le cercueil, s'inclina en fermant les yeux, recouvrit de sa main les deux mains de Joseph, lui baisa le front puis fila vers la porte arrière. Raphaël, pris de panique, le suivit un moment. À la hauteur de l'Ours-Malin, il cria son nom ; le Grand poursuivait sa course. Raphaël le vit qui obliquait vers les champs, en direction des Eaux-Belles. Juste avant de disparaître dans l'obscurité, Méo se retourna à demi et envoya la main — mais c'était peut-être le poing ? C'est la dernière image qui resta de lui : sa longue silhouette dans le Pré-du-Loup, se fondant dans la nuit.

Les policiers, ils étaient quatre, arrivèrent tout juste après. Deux d'entre eux prirent position à l'avant et à l'arrière de la maison, les deux autres fouillèrent l'intérieur. Ils étaient embarrassés à cause du corps. À ce moment, Marie était affaissée sur un divan ; Jessée et Rosalie se tenaient auprès d'elle. Les policiers ne restèrent pas longtemps ; ils sortirent, inspectèrent brièvement les environs et reprirent la route.

* * *

Les funérailles de Joseph furent célébrées le surlendemain. Pour la plupart des paroissiens, le deuil était double ; ils venaient saluer le père et le fils. Sur le trajet menant au village, des familles sortaient des maisons et arrêtaient le convoi pour attacher quelques fleurs sauvages au corbillard. Des attroupements se formaient. Le corps arriva très en retard à l'église, qui était bondée. Durant la première partie de l'office, la chorale resta muette pendant que l'éternelle madame Gertrude jouait à l'orgue les airs sacrés que Joseph avait si souvent chantés. Cette exécution en solo accusait encore son absence et les fidèles avaient le curieux réflexe de se retourner vers le jubé. Au moment du sermon, le curé Renaud s'avança dans le chœur et prit position près de la balustrade ; il ne se sentait pas la force de monter en chaire. Il commença d'une voix mal assurée, en s'arrêtant tous les trois mots :

— Joseph et tous ceux de sa trempe peuvent mourir en paix. Sachez bien que le Bon Dieu, dont le fils est né sur la paille et fut réchauffé dans son berceau par un bœuf et par un âne, sachez bien que le Bon Dieu les accueille tout près de lui, qu'il les serre bien fort dans ses bras et leur donne le repos qu'ils ont tant mérité…

Sa voix se brisa, il s'interrompit, demeura silencieux un long moment. Puis il reprit, articulant péniblement :

— J'aimais m'arrêter chez lui de temps à autre, comme je le faisais chez vous tous. Je lui disais pour me moquer qu'il avait donné son nom au rang des Chicots : des arbres chétifs en apparence, mais qui survivent à tout et ne se laissent pas déraciner facilement… Il me parlait de ses plans, de ses rêves. Finalement, plusieurs se sont réalisés.

Il marqua une autre pause ; l'assemblée se fit plus recueillie :

— Pas tous, bien sûr. Nous savons bien ce qui lui a cruellement manqué, ces dernières années…

Il s'arrêta encore, comme pour rassembler ses idées. Mais cette fois il était vaincu par l'émotion. La foule comprit qu'il ne pourrait en dire plus.

À ce moment, un murmure naquit au fond de l'église, puis se répandit et gagna toute la nef. Les fidèles, spontanément, prenaient le relais en fredonnant tant bien que mal un *Agnus Dei* que Joseph avait tant de fois interprété. Jean-Baptiste avait tourné le dos et était retourné à l'autel où il se tenait immobile, la tête inclinée. Lorsque le silence revint, il mit du temps à reprendre l'office.

* * *

Les policiers étaient en alerte. Des patrouilles ratissaient les paroisses autour du Lac. Les rumeurs les plus folles couraient ; chacun croyait avoir aperçu le Grand ici ou là. En fait, dès la première nuit, il s'était emparé d'un canot et avait gagné l'Île-de-la-Sorcière, inhabitée depuis le décès de la vieille Indienne. Il se nourrissait de poissons, d'herbes, de racines. Il dissimulait toute trace de vie, ne faisant du feu que dans un enclos et seulement de nuit pour dissimuler la fumée. Un jour de novembre, il résolut de rétablir le contact avec Julie. Il mit le canot à l'eau, très tôt le matin, et se dirigea vers la rive. Il se trouvait à mi-chemin lorsqu'il vit au loin deux vedettes qui fonçaient vers lui. Les policiers avaient retrouvé sa trace. Il s'arrêta un instant, cherchant le parti à prendre, puis se mit à ramer avec force en direction des Cuisses : c'était la seule issue, il lui fallait descendre les rapides de Shipshaw. Mais seul cette fois.

Le bruit des cascades enflait ; Méo était maintenant emporté par le courant qui prenait de la force. Il avait cessé de ramer, examinait le corridor bouillonnant qui s'ouvrait devant lui, cherchait à se remémorer le tracé qu'il empruntait avec Moïse. Il se retourna une seconde, aperçut les deux bateaux qui s'étaient arrêtés à distance ; des hommes armés se tenaient debout à l'avant, qui le regardaient. Il délaissa l'arrière du canot, vint s'asseoir au milieu, replia les jambes sous l'étrier, assura sa prise. Puis il se lança dans le premier rapide. Le niveau de l'eau se trouvant au plus bas, les « cassés » étaient amortis, les sauts moins violents. Avec beaucoup de chance et au prix de toutes les audaces, il parvint à franchir les Cuisses, et ensuite Carcajou. Il était épuisé quand il entra dans Vache-Caille. Néanmoins, il surmonta les premiers obstacles. Il restait les Trois-Roches. Il réussit à négocier la première mais chavira en contournant la deuxième. De justesse, il resta agrippé au canot. C'est dans cette position qu'il se présenta devant la Roche-Moïse. Le courant le précipita violemment contre le récif, faisant éclater l'embarcation. Méo le heurta de l'épaule et de la tête et fut à demi assommé. La cascade l'emporta, le ballotta longtemps à travers les roches, puis le jeta dans un immense rouleau. Il y combattit machinalement pendant plusieurs minutes, parvint enfin à s'en extirper par le côté, fut repris par la tourmente. Culbuté, projeté d'un écueil à l'autre, il absorbait des coups aux jambes, à la poitrine, à la tête. Il enfonçait, avalait de l'eau, s'étouffait. À bout de forces, le corps massacré, il sut qu'il était vaincu. À partir de ce moment, tout se bouscula dans sa tête. Il vit défiler quelques rochers, comme des ombres. Il eut envie de sangloter. Un cri lui vint dans la gorge et s'y étrangla ; cri de détresse, de dépit, de révolte aussi, vaguement. Un spasme le secoua puis ses membres se détendirent. Des images, confusément, lui vinrent encore à l'esprit : de Joseph, de Julie, de Mathilde ; de Moïse à la Source Blanche.

Il allait l'y rejoindre peut-être ? Ce fut sa dernière pensée.

À cet instant même, à l'arrière, les eaux du Lac Saint-Jean se calmèrent subitement, formant un immense miroir, dans toute son étendue. Nul n'avait jamais vu cela, même les Indiens. C'était, de l'avis des témoins, un signe de recueillement. Peu après, le temps se couvrit en quelques minutes et il fit presque nuit en plein jour. Le grand Lac se mettait en deuil. Inquiets, les habitants sortaient des maisons, s'immobilisaient dans les champs, interrogeant le ciel. Et tout à coup, une secousse brutale parcourut la surface des eaux qui se fendirent entre Roberval et Mistouk. Comme un grand voile qui se déchire.

Là-bas sur le Saguenay, le courant se calmait, le corps de Méo était sorti de Vache-Caille, doublait le Club des Américains désert en cette saison. La rivière était douce maintenant. Il avançait lentement sur le dos, les yeux ouverts, les bras en croix. Derrière, sa longue chevelure noire ondoyait sur la vague. Il dériva sur plusieurs milles, jusqu'à Bourget où, subitement, il se mit à tourner dans le courant ; le Tourniquet s'en était emparé. Des oiseaux volant très bas lui faisaient cortège. Il effectua une rotation complète puis fut rendu à nouveau au courant de la rivière. Plus bas, il franchit les Terres-Rompues, passa sous le Cap Saint-François puis devant Chicoutimi. Des employés s'affairaient sur le quai. L'oncle Fabien s'y trouvait également. Il crut apercevoir un corps qui dérivait là-bas au milieu de la rivière. Il interpella l'un des hommes :

— Hé ! r'gardez par là ; qu'est-ce que c'est ?

L'homme s'arrêta, jeta un coup d'œil au large :

— C'est rien. Un grand mélèze qui a dû déborder d'son radeau.

Il entra dans le Fjord. Après plusieurs jours, son corps fut déposé au fond d'une petite crique au pied d'une haute falaise, face à l'Indien dont le visage ornait l'immense pierre du Cap Trinité. Il s'écoula bien du temps avant que l'on ne découvre ses restes. Ils purent être identifiés grâce au pendentif.

Entre temps, à Mistouk, Julie, la douce et fidèle Julie continua d'attendre.

*　*　*

Le Grand emportait ses chimères et ses déceptions, laissant derrière lui un monde qui n'était déjà plus le sien, où l'espace de rêve s'était progressivement rétréci. Là-bas, sur les grands territoires du Nord, l'Indien n'était plus le maître. Les chemins de fer, les chantiers forestiers brisaient les sentiers, perturbaient le gibier, détruisaient les tanières. Les barrages inondaient les habitats, bouleversaient l'hiver, effaçaient les traces des derniers Inmourables. À Québec, on commençait à parler d'un grand projet de mise en valeur de la Source Blanche.

Pendant ce temps dans le Haut-Saguenay, le vent avait de nouveau tourné. Les usines Dubuc furent mises en faillite, ainsi que plusieurs entreprises qui en dépendaient. Des jeunes qui y travaillaient retournèrent dans leur famille à Mistouk et dans d'autres paroisses du Lac. Ils furent rappelés plus tard ; des Anglophones rachetaient les usines, les remettaient en marche. L'ancien monopole se restaurait : finis les rêves d'un nouveau pays, les plans ambitieux d'exploitation des grands espaces qui s'étendaient jusqu'à la Baie James. À Chicoutimi, les belles maisons du quartier est se dégradaient et on ne voyait plus les pavillons hissés en haut des mâts. Les « Américains » s'étaient rangés. Une société pliée, retranchée, prenait forme, étroitement surveillée par un clergé d'une nouvelle génération, mieux formé et plus nombreux, qui avait presque partout établi son ascendant sur des notables consentants. La petite ville ne ressemblerait jamais à Chicago. L'extravagance, l'exaltation, l'audace étaient conjurées. Après un long règne de trente-cinq ans, monseigneur Labrecque avait triomphé sur presque tous les fronts. Quelques irréductibles s'agitaient encore, mais en marge de la société où ils s'étaient réfugiés. C'est là, retranchés dans la sauvagerie, que le rêve, le goût de la liberté se perpétuaient. Comme des mélèzes géants à l'ombre des monts. Ou comme des chicots inondés dans les coulées.

À Mistouk, un jeune prêtre, formé par monseigneur Labrecque, était venu épauler Renaud qui démissionna bientôt. L'évêque refit une tentative, fructueuse cette fois, pour rebaptiser les lieux saguenayens. Mistouk, ce vieux nom montagnais dérivé de « mistik », devint Saint-Cœur-de-Marie, et les Chicots le rang Saint-Michel-Archange. De jeunes conseillers dynamiques siégeaient désormais au conseil municipal. Les rêveries de trécarrés avaient fait place à des soucis, des querelles de bornage. Le problème des fossés fut enfin surmonté ; mais la terre, en s'asséchant, perdit son sel. Jeffrey Lamontagne et sa Buick furent remplacés par de gros catalogues en couleur que personne ne savait plus déchirer. Même les quêteux désertaient les chemins. Et à la forge comme au magasin général, il ne se trouvait guère que des gens pressés qui avaient peu à dire sur les peuples et sur l'univers. Les habitants ne commandaient plus aux choses et au temps ; ils n'osaient plus tutoyer la vie.

En vieillissant, l'oncle Almas se désintéressa de la politique, tenant des propos désabusés sur tous les partis. Un jour, vers la fin d'une campagne électorale, il fut de passage aux Chicots. La discussion avait glissé sur l'élection, dont l'issue était incertaine. Adhémar avait choisi son parti :

— J'espère bin qu'on va renvoyer c'gouvernement-là dans l'opposition !

L'oncle avait réfléchi un moment, les yeux fermés — il les ouvrait de moins en moins. Puis :

— Mon pauvre toi, à quoi ça sert de battre un gouvernement quand on sait qu'il va être remplacé par un autre gouvernement…

Les défrichements avaient cessé autour du Lac. Il ne se trouvait plus de candidats pour les faire avancer et les nouvelles terres elles-mêmes, trop frileuses, se refusaient à la culture. Les gens ne regardaient plus vers le Nord. Ils avaient cessé de rêver au Sud aussi ; les immigrants n'étaient plus admis aux États-Unis. Les habitants gardaient de cet immense pays des souvenirs qui se fanaient, une idée vague, un peu nostalgique, de ce que jadis ils auraient voulu être, de ce qu'ils auraient pu devenir peut-être, mais qu'ils ne seraient jamais. Les plus anciens parmi eux avaient vécu sur leurs abattis l'exaltation des commencements ; ils s'y étaient crus comme dans une île, libres de reconstruire à leur guise. Mais le continent, le temps les avait maintenant rattrapés.

Un immense barrage fut érigé sur la rivière Saguenay en amont de Bourget ; il bouleversa le cours des eaux et le grand remous du Tourniquet ne se manifesta plus. D'autres barrages furent ensuite construits qui aplanirent les rapides de Shipshaw. Le saut des Trois-Roches fut dynamité ; on ne parla plus de la Roche-Moïse. Le niveau du Lac se haussa, inondant l'Île-de-la-Sorcière et l'Anse-des-Noyés. La Compagnie Price fit de gros chantiers aux Eaux-Belles, où les mélèzes géants furent rasés. Un soir, le feu détruisit le Château Roberval. Il ne fut pas reconstruit et la ville n'a plus jamais été la même. Ce fut la fin de « sa vocation internationale », comme l'écrivit le *Colon*. Disparus les aristocrates, les millionnaires, les chefs d'État et autres grands de ce monde. Les animaux des cages furent transportés à Rivière-à-l'Ours où l'on aménagea un jardin zoologique. Quant à l'Hôtel Beemer, près des Chicots, il n'a plus reçu aucun touriste et il est tombé en ruine sur son île.

À Roberval, l'église avait été agrandie. Le projet d'évêché n'avait toujours pas abouti et le curé avançait en âge, mais il poursuivait sa chimère. Un jour, il s'était rendu secrètement chez un tailleur à Québec, d'où il était revenu avec une calotte et un habit pourpres. Le samedi soir, seul dans sa grande chambre au presbytère, il s'en revêtait, bénissait onctueusement devant le miroir, donnait des audiences très privées, faisait des tournées pastorales autour de son lit. Il se rendait à sa fenêtre dont il avait soigneusement tiré le rideau : avec beaucoup de grâce, il y saluait ses ouailles venues lui présenter leurs hommages à la veille de son départ pour Rome, en visite liminaire auprès du Saint-Siège. Il repassait lentement devant le miroir et se contemplait à nouveau, se disant qu'il apporterait à la fonction épiscopale toute la richesse de sa simplicité très saguenayenne, qu'il avait en abondance en effet. Enfin, il enlevait à regret son costume d'apparat, le rangeait délicatement au fond de sa garde-robe, derrière ses soutanes, puis il enfilait sa grosse combinaison de laine et se glissait dans son lit froid où le sommeil tardait à venir.

* * *

Marie mourut très vieille, écoulant les dernières années de sa vie à la façon d'une cloîtrée. Adhémar devint un cultivateur prospère, président du Cercle agricole et maire de Mistouk. De Mathilde, la famille resta sans nouvelles jusqu'à son décès, qui survint lorsqu'elle avait quarante ans. À ce moment seulement, Marie souffla la bougie dans le coin du salon. Son corps fut inhumé dans le cimetière du monastère, aux États-Unis. La communauté renvoya ses affaires : un livre de prières, une photo de Bernadette, une autre de Méo. Quelques années après leur mariage, Rosalie et Jocelyn déménagèrent à Dolbeau où une usine de pâtes et papiers était en construction. Rosalie eut huit enfants qu'elle éleva à la manière de Marie à qui elle ressembla de plus en plus en vieillissant. Léon-Pierre alla s'établir comme colon dans un nouveau rang de Saint-Nazaire, où il fut le dernier défricheur. Il y mena avec sa femme à peu près la même vie de privations que Joseph et Marie au début de leur mariage. Béatrice mourut ainsi qu'elle l'avait souhaité, martyre en Afrique. Longtemps affaiblie par toutes sortes de maux qu'elle accueillait en louant le Seigneur, elle fut emportée par le paludisme. Blanche passa toute sa vie à Jonquière avec Antoine.

Gonzague, malgré sa myopie, devint gardien de phare sur la Côte-Nord où il prit la succession du dernier Fafard. Les Tremblay s'en amusaient tout en s'inquiétant un peu pour la navigation. Gonzague expliquait qu'il n'y avait là rien d'insolite : c'étaient les bateaux qui devaient repérer le phare et son gardien, non l'inverse. Sa passion pour les insectes et les herbes ne diminua jamais. Il trouva toujours son bonheur dans les petites choses. On le retira du service en même temps que son phare, qu'il acheta et continua d'habiter. Il y vécut plus solitaire que jamais. Longtemps, il envoya chaque année une lettre à Raphaël, pour son anniversaire. Ce qu'il lui écrivait tenait en trois lignes. Mais il ne manquait pas de glisser dans l'envoi un papillon ou une graminée de sa collection. C'était sa façon de dire le reste.

Raphaël, devenu instituteur au village, fut le plus affecté par la disparition de Méo et il quitta la région peu après ; il lui était devenu trop pénible de côtoyer les lieux et personnages de son enfance. Célibataire, il passa la plus grande partie de sa vie adulte à Québec et à Montréal. Il traversa la vie comme il y était entré, dans la plus grande discrétion, essayant de s'accorder avec le cours des choses. Parvenu au seuil de la vieillesse, il eut l'idée d'écouler la fin de ses jours à Mistouk. Après toutes ces années, il crut que ses souvenirs, même les plus douloureux, s'étaient enfin apaisés. Mais, dès qu'il eut pénétré au creux de sa mémoire, il découvrit sous un lit de cendres un nid de braises où couvaient encore la douleur et l'envoûtement des années de Méo. Des sons, des voix de ce temps-là lui revenaient constamment : le vieux Pétrusse réclamant de sa voix caverneuse ses cailles et son sel ; le marteau du grand-père battant l'enclume dans le brouhaha de la forge ; Mathilde, Mathilde la Grande, et sa sérénade ; Joseph et Marie égrenant les *Ave* de la prière du soir ; les envolées d'Almas, les hennissements d'Alexis, le pas feutré de Farouche sur la neige ; et, dominant tout cela, la voix du Grand dont les gestes, les mots, les accents refusaient de mourir. Il avait été son héros, il le resta. Raphaël conserva toujours sur sa table de chevet la photo en médaillon que son frère lui avait donnée. Elle le représentait sur le bord d'un lac aux États. Des canots s'alignaient derrière lui sur la rive. Il était étendu dans l'herbe, appuyé sur un coude, un brin d'herbe au coin de la bouche. Il avait les yeux à demi fermés à cause du soleil et tenait à la main son couteau de chasse. Il avait rejeté ses longs cheveux noirs vers l'arrière, dégageant son large front. Il souriait à pleines dents. C'était à l'époque où la vie lui souriait aussi. Sa présence inondait la photo, et en même temps il paraissait un peu en retrait, comme isolé dans son univers, tel que ses proches l'avaient toujours connu : débordant, imposant, envahissant même souvent, et néanmoins secret, hors de portée.

Parmi les tantes et les oncles, Adrien mourut le dernier, emporté par une infection aux poumons que les médecins de l'Hôpital ne surent détecter, même sur les radiographies qu'ils avaient prises. Devant les siens qui lui rendaient visite à l'hôpital, Adrien exhibait ses « géographies ». Devenu veuf dès 1918, l'oncle Almas eut une vieillesse solitaire. Il finit par vendre sa terre à l'un de ses garçons et, quelques années avant sa mort, fit un voyage en France et en Italie. Le vieux charpentier avait apporté son pied-de-roi et s'en était donné à cœur joie à Paris et à Rome. Il avait écoulé le reste de sa vie à décliner, devant des interlocuteurs résignés, la basilique Saint-Pierre et la cathédrale Notre-Dame en verges, en pieds et en pouces. Il connaissait ses sujets, disait-il, « en long et en large », ce dont personne ne doutait. Dans son testament, il recommanda à ses enfants de toujours se rappeler qu'ils étaient canadiens-français et que, en cette qualité, ils ne devaient « jamais enfreindre les règles de l'honneur ». Puis, offrant son âme à Dieu, il rappelait que jamais de toute sa vie il n'avait manqué de charité envers son prochain — ni voté conservateur au fédéral. Il légua à Raphaël tous ses livres.

Le docteur Émile mourut peu après Joseph. La fatigue l'avait gagné ; celle du corps, et plus encore celle du cœur. Ses amis, tous âgés, disparaissaient. Mais ce sont les décès d'enfants qui lui faisaient le plus mal : ce demi-sourire qu'ils affichaient parfois juste avant de mourir et dans lequel il croyait voir en même temps toute la douceur et toute la douleur du monde. Il fut remplacé à Mistouk par un de ses fils, prénommé Émile lui aussi. Ainsi survécurent sa mémoire et sa manière. Anatole et Bertilde, après s'être tiraillés pendant cinquante ans, ont fini par faire la paix, avec l'aide de leurs enfants. Ils passèrent les dernières années de leur vie résignés, sinon réconciliés. Elle est morte la première. Elle semblait sourire dans sa tombe ; pour la première fois depuis longtemps. Sa vie lui avait apporté beaucoup de peines et quelques petits bonheurs fugaces, de ceux qui causent peu de joie et ne laissent pas de regret. Curieusement, son « Cabochon » la suivit de quelques semaines seulement. Le secret de Jeanne Valois, l'étrange dame, demeura inconnu des paroissiens : elle l'emporta dans sa tombe. Le destin de Jeffrey Lamontagne fut plus heureux. Il finit par rencontrer à Jonquière une Saguenayenne qui s'intéressa moins à la Buick qu'à son chauffeur. Il prit femme et pays, convertit l'engin en taxi et fit de bonnes affaires. Après son décès, la carcasse de la grosse voiture qui avait ouvert à Méo les premières portes du monde fut visible encore longtemps près de la voie ferrée, à l'entrée de la petite ville. Le notaire Mondedou refit surface à Québec où il se fit élire député ; on appréciait le savoir et le dévouement qu'il manifestait pour l'agriculture et l'industrie forestière. Cinq-fois-rien, son fidèle complice, l'avait rejoint dans la capitale où il devint un commerçant prospère et respecté, fournisseur du gouvernement.

Le curé Renaud se retira à Saint-Urbain, dans la vieille maison familiale. Il y retrouva le souvenir doux-amer de ses tout premiers émois. De temps à autre, il se rendait à Cap-à-l'Aigle pour rendre visite à Eugénie, qui s'y était de nouveau installée après la mort de Fabien. Jean-Baptiste avait toujours cru que la vieillesse apportait, avec une longue habitude de soi, la paix de l'âme. Il ne la trouva pas. Il revivait sans cesse sa vie à Mistouk, songeant aux événements singuliers dont il avait été le témoin, et parfois l'un des acteurs. Il priait tous les jours pour Joseph et Roméo Tremblay, l'un trop petit, l'autre trop grand. Sa pensée n'arrivait pas à s'en détacher. Il connut toutefois le réconfort de mourir parmi les siens. Dans la chambre qu'il occupait, son regard embrassait tout le pays de Charlevoix et son grand fleuve; c'est la dernière image qu'il emporta.

À Chicoutimi, Jos.-D. reçut par la poste la décoration que Pierre-Eugène avait reçue pour ses faits d'armes, avec un mot d'un haut gradé (rédigé en anglais). Il éprouva beaucoup de fierté, mais il était anéanti par la perte de son fils dont le corps reposait en France, dans le modeste cimetière de Wailly près d'Arras. Il liquida les quelques affaires qui lui restaient et mourut de chagrin après avoir renouvelé sa foi catholique.

Quant à l'oncle Fabien, la fin tragique du Grand acheva de le détruire. Des voisins charitables continuèrent de l'emmener au port presque chaque semaine. Ils le faisaient asseoir sur un banc, toujours le même, d'où son regard embrassait les battures de l'Anse-aux-Foins et le Cap Jaseux. Vers la fin, il n'y voyait presque plus mais les employés du port s'étaient attachés à ce vieux marin retourné à l'enfance et chacun s'empressait autour de lui. L'oncle n'y voyait plus très clair, il est vrai; cependant, les images se faisaient plus nettes que jamais dans sa tête. Venues de toutes les mers du monde, des péniches fleuries, des caravelles de verre aux voiles de soie, glissant comme des dauphins sur l'onde, surgissaient dans la lumière du Fjord et s'avançaient pour s'incliner devant lui. Il soulevait sa casquette et recevait dignement leur hommage. Puis, un matin de mai, un quatre-mâts, toutes voiles au vent sous un ciel d'azur, vint accoster contre sa maison, rue Bossé. Une pluie de guirlandes tenaient lieu de cordages. Le navire arborait en guise de pavillon une forêt de bouquets aux couleurs de l'aurore. Tout autour s'agitaient des nuées de monarques. Une musique douce s'élevait de l'entrepont. Les matelots étaient vêtus de blanc ainsi que le capitaine, en qui Fabien reconnut Méo. Il lui sourit, le salua de la main. Puis il monta à bord pour sa dernière traversée.

*   *   *

Le 24 juin 1919, Senelle avait accouché d'un fils appelé Moïse-Méo-Léopaul.

Glossaire saguenayen

Abriller (*v. tr.*). Abriter, border, recouvrir, habiller.

Ajets (*n. m. pl.*). Les journées séparant Noël et le jour de l'An.

Arrachi (*n. m.*). En forêt, éclaircie pratiquée par le passage d'une tornade, d'un coup de vent qui a déraciné les arbres.

Banique (*n. f.*). Recette amérindienne de galette à base de farine et d'eau ; remplaçait le pain.

Beu (*n. m.*). Bœuf.

Billet de location (*loc. n.*). Permis temporaire d'occuper et d'exploiter une terre neuve faisant partie du domaine public. Après quelques années, l'occupant en obtenait le titre de propriété (les « lettres patentes ») auprès du gouvernement s'il avait rempli certaines conditions (nombre d'acres défrichées et mises en culture, etc.).

Boufiole (*n. f.*). Boursouflure sur l'écorce d'un arbre, contenant de la résine (gomme de sapin, d'épinette, etc.).

Bougonneux (*adj.*). Bougonneur.

Boulé (*n. m.*). Homme de main à l'emploi de politiciens (en période électorale) ou de compagnies, embauché pour maintenir l'ordre ou semer le désordre (péjoratif). Se disait aussi d'un joueur de hockey dont la fonction était d'intimider et de malmener l'adversaire.

Bouquet (*n. m.*). Tuyau d'une pipe.

Bretteux (*n. m.*). Flâneur, traîneur.

Buscaud (*n. m.*). Petit homme trapu.

Calbrette (*n. m.*). Gros poêle à bois qui trônait dans les cuisines ; servait au chauffage et à la préparation des aliments.

Catiner (*v. intr.*). S'amuser avec des poupées.

Cenelle. *Voir* Senelle.

Chouennage (*n. m.*). Action de chouenner.

Chouenner (*v. intr.*). Tenir des propos futiles, rapporter des anecdotes plus ou moins fondées, converser pour ne rien dire, parler pour distraire ou épater.

Chouenneux (*n. m.*). Personne qui chouenne.

Cocotte (*n. f.*). Bourgeon qui vient aux résineux.

Colique cordée (*loc. n.*). Appendicite.

Consomption (*n. m. ou f.*). Personne atteinte de tuberculose.

Copeurse (*n. m.*). Voyou, vaurien, mauvais garnement.

Coupe (*n. f.*). En forêt, le corridor en pente formé par les deux versants d'une rivière, à partir de sa source.

Croquer marmotte (*loc. v.*). Broyer du noir.

Décampe (*n. f.*). Démarche lourdaude.

Dégradé (*adj.*). Se disait d'un voyageur retardé par le mauvais temps et qui devait séjourner chez l'habitant.

Dégrafé (*adj.*). Découragé, déprimé.

Ébaroui (*adj.*). Défait, étourdi, courbaturé, chancelant.

Écouèpeau (*n. m.*). Homme chétif, malingre, de très petite taille.

Égarouillé (*adj.*). Sonné, hagard.

Esprit (*n. m.*). *Boisson en esprit,* alcool pur, souvent de contre-bande.

Factrie (*n. f.*). Contraction de l'anglais *factory.* Référence aux manufactures de la Nouvelle-Angleterre.

Farineux (*n. m.*). Homme qui s'emploie à de menus travaux qui ne mènent à rien, pour tuer le temps ; qui tourne en rond ; qui converse pour ne rien dire.

Floche (*n. m.*). De l'anglais *flush*; personne qui dilapide son argent, en le gaspillant ou en le donnant ; qui ne regarde pas à la dépense ; qui veut se montrer riche.

Fournil (*n. m.*). Appendice que l'on ajoutait au corps principal d'une maison ; il servait soit comme cuisine d'été parce qu'il était plus frais, soit comme cuisine d'hiver parce qu'il était plus aisé à chauffer.

Frasie (*n. f.*). Glace en cristaux qui se fait et se défait continuelle-ment sur les rives d'un cours d'eau affecté par les marées.

Frousse (*n. f.*). Partie du cou situé à la naissance du dos.

Galope (*n. f.*). Du mot galop, que les Saguenayens prononçaient à l'anglaise. Ces airs, ordinairement interprétés au piano, étaient surtout rapportés des États-Unis.

Gaudriole (*n. f.*). Mélange de divers grains et de pois utilisé comme semence ou comme aliment pour le bétail.

Gibord (*n. m.*). Monstre plus ou moins mythique qui était dit habiter la rivière Saguenay. À tout moment, des voyageurs disaient l'avoir aperçu. Des baleines qui séjournaient à l'entrée du Fjord étaient sans doute à l'origine de cette croyance.

Greiller (*v. tr.*). Vêtir, équiper, pourvoir, assortir de.

Guedelle (*n. f.*). Nom donné aux fruits de divers arbustes ou plantes sauvages.

Hydrant (*n. m.*). Bouche d'incendie.

Lettres patentes (*n. f. pl.*). Titre officiel de propriété, émis par le gouvernement, sur une terre publique concédée à un colon. Les lettres patentes avaient un caractère permanent; elles remplaçaient le billet de location.

Manoire (*n. f.*). De menoir; les deux brancards servant à tirer une voiture et auxquels on attelait un cheval ou un bœuf.

Mistouk (*n. m.*). Mot indien désignant des arbres en partie inondés, séjournant dans l'eau.

Mitasse (*n. f.*). Sorte de guêtre très colorée.

Morfondage (*n. m.*). Le fait de s'épuiser, de se rendre malade ou invalide à cause d'un effort prolongé, déraisonnable.

Overalls (*n. m. pl.*). Grosse salopette en toile très résistante que l'on portait pour travailler.

Palette (*n. f.*). *Bière de palette,* bière de fabrication domestique.

Papuss (*n. m.*). Mot indien désignant une sorte de sac de couchage fixé à une planchette elle-même attachée verticalement sur le dos de la mère; il servait à transporter les enfants en bas âge, notamment au cours des portages.

Patineuses (*n. f. pl.*). Famille d'insectes courant à la surface des eaux stagnantes.

Piroche (*n. f.*). Femelle du canard.

Poche (*n. f.*). *Sauce à la poche,* plat fréquemment servi dans les chantiers forestiers; tranches de lard salé servies dans une sauce à base de graisse, d'oignons, de patates et de farine; son nom venait de ce qu'elle était préparée en grande quantité au début de l'hiver puis mise à congeler dans de grands sacs disposés derrière le camp ou sur le toit.

Rapatriement (*n. m.*). Mouvement patriotique qui visait à faire rentrer au Québec les familles canadiennes-françaises émigrées aux États-Unis pour les établir sur des terres.

Réchauffer (se) (*v. pr.*). S'exciter, s'égayer en buvant de l'alcool.

Relevé (*adj.*). Se dit d'un corps qui a été exhumé d'un cimetière pour être inhumé dans un autre.

Renchaussement (*n. m.*). Au début de l'hiver, accumulation de neige autour des fondations d'une maison, parfois jusqu'à la hauteur des fenêtres, qui isole contre le froid.

Repatrié (*adj.*). Se disait d'un individu émigré aux États-Unis qui revenait s'établir au pays.

Rippe (*n. f.*). Copeaux de bois produits par le planage.

Robeur (*n. m.*). De l'anglais *rubber*; nom donné au condom.

Ronne (*n. f.*). Au sens restreint, séjour de travail l'hiver dans un chantier forestier. Au sens large, séjour de travail en un endroit quelconque, assez éloigné de son domicile. Aussi, long déplacement.

Rôti (*n. m.*). *Coucher sur le rôti,* devoir passer la nuit là où l'on a veillé, à cause d'une tempête de neige. Au matin, les invités avaient faim et l'hôtesse leur faisait manger les restes du plat servi la veille — souvent un rôti de porc ou de bœuf.

Saguenay (*n. pr. m.*). Nom donné à la rivière qui prend naissance dans le Lac Saint-Jean et se jette dans le fleuve Saint-Laurent à la hauteur de Tadoussac. Désigne aussi la région comprenant les trois sous-régions du Lac-Saint-Jean, du Haut-Saguenay et du Bas-Saguenay.

Senelle (*n. f.*). Fruit de l'aubépine.

Shaputuan (*n. m.*). Chez les Amérindiens, énorme tente capable d'héberger plusieurs familles.

Slé (*n. f.*). De l'anglais *sleigh*; traîneau rudimentaire d'une douzaine de pieds de long, formé de deux patins reliés par des planches ou des madriers; utilisé sur la neige ou la glace.

Steppette (*n. f.*). Petit saut, pas de danse, cabriole.

Tasserie (*n. f.*). Partie surélevée de la grange où on entassait et conservait le foin.

Tonne (*n. f.*). Baril de sirop (ordinairement de la mélasse) vide que l'on utilisait pour recueillir l'eau de pluie ou pour transporter de l'eau puisée dans un lac ou une rivière.

Varnousseux (*n. m.*). Synonyme de chouenneux, farineux.

Équivalences

Table d'équivalence des toponymes saguenayens anciens et modernes

FORME ANCIENNE	FORME MODERNE
Anse-aux-Foins	Saint-Fulgence
Descente-des-Femmes	Sainte-Rose-du-Nord
Grand-Brûlé	Notre-Dame-de-Laterrière
Grandmont	Saint-Gédéon
La Pipe	Saint-Henri-de-Taillon
Métabetchouane	Saint-Jérôme
Mistouk	Saint-Cœur-de-Marie
Péribonka	Saint-Amédée/Saint-Édouard
Rivière-à-l'Ours	Saint-Félicien
Tikouapé	Saint-Méthode

Table des matières

Note de l'auteur   9

Septembre 1925   11

PREMIÈRE PARTIE
Les Eaux-Belles   19

DEUXIÈME PARTIE
La Source Blanche   227

Glossaire saguenayen   505

Équivalences   511

DANS LA COLLECTION « BORÉAL COMPACT »

1. Louis Hémon
   Maria Chapdelaine

2. Michel Jurdant
   Le Défi écologiste

3. Jacques Savoie
   Le Récif du Prince

4. Jacques Bertin
   Félix Leclerc, le roi heureux

5. Louise Dechêne
   *Habitants et Marchands
   de Montréal au XVIIe siècle*

6. Pierre Bourgault
   Écrits polémiques

7. Gabrielle Roy
   La Détresse et l'Enchantement

8. Gabrielle Roy
   De quoi t'ennuies-tu, Éveline?
   suivi de *Ély! Ély! Ély!*

9. Jacques Godbout
   L'Aquarium

10. Jacques Godbout
    Le Couteau sur la table

11. Louis Caron
    Le Canard de bois

12. Louis Caron
    La Corne de brume

13. Jacques Godbout
    Le Murmure marchand

14. Paul-André Linteau,
    René Durocher, Jean-Claude Robert
    Histoire du Québec contemporain
    (tome I)

15. Paul-André Linteau, René Durocher,
    Jean-Claude Robert, François Ricard
    Histoire du Québec contemporain
    (tome II)

16. Jacques Savoie
    Les Portes tournantes

17. Françoise Loranger
    Mathieu

18. Sous la direction de Craig Brown
    Édition française dirigée
    par Paul-André Linteau
    Histoire générale du Canada

19. Marie-Claire Blais
    Le jour est noir, suivi de *L'Insoumise*

20. Marie-Claire Blais
    Le Loup

21. Marie-Claire Blais
    Les Nuits de l'Underground

22. Marie-Claire Blais
    Visions d'Anna

23. Marie-Claire Blais
    Pierre

24. Marie-Claire Blais
    Une saison dans la vie d'Emmanuel

25. Denys Delâge
Le Pays renversé

26. Louis Caron
L'Emmitouflé

27. Pierre Godin
La Fin de la grande noirceur

28. Pierre Godin
La Difficile Recherche de l'égalité

29. Philippe Breton et Serge Proulx
*L'Explosion de la communication
à l'aube du XXIᵉ siècle*

30. Lise Noël
L'Intolérance

31. Marie-Claire Blais
La Belle Bête

32. Marie-Claire Blais
Tête blanche

33. Marie-Claire Blais
*Manuscrits de Pauline Archange,
Vivre! Vivre! et Les Apparences*

34. Marie-Claire Blais
Une liaison parisienne

35. Jacques Godbout
Les Têtes à Papineau

36. Jacques Savoie
Une histoire de cœur

37. Louis-Bernard Robitaille
Maisonneuve, le Testament du Gouverneur

38. Bruce G. Trigger
Les Indiens, la Fourrure et les Blancs

39. Louis Fréchette
Originaux et Détraqués

40. Anne Hébert
Œuvre poétique

41. Suzanne Jacob
L'Obéissance

42. Jacques Brault
Agonie

43. Martin Blais
L'Autre Thomas D'Aquin

44. Marie Laberge
Juillet

45. Gabrielle Roy
Cet été qui chantait

46. Gabrielle Roy
Rue Deschambault

47. Gabrielle Roy
La Route d'Altamont

48. Gabrielle Roy
La Petite Poule d'Eau

49. Gabrielle Roy
Ces enfants de ma vie

50. Gabrielle Roy
Bonheur d'occasion

51. Saint-Denys Garneau
Regards et Jeux dans l'espace

52. Louis Hémon
Écrits sur le Québec

53. Gabrielle Roy
La Montagne secrète

54. Gabrielle Roy
Un jardin au bout du monde

55. François Ricard
La Génération lyrique

56. Marie José Thériault
L'Envoleur de chevaux

57. Louis Hémon
Battling Malone, pugiliste

58. Émile Nelligan
Poésies

59. Élisabeth Bégon
Lettres au cher fils

60. Gilles Archambault
Un après-midi de septembre

61. Louis Hémon
Monsieur Ripois et la Némésis

62. Gabrielle Roy
Alexandre Chenevert

63. Gabrielle Roy
La Rivière sans repos

64. Jacques Godbout
L'Écran du bonheur

65. Machiavel
Le Prince

66. Anne Hébert
Les Enfants du sabbat

67. Jacques T. Godbout
L'Esprit du don

68. François Gravel
Benito

69. Dennis Guest
Histoire de la sécurité sociale au Canada

70. Philippe Aubert de Gaspé fils
L'Influence d'un livre

71. Gilles Archambault
*L'Obsédante Obèse et autres
agressions*

72. Jacques Godbout
L'Isle au dragon

73. Gilles Archambault
*Tu ne me dis jamais que je suis
belle et autres nouvelles*

74. Fernand Dumont
Genèse de la société québécoise

75. Yvon Rivard
L'Ombre et le Double

76. Colette Beauchamp
Judith Jasmin : de feu et de flamme

77. Gabrielle Roy
Fragiles lumières de la terre

78. Marie-Claire Blais
Le Sourd dans la ville

79. Marie Laberge
Quelques Adieux

80. Fernand Dumont
Raisons communes

81. Marie-Claire Blais
Soifs

82. Gilles Archambault
Parlons de moi

83. André Major
La Folle d'Elvis

84. Jeremy Rifkin
La Fin du travail

85. Monique Proulx
Les Aurores montréales

86. Marie-Claire Blais
Œuvre poétique 1957-1996

87. Robert Lalonde
Une belle journée d'avance

88. André Major
Le Vent du diable

89. Louis Caron
Le Coup de poing

90. Jean Larose
L'Amour du pauvre

91. Marie-Claire Blais
Théâtre

92. Yvon Rivard
Les Silences du corbeau

93. Marco Micone
Le Figuier enchanté

94. Monique LaRue
Copies conformes

95. Paul-André Comeau
Le Bloc populaire, 1942-1948

96. Gaétan Soucy
L'Immaculée Conception

97. Marie-Claire Blais
Textes radiophoniques

98. Pierre Nepveu
L'Écologie du réel

99. Robert Lalonde
Le Monde sur le flanc de la truite

100. Gabrielle Roy
Le temps qui m'a manqué

101. Marie Laberge
Le Poids des ombres

102. Marie-Claire Blais
David Sterne

103. Marie-Claire Blais
Un Joualonais sa Joualonie

104. Daniel Poliquin
L'Écureuil noir

105. Yves Gingras, Peter Keating,
Camille Limoges
Du scribe au savant

106. Bruno Hébert
C'est pas moi, je le jure !

107. Suzanne Jacob
Laura Laur

108. Robert Lalonde
Le Diable en personne

109. Roland Viau
Enfants du néant et mangeurs d'âmes

110. François Ricard
Gabrielle Roy. Une vie

111. Gilles Archambault
La Fuite immobile

112. Raymond Klibansky
Le Philosophe et la Mémoire du siècle

113. Robert Lalonde
Le Petit Aigle à tête blanche

114. Gaétan Soucy
*La petite fille qui aimait
trop les allumettes*

115. Christiane Frenette
La Terre ferme

116. Jean-Charles Harvey
La Peur

117. Robert Lalonde
L'Ogre de Grand Remous

118. Robert Lalonde
Sept lacs plus au nord

119. Anne Hébert
Le Premier Jardin

120. Hélène Monette
Crimes et Chatouillements

121. Gaétan Soucy
L'Acquittement

122. Jean Provencher
Chronologie du Québec, 1534-2000

123. Nadine Bismuth
Les gens fidèles ne font pas les nouvelles

124. Lucien Bouchard
À visage découvert

125. Marie Laberge
Annabelle

126. Gérard Bouchard
Genèse des nations et cultures
du Nouveau Monde

127. Monique Proulx
Homme invisible à la fenêtre

128. André Major
L'Hiver au cœur

129. Hélène Monette
Le Goudron et les Plumes

130. Suzanne Jacob
La Bulle d'encre

131. Serge Bouchard
L'homme descend de l'ourse

132. Guillaume Vigneault
Carnets de naufrage

133. France Daigle
Pas pire

134. Gil Courtemanche
Un dimanche à la piscine à Kigali

135. François Ricard
La Littérature contre elle-même

136. Philippe Aubert de Gaspé père
Les Anciens Canadiens

137. Joseph-Charles Taché
Forestiers et Voyageurs

138. Laure Conan
Angéline de Montbrun

139. Honoré Beaugrand
La Chasse-galerie

140. Jacques Godbout
Le Temps des Galarneau

141. Gilles Archambault
La Fleur aux dents

142. Jacques Godbout
Opération Rimbaud

143. Marie-Sissi Labrèche
Borderline

144. Yann Martel
Paul en Finlande

145. Guillaume Vigneault
Chercher le vent

146. Gilles Archambault
Les Pins parasols

147. Pierre Billon
L'Enfant du cinquième Nord

148. Bernard Arcand et Serge Bouchard
Les Meilleurs lieux communs,
peut-être

149. Pierre Billon
L'Ogre de Barbarie

150. Charles Taylor
Les Sources du moi

151. Michael Moore
Mike contre-attaque!

152. Mauricio Segura
Côte-des-Nègres

153. Marie Laberge
La Cérémonie des anges

154. Léopold Simoneau
L'Art du bel canto

155. Louis Lefebvre
Le Collier d'Hurracan

156. Monique Proulx
Le cœur est un muscle involontaire

157. Hélène Monette
Unless

158. Monique LaRue
La Gloire de Cassiodore

159. Christian Mistral
Vamp

160. Christian Mistral
Vautour

161. Christian Mistral
Valium

162. Ying Chen
Immobile

163. Roland Viau
Femmes de personne

164. Francine D'Amour
Les dimanches sont mortels

165. Gilles Archambault
La Vie à trois

166. Frances Brooke
Voyage dans le Canada

167. Christophe Colomb
Relation du premier voyage entrepris
par Christophe Colomb pour
la découverte du Nouveau-Monde

168. Christiane Frenette
Celle qui marche sur du verre

169. Yvon Rivard
Le Milieu du jour

170. Maude Barlow et Tony Clarke
L'Or bleu

171. Suzanne Jacob
Rouge, mère et fils

172. Henry Wadsworth Longfellow
Évangéline

173. Francine D'Amour
Les Jardins de l'enfer

174. Pierre Monette
Dernier automne

175. Marie Uguay
Poèmes

176. Nadine Bismuth
Scrapbook

177. Bruno Hébert
Alice court avec René

178. Louis Hamelin
Le Joueur de flûte

179. Christian Mistral
Vacuum

180. Gilles Archambault
Le Voyageur distrait

181. *Lettres édifiantes et curieuses écrites
par des missionnaires
de la Compagnie de Jésus*

182. Christiane Frenette
Après la nuit rouge

183. Michael Ignatieff
L'Album russe

184. Edmond de Nevers
L'Avenir du peuple canadien-français

185. Dany Laferrière
Pays sans chapeau

186. Christian Mistral
Sylvia au bout du rouleau ivre

187. David Suzuki
Ma vie

189. Hector Fabre
Chroniques

190. Gilles Archambault
Stupeurs et autres écrits

191. Robert Lalonde
Que vais-je devenir jusqu'à ce que je meure?

192. Daniel Poliquin
La Kermesse

193. Marie-Sissi Labrèche
La Brèche

194. Antoine Gérin-Lajoie
Jean Rivard, le défricheur
   suivi de *Jean Rivard, économiste*

195. Marie-Sissi Labrèche
La Lune dans un HLM

196. Stéfani Meunier
Ce n'est pas une façon de dire adieu

197. Ook Chung
Contes butô

198. Robert Lalonde
Iotékha'

199. Louis Hamelin
Betsi Larousse

200. Lise Tremblay
La Sœur de Judith

MISE EN PAGES ET TYPOGRAPHIE :
LES ÉDITIONS DU BORÉAL

ACHEVÉ D'IMPRIMER EN MARS 2009
SUR LES PRESSES DE L'IMPRIMERIE GAGNÉ
À LOUISEVILLE (QUÉBEC).